U0755703

明 通 鉴 三

〔清〕夏 燮 撰

沈仲九 标点

中 华 书 局

明通鉴卷三十

江西永宁知县当涂 夏　燮 编辑

纪三十 起旃蒙作噩(乙酉),尽强圉大渊献(丁亥),凡三年。

宪宗继天凝道诚明仁敬崇文肃武弘德圣孝纯皇帝

成化元年(乙酉、一四六五)

1　春,正月,乙卯,享太庙。

2　己未,大祀天地于南郊。

3　甲子,两广守臣以"叛猺不靖,流剽广东,又越湖广、江右,日益蔓延,请发兵讨之"。兵部尚书王竑亦言:"贼非大创不止。韩雍才气无双,平贼非雍莫可。"于是以都督赵辅充总兵官,为征夷将军,太监卢永、陈瑄监其军,雍以金都御史赞理军务。时雍方奉敕代叶盛巡抚广东,遂有是命。

【考异】韩雍巡抚广东事,见叶盛传,而本传则但言赞理军务而已。又,王竑传言"举雍为总督",证之雍传,乃在平大藤峡贼后,召赵辅等还　迁雍左副都御史,提督两广军务,是雍总督两广乃在明年,此时改授金都,正与巡抚之加衔同。意雍以去年奉敕代叶盛巡抚广东,未行而有是命,非传中脱误也。今分书之。

4 戊辰，西域诸国及哈密来贡。

礼部尚书姚夔等言："哈密贡马二百匹，而使人乃二百六十人。以中国有限之财，供外蕃无益之费，非策也。"乃下廷臣议，"定岁一入贡，不得过二百人"，制可。【考异】事具明史哈密传中。明书系之正月戊辰，今据之。

5 是月，开纳粟例，以备两广军饷，命户部侍郎薛远督两广饷事。

6 二月，戊子，祭太社太稷。

7 甲午，上亲祀先农，耕藉田。赐百官耆老宴。宴毕还宫。

8 保喇诱三卫九万骑入辽河，武安侯郑弘击却之。——弘，亨之孙也。

9 是月，雪少保于谦狱。

先是御史赵敔上言："谦等为石亨辈诬陷，榜示天下，不一二年，亨辈亦皆败露。陈循等已邀恩宥，无俟臣言。独思正统十四年寇犯京城，赖谦一人保守，其功甚巨。伏乞收回前榜，死者赠恤，生者录用。"上曰："朕在东宫时，即闻谦冤。谦有社稷之功而受无辜之惨，其敕有司急如敔言施行！"于是谦子冕、婿朱骥及前大学士王文子宗彝，并释戍放归。【考异】明书、通纪、宪章录，并系释陈循、江渊、俞士悦等于是年正月。证之明史陈循传："循因石亨之败，自贬所上书，诏释为民。"是循在英宗时已先释之，故敔奏中亦言"循等已邀恩宥，无俟臣言"，其江渊〔余〕〔俞〕士悦之等，亦当同时并释也。三编据实录系之二月，又质实中亦辨之，今从三编。

10 广西猺贼流劫广东，遂寇新会。

初，<u>广东佥事毛吉</u>，分巡<u>惠</u>、<u>潮</u>二府，有<u>程乡</u>贼<u>杨辉</u>，已抚复叛，攻陷<u>江西安远</u>，剽掠<u>闽</u>、<u>广</u>间，进袭<u>程乡</u>。<u>吉</u>乘其未至，募壮士合官军得七百人，直抵贼巢，生禽<u>辉</u>，破诸峒，凡俘斩千四百人。

捷闻，上方嗣位，玺书嘉劳，移巡<u>高</u>、<u>雷</u>、<u>廉</u>三府。

时民遭贼蹋，数百里无人烟。<u>吉</u>不胜愤，以平贼为己任，按（都）〔部〕<u>雷州</u>，<u>海康</u>知县<u>王骐</u>以击贼死，<u>吉</u>进兵破之。是时<u>新会</u>告急，<u>吉</u>檄指挥<u>阎华</u>署县事，而令同知<u>陶鲁</u>合军万人至<u>大磴</u>破贼。乘胜追至<u>云岫山</u>，去贼营十余里，时已乙夜，<u>吉</u>召诸将分三哨，黎明进兵。会阴晦，众失期。及进，贼弃营走山上，<u>吉</u>命<u>潘</u>百户者据其营，众竞取财物。贼自山驰下，杀百户，<u>华</u>亦马蹶遇害，诸军遂溃。<u>吉</u>勒马大呼杀贼，军吏劝且避其锋，<u>吉</u>叱曰：“众多杀伤，我独生，可乎！”言未已，贼持刀趋<u>吉</u>。<u>吉</u>且骂且战，手刃数贼，力竭，遂被害。是日，雷雨大作，山谷震动。又八日，始得其尸，貌如生。

事闻，赠按察使，录其子<u>科</u>入国子监，寻登进士。

方<u>吉</u>出军时，赍千金为犒费，以付驿丞<u>余文</u>司出入，已用十之三。会<u>吉</u>死，<u>文</u>悯其家贫，以所余金授<u>吉</u>仆归治丧。忽是夜，仆妇凭之作<u>吉</u>语，顾左右曰：“请<u>夏</u>宪长来。”举家大惊，走告按察使<u>夏埙</u>。<u>埙</u>至，起揖曰：“<u>吉</u>受国恩，不幸死于贼。今<u>余文</u>以所遗官银付<u>吉</u>家，虽无文簿可考，令<u>吉</u>负垢地下矣。愿亟还官，毋污我！”言毕仆地，顷之始苏，卒归其金于官。<u>吉</u>死时年四十，后赐谥忠襄。【考异】<u>毛吉</u>死难事，见明史本传。传言"成化元年二月"。此与天顺三年叶祯死难事绝相似,故传特著其年月。诸书不载,今据增。

11 有彗星见。逾月,又见西北,长三丈余,三阅月而没。

襄阳地震,天雨黑黍。【考异】二月彗见事,具明史天文志。宪章录书是年"正月己酉朔,有流星光烛地,自左摄提东南行,至天市西垣。"孙氏二申野录,则云"有星孛于天市垣",与天文志所载,同一事而月分异耳。三编系之二月,盖据实录也,今从之。

12 三月,庚戌,四川山都掌蛮作乱。

山都掌者,永宁宣抚司所辖地也。正统间,屡岁出没,杀掠良民。景泰元年招之,复叛;天顺六年抚之,又反。至是大坝等寨之贼,分劫江安、合江等县。兵部以闻,诏"总兵官李安会永宁宣抚司相机剿抚,毋酿边患。"时侍读周洪谟上讨贼方略六事,诏付所司行之。

13 丁巳,上幸太学,释奠于先师孔子。始加牲用乐,停祭酒官以下宴。

14 是月,荆、襄盗起。

荆、襄之上游曰郧阳,古麋、庸二国地也。元至正间,流贼聚此作乱,终元世莫能制。洪武初,邓愈以兵剿除,空其地,禁流民不得入。然地界秦、豫、楚之间,又多旷土,山谷厄塞,林箐蒙密,中有草木,可采掘以食。正统二年,岁饥,民徙入,不可禁,聚众既多,罔禀约束,其中巧黠者稍稍相雄长。天顺间,汉中守臣以闻,英宗以小民饥寒所迫,不欲用兵,命御史抚辑,谪戍数人;余阳听抚,而大奸潜伏不出,寻复纵,势益滋蔓。有锦衣千户杨英者,奉使河南,策其必反,上疏言:"流逋之众,宜遣良吏镇抚,渐图所以散遣之。"词甚谆切，不报。三省长吏又多诿非己境，因循不治。

至是有刘通者，少负膂力，县治前有石狮，重千斤，通手举之，因号"刘千斤"，纠其党石龙、刘长子及苗龙、苗虎等，聚众数万为乱，署将军、元帅等号，伪称汉王，建元德胜，寇襄、邓间。指挥陈昇等二十四人，皆先后拒之，不克，死焉。

时三原王恕为河南布政使，诏擢右副都御史抚治之。

【考异】明史本纪系讨荆、襄贼于是年十二月，盖据命将出师之月日也。三编据实录系之三月，盖始乱奏报之月也。证之王恕本传，恕以副都御史抚治在前，命赞朱永等军务在后，今分书之。

15 晋吏部尚书王翱太子太保。

时翱年逾八十，屡疏乞休，辄慰留。至是诏"雨雪免朝参"。

16 以旱灾，免陕西延安等府税粮凡八万七千一百石有奇。

17 夏，四月，甲申，河南钧州地震有声，凡二十三日止。

18 是月，以都给事中张宁为汀州知府，修撰岳正为兴化知府，大学士李贤出之也。

先是尚书王竑荐宁堪任佥都御史，正堪任兵部侍郎，贤皆不悦。至是廷推兵部侍郎，清理贴黄，以正与宁名并上，诏责其会举多私。乃托以历练，票旨出二人于外，士论为之不平。

19 五月，戊申，诏修比干庙，命有司春秋致祭。

20 戊午，荧惑守南斗。

21 辛酉，大雨雹。壬戌，上避正殿，减膳，敕群臣修省。

22　是月,四川贼平。

先是何洪等既败,绵竹典史萧让率乡兵击赵铎,破之。官兵继进,其党稍散去。铎势孤,率余贼走彰明,千户田仪等设伏梓潼,参将周贵分兵直捣贼巢。贼大败,夜奔石子岭。仪侦知之,追及,手刃铎,铎堕马,斩之,传首成都。【考异】四川贼平,三编系之五月,据明史何洪传,书云:"成化元年正月也。"按三编据实录,此条系辑览所遗,补入是年之五月,必不误。疑明史"五"字误作"正"字。

23　六月,庚子,革太平侯张瑾、兴济伯杨宗爵。

二人俱以夺门功封,石亨既败,诸以夺门冒功者皆革夺,唯瑾、宗袭封如故。至是有指挥同知董源等援例乞复,(道)〔遂〕并革瑾、宗。以瑾为锦衣指挥使,宗指挥同知。【考异】明史本纪不载。三编、辑览系之六月。证之明史功臣表为六月庚子,今据之。

24　是月,佥都御史韩雍大会诸将于南京。

时朝议用兵两广,编修丘濬上书李贤,言"贼在广东者宜驱,在广西者宜困",贤善之,上于朝,诏录其书示诸将。诸将多主其说,欲分兵两广,雍不可,曰:"贼已蔓延数千里,而所至与之战,是自敝也。宜全师直捣大藤峡,贼之巢穴所在。腹心既隳,控制四面,如常山之蛇,动无不应,可迎刃解耳。舍此不图而分兵四出,贼益奔突,郡邑益残,所谓救火而嘘之也。"诸将皆曰:"善!"赵辅亦知雍才足办贼,军谋一听之。雍遂率诸将倍道趋全州。

25　秋,七月,己酉,免天下军卫屯粮十之三。

26　甲子,振两畿、湖广、浙江、河南饥。

时给事中袁方等上言："比来救荒无术，老弱转死，丁壮流移。南阳、荆、襄流民十余万，两京、浙、豫，或水或旱，禾麦无秋。乞敕官司振济。"于是命抚治河南王恕及浙、豫抚、按各振其属。【考异】振两畿等省，明史本纪系之七月。三编系之八月，盖因遣沈义、吴琛等牵连并记也。今据本纪分书之。纪中不书湖广，今据三编增。

27　甲戌，玛拉噶犯榆林，巡抚陕西项忠会诸军合御之。

28　八月，丁〔壬〕〔丑〕，复遣工部侍郎沈义往保定，佥都御史吴琛往淮扬。时廷议请缓征盐钞逋赋，从之。

　义、琛奉使无所陈，惟条上纳粟事例，既而皆以不恤民瘝斥罢。

29　辛巳，瘗暴骸。

30　庚寅，玛拉噶寇延绥，总兵官房能败之。

31　癸卯，修玉牒成。

32　是月，改右都御史李宾为南京兵部尚书。

33　九月，兵部尚书王竑致仕。

　张宁、岳正之出外也，上以廷推不实，罢会举例，竑闻之，愤然曰："吾尚可居此耶！"即引疾求退。上方向用竑，优诏慰留，日遣医视疾。竑请益力，至是始许之。竑既去，中外荐章百十上，并报寝。

34　是秋，韩雍会诸军趋桂林，斩失机指挥李英等四人以徇，军威大振。乃按地图，与诸将议曰："贼以修仁、荔浦为羽翼，宜先收二县以孤贼势。"乃督兵十六万，分五道，先破修仁之贼。穷追至力山，禽千二百余人，斩首七千三百级，荔浦亦定。乃议趋浔州。【考异】据纪事本末、宪章录，皆书大军抵浔于十月,证之雍传,则先平修仁,荔浦其次第也。其事当在八九月间,今系之是秋下。

35 冬,十月,鞑靼玛拉噶等复大入延绥,诏大同总兵官杨信、宁夏总兵官李杲、陕西巡抚项忠等合击之。官兵力战,乃引去。【考异】玛拉噶寇延绥,三编系之是年十月,诸书皆在七月。证之鞑靼传,云"是秋散掠延绥,冬复大入",今据分书之。

36 是月,以王复为兵部尚书。

37 十一月,韩雍、赵辅等率官兵、土军长驱至大藤峡口。

先是雍至浔州,延问父老,皆曰:"峡天险,不可攻,宜以计困之。"雍曰:"峡延袤六百余里,安能使困?兵分则力弱,师老则财匮,贼何时得平?吾计决矣。"比至峡口,有儒生、里老数十人,伏道左请为向导,雍见,即大声曰:"贼敢绐我!"叱左右缚斩之。左右皆愕。既缚而袂中利刃出,推问果贼也,悉支解之。贼闻,大惊曰:"韩公天神也!"

雍寻督诸军水陆并进,分遣总兵官欧信率五哨兵自象州、武宣攻其北,自率八哨兵,与赵辅、都指挥白全等自桂平、平南攻其南,复分二哨兵遣参将孙震等从水路入,又分兵扼诸隘口。贼魁侯大狗等凶惧,移其累重于桂州横石塘,而立栅南山,多置滚木、礌石、镖枪、药弩以拒大军。

38 十二月,乙亥朔,韩雍、赵辅大破猺贼于大藤峡。

是时贼死拒,分守要隘。雍等率水陆诸军齐进,拥团牌登山,殊死战,连破石门、林峒、沙田、右营诸巢,焚其室庐积聚,贼皆奔溃。官军伐木开道,直捣横石塘及九层楼诸山寨。贼复树栅数重,凭高以拒。我军诱贼发矢石,度且尽,雍躬督诸军缘木攀藤上,别遣壮士从间道先登,据山

顶举炮。贼不能支，遂大败。先后破贼三百二十四寨，生
禽大狗及其党七百八十人，斩首三千二百余级，坠溺死者
不可胜计。

先是峡中有大藤如虹，横亘两崖间，昼沉夜见，贼以为
神。及是雍用斧断之，改名断藤峡，勒石纪功而还。

捷闻，赐敕嘉劳。寻召赵辅还，进雍右副都御史，提督
两广军务。【考异】韩雍平大藤峡贼，据明史本纪在十二月，证之雍传，则
以十月至浔州，十二月朔破峡贼，中间尚隔一月。考纪事本末言"雍军以十一
月抵浔州，长驱至峡口，十二月朔破之。"又据明史土司传赵辅等平大藤峡贼
奏中，言"十一月，师次浔州，期以十二月朔日水陆并进"云云，则是破贼在十
二月之朔，若其部署进兵则十一月事也。是年十二月朔为乙亥，他本有作"十
一月朔"者，传写之误耳。

39 初，王恕奉抚治河南之命。会丁母忧，诏奔丧两月，即
起视事。恕辞，不许，始莅任，悬榜晓谕，而未受征讨之命。

贼狃为故常，横掠如故。恕闻于朝曰："民可抚，而奸
民好乱者，非慑以兵威，贼未易平也。"廷议皆以为然。癸
卯，命抚宁伯朱永为靖虏将军，充总兵官，太监唐慎监军，
工部尚书白圭提督军务，会恕及湖南总兵官李震合兵讨
之。【考异】明书及明史纪事本末皆书命朱永、白圭等讨荆襄贼于五月，与
明史所记是年之十二月，相差半年。若谓牵连并记，则荆、襄之盗，据三编起于
三月，纪事本末起于四月，而命将出师，则有纪载日月可凭，非奏报先后迟速之
比也。证之明史王恕传，"当盗初起时，欲以王恕抚治河南，剿抚兼施。而恕
是时丁母忧，诏奔丧后起复，恕辞，不许。"是恕莅抚治任当在秋间，迨抚治不
效，始请出师，故恕奏中有"民可抚，而奸民好乱，宜慑以兵威"之语。据此，则
是年十二月命将，出自王恕之请明矣。今据明史本纪及恕传。

40 是冬，无雪。

二年(丙戌、一四六六)

1 春,正月,戊申,更定团营制。

先是上即位,复立团营,逾年改元,复罢之。至是御史魏瀚等上言:"备边之策,莫要于训练营兵以为缓急之用。今京师军士不下三十余万,或占役于私家,或借工于公府,或买闲而输月钱,或随从而备使令,其操练者不过老弱充伍。且马多羸瘠,器非犀利。以之折冲御侮,安能挫锐摧锋?"又言:"选练一事,尤系于兵部之得人。今尚书王复,质实有余,应变不足,处此多事之秋,未见其济。"上曰:"王复升任未久,难责近效。前于三营内选拨精锐官军十二万,分为十二营团练,情弊多端,益滋废弛。今还归三营,分一等、次等训练。仍差给事中、御史不时巡察。"寻由兵部会同京营提督选得一等军十四万有奇,上以数多,仍令分十二营团练,名其军曰"选锋"。不任者仍归本营,区其名曰"老家"以供役。于是团营复立,而其法又稍变云。

【考异】明史本纪,"天顺八年,宪宗嗣位。其年三月,复立团营。"又,"成化二年正月,罢团营。三年四月,复立团营。"据此,则团营以天顺八年复,成化二年罢,三年又复也。三编天顺八年三月复立团营目中,则云"明年正月复罢去,又明年复立"。据此,则团营之罢在元年,复在二年,与明史本纪不合。证之宪章录、典汇诸书,皆言"二年复立团营"。考之明史兵志,"二年罢十二营,统归三营团练。"故诸书或以为罢,或以为复。三年之复,则帝见人数太多,仍分十二营操练,其实复仍在二年也。今参明史兵志汇书之,仍据三编年月。

2 乙卯,大祀南郊。

3 辛酉,奉英宗神主祔太庙。

4 壬戌,皇长子生,万贵妃出也。上大喜,遣中使祀诸山川。

5　己巳，命九卿举堪任布、按二司者。自是仍复三品荐举例。

6　二月，癸未，命礼部侍郎邹幹巡视畿内饥民，振之。

7　己丑，虏犯保德。

8　三月，甲辰，赐罗伦等进士及第、出身有差。

伦吉安之永丰人。【考异】江西明时有两永丰，一广信辖，一吉安辖。故明史伦传书其里贯，加"吉安"二字，今从之。为诸生，即有志圣贤学。尝曰："举业非能坏人，人自坏之耳。"知府张瑄悯其贫，周之粟，谢不受。居亲丧，逾大祥始食盐酪。至是廷试，对策万余言，直斥时弊，名震都下。

9　己酉，大学士李贤父卒，诏起复，三辞，不许。令奔丧，遣中官护行营葬。

10　辛亥，册封万氏为贵妃。

11　乙卯，朱永等大破荆、襄贼刘通于南漳。

先是湖广总兵官李震，方平苗贼归，闻刘千斤之乱，乘胜进讨，屡败之。追及于梅溪贼巢，官军失利，都指挥以下死者三十八人，有诏切责。白圭等大军至，震自南漳进兵合击，败之。会永疾留镇，侦贼巢穴在襄阳房县、豆沙河等处，万山之中，列为七屯。白圭奏闻，议分兵四路蹙之。上曰："兵不可遥制。"敕圭等相机进剿。

12　是月，诏李震讨靖州苗。

先是湖广五开诸卫，与贵州之黎平等府接壤，上乃复命震兼镇贵州，获贼首苗虫虾。至是武冈、沅靖、铜鼓、五开苗复蜂起,巡抚王俭不能讨,复以命震。【考异】明史本纪书李震破靖州苗于三年,据其平苗之年月也;三编书于是年三月;据震讨贼之年月也。证之震传,震兼镇贵州及获苗虫虾皆在元年,今汇书之。

13 巡抚延绥都御史卢祥等上言:"营堡兵少,而延安、庆阳府州县边民多骁勇,习见北房,敢与战斗。若选作士兵,练习调用,必能奋力各护其家,有不待驱使者。"上命兵部覆奏,部臣奏请敕御史往,会官点选。

于是延安之绥德州、葭州,庆阳之宁州、环县,皆选民丁之壮者编成什伍,号曰"土兵";其籍为兵者,量免户租。时得丁壮五千余名,委官训练听调。诏如法行之。

14 闰月,癸酉,振南畿饥。

时江淮大旱,人相食,诏发淮、徐仓米四十万石振之。又,副都御史林聪,请贷苏、松漕粮及支运余粮,悉以备振,皆从之。

15 乙未,朱永、白圭大破荆、襄贼刘通等。

时贼据险拒我,圭等督诸军分道进击,遂逼其巢。通奔寿阳,谋走陕西,圭遣兵扼其饷道。通乃退保大市,与苗龙合,官军又破之雁坪,斩通子聪及苗虎等。贼退保后岩山,据险下木石如雨。诸军四面仰攻,圭往来督战,士皆蚁附而登,贼不能支,遂大败。生禽通及其众三千五百余人,获贼属子女万一千六百余人。械通至京师,磔之。其党石龙、刘长子遁去,逸入四川。【考异】禽刘千斤,明史本纪系之闰三月,纪事本末及典汇均系之五月。又,明史作"闰三月乙未",明史稿作"闰月癸巳",今月日皆据明史。惟三编元年三月目中,记白圭禽刘通等于明年之夏,疑所据各不同耳。

16 夏,四月,倭寇浙东。

17 擢掌新会县事广州府同知陶鲁为广东按察司佥事。

　　鲁从韩雍征大藤峡,雍在军严重,独于鲁虚己下之,用其策辄有功。至是两广贼平,雍请擢用之,专治新会、阳江、阳春、泷水、新兴诸县兵。【考异】陶鲁擢佥事,见明史本传,在成化二年。宪章录系之四月,今从之。

18 五月,癸酉,修撰罗伦劾大学士李贤。

　　时伦登第甫逾二月,会贤奉诏还朝,伦诣贤,沮其起复,不省。乃上疏曰:"臣闻朝廷援杨溥故事,起复大学士李贤。臣窃谓贤大臣,起复大事,纲常风化系焉,不可不慎。曩陛下制策有曰:'朕夙夜拳拳,欲正大纲,举万目,使人伦明于上,风俗厚于下。'窃以明人伦,厚风俗,莫先于孝。在礼,子有父母之丧,君三年不呼其门。子夏问:'三年之丧,金革无避,礼与?'孔子曰:'鲁公伯禽有为为之也。今以三年之丧,从其利者,吾弗知也。'陛下于贤,以为金革之事起复之与? 则未之有也。以大臣起复之与? 则礼所未闻也。

　　夫人君当举先王之礼教其臣,人臣当守先王之礼事其君。昔宋仁宗尝起复富弼矣,弼辞曰:'不敢遵故事以遂前代之非,但当拯礼经以行今日之是。'仁宗卒从其请。孝宗尝起复刘珙矣,珙辞曰:'身在草土之中,国无门庭之寇,难冒金革之名,私窃利禄之实。'孝宗不抑其情。此二君者未尝以故事强其臣,二臣者未尝以故事徇其君,故史册书之为盛事,士大夫传之为美谈。此无他,君能教臣以孝,由臣孝可移于君也。自是而后，无复礼义，<u>王黼</u>、<u>史嵩之</u>、<u>陈宜中</u>、<u>贾似道</u>之徒，皆援故事起复。然天下坏乱，社稷倾危，流祸当时，遗讥后代。无他，君不教臣以孝，臣无孝可移于君也。

陛下必欲<u>贤</u>身任天下之事，则<u>贤</u>身不可留，口实可言。宜降明诏，俾如<u>刘珙</u>得以言事，使<u>贤</u>于天下之事，知必言，言必尽，陛下于<u>贤</u>之言，闻必行，行必力，<u>贤</u>虽不起复，犹起复也。苟知之而不能尽言，言之而不能力行，<u>贤</u>虽起复，无益也。

且陛下毋谓庙堂无贤臣，庶官无贤士。君，盂也；臣，水也。水之方圆，盂实主之；臣之直佞，君实召之。陛下诚于退朝之暇，亲直谅博洽之臣，讲圣学君德之要，询政事得失，察民生利病，访人才贤否，考古今盛衰，舍独信之偏见，纳逆耳之苦言，则众贤群策毕萃于朝，又何待违先王之礼经，损大臣之名节，然后天下可治哉！

臣伏见比年以来，朝廷以夺情为常典，缙绅以起复为美名，食稻衣锦之徒，接踵庙堂，不知此人于天下之重何关耶？且妇于舅姑，丧亦三年；孙于祖父母，服则齐衰。夺情于夫，初无预其妻；夺情于父，初无于其子。今或舍馆如故，妻孥不还，乃号于天下曰：‘本欲终丧，朝命不许。’虽三尺童子，臣知其不信也。为人父者所以望其子之报，岂意至于此哉！为人子者所以报其亲之心，岂忍出于此哉！枉己者不能直人，忘亲者不能忠君，陛下何取于若人而起复之也？今大臣起复，群臣不以为非，且从而赞之；群臣起复，大臣不以为非，且从而成之。上下成俗，混然同流，率天下之人为无父之归，臣不忍圣明之朝，致纲常之坏，风俗之弊，一至此极也。

愿陛下断自圣衷，许贤归家持服；其他已起复者仍令奔丧；未起复者悉许终制。脱有金革之变，亦从墨衰之权，使任军事于外，尽心丧于内。将朝廷端则天下一，大臣法则群臣效，人伦由是明，风俗由是厚矣。"

疏入，谪福建市舶司副提举。御史陈选疏救，不报。

御史杨琅复奏言："天下之士气，与国家之元气相流通，士气之壮弱，即元气之消长系焉。陛下即位以来，颁布明诏，开广言路，以振作鼓舞天下之士气。未几而王徽等以进言远斥，士气为之一沮；至是罗伦又以论事补外，士气为之再沮。夫士气之在国家，鼓舞振作，尚恐其不振，况从而沮抑之？将误佞成风，聪明日壅，甚非朝廷之福也。乞追回王徽、罗伦等，复其旧职，以作士气。"

奏入，有旨切责。

尚书王翱以文彦博救唐介事讽贤，贤曰："潞公市恩，归怨朝廷，吾何可效之！"卒不听。【考异】据明史本纪，贤丁父忧在三月，起复被劾在五月。证之罗伦传，言"伦廷试授修撰 逾二月，大学士李贤奔丧毕，奉诏还朝。伦诣贤沮之，不听，乃上疏"云云。是年三月有闰，则所谓逾二月者，正五月也。又宰辅表，李贤三月丁忧，五月起复，与本纪月分合。明史稿书伦劾贤于三月，盖因置丁忧连记之，弇州以为九月，非也。贤之丁忧，去伦登第仅五日，明史分书，今从之。○援文彦博救唐介事讽贤，明史、三编以为王翱，宪章录、皇朝通纪皆作尹直，今从正史。

19 己卯，禁侵损古帝王忠臣、烈士、名贤陵墓，犯者论罪。

20 是月,召白圭还。时朱永疾愈,命率兵搜剿余贼。

21 六月,甲辰,赵辅班师还。

时韩雍留镇两广,散遣诸军以省馈饷。而遗孽侯郑昂等复乘虚攻陷浔州及洛容、北流二县。雍被劾引罪,上以其功大,勿问。

22 乙巳,免今年天下屯粮十之三。

23 壬子,玛拉噶寇延绥,诏彰武伯杨信为平虏将军,充总兵官,太监(斐)〔裴〕当监督军务,会陕西巡抚项忠御之。

信时镇守大同。兵部尚书王复等议,以"大举搜套,必主将得人。杨信旧镇延绥,稔知地利,宜召还京,面受成算。其陕西、延绥、宁夏、甘凉、大同、宣府镇巡诸官,亦宜令整饬兵备,候期调发"。于是信复以议事召还。

24 是月,巡按湖广御史王瀛奏:"贼首石和尚,即刘千斤之党石龙者,集众千余,焚劫四川巫山、大昌等县,杀夔州通判王祯、奉节县典史及百户二人俱遇害。"兵部王复等请敕白圭督京营、山东官军分往剿捕,仍敕四川守臣驰赴夔州,调兵策应。

25 秋,七月,辛巳,封弟见治为忻王,见沛徽王。

26 戊戌,玛拉噶犯固原。

27 是月,学士彭时乞归省,许之。

28 八月,丁巳,玛拉噶犯宁夏,都指挥焦政战没。

时杨信未至,而项忠御寇于延绥。兵部劾忠,诏特宥之。

29 丁卯,复故少保于谦子冕官。

冕以荫授副千户,谦冤既雪,诏复冕官,自陈不愿武职,改兵部员外郎。

复遣行人往祭谦墓,制词有云:"当国家之多难,保社稷以无虞。惟公道之独持,为权奸所并嫉。在先帝已知其枉,而朕心实怜其忠。"一时朝野传诵之。

³⁰ 是月,遣兵部尚书王复整饬延绥边备,左都御史李秉整饬大同边备。

复至陕西,自延绥抵甘肃,相度形势,上言:"延绥东起黄河岸,西至定边营,接宁夏花马池,萦纡二千余里,险隘俱在内地。而境外乃无屏障,止凭墩堡以守。一旦有事,军反居内,民顾居外,官军未行而民遭掠已尽矣。又西南抵庆阳,相去五百余里,烽火不接,寇至民犹不知。其迤北墩堠,率皆旷远,非御边长策。请移府谷、响水等十九堡置近边要地,而自安边营接庆阳,自定边营接环州,每二十里筑墩台一,计凡三十有叼,随形势为沟墙。庶声息相闻,易于守御。"诏兵部议行之。

秉至大同,首劾镇守中官李良、总兵官武安侯郑弘失律罪,军政肃然。

³¹ 冬,十月,丁未,朱永、白圭等诱执石和尚。

时石和尚、刘长子聚众巫山,圭遣参将喜信、鲍政、都指挥白玉合兵围之。贼饷绝,乞降。圭遣指挥张英往诱之,刘长子遂缚石和尚送喜信营,受之。长子诣信营乞食,信饷之,俾居近营。已,并诱执刘千斤妻连氏及其伪职常通、王靖、张石英等六百余人。事闻,诏搜捕,余贼悉平。

诸将忌张英功,谮于永,谓英多获贼贿,以事捶杀之。遂班师。【考异】禽石龙月日,见明史本纪。证之白圭朱永等传,大略相同。而宪章录及纪事本末较详,纪事并及朱永杀张英事,三编质实亦引之。又,明史朱永传,言"永进讨石龙、冯喜,皆捷"。冯喜诸书皆不见,宪章录以为即刘长子也,俟考。

32 十一月,庚辰,以平大藤峡贼功,封赵辅为武靖伯。

时浔州报至,言官交劾辅等。而广西巡按御史端弘,谓"贼流毒方甚,而辅妄报贼尽,冒封爵,不罪辅无以示戒"。辅乃自陈战伐,委其罪于守将欧信,上皆弗问。

33 甲午,皇子薨。万贵妃自此不复娠,而擅宠如故。

34 是月,磔石龙、刘长子等七十三人于市,斩其家属五十二人。

35 十二月,甲寅,李贤卒。

阁臣得君,自三杨后,无如贤者。贤亦自以受知人主,所言无不尽。及是卒,上震悼,赠太师,谥文达。

贤立朝三十余年,一时翕然称贤相,然其自郎署受知景帝,荐擢卿贰,而著书诋帝荒淫,多过其实。其抑叶盛,挤岳正,不救罗伦,尤为世所短云。

薛应旂曰:文达之卒,陈文志其墓,谓其"量弘而福厚,大臣遭遇之隆,无与比者"。夫福诚厚矣,遭遇隆矣,但其忌张宁、岳正、王徽、王渊,俾终身弃置,而夺情恋位,不能释憾于罗伦,吾未见其量之弘也。王鏊言:"国朝三杨后,得君最久,无如李贤者,亦能展布才猷。然在当时亦以贿闻。"夫为相而以贿闻,此攘窃之流也,比来盖接踵矣,虽少有才猷,皆矫伪以自文耳,安足论哉!

36 丙辰,太常寺少卿兼翰林院侍读学士刘定之,入阁预机务。时以李贤之卒,故有是命。

定之谦恭质直,以文学结人主之知。尝有中旨命制元宵灯诗,中使却立以俟。定之据案伸纸,立成七言绝句百首,上嘉赏之。

37 是月,镇守开原太监韦朗,坐失律当逮治。时内侍谄事万贵妃,日进美珠珍宝,遂争假采办名,先后出监大镇。至是朗坐罪,其同官镇守太监李良上言:"昔武侯失律街亭,韩琦丧师西夏,兵家之常,未尝以一眚遂弃。请宥朗戴罪立功。"兵部覆奏,谓:"朗私役军人,贻误大事,岂得援诸葛、韩琦以为比! 宜勿许。"然内批仍赦不问。

38 是冬,工部尚书白圭丁忧,诏葬后起复。

39 玛拉噶复犯延绥,参将汤允绩战死。杨信等无功,搜套师亦竟不出。【考异】汤允绩战死,诸书或系之三年,或系之是年之七月。证之明史鞑靼传,言"是年夏,大入延绥,冬,复入延绥,允绩战死"。是玛拉噶一夏一冬两犯延绥,今据之。

40 广西再乱,诸贼所在蜂起,思恩、浔宾、柳城,悉被扰掠,流劫至广东钦、化二州。韩雍四路剿捕,分遣佥事陶鲁、广东高州知府孔镛,大破剧贼廖婆保于钦、化二州。玺书嘉劳。【考异】明史本纪,十二月书云:"是月断藤贼复起。"证之韩雍、赵辅等传,广西遗孽,在辅班师之后,故诸书多系之七八月间。若本纪所记十二月,疑韩雍奏平之月日也。又证之陶鲁传,言"是年冬破钦、化二州之贼",而证之韩雍传中,亦云"两广之贼应时殄灭",其在赵辅进封之前后可知。今据之,统系于是年之冬。

41 是岁,刑部员外郎彭韶,疏论"佥都御史辽东巡抚张岐憸邪,请召王竑、叶盛、李秉"。忤旨,下诏狱。给事中毛弘上书论救,不听。卒输赎,后迁郎中。

三年(丁亥、一四六七)

1 春,正月,壬申,抚宁伯朱永以平贼功,进爵为侯。加白圭太子少保。

2 己卯,大祀南郊。

3 丙申,命朱永充总兵官,会杨信讨玛拉噶,副都御史王越参赞军务。

是时鞑靼诸部内争,保喇弑蒙古勒克青吉思,玛拉噶又杀保喇,更立他汗。而居河套之阿勒楚尔者,复与玛拉噶仇,因自杀所立汗,逐阿勒楚尔而遣使入贡。寻渡河入大同,诏永等往御之。会玛拉噶再乞通贡,而别部长颇罗萧旧作孛鲁乃。亦遣人来贡,上许之,敕永等驻军塞上。

4 二月,丁酉朔,日有食之。

5 丁巳,李震大破靖州苗,平之。

震平苗虫虾后,湖广诸苗复起,密迩贵州,两省告警。震以贵州终难遥制,请专镇湖广,许之。乃还兵由铜鼓、天柱分四道进,直抵清水江,因苗为导,深入贼境。两月间破巢八百,焚庐舍万三千,斩获三千三百,而广西猺贼劫桂阳者,亦击斩三千八百有奇。

当是时,震威名著西南,苗、獠闻风畏慑,时呼为"金牌李"。

6　是月，召彭时还。

7　御经筵。

故事，经筵讲毕辞退，上必口宣赐酒馔，阁臣讲官承旨叩谢出。及是刘定之请"照例宣赐，毋烦玉音"，自是君臣之间无一词相接，人咸以定之巽顺为过云。

8　三月，戊辰，召商辂为兵部侍郎兼学士，复入阁。辂自罢斥后，英宗以己所取士，欲用之，终以忌者而止。至是召至京师，命以故官入阁。辂疏辞，上曰："先帝已知卿枉，其勿辞！"首陈勤学、纳谏、储将、防边、省冗官、设社仓、崇先圣号、广造士法，凡八事，上嘉纳之。

其言纳谏也，请"召复元年以后建言被斥者"。于是罗伦及言事被谪汉阳知府孔公恂等皆召还，复其官。时给事中毛弘请"断自践阼而后，召还给事中王徽等"，不许。

伦亦改官南京，居二年，引疾归，遂不复出，屏迹金牛山，筑室著书其中，四方从学者甚众。又十四年卒。嘉靖初，以御史唐龙请，追赠左春坊谕德，谥文毅，学者称一峰先生。

9　己巳，玛拉噶复犯大同。

10　辛巳，复开浙江、福建、四川、云南银场，以内臣领之。

11　是月，召李秉还。

12　户部尚书马昂及副都御史林聪，清理京营文案，阁臣陈文谓"必得内臣共事，始可划除宿弊"，因荐太监怀恩，从之。——恩原姓戴，相传以为前兵部侍郎戴纶之族弟也。

逾月，进聪右都御史。

13 夏,四月,四川自去年六月至于是月,地凡三百七十五震。壬寅,敕所在官吏修省,遣使祭其山川。

14 乙巳,录囚。

15 是月,改王复为工部尚书。

复自延绥还,言者谓治兵非其所长,乃起复白圭为兵部尚书,督十二团营。

16 刑科给事中毛弘偕六科诸臣上言:"比塞上多事,正陛下宵衣旰食时。乃闻退朝之暇,颇事逸游,炮声数闻于外,非禁地所宜有。况灾变频仍,两畿水旱,川、广兵革之余,公私交困。愿省游戏宴饮之娱,停金豆、银豆之费,日御经筵,讲求正学。庶几上解天怒,下慰人心。"御史展毓等亦以为言,上皆嘉纳之而不能用。

17 五月,壬申,宣府、大同地震有声,威远、朔州亦震。敕镇、巡官警备。

18 是月,荆门州训导高瑶抗疏陈十事。其一言:"正统己巳之变,先帝北狩,陛下方在东宫,宗社危如一发。使非郕王继统,国有长君,则祸乱何由平,乘舆何由返?六七年间,海宇宁谧,元元乐业,厥功不细。迨先帝复辟,贪天功者遂加厚诬,使不得正其终,节惠隳祀,未称典礼。望特敕礼官集议,追加庙号,尽亲亲之恩。"章下廷议,久不决。

时给事、御史多以建言获谴,言路大阻。惟瑶以卑官建危言,卒无罪。【考异】高瑶请加景帝庙号,宪章录、明书皆系之是年之五月,证之明史瑶传,特书"成化三年五月",今据之。

19 复命都御史李秉督师辽东。【考异】秉以三月召还,五月督师辽东,皆见明史七卿表。

20　六月,戊申,雷震南京午门。诏群臣修省。【考异】明史书雷震于六月戊申,三编亦系之六月,皆据实录也。明史稿作"七月乙酉",盖下诏修省及停采办之月日,牵连并记耳。今从明史、三编。

时言官劾罢户部尚书张睿、南京侍郎俞纲等。于是陈文、彭时、商辂、刘定之、姚夔并乞免,上皆慰留之。

21　辛酉,诏襄城伯李瑾为征夷将军,充总兵官,讨山都掌蛮,太监刘恒监军,晋兵部侍郎程信为尚书,是督军务。

初,四川戎县蛮数叛,上敕总兵官进剿,屡破贼寨,移兵珙县,进至戎县,贵州兵亦至,抵金鹅池,遂合攻大坝,斩获甚多,以捷闻。而蛮性叛服不常,军还复出寇,至是陷合江等九县,所过屠城,赤地千里,廷议大发兵讨之。信言:"山势险恶,必得土兵为之向导。请敕诸土司集兵听调,仍守境勿纵贼逃。"从之。

22　秋,七月,乙酉,停河南采办。

23　是月,吏部尚书太子太保王翱以病免。

翱致仕,未出都,越三月卒,赠太保,谥忠肃。

翱清心寡欲,方严质直。典铨十余年,门无私谒。有所论荐,不使人知,尝曰:"吏部岂快恩怨地耶!"自奉俭素,历仕五十三年,第宅服食不改于旧。与李贤同得上眷,而方执过之。惟性不喜南士,所引用多北人,时颇以此少之。

24　八月,巡按江西御史赵敔上言:"江西赋繁官少,催征不力,逋负遂多。请增设司府佐贰官,俾专督理。"报可。于是增布政使参政一,南昌、吉安、抚、袁、临江、饶、瑞七府同知各一。

25　是月,<u>英宗睿皇帝</u>实录成。阁臣<u>陈文</u>、<u>彭时</u>、<u>刘定之</u>皆加官,余总裁、纂修官升赏有差。

26　九月,辛未,振<u>湖广</u>、<u>江西</u>饥。

27　是秋,<u>叶盛</u>自<u>宣府</u>召还,迁礼部右侍郎,偕给事<u>毛弘</u>按事<u>南京</u>。还,改吏部,以<u>王越</u>巡抚<u>宣府</u>。

28　虏陷<u>开城</u>,知县<u>于达</u>教死之。徙<u>开城县</u>于<u>固原</u>。

29　冬,十月,<u>南京</u>司礼监内官家人<u>阮权</u>盗<u>南京</u>太宗神御珠冠、金盆等物,事觉,伏诛。

30　十一月,乙亥,封<u>周寿</u>为庆云伯。——<u>寿</u>,<u>周太后</u>弟也。

31　十二月,庚子,礼部以追崇<u>景泰</u>庙号,不敢擅议,请上裁决。时<u>高瑶</u>疏报:"闻左庶子<u>黎淳</u>追论<u>景泰</u>废立事,且以<u>昌邑</u>、<u>更始</u>为比,谓不宜复。"上曰:"此已往事,朕不介意。<u>淳</u>为此奏,欲献谄希恩耳。"议遂寝,然上终感<u>瑶</u>言。

32　辛丑,杖翰林院编修<u>章懋</u>、<u>黄仲昭</u>、检讨<u>庄㫤</u>。

　　时以明年上元张灯,命词臣撰诗词进奉。<u>懋</u>、<u>仲昭</u>、<u>㫤</u>同疏进谏,略曰:"陛下命撰<u>鳌山</u>烟火诗,词臣等窃谓非陛下本怀,或以两宫圣母在上,欲备孝养,奉欢心耳。然大孝在乎养志,未可徒陈耳目之娱以为养也。今<u>川东</u>未靖,<u>辽左</u>多虞,<u>江西</u>、<u>湖广</u>,赤地数千里,此正陛下宵旰焦劳,两宫圣母同忧天下之日。至翰林官以论思为职,<u>宣宗皇帝</u>御制翰林箴曰:'启沃之言,惟义与仁。<u>尧</u>、<u>舜</u>之道,<u>邹</u>、<u>鲁</u>以陈。'张灯岂<u>尧</u>、<u>舜</u>之道,诗词岂仁义之言!帝王谨小慎微,必矜细行者,正以欲不可纵,渐不可长也。乞停止烟火,移此视听,明目达聪,省此资财,振饥恤困,则灾祲可消,太平日致矣。"

上以元夕张灯，祖宗故事，责懋等妄言，杖之阙下，谪懋、仲昭知县，昊通判。时以与罗伦言事被黜相先后，人称为"翰林四谏"云。

33 是月，以李秉为吏部尚书。

秉自辽东召还，仍掌都察院事。及是王翱卒，廷推代者，上特擢秉任之。

秉锐意澄仕路，监生需次八千余人，请分别考核，黜庸劣者数百人。【考异】秉擢吏部事，见本传。证之七卿表，以十一月召还，十二月任吏部尚书，今据之。

34 是岁，扬州盐寇起，守兵失利，诏南京佥都御史高明讨之。

明造巨舰，名曰"筹亭"，往来江上督战，并江置逻堡候望，贼踪迹无所匿，遂平之。

内官鬻私盐者，据法没入官，盐政大治。因条上利病十余事，多议行。

35 广西贼首黄公汉等猖獗于思恩、浔州，按察佥事陶鲁偕参将夏鉴等连败之。未几，贼陷石康，执知县罗绅，鲁复偕鉴追击之六菊山，败之。

明通鉴卷三十一

江西永宁知县当涂 夏　燮 编辑

纪三十一 起著雍困敦(戊子),尽上章摄提格(庚寅),凡三年。

宪宗纯皇帝

成化四年(戊子、一四六八)

1　春,正月,甲戌,大祀南郊。

2　是月,武靖伯赵辅进封侯,予世伯券。

3　给事中毛弘率六科论救章懋等,略曰:'古人有言曰:'君明则臣直。'今懋等敢言直谏,实由陛下圣明有以致之。既不深罪其言,而又改调外任,恐远近流传,非盛德事也。伏望从宜处置,以慰人心,息物议,而于国家大体亦有裨益。'疏上,调懋等南京评事、行人等官。

4　二月,以水旱,免直隶高邮州成化三年秋粮六万五百七十石有奇。

5　三月,甲子,以湖广去年旱,免荆州等处十四府、七十五州县并武昌等二十三卫所粮凡一百七万三千余石。

6　甲申,诏"中外势家毋得擅请田土"。

先是有番僧扎实巴勒旧作劄实巴。乞静海地为常住田，嘉善公主求文安地数百顷，德王请寿张地四千余顷，皆予之。户科给事中丘弘偕同官上言："洪武、永乐间，以畿辅、山东土旷人稀，诏听民开垦，永不科税。迩者权豪怙势，率指为闲田，朦胧奏乞，如嘉善公主、西天佛子扎实巴勒等，求地多者至数十百顷。夫地逾百顷，古者百家恒产也，岂可徇一人之私而夺百家之恒产哉！"上纳其言，诏："自今请乞皆不许，著为令。"仍敕"扎实巴勒等所乞还之于民"。

明通鉴

【考异】丘弘上疏，见明史本传，在四年之春，本纪书三月下诏，以弘奏故也。番僧乞田，已见弘疏中，上纳弘言。（今）〔令〕还其田于民，则其事必在四年三月之前。明书系之是年九月，误也，今据三编系之三月之末。

7 是月，昏雾蔽天，不见星日者累昼夜。

8 改户部侍郎杨璇为右副都御史，抚治荆、襄、南阳流民。【考异】璇抚治荆、襄，即抚治河南之任也。王恕时内迁刑部侍郎，故以璇代之。宪章录、纪事本末皆系之是年之三月，今据增。

9 是春，提督两广军务韩雍，以两广地大事殷，请东西分设巡抚，从之，乃命陈濂抚广东，张鹏抚广西，而雍仍以总督专理军事。

10 夏，四月，甲午，追封太后父周能为庆云侯。

时庆云伯周寿，复以太后弟冒禁求涿州田六十余顷，上不得已许之。自是勋戚效尤者接踵矣。

11 丁巳，录囚。

12 陈文卒。

文素以才自许，在外颇著绩效，士大夫多冀其进用。及入阁参大政，无所建明，惟朝退引宾客故人置酒为曲宴。

专务请属，遇睚眦怨必报。及李贤以夺情为罗伦劾，文以己为詹事时方丁母忧，益内愧，于是阴助贤逐伦，益为时论所鄙。贤卒后，文益恣行，名节大丧。至是卒。

廷议谥庄靖，御史谢文详，礼部主事陆渊之，皆疏论文不当得美谥，上以事已施行，不许。【考异】陈文卒于四年，本纪系之是年四月丁巳下，证之宰辅表，亦云四月。惟明史稿书"五月甲寅"，误也，今从明史。

13　是月，加番僧封号。

是时番僧有扎巴罡勒灿者，旧作劄巴坚参。以秘密教得幸，封"万行庄严功德最胜智慧圆明能仁感应显国光教弘妙大悟法王西天至善金刚普济大智慧佛"，扎实巴勒旧译见上。为"清修正觉妙慈普济护国衍教灌顶弘善西天佛子大国师"，索诺木罝勒灿旧作琐南坚参。为"静修弘善国师"。其徒加封锡诰命者，不可胜计。服食器用，僭拟王者。出入椷舆，卫卒执金吾仗前导。其他羽流加号"真人""高士"者，亦盈都下。佞幸由兹更进矣。

14　召尚书程信还，与白圭同任兵部尚书。

先是，信奉诏讨四川山都掌蛮，请敕东川、芒部、乌蒙、乌撒诸府兵，并速调湖广、永顺、保靖兵，又青南京战马一千匹应用。比至，贼已攻烧上、下罗计等寨，乃督游击罗永忠等由永宁克期分道并进。贼败，遁入深箐。乘风纵火，先后焚贼寨二千，斩首三千有奇，生禽一千余人，获铠仗孳畜无算。又讨九姓苗之不奉化者，改大坝为太平川长官司，山都、水都，分地设官控制之，诸蛮慴息。四川遂平。【考异】程信自四川召还，七卿表系之是年四月。证之本纪，信平蛮在三年十二月,而信传所记皆在四年,今牵连记于四月召还之下。其瑾等赏功进爵,仍据功臣表分书之。

15 五月,癸未,遣官录天下囚。

16 六月,丙午,以旱灾,免江西秋粮二百八十八万六千三百余石。

17 辛亥,开城贼满俊反。

满俊,一名满四,其祖巴丹,以洪武初率所部归附,授千户。畜牧蕃息,又无科徭。俊素犷悍,藏匿奸盗。会有狱连俊,有司迹捕至其家,多要索,俊遂激众为乱。不数月,聚党数万,关中震动,诏陕西总兵官宁远伯任寿、巡抚都御史陈价讨之。——寿,宁远侯礼之子也。

18 甲寅,慈懿皇太后钱氏崩。

初,英宗北狩,钱后倾中宫赀佐迎驾,夜,哀泣吁天,遂损一目。及英宗在南宫不自得,后曲为慰解。洎英宗大渐,遗命曰:"钱皇后千秋万岁后,与朕同葬。"大学士李贤退而书之册。上即位,周皇后以己子,欲独上徽号,李贤、彭时力争,乃两宫并尊。及营裕陵,贤、时请营三圹,下廷议,中官夏时等希指不可,事竟寝。

至是太后崩,周太后不欲后合葬。上召大臣议,学士彭时首对曰:"合葬裕陵,主祔庙,定礼也。"翌日又问,时对如前。上曰:"朕岂不知,虑他日妨母后耳。"时曰:"皇上孝事两宫,圣德彰闻,礼之所合,孝之所归也。"时阁臣商辂、刘定之议皆同,乃合词奏曰:"皇上大孝,当以先帝心为心。今安厝慈懿太后于左,而虚右以待将来,岂非两全其美!"上颔之。

是夕，时等复疏言："汉文帝尊所生母薄太后，而吕后仍葬长陵；宋仁宗追尊生母李宸妃，而章献刘后仍祔太庙。今若陵寝之制稍有未合，则有乖前美，贻讥来叶。"下礼官及廷臣，众议皆请如时言。上曰："乖礼非孝，违亲亦非孝。其议别卜！"

明日，廷臣百四十七人并上疏谏。又明日，礼部尚书姚夔合诸大臣疏言："天下者，祖宗之天下。皇上当守祖宗成法，岂可阿顺母后，显违前典！"上犹豫，仍不决。于是给事中毛弘倡言曰："此大事，吾辈当以死争。"于是给事中魏元偕同官三十九人，御史康允韶亦偕同官四十一人，伏哭文华门外。中使传旨命退，众叩头曰："不得旨不敢退。"自巳至申，乃得允。众齐声呼万岁出。【考异】明史本纪书太后崩于是月甲寅，明史稿则并书姚夔率百官请合葬祔庙及群臣跪哭文华门事于七月戊午。按太后崩于六月甲寅，为六月二十六日戊午，则七月之朔也。证之姚夔及后妃传，皆崩后三四日间事，今并系之六月甲寅下。

19　秋，七月，癸酉，命都督同知刘玉为平虏副将军，充总兵官讨满俊，以太监刘祥监其军，副都御史项忠总督军务。师未行而陈价等之败问至。

时满俊拥众，自署招贤王。价及宁夏总兵官广义伯吴琮，会任寿以兵三万进讨，败绩，都指挥蒋泰、申澄被杀。贼因官军器甲，势益张，入据石城——石城即唐吐番石堡城，称险固，非数万人不能克者也。山上有城寨，四面峭壁，中凿五石井以贮水，惟一径可缘而上。

诏玉等进军围之。【考异】陈玠等之败，明史稿系之是年七月，明史改入八月。三编目中亦据之。按玉以七月奉诏讨贼，必在价等既败之后。

证之<u>明史项忠传</u>，言"(五)〔玉〕等师未行，而巡抚<u>陈价</u>先以兵三万进讨，大败。"又，<u>明史纪事本末</u>言："<u>任寿</u>、<u>陈价</u>等既败，贼乃益猖獗，事闻，逮<u>价</u>、<u>寿</u>等下狱，命<u>项忠</u>总督军务，<u>刘玉</u>充总兵官往讨之。"据此，则<u>任寿</u>、<u>陈价</u>之败在前而<u>玉</u>等之奉诏讨贼在后明矣。<u>明史</u>分系之七八两月，前后倒置，今仍据<u>明史稿</u>书之。

20 戊寅，上大行皇太后尊谥曰<u>孝庄睿皇后</u>。

21 八月，癸巳，京师地震。

22 己酉，以平<u>山都掌蛮</u>功，进<u>襄城伯李瑾</u>为侯，封<u>罗秉忠顺义伯</u>。

23 是月，逮<u>任寿</u>、<u>陈价</u>等下狱。

时<u>南京</u>大理卿<u>马文升</u>丁父忧归，即家起为右副都御史，巡抚<u>陕西</u>以代<u>价</u>。

24 先是朝廷闻<u>价</u>等之败，欲令<u>抚宁侯朱永</u>将京军赴援，<u>永</u>多所要请。阁臣<u>彭时</u>，恶其张大，且策<u>项忠</u>能破贼，毋烦益兵。会<u>忠</u>抵<u>石城</u>，驰疏上言："臣等调兵三万三千余人，足以灭贼。今秋深草寒，若更调他军，往复需时，贼得远遁。且边兵不能久留，益兵非便。"

疏至，上遣中官偕<u>白圭</u>、<u>程信</u>至阁议。<u>时</u>曰："贼四出攻掠，锋诚不可当。今入<u>石城</u>自保，我军围甚固，此困兽易禽耳。"<u>信</u>曰："安知<u>忠</u>不退师？"<u>时</u>曰："<u>忠</u>处分已定，何故退？且今出师何时到？"<u>信</u>曰："来春。"<u>时</u>曰："如此，益缓不及事。事成败，冬月决矣。"<u>信</u>忿，出危言曰："<u>忠</u>若败，必斩一二人然后出师。"众惧，问<u>时</u>："何所见？"<u>时</u>曰："观<u>忠</u>疏曲折，知其能。若更遣禁军，则退避不敢任，贼未可知也。"<u>时</u>阁臣惟<u>商辂</u>然其言，禁军得不遣。【考异】<u>明史本纪</u>书命朱永代刘玉为总兵官于八月乙卯,证之彭时项忠等传,则矢永实未行。盖朝议欲遣永代刘玉,以彭时言而止。明史所书,似系命永讨贼乃奉明诏,然亦不言其中止也。今参明史列传书之,而删去"乙卯朱永为总兵官"语。

25 九月,庚申,葬孝庄睿皇后于裕陵。

26 辛酉,振陕西饥。

27 癸亥,有客星苍白色,芒长三丈,尾指西南,变为彗,扫三台,越五十八日乃灭。【考异】明史天文志:"九月己未,有星见星五度东北行,越五日,芒长三丈,尾指西南,变为彗星。其后晨见东方,昏见室,南犯三公北斗、瑶光、七公,转入天市垣。出垣渐小,犯天屏西第一星,十一月庚辰始灭。"按三编书是年"九月彗星见星中,起于癸亥"。据其变彗之日,即志中所谓"越五日"者是也。惟三编言"五十八日乃灭",自癸亥推之,应以十一月庚申灭,而诸书皆言彗星没于十一月戊午,则五十六日。若据明史天文志,则以九月己未数至十一月庚辰,又八十二日矣。盖或据其徵,或据其没,所记详略不同耳,今仍据三编。

28 辛未,奉孝庄皇后三祔太庙。

29 壬申,以地震星变,下诏自责,并敕群臣修省。

时万贵妃宠盛,大学士彭时等言:"外廷大政,固所当先,宫中根本,尤为至要。谚云:'子出多母',今嫔嫱众多,维熊无兆,必陛下爱有所专,而专宠者已过生育之期故也。望均恩爱,为宗社大计。"妃长上十九岁,时已近四十,故云。上虽知其忠而不能用。

30 甲申,杖给事中董旻、御史胡深等九人。

先是上以旱变求言,礼科给事中魏元率同官上言,其略谓:"今春以来,灾异叠见。近日彗星又见东方,光拂台垣,人心汹惧,皆阴盛阳微之验也。臣传闻宫中盛宠匹耦中宫,陛下富有春秋而震位尚虚,岂可以宗庙社稷之大计一付于爱专情一之人，而不求所以固国本安民心哉！"十三道御史康允韶等亦以为言。上曰："宫中之事，朕自有处。"不听。

元等又言："四方旱涝相仍，民困日棘。荆、襄流民告变，而户部尚书马昂等，凡遇奏报，视为泛常，首鼠依违，民更何望！乞罢征税，发帑银，遣官振济，并请敕昂自陈休致以儆不职。"于是旻偕给事中陈鹤，胡智深偕御史陈弘、郑己、何纯、方昇、张进禄，先后上书，痛诋学士商辂，尚书程信、姚夔。(二)〔上〕皆不纳。

越日，旻等复劾辂等，谓："谏官弹章，故事，达御前者，非大廷宣读则封进，未有不读而面呈者。"上不悦，曰："大臣进退有礼，旻等敢不循旧章，乱朝仪耶！"于是辂等皆乞休。上惟听昂致仕，余不许。夔愤甚，复连疏求去。旻、深复合词攻，而诋夔尤力，上怒，乃下旻等九人狱。

先是御史林诚疏劾"辂曾预易储事，不宜用"，上怒曰："朕用商辂，有何不可，而屡奏扰耶！"因并下诚狱，命廷鞫诸言者，欲加重谴。辂曰："臣尝请优容言者。今以臣故反责之，如公论何！"上意少解，乃命杖旻等，仍复其职。【考异】杖董旻等九人，明史本纪书于是月甲申。三编于彗星见目中遗之，今参明史商辂、魏元等传增。

31 是秋，史科给事中程万里上言："满四等据险啸聚，而玛拉噶往来于宣府、大同，去边不远，其情叵测，万一有变，畿辅震惊。臣愚意其有可败者三：近我边地，止二三日程，彼客我主，一也；兼并诸部，驰驱不息，既骄且疲，二也；此来散逐水草，部落四分，兵力不一，三也。宜选精兵二万，

明通鉴

1066

统以骁将，使侦虏所在，潜师捣之，破可必也。"上壮其言而不能用。【考异】万里上书，据明史鱀輗传，在四年秋，宪章录系之九月。今仍据明史书是秋下。

32 冬，十月，乙未，项忠围满俊于石城，屡败之。伏羌伯毛忠分攻贼巢，项忠由木头沟直抵炮架山下，斩获不少。忠乘胜冒矢石，连夺山北、山西两峰，而项忠等亦克山之东峰及石城东、西二门，贼大窘，相对哭。忽昏雾起，他哨举烟掣军，贼遂并力攻忠。忠中流矢卒，年七十五。从子海、孙铠前救护忠，亦死。

忠为将，严纪律，善抚士，其卒也，西陲人吊哭者相望于道。事闻，赠侯，谥武勇，予世券。

33 己亥，吏部考核诸司，斥罢中外听选官三百余人。

时史科给事中毛志言："迩者京师地震，妖星示警。御史康永韶等奏称，两京官员，宜从公考核以消天变，请从之。"遂有是命。而尚书李秉，锐意澄清，所斥退者多大臣乡故，因之谤议纷起。

34 是月，进商辂兵部尚书兼学士，直内阁如故。

辂以请优容建言诸臣，上尤重之。又进刘定之礼部左侍郎。时因久旱，万贵妃擅宠，储嗣未兆，郕王女及笄未下嫁，定之并论及之。疏皆留中不下。

35 以户部侍郎杨鼎为本部尚书，代马昂也。

36 十一月，壬戌，项忠击固原之贼，平之。

毛忠之败也，刘玉被围于城下。诸军欲退，项忠斩千户一人以徇，众乃殊死战。忠亲冒矢石不少避，玉得出，复连战数十,贼大衄。

会有星孛于台斗,占者以为在秦分,不利出师,忠闻之曰:"贼虐害生灵,恶贯滔天,今奉诏讨罪,师直而壮。昔李晟讨朱泚,荧惑守岁,卒以成功。此何害!"乃日遣兵薄城下,焚贼刍草,绝其汲道,四面蹙之。贼窘,欲降,邀忠与马文升相见。忠偕刘玉单骑赴之,文升亦从数十骑至,呼俊等速降,贼遥望罗拜。忠直前挟俊侄璹归,俊疑惧,不敢出。有贼将杨虎貍,夜出汲被获,忠贳其死,谕以购贼赏格,且赐之金带钩纵归,使诱俊出战,忠伏兵禽焉。尽获余寇,毁石城,凿石纪功。请增一卫于固原西北西安废城,留兵戍之。送俊至京师伏诛。

初,石城久不下,天甚寒,士卒颇困。忠虑贼奔突,乘冻渡河与套寇合,乃日夜治攻具,历大小三百余战。彭时、商辂知其才能办贼,不从中制,卒用殄灭。

论功,进右都御史,与林聪协掌院事。

37 玛拉噶寇辽东,攻指挥傅斌营,指挥胡珍率军来援,被贼射死。【考异】明史本纪书虏犯辽东,胡珍战没于十一月壬戌,即下文辽东总兵官赵胜所奏十一月初六日事也。乃又于十二月赵胜奏中,复及胡珍被贼射死,书法重复。而据明史稿,则书寇犯辽东于丙子,又与赵胜所奏十一月初六日不合。今胡珍之死仍据明史月日,而删去十二月赵胜奏语。

38 十二月,戊戌,湖广地震。

39 己酉,玛拉噶复犯延绥,都指挥佥事许宁击败之。——宁,故总兵贵之子也。

40 是年之夏,日本始遣使来贡,诏礼之如制。使臣自言本宁波村民,请便道过省,许之。并戒使臣,至家毋引中国

明通鉴

人入海。其冬,复遣使亚清启入贡,伤人于市。有司请治其罪,清启奏请带回本国如法论治,上命姑宥之。自是外蕃使臣益无忌惮矣。

41 朝鲜国王李琔卒,遣中官郑同、崔安封其世子晄为王。

巡按辽东御史侯英奏:"旧制,册封正、副使,皆于翰林院中选有学行文望者充之。况今所遣同、安,俱朝鲜人,属在臣民,见其国主,不免屈节,殊亵中国体。乞寝成命,或翰林或给事中及行人内选一员充使为便。"上是其言,命"今后册封正、副使毋遣内官,著为令"。

42 安南国王黎灏侵据广西凭祥,诏守臣谨备之。

43 中官潘洪奏乞两淮余盐五万余引,户部参覆,不许。未几,赐太监陈玹万引,潘午万引,自是中官奏乞者接踵矣。

五年(己丑、一四六九)

1 春,正月,乙丑,大祀南郊。

2 是月,吏部尚书李秉致仕。

秉居吏部,朝觐考察,斥退多人。侍读彭华,大学士时族弟也,附中贵,数以私干秉,秉不听;而是时大理卿王概,亦欲去秉代其位,乃共嗾同乡给事中萧彦庄劾秉十二罪,且言其"阴结年深御史附己以揽权"。上怒,下廷议。左侍郎崔恭,以久次当得尚书,而秉先得之,颇不平;右侍郎尹旻,尝学于秉,秉初用其言,既而疏之;于是二人皆言"尝谏,不听"。刑部尚书陆瑜附会入奏。上以秉徇私变法,负任使,落秉太子少保,令致仕。

复命彦庄指秉所结御史,不能对,久之,乃以刘璧等三人上,所论亦多失实。上怒,遂并彦庄下诏狱,谪为大宁驿丞。

方秉之被劾也,势汹汹且逮秉,秉谓人曰:"为我谢彭先生,秉罪惟上所命,第毋令入狱。入则秉必不出,恐伤国体。"因具疏引咎,略不自辨。时天下举子方会试,集都下,奋詈曰:"李公天下正人,为奸邪所诬。若罪李公,愿罢我辈试以赎。"及闻薄责秉,乃已。

秉行,官属饯送,皆欷歔,有泣下者。秉慷慨揖诸人,登车去。家居二十年,与王竑并负重望,中外荐章十数上,竟不起。

3 李秉既罢,廷推吏部尚书,商辂欲用姚夔,彭时欲用王概。而北人居言路者,谓时实逐秉,喧谤于朝,时称疾不出。侍读尹直,以时、概皆己乡人,恐因此得罪,急言于辂,遂以崔恭为吏部尚书代秉。

4 南京吏部侍郎章纶,以考察与佥都御史高明议不协,疏既上,纶复独奏,"给事中王让不赴考察",且言"明刚愎自用,己言多不见从,乞与明俱罢"。会叶盛等按事南京,诏覆勘。而纶子元应者,以去秋冒籍举京闱,为给事中朱清、御史杨智等所发。盛等先已奉旨勘得实,至是让及下考诸臣又连章劾纶。纶亦屡疏求罢,上不听,而所奏元应冒籍事亦置不问。

纶性戆,好直言,上以前请复储事,眷不衰。而为侍郎二十年不得迁,久之乃请老去。既卒,其妻张氏上纶奏稿,

上嘉叹。赠礼部尚书,谥恭毅。【考异】李秉、章纶事,宪章录皆系
之正月,盖朝觐考察毕正月事。而证之秉传,则正在礼部会试,举子并集都下
之时,至叶盛、毛弘按事南京,亦正在是时,今据增。

5 二月,乙卯,南京雷震山川坛具服殿之兽吻。

6 是月,兴化知府岳正入觐,遂致仕。

正既出外,欲有所兴革,乡士大夫多不利其所为,腾谤
言,正亦厌吏职,遂乞归。归五年卒。嘉靖中,追赠太常寺
卿,谥文肃。

7 衍圣公孔弘绪有罪,廷臣请按治,上以先圣嫡裔,惟夺
其爵。

弘绪者,彦缙孙也,袭封幼弱,诏命其族父公恂理家
事。英宗复辟,弘绪入贺,才十岁,进止有仪,帝甚悦。每
岁入贺圣寿,帝闻其赐第湫隘,以大第易之。凡南城赏花,
西苑校射,皆预焉。

弘绪既少贵,又为故大学士李贤之婿,浙多过举。贤
既卒,有司奏劾其贪淫暴虐诸不法状,罢为民,以其弟弘泰
袭封。弘泰没,爵仍归弘绪子。

8 闰月,癸未,广东琼山县雨雹,大如斗。【考异】见明史五行
志,宪章录、二申录所载月日同。惟明史天文志书五年二月丙申、癸亥,俱月
犯岁星。以历推之,丙申在二月癸亥,则闰二月也,今于目录是月下校改。

9 三月,辛丑,赐张昇等进士及第、出身有差。

10 夏,四月,辛巳,皇子祐极生,柏贤妃出也。

11 是月,江西真人张元吉,坐擅杀四十余人,有一家三人
者,下狱论死。给事中毛弘等请绝其封,毁其府第,不许。
【考异】据诸书皆在三月,今据三编成化九年目中。

12 五月,辛丑,以礼部侍郎万安兼翰林院学士,入阁预机务。

安有同年生詹事李泰,中官永昌养子也,齿少于安,安兄事之,得其欢,自为同官,每当迁必推安出己上。至是议简阁臣,泰复推安,曰:"子先之,我不患不至。"故安得入阁,而泰忽暴病死。

安外宽而深中,既柄用,惟日事请托,结诸奄为内援。时万贵妃宠冠后宫,安因内侍致殷勤,自称子侄行,妃尝自愧无门阀,则大喜。妃弟锦衣指挥通,遂以族属数过安家,其妻王氏,有母至自博兴,王谓母曰:"向家贫时,以妹为人娣,今安在?"母曰:"第忆为四川万编修者。"通心疑是安,访之则安小妇,由是两家妇日往来。通妻著籍禁内,恣出入,安得备知宫中动静,益自固。

13 是月,吏部尚书崔恭以母丧归。逾月,改姚夔为吏部尚书。又逾月,进礼部侍郎邹幹为本部尚书,代夔。【考异】崔恭改南京吏部,在母丧除服之后。通纪误记恭改南京而夔代之,据明史恭传。

14 六月,癸丑朔,日有食之。

15 丁巳,河决开封杏花营。三司具牲醴祷于河神,有一卵浮于河,大如人首,上锐下圆,或曰:"龙卵也,其占大水。"

16 辛酉,录囚。

17 是月,琼山地震。

给事中李森疏陈十事。时万贵妃宠盛,言者每劝上普恩泽,然未敢显言妃妒也,惟森抗疏言之。不悦,报闻而已。【考异】闰月琼山雨雹,见明史五行志。而六月琼山地震,不见于志,惟

明通鉴

1072

见于<u>李森</u>传。传言"明年夏日食、琼山地震",即是年六月癸丑日食事也。下文复记<u>森</u>陈十事,因类及"请普恩泽"等语。今据增。

18 秋,八月,辛酉,礼部侍郎兼学士<u>刘定之</u>卒,赠礼部尚书,谥<u>文安</u>。

　　　论曰:<u>成化</u>初阁臣,自<u>李贤</u>以下,其可称者,<u>彭时</u>、<u>商辂</u>而已。史言"<u>吕原</u>、<u>岳正</u>、<u>刘定之</u>三人,虽相业未优,而<u>原</u>之行谊,<u>正</u>之气概,<u>定之</u>之建白,咸有可称。"予谓<u>定之</u>之建白,多在入阁以前。至其身跻卿贰,侍直内廷,不过以文章结主知,以巽顺保禄位,其于贵妃之专宠,中人之传奉,若有知之而不敢言,言之而不敢尽者。至于上元张灯,<u>章懋</u>等疏请停止,且禁词臣进奉诗词,而<u>定之</u>以七言百首,伸纸立成,诩其敏捷之才,失其规讽之旨,岂所谓格君心非,引君于当道者耶!盖官愈尊,遇益隆,而志益惫也。

19 是月,复御经筵,视午朝。

　　先是<u>刘定之</u>请"经筵兼讲<u>太祖</u>御制诸书,斥异端邪教,勿令害政耗财",上留其疏,至是,乃诏行之。

20 初,太后弟<u>周彧</u>奏乞<u>武强</u>、<u>武邑</u>地六百余顷,翊圣夫人<u>刘氏</u>求<u>通州武清</u>地三百余顷,皆许之。给事中<u>李森</u>,因日食地震之变,率同官上言:"昔奉先帝敕,'皇亲强占军民田者罪无赦,投献者戍边',一时贵戚莫敢犯。比给事中<u>丘弘</u>奏绝权贵请乞,陛下亦既俯从。乃<u>周寿</u>、<u>周彧</u>、翊圣夫人请无不许,何其与前敕悖也?彼溪壑难厌,而畿内膏腴有限,小民衣食皆出于此,一旦夺之,将何以为生!且本朝百年来,户口日滋,安得尚有闲田不耕不稼?名为奏乞,实豪夺而已。”上善其言,而已赐者仍不问。

至是,或又奏乞武强、武邑民田不及赋额者籍为闲田,诏遣官按视,皆民所垦辟输赋者。因据籍步之,每亩百步,余没入为闲田,得七十余顷。或不满,复言于上,改命刑部郎中彭韶、监察御史季琮覆勘。韶、琮至,不复步田,周视径归,上疏自劾曰:“真定田,自祖宗时许民垦种,即为恒产,除租赋以劝力农。功臣戚里家,与国咸休,岂当与民争尺寸地!臣诚不忍夺小民衣食,附益贵戚,请伏奉使无状罪。”疏入,诏以田归民,而责韶等邀名方命,复下诏狱。言官争论救,乃得释。

21 冬,十月,大学士彭时以疾在告。逾三月,上趣起视事,免朝参。

22 十一月,乙未,玛拉噶纠朵颜三卫复犯延绥,榆林大扰。巡抚延绥王锐请济师,诏大同巡抚王越率师赴之。

阿勒楚尔之据河套也,别部颇罗萧后至,旧译见三年。三编一作颇罗萧,一作博勒讷,与旧译之孛鲁乃同是一人也。与之合,未几,又纠其别部释嘉策凌、旧作乩(如)〔加〕思兰。博勒呼旧作孛鲁忽。先后入套,为久居计,于是延绥之疾置频闻。【考异】明史本纪系阿勒楚尔入居河套于是年之冬,证之鞑靼传,则阿勒楚尔之潜入河套在天顺间,是年又纠其别部先后至,为久居计,故本纪托始于此。今仍据传书之。

23 是月,罢两广巡抚,仍起复韩雍总督东、西事务。

先是雍请分设东、西巡抚,己总军事。未几,雍以忧归,贼复炽。佥事陶鲁言:“两广地势错互,当如指臂相使,不可离析。近贼入广西,臣与广东三司调兵,匝月未决,以是贼得大肆劫掠。乞仍命大臣一人总之，庶事权一而责有所归。”诏即其家起<u>韩雍</u>，仍总督<u>两广</u>，开府<u>梧州</u>，遂为永制。

24 十二月，丙辰，<u>汝宁</u>、<u>武昌</u>、<u>汉阳</u>、<u>岳州</u>同日地震。

25 是冬，无雪，燠如夏。

大学士<u>彭时</u>疏言：“光禄寺采办，各城门抽分，掊克不堪，而献珍珠宝石者倍估增直，渔竭帑藏。乞革其弊以惠小民。”上优诏褒纳。

26 是岁，<u>土尔番</u>来贡。“尔”旧作“鲁”。

初，上即位，礼官<u>姚夔</u>等定议：“<u>土尔番</u>三年或五年一贡，贡不得过十人。”至是遣使来贡，其酋<u>阿尔</u>旧作阿力。自称“<u>苏勒坦</u>”，旧作“速擅”。奏求海青、鞍马、蟒服、綵币、器用，多违禁物。礼官议给綵币布帛，余不许。是时<u>哈密</u>削弱，而<u>土尔番</u>日强，<u>阿尔</u>欲并之，不数年而衅作。

27 巡抚<u>贵州</u>都御史<u>陈宣</u>，奏劾“太监<u>钱能</u>，出镇<u>云南</u>，道经<u>贵州</u>，从行官舍，需索百端，民吏骇窜，乞通行取回”。兵部以特旨所定人数，不许，惟行巡按御史禁治之。

六年(庚寅、一四七〇)

1 春，正月，丁亥，<u>河南</u>地震。

2 己丑，大祀南郊。

3 壬寅，<u>大同</u>巡抚<u>王越</u>，遣游击<u>许宁</u>击<u>玛拉噶</u>，败之。丁未，<u>大同</u>总兵官<u>杨信</u>御寇于<u>胡柴沟</u>，亦败之。【考异】<u>明史本纪</u>，<u>王越</u>破<u>玛拉噶</u>在正月，命<u>朱永</u>将兵讨寇在三月，此分书例也。<u>鞑靼</u>传中言“六年春”，则因命<u>朱永</u>并记之，故<u>三编</u>统系之三月。今仍从<u>本纪</u>分书之，其壬寅、丁未日分，据<u>明史稿</u>。

4　是月，礼部奏甘露降。给事中郭铨，以"河南地震不先奏，而以瑞应希诏，请罢礼官邹幹等"，上不悦。

5　韩雍乞终制，不许，遂莅两广任。复以平江伯陈锐充总兵官镇两广。

6　二月，辛未，遣使分巡州郡。

先是兵部尚书白圭言："陕西屡遭寇掠，川、广盗攘未息，疫疠行于闽、越，灾异见于淮南，两畿、齐、豫雨雪愆期，二麦槁死，荆、襄流民动数十万，奸盗由之。乞简大臣循行天下，便宜兴革。"于是分遣大理寺少卿宋旻、侍郎曾翚、原杰、黄琛、副都御史滕昭，巡视畿南、大名诸府暨浙江、河南、四川、福建，访军民疾苦，考察官吏，奏斥贪残。其南北直隶、陕西、山西、山东、湖广、荆、襄、两广、贵州有巡按者，江西有抚民按察使者及云南多土官者，皆不遣。

7　丁丑，以自冬徂春雨雪不降，亲诣郊坛祈祷。

8　戊寅，振广西饥。

9　三月，辛巳，京师雨霾昼晦。

10　甲申，免湖广被灾税粮二十八万，山东三十九万有奇。又免苏、松、常、镇四府及苏、太、镇三卫所去年秋粮二十四万八千，屯粮七千一百有奇。【考异】明史本纪但书免湖广、山东被灾税粮，三编据实录补出苏、松、常、镇四府，并著所免石数，今据增。

11　阿勒楚尔扰边不止。王越报胡柴沟之捷，遂引师还。抵偏头关，延绥告警，兵部劾越擅还，诏弗罪，而令越屯延绥近地为援。

壬寅，复命延绥屯田朱永为平虏将军，充总兵官，太监傅恭、顾恒监军，越参赞军务以备之。

12　是月，兵部尚书白圭，以虏驻牧河套，奏劾延绥巡抚王锐、总兵官房能，罢之。荐浙江布政使余子俊，历官陕西，习边事，从之。

13　翰林院编修陈音，应诏陈时政。言："近日经筵之御，仅循故事，愿引儒臣赐坐便殿，从容咨论，仰发圣聪。异端者正道之反，法王、佛子、真人，宜一切罢遣。"章下礼部。

越数日，音又奏："国家养士百年，求其可用，不可多得。如致仕尚书李秉，在籍修撰罗伦，编修张元祯，新会举人陈献章，皆当世人望。宜召还秉等，置献章于台谏，更召还判官王徽、评事章懋等以开言路"。忤旨，切责。

音在翰林，会司礼太监黄赐母死，廷臣皆往吊。侍讲徐琼谋于同官，音大怒曰："天子侍从臣相率拜内竖之室，若清议何！"琼惭而中止。

时都给事中潘荣亦偕同官上言："比来雨雪愆期，灾异迭见。陛下降诏自责，躬行祈祷，诏大臣尽言，宜上天感格；而今乃风霾昼晦，气赤而复黑，岂非应天之道有未尽与！夫人君敬天，不在斋戒祈祷而已。政令乖宜，下民失所，崇尚珍玩，费用不经，后宫无序，恩泽不均，爵滥施于贱工，赏妄及于非分，皆非敬天之道。愿陛下日御便殿，召大臣极陈阙失而厘革之，庶灾变可弭。"

时万妃专宠，群小夤缘进宝玩，官赏冗滥，故荣等恳切言之。上不能用。【考异】陈音、潘荣上书，皆见明史本传。传特书"成化六年三月"，正风霾昼晦，郊坛祈祷时也。今据列传增入。

14 是春,<u>南京大理少卿夏时正</u>,奉敕巡视<u>江西</u>,除无名税,汰冗役,奏罢不职官吏二百余人,筑<u>南昌</u>之<u>丰城堤</u>,民赖其利。

15 夏,四月,庚戌,立夏节,雷未发声,阴霾四塞。

壬戌,天鼓鸣。

16 是月,以水灾免<u>直隶溧水</u>、<u>溧阳</u>、<u>句容</u>、<u>六合</u>、<u>江浦</u>、<u>当涂</u>、<u>芜湖</u>七县税粮凡三万六千有奇。

17 五月,丙申,振<u>畿内</u>、<u>山东</u>、<u>河南</u>饥。

时三省大旱,<u>陕西</u>、<u>四川</u>、<u>山西</u>、<u>两广</u>、<u>云南</u>并饥,亦先后振之。

大学士<u>彭时</u>请免夏税、盐钞及太仆寺赔课马。又以京师米贵,请发仓储五十万石平粜。下所司行之。

18 丁酉,(正)〔<u>王</u>〕越奏破河套寇于<u>延绥东路</u>。

19 六月,戊申朔,日有食之。

20 是月,<u>顺天</u>、<u>河间</u>、<u>永平</u>诸府大水。

时旱涝相仍,民食草木几尽。吏部尚书<u>姚夔</u>请遣使振恤,从之。

21 是夏,<u>山东</u>、<u>河南</u>大旱。

都给事中<u>丘弘</u>因言:"四方告灾,部臣格于成例,必核实始免,上虽蠲租,下鲜实惠。请自今遇灾,抚、按官勘实,即与蠲除。"从之。

是时<u>万贵妃</u>有宠,中官<u>梁芳</u>、<u>陈喜</u>,争进淫巧,奸人<u>屠宗顺</u>辈,日献珍异宝石,辄厚酬之,糜帑藏百万计,有因之得官者。都人仿效,竞尚侈靡,僭拟无度。<u>弘</u>偕同官疏论

1078

其罪,"请追还帑金,置宗顺等于理,因没其赀以振饥民。"
上不许,但申明禁约,违者无赦,然竟不能禁也。

京师岁歉米贵,而四方游僧万数,弘请"驱逐以省冗
食",又请"在京百兽房及清河寺诸处所育珍禽野兽,日饲
鱼肉米菽,乞并纵放以省冗费。"疏上,报闻而已。

弘与毛弘同居言路,皆敢言,人称"二弘"云。

22 上欲建佛阁于西山,六科给事中言:"四方旱暵,夏秋
无收,百姓嗷嗷待哺。荆襄流民强梗,陕西虏寇侵掠,致劳
宸虑,分遣大臣巡视,远调官军。今乃起无名之工,为不急
之务,徒费国用,有伤治体。若谓建阁可以邀福利,孰若以
之振济饥民,赏劳军士,其为福利,岂不大哉!"上命已之。
【考异】通纪系于是年之春,今据宪章录。

23 秋,七月,戊寅,免四川被灾税粮。【考异】明史本纪及三编
(者)〔皆〕书是月"免南畿、四川被灾税量",无日,明史稿系之戊寅,而无"南
畿"二字。按是年四月,以水灾免直隶溧水等七县税粮,即南畿也。今日分省
分皆据明史稿。

24 己卯,皇子生于西内,纪淑妃出也。

妃,广西贺县人,本土官女,以征蛮俘入掖庭,授女史,
警敏通文字,命守内藏。时万贵妃专宠而妒,后宫有娠者
皆堕之。上偶行内藏,妃应对称旨,悦,幸之,遂有身。万
贵妃知而恚甚,命婢钩治之,婢谬报曰"病痞",乃谪居安乐
堂。久之,皇子生,使门监张敏溺焉,敏惊曰:"上未有子,
奈何弃之!"稍哺粉饵饴蜜,藏之他室,万贵妃日伺无所得。
时废后吴氏居西内,近安乐堂,密知其事,往来哺养,上不
知也。【考异】明史本纪不载,今据三编增。其日分则明书及通纪皆书"己

卯”,通纪并云“七月初三日”。是月丁丑朔,己卯正初三日也,今据之。

25 壬午,<u>朱永</u>奏破<u>河套</u>寇于<u>双山堡</u>。【考异】<u>明史稿</u>书<u>朱永</u>破<u>套</u>寇于是月甲辰。按是年七月丁丑朔,甲辰为七月二十八日,<u>史稿</u>书于戊寅之前,疑有误字。今据<u>明史</u>作“七月壬午”,为七月初六日。

26 丙戌,太白昼见。【考异】<u>明史天文志</u>,太白昼见为六月丙戌,按六月戊申朔,是月无丙戌也。是年七月丁丑朔,丙戌乃七月初十日也,今校改。

27 命都御史<u>项忠</u>、吏部侍郎<u>叶盛</u>振畿内饥民。

28 甲辰,<u>大同</u>总兵官<u>房能</u>大破<u>河套</u>寇于<u>开荒川</u>。

先是寇以万骑自<u>双山堡</u>分五道至,及战败,皆弃辎重走。至<u>牛家寨</u>,遇都指挥<u>吴瓒</u>,兵少,寇围之。指挥<u>李镐</u>、<u>滕忠</u>至,复力战,都督<u>刘聚</u>及都指挥<u>范瑛</u>、<u>神英</u>分据<u>南山</u>夹击。寇乃大败,斩首百有六,获马牛数千,<u>阿勒楚尔</u>中流矢走。

是役也,虽斩获不多,然诸将咸力战追敌,边人以为数十年所未有云。

29 是月,命都督<u>李昴</u>抚治屯营。

30 <u>通州张家湾</u>等处,被水军民凡二千六百六十户,漂没房舍六千四百九十处。给事中<u>韩文</u>等勘实以闻,命所司振恤之。

31 八月,辛亥,振<u>山西</u>饥,并免今年税粮。

32 癸丑,下宽恤之政,以各省水旱相仍故也。

33 己巳,<u>广东高</u>、<u>雷</u>二府地震。

34 九月,丙子朔,太白犯轩辕左角。甲午,犯左执法。己亥,犯木星。庚子,又犯左执法。【考异】<u>明史天文志</u>系太白犯诸星于五年九月,误也。五年九月之朔为壬午,若六年九月之朔,则丙子也。<u>志</u>言

"五年九月丙子朔",乃承上文书之,脱去"六年"二字耳。其下文甲午、己亥、庚子,皆在六年之九月。复检宪章录及二申野录,是年金星四犯,皆在九月,其犯轩辕左角,则丙子朔也。今特书之,以刊正明史天文志之误。

35 是月,改兵部尚书程信为南京兵部尚书。

信以是年春旱,应诏言兵事宜更张者四,兵弊宜申理者五。大略言:"延绥、两广,岁遭劫掠,宜择大臣总制四方。流民多聚荆襄,宜早区画。京军操练无法,功次升赏未当。"语多侵尚书白圭,圭奏寝之。寻改南京。明年,致仕。逾年卒,赠太子少保,谥襄毅。

36 以李宾为左都御史。

宾自都御史迁南京兵部尚书,至是以程信改南,复召宾内用。

37 冬,十月,丙午朔,东北有流星,赤色,光烛地,自昴宿东北行,至井宿而没。

38 己酉,以旱灾,免河南民田夏税三十七万七千七百石有奇,军屯子粒八万六百石有奇。寻又以旱灾,免济南、兖州等处秋粮二十八万九千七百有奇,济南、昌平、青州、德州诸卫所子粒七千三百石有奇。又以水灾,免保定等卫子粒二万三百有奇。

39 十一月,荆襄流民复乱。

初,白圭讨平刘通,遽请班师,诸郡邑控制戍守事宜皆未及。会岁大旱,流民入山者九十万人。有李胡子者,刘千(兵)〔斤〕余党也,千斤败,与其党王彪走免,纠合余众小王洪等,往来南漳、内乡、渭南诸县,复倡流民为乱,伪称太平王,署其党为总兵、先锋等,又立"一条蛇"、"坐山虎"等号。官军屡剿不利,诸郡骚然。

癸未,诏都御史项忠总督河南、湖广、荆襄军务,会湖广总兵官李震讨之。

40　是月,博勒讷渡河与阿勒楚尔合。

时朱永、王越奉诏讨贼,数以捷闻。论功,永世侯,越进右都御史,而敌据套自如。

房能之被劾也,永等荐都指挥同知许宁才,诏擢都督金事,佩靖房副将军印,代能充总兵官。会套寇大入,宁与游击孙钺御之于波罗堡,相持三日夜,寇乃解去。亡失多,宁以力战得出,卒被赏。至是寇入安边营,宁复击却之。

41　十二月,庚戌,遣官十四人分振畿辅。

42　是岁,侍讲学士尹直,上疏乞纂修大明通典,并续成宋元纲目。章下所司行之。

43　巡按云南御史郭阳,奏称“镇守中官钱能,刚果有为,政务归一”。时能方以被劾乞疾,阳奏请仍留云南镇守,一时士论鄙之。

44　巡按江西御史杨守随疏陈六事:“一追复郕王谥号;一召还李秉;一犯公罪者宜复官;一西征宜速班师;一军官犯罪援例赦免者,不得管军在外;一漕运宜量为存留以备匮乏。”奏上,时不能从。

明通鉴卷三十二

江西永宁知县当涂 夏　燮 编辑

纪三十二 起重光单阏(辛卯),尽阏逢敦牂(甲午),凡四年。

宪宗纯皇帝

1　春,正月,辛巳,命京官五品以上及给事御史各举堪州县者一人,复正统间例:从都御史李宾之请也。

2　丙戌,大祀南郊。

3　是月,擢浙江布政使余子俊为右副都御史,巡抚延绥。

先是巡抚王锐奏请"沿边筑墙建堡,为久远计",工未兴而罢。子俊上疏言:"三边惟延庆地平易,利驰突。寇屡入犯,获边人为导,径入河套屯牧,自是寇顾居内,我反屯外,亟宜沿边筑墙置堡。况今旧界石所在,多高山陡崖,依山形,随地势,或铲削,或垒筑,或挑堑,绵引相接以成边墙,于计为便。"尚书白圭以陕民方困,奏缓其役。

先是延绥镇治绥德州属县米脂吴堡,孤悬镇外,寇以轻骑入掠,镇兵觉而追之辄不及,往往得利去。子俊至,徙镇<u>榆林</u>,增益兵卫,攻守器毕具,遂为重镇,寇钞渐稀,军民得安耕牧焉。

4　<u>项忠</u>讨贼至<u>襄阳</u>,以"见卒寡弱,请调<u>永顺</u>、<u>保靖</u><u>土兵</u>",而先分军列要害,多设旍帜钲鼓,遣人入山招谕流民,归者日益众。会<u>王彪</u>引数十人觇军,<u>忠</u>掩其不意,禽之。

事闻。时<u>白圭</u>为兵部,遣锦衣百户<u>吴绶</u>赞参将<u>王信</u>军。<u>绶</u>欲攘功,不利贼瓦解,纵流言。<u>圭</u><u>信</u>之,止土兵勿调。<u>忠</u>疏争,且劾<u>绶</u>罪,上为召<u>绶</u>还,仍听<u>忠</u>调土兵,惟敕"严禁不得扰民。其流民在山眷恋生业,不至为非者,仍分别镇抚之"。【考异】<u>忠</u>至<u>襄阳</u>请调土兵,诸书或系之正月,或系之二月,今据纪事本末。

5　二月,复设<u>九江</u>、<u>苏州</u>、<u>杭州</u>钞关。

初,钞关设于<u>宣德</u>间,<u>九江</u>及<u>苏</u>之<u>浒墅</u>、<u>杭</u>之<u>北新</u>,皆同时建置。上即位之四年,罢之。至是户部以京库岁用钞不足,遂议复设。

6　三月,丁丑,岁星逆行入太微垣。【考异】<u>明史天文志</u>作"丁卯",误也。丁卯在二月,三月无丁卯,检<u>明史稿</u>作"丁丑",是也,今校改。

7　是月,工部尚书<u>王复</u>,请于<u>直隶</u><u>太平</u>之<u>芜湖</u>,<u>湖广</u><u>荆州</u>之<u>沙市</u>,<u>浙江</u><u>杭州</u>城南三处,抽分竹木,遣官榷收。初止取钞,后易以银,渐增至数万两,以为宫中营缮之用。

8　<u>朱永</u>、<u>王越</u>等分兵五道,御寇于<u>怀远</u>等堡,设伏败之。追至<u>山口</u>及<u>翁郭察图河</u>,旧作<u>晃忽都</u>。寇败走。游击<u>孙钺</u>、<u>蔡瑄</u>又破其别部于<u>鹿窖山</u>。捷闻,玺书奖劳。

是时<u>永</u>、<u>越</u>等以"虏寇数万出入边塞,而我军堪战者不及一万,又复分散防守,何以御敌?"乃上战守二策。而兵部议,以"马瘦饷缺,命诸将分兵守御以图万全",于是搜套之议复寝。永等请班师,不许。【考异】败寇怀远等堡事,见朱永传,在是年之三月,而朱永等上战守策,证之明史鞑靼传中,在是年之春,皆前后事,今统系之三月。

9 礼部侍郎邢让,国子祭酒陈鉴,以事除名。

初,让在太学,力以师道自任,修辟雍通志,督诸生诵小学及诸经,痛惩谒告之弊。时以此见称,而名位相轧者多忌之。至是以国子监用会馔钱事,劾后祭酒陈鉴等,并追论让前在监中同罪,坐死。诸生诉阙下请代,复诏廷臣杂治,卒论死,赎为民。

鉴在太学,亦有声。既得罪,礼部尚书姚夔请起致仕礼部侍郎李绍为祭酒,驰召之,而绍已卒。

绍居官刚正,有器局,时以疾解职归。其卒也,上深惜之。

10 是春,京师以频年饥馑,大学士彭时先奏请发仓储五十万石平粜,续又发二十万,至是又增十万。定值每石六钱,而豪猾乘时射利。户部侍郎陈俊,奏请"平粜以升斗为率,过一石勿与",饥民获济。

俊练习钱谷,四方灾伤,边镇刍饷,奏请遝至,俊裁决咸当,户部尚书杨鼎深倚之。【考异】明书系平粜于四月,盖春夏间事。证之明史俊传,言"发太仓粟八十万石",据明书,"初发五十万,后发二十万,至是又增十万",与俊传八十万之数合,又,平粜之议发于彭时,时传"请发五十万石",盖初次也。今参列传书之。

11 以都督同知欧信充总兵官,镇守辽东。【考异】信充辽东总兵官事,见明史本传,书于是年之春。诸书皆不载,今据增。

卷三十二 纪三十二 宪宗成化七年(一四七一)

12 夏,四月,乙卯,岁星入太微垣,留守端门。

是日,雨土霾,丙辰,雨黑沙如漆。【考异】据明史天文志,岁星留守端门在是月乙卯,典汇、二申录作"己卯",形之误也,今据明史。

13 己巳,录囚。

14 五月,辛巳,瘗京师暴骸。

时岁饥大疫,民多道死,户部奏,"请无令暴露以干和气",从之。

诏"置漏泽园六所于都城外,并令病者委官收恤,其军余匠役给所亲收养,所亲不能给者,许送入养济院抚视之"。

15 是月,副都御史巡抚陕西马文升,请"复修茶政,易番马八千有奇以给边用"。

16 六月,巡按直隶御史梁昉上言:"涿州、良乡等县,密迩京师。其民迫于饥寒,困于徭役,往往隐下税粮,虚卖田地,产业已尽,征赋犹存,是以田野多流亡之民,里甲有代偿之扰。宜令有司查实归户,以清赋税。"下所司行之。

17 秋,七月,甲午,总督荆襄军务项忠奏:"前后招抚流民复业者九十三万有奇,赐复三年,仍请益土兵搜捕贼党。"
【考异】忠奏流民复业者九十三万有奇,明史稿系之七月甲午,据忠奏报之文也。明史则统系于十一月荆襄贼平之下,云"流民复业者一百四十余万人",亦据忠之奏报耳。证之忠传,忠疏言"臣先后招抚流民复业者九十三万余人,余党遁入深山,又招谕解散,自归者五十万人。"合此二数,明史所称"一百四十万人",其为项忠自报之数明矣。史言"荆襄之乱,流民附贼者至百万",又安得有一百四十余万之归者?且招抚之众,编之户籍,犹可以数稽,若解散之徒,散之四方,又安可以数计乎?明史纪中据其奏报之数以为实,则当(目)〔日〕滥杀之谤,何自而来?诸书所记,但云"四十余万",与忠自报之九十三万已属悬殊，何况此外尚有五十万？忠不过以此掩其所杀之多，岂足为尽信之书耶！今但据明史稿七月所载书之，而仍归之忠所自奏，为得其实。

18　八月，甲辰，振山东、浙江水灾。

时户科给事中李森等奏："山东七府及浙江嘉、湖、杭、绍四府，自夏霪雨伤稼，漂没庐舍人畜无算，乞遣廉干名望大臣勘灾蠲振"，从之。

森以敢言指斥为上所愠，会户科都给事中缺，吏部列森名上，诏予外任。部拟兴化知府，不允，乃出为怀庆通判。未几，投劾归，遂不复出。

19　是月，王越以方西征，辞大同巡抚。诏听之，加总督军务，专办西事，以右都御史林聪巡抚大同代之。【考异】越辞巡抚，聪代之，皆见明史本传，在是年。而聪以八月出抚大同，见七卿表，今据之。

20　九月，辛未，浙江潮溢，冲决钱唐江岸千余丈，漂没居民田宅，守臣以闻。【考异】据明史五行志，浙江潮溢在九月辛未，本纪统系于闰九月己未，盖据遣李颙往祭及修筑之月日牵连记耳。三编则系之九月目中，书是月二日辛未，遂及闰月遣李颙事，今分书之。

21　丁亥，始定漕粮长运法。

初，宣宗宣德间，平江伯陈瑄议立兑运法，与支运参行。支运者，民运淮安、徐州、临清、德州水次四仓，交收运官分派官军转运于通州、天津二仓，往返经年，民多受累。后周忱巡抚江南，议以民运粮储，俱于瓜洲、淮安补给脚价，兑于运军。自是变为兑运而支运者少，至是应天巡抚滕昭，议"变瓜、淮兑运为长运，令运军径赴江南水次交兑，加耗外复给米为渡江之费。"户部以为便，请行之。【考异】三编质实云："按渡江法,宣德时已与瓜、淮兑运并行。明史周忱传云:'忱与陈瑄议,民运至瓜、淮水次,交兑漕运军运至通州。其附近军未过江者,即仓交兑,加过江米二斗。'所谓'附近军'者,考之瑄传,盖谓湖广、江西、浙江及苏、松、安庆军士。而浙江兑运粮岁六十万,苏、松、安庆九十一万八千,附近军领兑不尽,仍多赴瓜、淮交兑。昭之此议,则并令江北军过江就兑浙江等处,石加过江米一斗,南直隶等处一斗三升。户部会议,定石加脚米六升,乃悉罢瓜、淮兑运。是为长运法之始。"按前此兑运赴瓜、淮交兑者,谓民就兑于军,此则直令运军渡江就兑于民。所云"水次交兑"者,如某府漕粮即在某府水次兑之于军,但给过江之费,不复自运,此仍兑运法变通而行之者。质实所记,最为明析,今并识之。○又按,定长运法,明书、宪章录、通纪皆系之是年正月,盖据滕昭奏至之月;三编系之九月,盖户部议行之月也。三编月日,皆据实录,今从之。

22 是月,致仕南京吏部尚书魏骥卒。

骥家居二十余年,至是年九十八岁。御史梁昉奏:"称其有德有寿,因举前史尊养三老五更及乘安车赐几杖故事,请施行。"上览奏嘉叹,遣行人存问,赐羊酒,命有司月给米三石。使命未至而骥已卒。赐祭葬如礼,谥文靖。

其子完,以骥遗言诣阙辞葬,乞以其金振饥民,上怃然曰:"骥临终遗命,犹恐劳民,可谓纯臣矣!"许之。萧山小民诣阙请祀于德惠祠,以配宋杨时,报可。【考异】骥卒在成化七年,见明史本传。宪章录系之八月,据梁昉所奏遣人存问之月也;通纪系之九月,则骥卒之月也。证之明名臣言行录,言"是年八月,上遣行人至其家存问,未至而骥以九月己丑卒。"己丑乃九月二十日也,今系之九月下。

23 闰月,己未,以浙江海溢,遣工部侍郎李颙往祭海神,并修筑塘岸。

24 冬,十月,乙亥,以王恕为刑部左侍郎,总理河道。

时运河淤塞,廷臣言:"自永乐间陈瑄治河,通运六七十年。近岁以来，规制废弛，滩沙壅塞，不加挑浚，漕运将阻。亟宜命官修治，复瑄之旧。然自通州至仪真、瓜洲二三千里，非一人所能独任。当分沛县以南、德州以北及山东为三道，各委曹郎暨监司专理。且请简风力大臣总理其事，期以三年底绩。"从之。寻有是命。【考异】据辑览目中所载，言"英宗初命官督漕，分济宁南、北为二侍郎，郑辰治其南，副都御史贾谅治其北。至是河道淤塞，廷议请分三道"云云。按明初治漕，本兼河道，永乐间，陈瑄充总兵官，兼理河、漕。其后文臣如尚书、侍郎、都御史等，间遣巡视，亦河、漕不分。据明史职官志，总督河道始于王恕，自成化后始分试总漕、总河。据此，则王恕之命，专在治河。三编所载，但书"河道淤塞，分三道治之"，明史本纪，亦但言"总理河道"，不及漕运，皆据实录更正，今从之。

25　十一月，甲寅，立皇子祐极为皇太子。大赦。【考异】此即五年四月所生之皇子，证之后妃传，盖柏贤妃所生也。先是成化二年，万贵妃生子，未期而薨。后贤妃生皇次子，今已三岁，故立之。史中叙载甚明，而法传、宪章二录，直以祐极即万贵妃出，误矣。贵妃生皇长子既薨，自是不复娠，亦见贵妃传中，陈、薛二家失于考证耳。

26　己未，项忠奏荆、襄贼平。

忠前后奏调土兵合二十五万，分八道逼之，流民归者又数万。李胡子势孤，潜伏山寨，忠遣副使余洵，都指挥李振率兵掩捕。遇于竹山县，乘溪涨，半渡截击，遂生禽胡子及小王洪等，余多溺死。忠遂移军竹山，搜捕余孽，斩首六百四十，俘八百有奇。家口三万余人，户选一丁，戍湖广边卫，余令归籍给田。疏陈善后十事，悉允行。【考异】此俘斩之数，皆据明史忠传。而原奏称"复招流民五十万，斩首六百四十，俘八百有奇"，招抚之多而俘斩之少，亦不实不尽矣。今仍据明史忠传，而删去"五十万"及纪中"一百四十余万"语。

27 十二月，甲戌，彗星见天田，西指。下诏自责，敕群臣修省，条时政阙失。

丁丑，彗复北行，横扫太微垣郎位。

己卯，光芒长丈，东西竟天，北行二十八度余，犯天枪，扫北斗、三公、太阳，入紫微垣，正昼犹见，自帝星、北斗、魁、庶子、后宫、勾陈，天枢三师、天牢中台、天皇大帝、上卫阁道、文昌上台，无所不犯。

壬午，上避正殿，撤乐，御奉天门听政。

先是廷臣以彗久见，多言"君臣否隔，宜召大臣议政"。大学士彭时、商辂力请，中官乃约以是日御殿召对，戒曰："初见时，情未洽，勿多言，姑俟他日。"将入，复约如初。比见，时言："天变可畏。"上曰："已知。卿等宜尽心。"时又言："昨御史有疏请减京官俸薪，武臣不免缺望，乞如旧便。"上可之。【考异】三编质实云："明实录，'御史张敩因星变陈八事，其一为两京官俸薪，宜暂减半。'时所谓'御史有疏'者，盖谓敩也。"万安遂顿首呼万岁欲出，时与辂不得已皆叩头退。中官戏朝臣曰："若辈尝言不召见，及见，止知呼万岁耳。"一时传笑，谓之"万岁阁老"。上自是不复召见大臣矣。【考异】明史本纪，日食外，星变多不书，是年十二月彗见则书之，以避正殿撤乐为非常也。天文志所载尤详，今日分皆据之。诸书言彗始见轩辕在十一月，二申录则言"三月有星孛于天田"。据此，则彗见已近一年，史特书其甚者耳，并记之。

28 癸未，召朱永还。王越总督延绥军务。

29 乙酉，彗星南行，犯娄宿、天河、天阴外屏、天囷。

30 彗之见也，大学士彭时上言政本七事："一毋惑佛事，糜金钱；二传旨专委司礼监，毋令他人以防诈伪；三延见大臣议政事;四近幸赐予太多,工匠冒官无纪,而重囚死徙者法不蔽罪,宜戒淫刑僭赏;五虚怀受谏,勿恶切直;六戒廷臣勿依违,凡政令失当,宜直言论奏;七清理牧马市地,减退势要庄田。"皆切中时弊。吏部尚书姚夔,亦偕群臣陈二十八事,大要"以绝求请,禁采办,恤军匠,减力役,抚流民,节冗费为急。"并见采纳。

是时谕德王一夔上言:"彗星之变,灾异非小。谨上五事:一曰正宫闱以端治本,二曰亲大臣以咨治道,三曰开言路以疏壅蔽,四曰慎刑狱以广好生,五曰谨妄费以裕财用。"言尤剀挚,被旨切责。【考异】一夔上疏事,见明史王得仁附传中。宪章录、法传录系之是年十二月星变时,是也。据传,'王得仁本谢姓,父避仇外家,因冒王氏',故二书皆作"谢一夔"。今仍据明史本传。

31 辛卯,录囚,减死罪以下。

32 是岁,释嘉策凌入居河套,与阿勒楚尔合。时颇罗鼐稍衰,又有别部们都尔者,旧作满都鲁,又作们都垎。亦先后来套中。兵部尚书白圭,议"以十万众大举逐之,沿河筑城抵东胜,徙民耕守",上壮其议。

33 安南黎灏攻占城,破之,虏其王槃罗茶全以归。

八年(壬辰、一四七二)

1 春,正月,戊戌朔,以星变,免庆成宴。

2 丙午,彗行奎宿外屏,渐微,久之始灭。

3 庚戌,大祀南郊。

4 乙卯,太白经天,与日争明。

5 癸亥,皇太子薨;——传者以为万贵妃害之也。谥曰悼恭。

6 是月,玛拉噶犯安边营,延绥参将钱亮与战,败绩,指挥柏隆、陈英死之。释嘉策凌复犯固原、平凉。

先是白圭议大举搜套,上敕吏部侍郎叶盛巡边,与总督王越、巡抚马文升、余子俊、徐廷璋详议。

初,盛为谏官,好言兵,多所论建。既往来三边,知时无良将,边备久虚,转运劳费,搜河套复东胜未可轻议,乃会诸臣上疏言:"守为长策。如必决战,亦宜坚壁清野,俟其惰归击之,令一大创,庶可遏再来。又或乘彼入掠,遣精卒进捣其巢,令彼反顾,内外夹击,足以有功。然必守固而后战可议也。"上善其言。而圭主复套,方谋出师,于是盛议亦寝。【考异】安边之败,明史本纪系之正月,鞑靼传中言"七年之冬",因遣叶盛巡边类记耳,证之盛传,其巡边上疏亦在是年之春。盖盛之奉使在去冬,其至边议事皆在是春,今并牵连记于入寇之下,仍据明史本纪。

7 四川荣县盗起,杀人攻城,据府库,纵狱囚。已,又焚劫犍为,恣行剽掠,官军捕之,辄为所败。兵部尚书白圭言:"昔年赵铎之乱,一再用兵,然后克之。今疮痍甫定,宜敕镇守官偕巡按御史,严督三司克期进剿。兵力不敷,可征威茂、永宁分守官军协剿,毋如前日养寇。"上纳之。

寻擢江西布政使夏埙为副都御史,巡抚四川,任以平盗。埙至官,立互知会捕法,盗稍稍戢。

8 二月,白圭以大举搜套,发京兵及他镇兵十万屯延绥,而以输饷责河南、山西诸府县民,不给则预征明年赋,于是内地骚然。

兵科给事中梁璟言:"山西预征草豆,每夫科银二十两。岁旱民饥,逃亡载路,<u>太原</u>一县,五日内已亡三百八十余家,人心骇惧。乞发帑补买以苏民困。"事下户部议,格不行。

时侍讲<u>倪岳</u>亦言:"<u>山西</u>、<u>河南</u>之民,飞刍挽粟,徒步千里,夫运而妻供,父挽而子荷。乃转输不足,又有预征;水旱不可先知,丰歉未能逆卜,征如何其可预也!"皆不省。

【考异】<u>明史白圭传</u>:"以输饷责<u>河南</u>、<u>山西</u>、<u>陕西</u>。"<u>重修三编</u>据<u>明实录</u>:"圭议预征<u>河南</u>、<u>山西</u>料豆各十万石,草各五十万束,以足<u>陕西</u>诸郡不继之数。"<u>陕西</u>并无预征,盖误也。今据<u>三编</u>删去"<u>陕西</u>"二字,但云"预征<u>山西</u>、<u>河南</u>诸府县"。

<u>三编</u>发明曰:预征非制,<u>唐庄宗</u>衰世苟且之法也。然同光四年所谓预征者,亦只于三月征夏、秋之税,如<u>唐代宗</u>之税青苗而已,非悬丰歉不可知之明年而先责其赋也。

<u>明</u>至<u>宪宗</u>之时,国用不节,倾内帑以恣中官<u>梁芳</u>辈之侵牟,府藏既虚,而欲大举搜<u>套</u>,遂至以预征为筹饷之计,谬矣!

且<u>豫</u>、<u>晋</u>为师行经过之区,其民方任转输,尤当减赋缓征以纾其力。而乃欲行此苟且之法以重困之,民劳不大可念乎!

况是时所发京兵,素号冗怯,前后命遣<u>朱永</u>、<u>赵辅</u>、<u>刘聚</u>三大将,又皆畏葸不任战者。征匮竭之饷以饱媮惰之兵,一矢未发,而内地且骚然矣,然欲复<u>套</u>,得乎?

9　三月,癸丑,赐<u>吴宽</u>等进士及第、出身有差。

10 夏,四月,辛未,始雷。

11 癸酉,以京师久旱,运河水涸,遣使祷于郊社、山川、淮渎、东海之神。

12 初,南京户部侍郎陈翌,因灾异陈事,请如正统例遣使录囚,部议寝之。至是上忆其言,乙酉,分遣郎中刘秩等十四人,会巡按御史及三司官录囚,丁亥,复从商辂请,遣郎中张文昭等录天下囚。自是遂定为五年一遣之制。

13 项忠之平荆襄也,下令逐流民。民有自洪武中占籍者,亦在遣中,有司一切驱逼,不前即杀之,戍者舟行,多疫死。给事中梁璟,因星变求言,劾忠妄杀。而白圭亦言“流民成业在前者,宜随所在著籍”,又驳“忠所上功次,与湖广总兵李震、都御史杨璿所报名数不符”。

忠因上疏,大略谓:“流民之众,臣因不忍滥诛,故令丁壮谪发遣戍。至揭榜晓贼,谓已杀数千,盖张虚势怵之,非实事也。且圭身在事中,今日之事,又圭所遣。中外议者谓荆襄之患何日得宁;今幸平之,而流言沸腾,辄以臣为口实。昔马援薏苡蒙谤,邓艾槛车被征,功不见录,身更不保。臣幸际圣明,愿赐骸骨,勿使臣为马、邓之续。”上温诏答之。逾月,召忠还,进左都御史。【考异】梁璟劾忠,诸书多系之去年之冬,纪事本末系劾忠于是年之四月。忠致仕于五月,宪章录致仕在六月,今二事统系之四月之下。

14 五月,戊申,免陕西、山西、河南夏税十之二。

15 癸丑,以武靖侯赵辅为平虏将军,充总兵官,与总督军务王越御延绥诸路,并敕都御史马文升督陕西兵,余子俊督延绥兵,徐廷璋督宁夏兵,及各道总兵参将游击俱听辅、越节制,搜河套也。

先是叶盛巡边还,白圭请择遣大将军专事敌;而王越以在边无功,士卒衣装尽坏,马死过半,请且休兵,与盛偕还。而廷议以"套寇不灭,三边终无宁日。先所调诸军,已逾八万,将权不一,迄无成功,宜专遣大将调度。"乃有是命。

16 六月,寇入平凉、巩昌、临洮,杀掠人畜三十六万四千有奇。

17 秋,七月,寇入庆阳。

时赵辅等师次榆林,寇已深入不能制,乃与王越奏言:"搜套非十五万兵不可;今馈饷烦劳,公私困竭,宜姑事退守。"

会陕西巡抚马文升复报寇警,兵部论辅、越拥重兵坐视,命给事中郭镗往勘以闻。

18 是月,南畿大风雨,坏天地郊坛、孝陵庙宇;苏、松、扬三府亦以水灾告。浙江海溢,杭、绍、嘉、湖、宁五府各被水灾,凡八郡,沦没田禾,漂毁官民庐舍畜产无算,溺死者二万八千四百六十余人。

19 敕修隆善寺成。工匠授官者三十八人,尚宝少卿任道逊等,以书碑皆进秩都给事中。王诏上疏力谏,不省。【考异】王诏谏工匠授官事,法传录系之九年,证之明史诏传,特书"八年七月",宪章录同。按诏上疏,言"陛下绍承鸿业,于兹九载",所谓"九载"者,自其践阼计之,非改元也,今据明史本传。

20 八月,寇犯宁夏,深入环庆、固原。

21 九月,丙午,敕谕安南黎灏。

初,安南破占城,虏其王,其弟槃罗茶悦逃之山中,遣使臣乐沙弄来告难。兵部请"敕责安南,令归占城国王及侵地",上欲俟安南贡使至,徐为处分,乃先册封槃罗茶悦为占城国王,至是,始遣给事中陈峻,行人李珊持节往。

时占城已为安南所据,改曰交南州。峻等行至新州港,守关者不纳,遂不克入。【考异】明史本纪不载占城告难及册封占城事,但于是年九月书"谕黎灏还占城侵地"。三编书占城告难于五月,证之诸书,占城之破在去年,告难在本年五月,册封占城在六月,盖欲俟安南贡使之至,故迟之也。今仍据本纪,而统系于是年九月下。

22 辛亥,巡按陕西御史王哲言:"寇据河套,去冬至今年夏,三入巩昌、会宁,近益深入,南至通渭、秦安,西至金县,每入俱由安边花马池。总兵总督调兵守延绥、环庆、固原,而榆林、固原、安定、会宁,相距二千余里,有警难应援。宜令辅、越专理东路,别遣将扼其西路。"

23 癸丑,巡抚延绥余子俊上言:"今征套士马,屯延绥者八万。馈饷之费,以今年之数约之,米豆需银九十四万,草六十万,每人运米豆六斗、草四束,应用四百七万人,银八百二十五万。公私烦扰,亟须变计。臣前请筑墙建堡,事属可行。请于明年春夏寇马疲乏时,役陕西运粮民五万,给食兴工,期两月毕事。"时白圭在兵部,犹持前议阻之。上是子俊言,令速举。【考异】王哲、子俊上书月日,皆见明史稿,明史删之,故统系寇边事于是年之末。证之子俊传,当在是月,今据增。

24 是月,巡抚陕西马文升,奏破套寇于韦州。

先是释嘉策凌、们都尔等屡犯边,文升请驻兵韦州,而设伏诸堡待之;遂破之黑口,禽其平章迭烈孙。至是又破之<u>汤羊岭</u>，斩首二百。名其岭曰<u>得胜坡</u>，勒石纪功而还。

【考异】事见<u>明史</u><u>文升传</u>，在是年，<u>宪章录</u>、<u>法传录</u>皆系之是年九月。据传所记，亦<u>文升</u>奏报之文。<u>明年</u>，被劾报功不实，即是年<u>韦州</u>之役也。

25 礼部尚书<u>姚夔</u>，以"<u>南畿</u>、<u>浙江</u>大水，请敕廷臣共求安民弭患之术"。诏付所司议行之。

26 冬，十一月，己酉，以<u>宁晋伯</u><u>刘聚</u>代<u>赵辅</u>为将军，充总兵官，屯<u>延绥</u>。

先是<u>郭镗</u>勘功还，称"六七月间，寇纵横边地，<u>辅</u>、<u>越</u>等逗留<u>榆林</u>不进，致部将遇敌，辄以不得号令为词。当治其弛兵玩寇罪。"时<u>辅</u>、<u>越</u>方以寇不战自屈，奏请班师，兵部劾其欺谩，上不之责。至是<u>辅</u>乞疾求代，乃改命<u>聚</u>，召<u>辅</u>还，仍以<u>王越</u>总督军务。

27 十二月，癸酉，振京师饥民。寻又以旱灾，免<u>直隶</u><u>顺德</u>、<u>真定</u>等府所属并<u>河间</u>卫秋粮九万七千余石。

28 是冬，<u>江西</u>巡按御史<u>杨守随</u>，以灾异陈时政七事。时廷议以四方灾伤，停遣刷卷御史，<u>会昌侯</u><u>孙继宗</u>请并停在京者，<u>守随</u>劾"<u>继宗</u>等任情作奸，恐罪及，假此祈免"。上置<u>继宗</u>不问，而刷卷如故。

29 初，畿辅八府，旧止设巡抚一人，驻<u>蓟州</u>。频年以御边不能兼顾，都给事中<u>梁璟</u>，请"分设东、西二巡抚：东治<u>顺天</u>、<u>永平</u>，驻<u>遵化</u>，以<u>蓟州</u>军务属之；西治<u>保定</u>等六府，兼提督<u>紫荆</u>、<u>倒马</u>二关，驻<u>真定</u>。"朝议从之，遂为定制。

30 初，运粮京师，未有定额，至是因改长运，定解京四百万石，不令缺，以为常。

31 <u>鞑靼</u>别部<u>释嘉策凌</u>以女妻<u>们都尔</u>，立为可汗，<u>策凌</u>自为太师。

九年（癸巳、一四七三）

1 春，正月，丁未，大祀南郊。

2 壬子，总兵官刘聚及总督军务王越，败释嘉策凌于漫天岭。

时三遣大将，皆以越总督军务。寇每入，小击辄去，军罢即复来，率一岁数入，将士益玩寇，而寇势转炽。

3 癸丑，免湖广、武昌等府被灾秋粮凡三十二万余石。

4 是月，土尔番阿尔即阿力，见前。据哈密城。

初，哈密忠顺王布拉噶旧作卜列革。卒，无子，王母宁温达锡里旧作努温答失里。主国事。天顺之末，释嘉策凌窥哈密无主，袭破其城，王母率亲属部落走苦峪，遣使来告难。时鞑靼数扰边，朝廷不得援。上即位之二年，虏兵已退，乃资遣还故土，其头目哀请以都督同知巴图穆尔袭封。旧作把塔木儿。——巴图者，故忠顺王托欢特穆尔旧作脱欢帖木儿。外孙也，上因擢为右都督，摄国王事，又卒。其子哈商旧作罕慎。请嗣职，许之，而不命其主国事，政令无所出。

是时土尔番酋阿尔方强，遂于去年冬乘机袭哈密，破之，虏其王母，劫金印去，留其妹婿伊兰旧作牙兰。据守之。至是哈密来告难，廷议讨之。【考异】哈密之破，明史本纪及三编皆系之是月，证之哈密传，在八年之冬，土尔番传则云"九年之春"，盖以去年破，今年始来告也。哈密传言"四月上闻"，则据遣李文等往谕之月日也。今据明史、三编而分书遣李文等于四月。

5 江西真人张元吉坐系二年，竟以夤缘免死，杖百，发肃州军,言官争之,不纳。至是其子元庆复为父陈情祈免,上许之。

给事中虞瑶等言:"律:'杀一家三人者磔。'元吉以睚眦杀四十余人,罪不容诛。贷死遣戍,已为枉纵;今又得释归田里,臣实未谕。若以元吉母老子幼,情或可矜,则元吉所杀四十余人,岂无可矜如元吉者? 祖法朝纲,不可不慎。"奏入,命俟终养遣戍,寻竟释为民。

6 二月,壬戌朔,免山西被灾税粮。

7 是月,吏部尚书姚夔卒。

夔才器弘远,表里洞达,朝议未定者,夔一言立决。其在吏部,留意人才,不避亲故。每遇灾异,辄请振恤,忧形于色。至是卒,赠少保,谥文敏。

8 三月,甲午,山东黑昼如夜。

乙未,济南诸府狂风昼晦,咫尺莫辨。【考异】甲午乃三月初四日,见王恕奏疏中,明史稿、五行志及二申录皆据书之,明史五行志直作"甲午",是也。惟风霾,明书:"成化九年三月癸未,济南狂风昼晦。"三月无癸未,疑"乙"字之误,今校改。

9 壬寅,减云南银课之半。

10 庚申,振畿内、山东饥。是时东省饥尤甚,骼无遗骴。

11 是月,以尹旻为吏部尚书。

时姚夔卒,商辂欲以王概代,会妻丧在告。旻通中官,以中旨得之。

12 南京大风雨,坏太庙、社稷坛树。

13 夏,四月,辛酉朔,日有食之。

14 甲子,乌梁海福余三卫寇辽东,总兵官欧信击败之。

时言者以"信老,请召还",巡抚彭谊奏言:"官军耆老五十余人,皆言信忠谨有余,累立战功,年六旬而骑射胜壮士,不宜召回。"乃留镇如故。

15 丁卯,山东又黑暗如夜。

16 总督河道刑部侍郎王恕,奏山东、畿内灾及山东昼晦,上恻然。戊辰,诏山东今年税粮,悉与蠲免,瘗京师暴骸。丁丑,复下宽恤之诏。

17 壬午,上阅武臣骑射于西苑。时以武备废弛,黜指挥李胜等四十六人。

18 是月,巡抚山东牟俸,以灾请"发济南仓储,减价平粜,临清关税,兼收米麦以资振济"。又乞"开中淮、浙盐百万引,尽蠲州县逋课"。诏悉如所请,仍命移临清仓粟十万石振之。于是俸又乞"截留漕粮,并贷饥民",且乞"开纳粟例,令胥吏富民皆踊跃输振"。诏悉许以便宜从事。

19 兵部奏言:"哈密实西域咽吭,弃而不救,恐赤斤蒙古等卫亦为所胁,则我之藩篱尽撤而甘肃之患方殷。若使套寇不退,关中供亿愈难。"于是命边臣谨戒备,敕罕东、赤斤诸卫协力战守。寻遣都督同知李文右、通政刘文经略甘肃,并遣锦衣千户马俊往谕土尔番,使归哈密侵地。

20 五月,进商辂户部尚书,万安礼部尚书兼学士,直阁如故。

21 六月,壬申,振山西饥。
己卯,免陕西被灾夏税。

22 秋,七月,壬辰,释嘉策凌寇边,巡抚延绥余子俊,会总兵官许宁败之于榆林涧。

23 庚戌，东直门火。

24 八月，刑部尚书陆瑜致仕，以王概为刑部尚书。

25 兵部尚书白圭以忧去，诏葬后起复。【考异】瑜以是年八月致仕及王概以八月任刑尚，皆见年表，通纪、纪闻入之八年，误也。白圭以忧去，本传不见，亦据年表书之。

26 九月，辛卯，镇守浙江中官李义有罪，宥之。义至宁波卫，指挥马璋馈白金二十两，意不慊，遂杖杀之。璋母讼于朝，诏义自陈，义言："因公事杖璋，璋以病死，非杖毙也。"上竟不问。

27 庚子，王越等袭套寇于红盐池，败之。

时们都尔、博勒呼、释嘉策凌三酋连兵深入，直抵秦州、安定、会宁诸州县，纵横数千里。王越策寇尽锐西出，必不备东偏，乃率总兵官许宁、游击将军周玉，各将兵四千六百人为左、右哨。——玉，前都督佥事贤之子也。

诸将从榆林红儿山出境，昼夜兼行八十里，涉白盐滩北，又百五十里。侦知寇老弱尽在红盐池，乃分兵千余伏他所，而身率宁、玉张两翼直薄其营，伏兵又从后夹击，大破之，焚其庐帐而还。及诸寇饱掠归，则妻子畜产已荡尽，相顾痛哭。自是稍徙北去，不敢久踞套中，亦不敢恃险深入。于是延绥得息肩者数年。

28 是月，诏淮、徐、临、德四仓支运七十万石之米，悉改为水次交兑。

先是七年，立长运法，计四百万余石之额，其旧入支运者，惟此四仓七十万石之米未改，至是悉改之。自是官军长运遂为一代定制,其自支运改为长运者,又名"改兑"云。

【考异】据明史食货志,立长运法在七年,下文又言"不数年命四仓支运七十万石之米,悉改水次交兑"云云。今证之三编七年目中,据明史志书之。而质实云:"其改兑则九年九月也。"此本实录,今从之。

29 冬,十月,乙丑,录囚。

30 是月,巡抚山东牟俸,复以荐饥檄发东昌济宁仓粟十万余石为军士月粮,而以德州、临清寄库银易米振济,奏请伏专擅罪,上特宥之。又言:"今救荒者止救其饥,不谋其寒,纵得食,终不免僵死,乞贷贫民布棉。"诏从之。【考异】俸救荒事,具见明史本传。传中所记三月、七月、十月,凡三次奏请,三编亦详记于山东大饥目中。今月分皆据本传。

31 十一月,丁酉,复阅骑射于西苑,罢定襄伯郭嵩等四人。——嵩,登之兄子也。

英国公张懋三发皆中。上大喜,赐金钞。

32 是月,朵颜三卫附虏寇,出没广宁、义州,辽东总兵官欧信遣将韩斌等败之于兴中。追及麦州,斩六十二级,获马畜器械以千计。

是时喜峰守将吴广,以贪贿失三卫心,故三卫入犯,诏征广,下狱死。

33 十二月,兵部奏:"畿内、山东、河南等处水旱,请免征民间马课。"诏:"南直隶等处,凡灾伤地皆暂停之。"

34 王越奏红盐池之捷。纪功郎中张谨,劾"赵辅、刘聚等滥杀冒功,越妄奏虚捷",并及马文升、余子俊等。

初,文升韦州之捷,不欲夸张,以是赏薄,至是因越奏大捷,亦遣子琇报功;而子俊方以筑边墙,不预其役,奏报多出传闻;故谨并劾之。诏遣工科给事中<u>韩文</u>等往勘。【考异】<u>张谨劾王越</u>等,诸书多系之十年,盖因<u>韩文</u>等勘还,牵连并记也。若纪闻、通纪系之是年九月,则<u>红盐池</u>之捷尚未报也。据<u>明史刘聚</u>传,在是年之冬。三编十年质实记<u>余子俊</u>筑边墙事,遂及<u>张谨</u>之劾<u>赵辅</u>等系之九年之十二月,此据实录年月,今从之。

35 <u>白圭</u>起复,还朝。

36 是冬,都督同知<u>李文</u>等奉使抵<u>肃州</u>,先遣锦衣千户<u>马俊</u>往谕<u>土尔番</u>。<u>阿尔抗</u>不奉命,羁<u>俊</u>月余,<u>文</u>等乃檄<u>哈密</u>故摄国王子<u>哈商</u>及<u>赤斤</u>、<u>罕东</u>、<u>默克埒</u>旧作<u>乜力克</u>。诸部合讨之。

37 是岁,翰林编修<u>谢铎</u>,因校勘宋元通鉴纲目将竣,上言:"纲目一书,帝王之龟鉴,陛下命重加考定,必将进讲经筵、为治道资也。今天下有太平之形而无其实,名曰振纪纲而小人无畏忌,曰励风俗而缙绅弃廉耻,饬官司而污暴益甚,恤军民而罢敝益极,减省有制而兴作每疲于奔命,蠲免有诏而征敛每困于追呼,考察非不举而幸门日开,简练非不行而私挠日众,赏竭府库之财而有功者不劝,罚穷谳覆之案而有罪者不惩。以至修省祈祷之命屡颁,水旱灾伤之来不绝,禁垣被震,城门示灾,是则诚可忧也。愿陛下考古证今,见之行事,然后可长治久安,而载籍不为无用矣。"上嘉纳之而不能行。

十年(甲午、一四七四)

1 春,正月,丁亥朔,振京师贫民。

2 丁酉,大祀南郊。

3 癸卯,命王越总制延绥、甘肃、宁夏三边。

先是刑部主事张鼎上言:"陕西八府三边,俱有镇守总兵,而巡抚都御史不相统一,遇事各为可否,有警不相救援。宜推文武兼济者一人总制三边,副将以下悉听调遣,以一事权。"下所司议,"设制府于固原,控制三边"。诏以越总督文武,自总兵、巡抚而下皆听节制。——三边设总制自此始。

时越以红盐池功,加太子少保,增俸一级,于是朝议纷起。【考异】王越总督军务数年,其辞大同巡抚,专办西事,证之越传在七年,代赵辅总督军务在八年,其总制三边则在十年,盖三边设总制始于是年也。三编目中据实录之,与明史本传合。通纪、纪闻则统系之成化六年,盖未见实录也。今据明史、三编分书之。

4 丙午,召刘聚还。

聚,太监永诚从子也,以边功得内援,遂封伯。河套之役,前后所遣三大将朱永、赵辅及聚皆无功。辅还,仍督京营。聚亦以漫天岭之捷加给世券,故言官劾之尤力。聚还数月卒。

5 二月,命都御史董方出抚大同,改林聪南京都察院左都御史。

6 免南畿、湖广被灾秋粮。

7 吏部左侍郎叶盛卒。

盛清修积学,尚名检,薄嗜好,居言路尤多建白。卒年五十五,谥文庄。

8 三月,庚寅,崇王见泽之国。

9 是月,总督两广右都御史韩雍请致仕,许之。

初，雍在粤，不礼于镇守中官黄沁，沁颇衔之。会上年柳、浔诸蛮复叛，参将杨广俘斩九百人，方更进而贼破怀集县。兵部劾雍奏报不实，沁亦讦雍坐视，且言其滥赏费财，上遣给事中张谦等往勘。而广西布政使何宜，副使张敩，亦以雍素轻己，共酝酿其罪。谦还，奏"事虚实交半"，遂听雍致仕去。

雍有雄略，善断，临战躬亲矢石，不目瞬。既承制专决，自奉尊严。军门设铜鼓数十，仪节详密。三司皆长跽白事，裨将以下，绳柙无所假。又坦中不为崖岸，挥斥财帛不少惜，故虽令行禁止而谤议亦易起。卒为中官所齮龁，公论皆不平。两广人思其功，为立祠祀焉。家居五年卒。正德间，赐谥襄毅。【考异】韩雍致仕，诸书皆系于去年之冬，盖因浔、柳之叛被劾在先，故自请之，至是始得所请而去。故三编系之是年三月，今从之。

10 给事中韩文，自庆阳核诸将军功还，奏"张谨所劾刘聚、马文升、王越等滥杀邀功及所报首功百五十仅十九级皆实，请论治"。上曰："今寇已平，姑勿问。"已，兵科给事中郭镗复请治之，诏所司移文戒饬而已。

文复会同官梁璟、王诏等，奏起致仕尚书王竑、李秉而斥王越，并及宫闱隐事，上大怒，召文等至文华殿，面诘之。诏仰呼曰："臣等言虽不当，然区区犬马之诚，知为国而已。"乃杖而释之。【考异】韩文等受杖事，见明史韩文梁璟等传。文传所载，系核韦州军功归，璟传所载，亦在红盐池奏捷之后。诸书多系之九年十二月，盖因张谨之劾，韩文之勘，连记及之。通纪系之九年九月，其时王越等甫败套寇，尚未报捷。惟宪章录书韩文自庆阳还，劾奏越等在本年三月，今从之。

11 夏，四月，以陕西布政使朱英为右副都御史，巡抚甘肃。

英先后奏陈安边二十八事,其请徙居戎,安流离,简贡使,于时务尤切云。

12 王越闻总制三边之命,方自以功大赏薄;及闻言官交劾,遂怏怏,称疾乞还朝。许之。【考异】王越之还,诸书皆系之十年正月,盖因受总制之命牵连并记也。通纪系之四月,盖在韩文核功之后。然证之七卿表,越任左都御史兼督团营在明年二月,又证之马文升传,代越总制三边在明年之春,则此时越尚未还,得请而已。

13 五月,戊申,申藏妖书之禁。

14 是月,免山西太原、平阳被灾税粮八十二万有奇,陕西西安被灾夏税四十五万有奇。

15 六月,赵辅以被劾辞侯,乞世伯。上许其世伯,侯如故,仅减禄二百石,言官力争,不听。辅复上疏暴功,言“减禄无以赡老”,余子俊等复劾之,卒不问。

16 闰月,乙巳,巡抚延绥余子俊筑边墙成,上其事,且以母老乞终养,慰留不许。

初,子俊请筑边墙,役运粮民夫,上皆从之。会王越袭寇红盐池,患少息,子俊得一意兴筑,东起清水营,西抵花马池,延袤千七百七十里。凿崖筑墙,掘堑其下,连比不绝。每二三里,置敌台崖寨备巡警。又于崖寨空处筑短墙,横一斜二如箕状,以瞭敌避射。凡筑城堡十一,边墩十五,小墩七十八,崖寨八百十九,时谓之“橐驼城”。役军四万,不三月而告竣。墙内之地,悉分屯垦,岁得粮六万石有奇。【考异】子俊筑边墙事见本传,盖以七年巡抚延绥,即建此议,八年复请,始以九年兴工。会王越奏红盐池之捷,寇患少息,遂以是年闰六月成之,明史本纪及传所载悉合。三编质实云："边墙之筑，明史兵志谓在成化七年，地理志谓在九年。考宪宗实录，八年三月叶盛疏云：'七年六月，内用总兵巡抚议，令官军兴筑。而城堡守备兵不足供役，乃请役民夫，旋为部议所格。'是兵志以为七年筑者，盖据官军兴筑之始也。九年十二月，张谨劾赵辅等冒功罪，有云：'余子俊方修治边墙，难于概治。'是赵辅等御寇韦州之际，即已纠众兴工，地理志以为九年筑者，据民夫兴筑之始也。"今按子俊以九年筑，十年成，而边墙之议始于七年。三编所载，证之明史子俊传悉合，今据书之。

17　是月，以定西侯蒋琬督十二团营兼总神机营兵。——琬，贵之子也。

先是琬协守南京，廷议设三边总制，并举琬为总兵官。上命王越专制三边，寻呈琬不遣。至是琬还，遂有是命。

琬上言："北京西北隅有土城故址，请复筑之。"又言："大同、宣府诸塞下田宜清核。"事下所司议，虽不尽行，时论韪之。【考异】琬督团营，诸书多系之正月，盖据其召还也。证之功臣表，领团营在是年闰月，今从之。

18　秋，七月，甲寅，免江西南昌等府被灾秋粮凡八十六万有奇。

19　八月，辛卯，释嘉策凌犯宣府，命都督同知赵胜为平虏将军，充总兵官御之，太监刘恒、覃平监军。未几，寇退，复召还。

20　是月，刑部尚书王概卒。

21　赐广东按察副使孔镛、佥事陶鲁、林锦诰命。

镛初以连山令从巡抚叶盛征广西有功，荐擢高州知府，平猺贼十余部，降其众数百人，已，又会陶鲁破粤贼于廖婆堡。鲁以新会丞连破广西猺贼之流劫高、廉、肇、惠者,以叶盛、韩雍先后荐擢监司。而廉州知府林锦,亦以御寇功升佥事。至是巡抚吴琛,具三人治绩闻于朝,遂有是命。

锦终按察副使,镛后累官至贵州巡抚,而鲁迁湖广布政,仍留治广东兵备,兼领广西事。时称"三广公"。广人倚之如长城。【考异】赐孔镛等三人诰命事,诸书不载。三编据实录系之是年八月,今从之。

22 九月,癸丑朔,日有食之。【考异】明书作"癸卯朔",误也,今据明史本纪。

23 乙卯,以水灾,免南直隶苏、松、常、镇四府被灾州县并苏州卫秋粮共四十三万四千余石。【考异】明书作"免秋粮五十九万",盖内有马草十六万并计之。证之宪章录,分书秋粮,实得此数,今从之。

24 是月,国子司业耿裕,言"勋戚子弟当先束身礼法",乃采辑古诸侯贵戚言行可师者,人授一编。上闻而称善,乃诏侯、伯及驸马年少者皆入国子监。——裕,刑部尚书九畴子也。

25 冬,十月,以项忠为刑部尚书,代王概也。【考异】宪章录、法传录记项忠任刑尚于十二月,亦不言改兵部事,证之明史七卿表,刑尚王概八月卒,故忠以十月代之。及十二月兵尚白圭卒,忠改兵部,以董方为刑尚,其迁代皆可考也。今据明史表。

26 都督同知李文等讨土尔番,不克,引还。

先是文等引兵至布隆吉尔川,旧作卜隆吉儿。谍报土番阿尔集众抗拒,更结别部谋掠罕东、赤斤二卫。文等不敢进,遂请"旋师肃州,散遣二卫兵固守本土,令哈商及默克埒、辉和尔旧作畏兀儿。之众退居苦峪驻牧。"章下兵部,具如所请,<u>文</u>等无功而还。<u>土尔番</u>知<u>中国</u>不足惮,据<u>哈密</u>久之。

27 十一月,丙子,免<u>河南</u>被灾税粮三十四万有奇。

28 是月,虏寇复犯<u>宣府</u>,入<u>马营</u><u>赤城署</u>,都督佥事<u>周玉</u>击败之。

捷闻,兵部言:"<u>宣府</u>诸大帅无功,<u>玉</u>所部三千人能追敌出境,请加一秩以酬其劳",乃予实授。寻充<u>宣府</u>副总兵官。

是时寇徙出<u>套</u>,<u>延绥</u>之患少息,而<u>宣府</u>、<u>大同</u>诸边颇被其扰矣。

29 十二月,己丑,罢采金之役。

时内费日侈,帑金不足用,命<u>湖广</u><u>宝庆</u>等郡开采;岁役民夫五十五万人,死者无算,仅得金三十余两。抚臣<u>刘敷</u>奏请已之。户部檄所司开<u>辽东</u><u>黑山</u>金场,<u>辽东</u>巡抚<u>彭谊</u>奏:"<u>永乐</u>中,太监<u>王彦</u>等开是山,督夫六千人,三阅月止得金八两,请一并已之。"报可。【考异】<u>明史</u>本纪书罢<u>宝庆</u>诸府采金于是月,<u>宪章录</u>所载,亦仅<u>湖广</u><u>宝庆</u>等府,<u>三编</u>增入"<u>彭谊</u>请幷<u>辽东</u><u>黑山</u>金场罢之"。证之<u>明史</u><u>谊</u>传,在十年之冬,正与罢<u>湖广</u>金场相先后也,今据增。

30 甲午,都御史<u>李宾</u>等奏:"锦衣镇抚司累获妖书,语多妄诞,小民无知,往往被其幻惑。请备录妖书名目榜示天下,并定传习罪名,俾长法不敢再犯。"从之。

31 是月,<u>白圭</u>卒。<u>项忠</u>改兵部代之,以<u>董方</u>为刑部尚书代<u>忠</u>。

32 是冬,<u>陈峻</u>等自<u>安南</u>还。

时<u>安南</u><u>黎灏</u>复执<u>占城</u>王弟<u>槃罗茶悦</u>,奏称:"<u>槃罗茶全</u>为其弟<u>槃罗茶悦</u>所弑,因自立。及将受封,又为其子<u>茶质</u>

苔所弑,其国自乱,非臣灏罪。"朝廷知其诈,不能诘,但劝令还其土宇,亦不听。

33 是岁,山东复饥,巡抚牟俸请发仓储振贷,从之。

俸抚山东五年,治尚烦苛,然颇尽心荒政,所全活甚众。

明通鉴卷三十三

江西永宁知县当涂 夏　燮 编辑

纪三十三 起旃蒙协洽(乙未),尽著雍掩茂(戊戌),凡四年。
宪宗纯皇帝

1　春,正月,癸亥,大祀南郊。

2　癸酉,上以哈密失国,人民无统,敕哈商权主国事,并给以衣粮谷种。

3　是月,晋大学士彭时少保。

4　吏部奏罢朝觐官布政使杨文琳、按察使王琳以下凡一千八十一员。

5　二月,甲申,禁酷刑。

时国子祭酒周洪谟言:"天下有司听讼,辄用夹棍等刑具,百姓不胜苦楚。请敕法司禁约,除人命奸盗死罪外,其余止用鞭朴,违者风宪官论治。"报可。

时洪谟又以"士风浇漓,请复洪武中旧规",上纳其言,命礼部榜谕国子监。崇信伯费淮,怠不就学,洪谟劾之,诏夺冠服，以儒巾赴监读书，并停其岁禄之半。学政肃然。

6　是月，闭河南、宜阳等县银洞。

先是兵科给事中郭镗请开河南银矿以备边用，有司勘报："矿脉细微，所得不多，徒费民力"，事遂寝。至是户部尚书杨鼎，以边储缺用，复请开煎，下所司勘报如前，诏仍封闭。

7　进王越左都御史，兼提督十二团营。

越既还，诏陕西巡抚马文升节制陕西等处军务。【考异】据明史本纪及王越传，越以十年总制三边军务，而职官志则以三边总制设于弘治十年火筛入寇之时，证之本纪，则王越再起时也。参考前后，设三边总制实始于成化十年，因王越被劾，辞疾请还，因而中止。故三编质实云："三边设总制自此始。越还朝，即罢不设。"据此，则始设总制，越固未尝任，而越之实任则在弘治十年，故职官志据而言焉。惟越既还朝，则总制已不复设，而明史马文升传，则云"成化十一年春，代越总制三边"，似三边又未尝罢。且文升代越，正与越还朝进左都御史同时，所以然者，当越自七年辞大同巡抚，加总督军务，专办西事，是时三边已归越节制，特未授总制专衔耳，即马文升之代越亦是如此，直至弘治十年始有实授，职官志所记本不误也。又据志言，"始设时称提督军务，后嘉靖间改为总制，后又避制字改为总督"云云，是则总制之名，亦非始设之称，史家所记，语多淆混。证之弇州史料，亦但云"文升节制三边军务"，此与七年王越之总督军务，皆专办西事，非实授之官明矣。今于文升代越下删去传中"总制"语，仍以"节制陕西等处"书之。

8　三月，壬子，赐谢迁等进士及第、出身有差。

9　辛未，少保、大学士彭时卒。

时上怠于政，时与万安同在阁，而安内结中官戚畹，大臣希得进见。时颇怀隐忧，每上言时政，或留中，或下所司，多不见用，常悒悒不得志，屡请疾在告。乞放还，不许。

至是疾革,衣冠端坐,徐言曰:"死生常理,不足念;但冒居大位,上不能报国,下不能养老父耳。"卒年六十。赠太师,谥文宪。

时立朝三十年,持正存大体,有所论荐,不使人知。燕居无倦容,非其义不取,有古大臣风。

10 是春,释嘉策凌寇大同,参将李镐等击败之。

11 夏,四月,乙酉,以吏部侍郎刘珝、礼部侍郎刘吉并兼翰林学士,入阁预机务。

珝先以旧宫僚进官,直经筵日讲,反复开陈,词气侃侃,刘定之称为讲官第一。上亦爱重之,入阁后尝呼"东刘先生"。珝性疏直。吉则多智,数与万安比。

12 壬辰,乾清宫门灾。乙未,以灾告于奉先殿,遣躬自责。

时工部以重建,请采木川、湖,学士商辂言"宜少缓以存警畏",从之。

13 己亥,录囚。

14 是月,宋元通鉴纲目成。诸总裁、纂修官皆升赏有差。兵部尚书商辂晋兼文渊阁大学士。

15 五月,丁卯,始召见皇子于西内。

上自悼恭太子薨,恒郁郁不乐。一日,召太监张敏栉发,照镜叹曰:"老将至而无子!"敏伏地曰:"万岁已有子也。"上愕然,问:"安在?"对曰:"奴言即死。万岁当为皇子主。"于时太监怀恩侍,叩首曰:"敏言是。皇子潜育于西(府)〔内〕,今已六岁矣,匿不敢闻。"上大喜,即日幸西内,遣使至安乐堂迎皇子使至。纪妃抱皇子泣曰:"儿去,吾不得生。儿见黄袍有须者,即儿父也。"衣以小绯袍,乘小舆拥至阶下。时犹未翦胎发,发披地,走投上怀。上置之膝,抚视久之,悲喜,泣下曰:"我子也,类我。"使怀恩亟走内阁道其事,阁臣皆大喜。怀恩传上意,欲宣示外廷,大学士商辂曰:"宜降敕礼部,以定名为词。"于是廷臣相率入贺,上即命皇子出见于文华门。越日,册封纪氏淑妃。留皇子于宫中,妃仍居西内。

未几,礼部奏上皇子名。上御文华殿,召阁臣商辂等,皇子侍。辂顿首曰:"陛下践阼十年,储副未立,天下引领望久矣。当即立为太子,安中外心。"上颔之。【考异】明史本纪但于是年冬十一月书"立皇太子",而召见西内事不具。三编系之五月,明书书于是月丁卯,盖十九日也。册封纪氏,据明史后妃传在皇子见之明日,今据之。

16 癸酉,免湖广被灾秋粮。又以水灾,免南直隶镇江、福建漳州等府秋粮七万五千余石。【考异】明史本纪但于是月书免湖广被灾秋粮,宪章录免镇江、漳州等府而遗湖广,明书则云"免武昌、镇江、漳州等府",今并书之。

17 六月,乙巳,淑妃纪氏薨。

先是妃居西内,大学士商辂恐有他患,难显言,偕同官上疏曰:"皇子聪明岐嶷,国本攸系;重以贵妃保护,恩逾己出。但外议谓皇子母因病别居,久不得见,宜移就近所,俾母子朝夕相接,而皇子仍藉抚育于贵妃,宗社幸甚!"于是妃遂移居永寿宫,数召见。

至是妃病笃,辂请曰:"如有不讳,礼宜从厚。"且请命司礼监奉皇子过妃宫问视。及薨，又请制衰服行礼，上皆从之。谥曰恭恪庄僖。【考异】<u>明史后妃传</u>："妃居<u>永寿宫</u>，<u>万贵妃</u>日夜怨泣曰：'群小绐我。'其年六月，妃暴薨，或曰贵妃致之死，或曰自缢也。<u>张敏</u>亦吞金死。"<u>三编质实</u>谓"与<u>商辂</u>传所载互殊"，盖传闻之异也，今从<u>辂</u>传。<u>三编目</u>中据<u>实录</u>"是月乙巳"，<u>纪闻</u>言"是月二十八日"，即乙巳也，今据之。

18　秋，七月，<u>朵颜三卫</u>以<u>们都尔</u>暴强侵掠，皆走避塞下，数饥困。

　　初，国家设<u>辽东</u>马市，一<u>城东</u>，一<u>广宁</u>，皆以待<u>三卫</u>。<u>正统</u>间，以其部众屡叛，罢之，至是<u>三卫</u>请复开马市，不许。【考异】<u>明史本纪</u>不载。<u>朵颜传</u>言马市开于<u>成化</u>十四年，前比再四请不许，正此时也。<u>明书</u>、<u>宪章录</u>皆系之是年七月，<u>三编</u>则统记于十四年目中，今分书之。

19　八月，辛巳，浚<u>通惠河</u>。

　　先是漕运总兵<u>杨茂</u>言："自<u>张家湾</u>舍舟，车挽至都下，雇值不赀。<u>通州</u>至<u>京</u>，旧有<u>通惠河</u>，水道、石闸尚存。修闸潴水，用小舟剥运为便。"下户部，遣尚书<u>杨鼎</u>、侍郎<u>乔毅</u>相度。上言："旧闸二十四，通水行舟。但<u>元</u>时水在宫墙外，舟得入城。今水由皇城<u>金水河</u>出，故道不可复行。请浚<u>玉泉</u>、<u>龙泉</u>及<u>月儿</u>、<u>柳沙</u>诸泉水，使入<u>西湖</u>。闭<u>分水青龙闸</u>，引诸泉水从<u>高粱河</u>分其半由<u>金水河</u>出，余从都城外濠流转，会<u>正阳门</u>，并流<u>大通桥</u>，闸河随旱涝启闭，则粮艘可近仓，甚便。"上善其议，以灾异，工未及举，至是命<u>平江伯陈锐</u>等督漕卒七千人疏浚。

20　丁亥，<u>们都尔</u>、<u>释嘉策凌</u>遣其使<u>通阿</u>等_{旧作桶哈}。来朝，贡马，朝廷宴赍甚厚，仍以彩缎酬其马直，<u>通阿</u>等九十二人皆授官有差，予冠带。

时<u>释嘉策凌</u>等以<u>红盐池</u>受创,复谋通贡。<u>策凌</u>自为太师,杀<u>博勒呼</u>,旧译见前卷。并其众,益专恣。别部<u>托罗该</u>、旧作脱罗干。<u>伊斯玛音</u>旧作亦思马因。谋杀之。寻<u>们都尔</u>亦死,诸强酋相继略尽,边人稍得息肩。

21 是月,<u>福建</u>大疫,延及<u>江西</u>,死者无算,诏遣使祭其山川。

22 九月,丁未朔,日有食之。

23 冬,十一月,癸丑,立皇子<u>祐樘</u>为皇太子,大赦天下。

时皇太后居<u>仁寿宫</u>,语上曰:"以儿付我。"遂居<u>仁寿</u>。一日,贵妃召太子食,太后谕曰:"儿去,无食也。"太子至,贵妃赐食,曰:"已饱。"进羹,曰:"疑有毒。"贵妃大恚曰:"是儿数岁即如是,他日鱼肉我矣!"因恚成疾。

24 是月,总督<u>两广</u>都御史<u>吴琛</u>卒。廷议以"巡抚<u>甘肃朱英</u>,前在<u>广东</u>有威信",诏以<u>英</u>总督<u>两广</u>代<u>琛</u>。

<u>两广</u>自<u>韩雍</u>大征诸蛮,将帅喜邀功,利俘掠,名为"雕剿"。<u>英</u>至,镇以宁静,于是<u>马平</u>、<u>阳朔</u>、<u>苍梧</u>诸县蛮望风款附。又招降<u>荔浦</u>贼<u>李公主</u>之众数万,为置<u>永安州</u>处之,凡为户四万三千有奇,口十五万有奇。上甚嘉之。

初,<u>雍</u>在<u>两广</u>,虽有平寇功,恢廓自奉,赠遗过侈,有司供亿,公私耗竭。及<u>琛</u>代<u>雍</u>,务为廉谨。至<u>英</u>益持清节,其威望不及<u>雍</u>,而惠泽过之。

25 十二月,戊子,复<u>郕王</u>帝号,上尊谥曰恭定景皇帝。

初,训导<u>高瑶</u>,上书请复<u>郕王</u>帝号,以<u>黎淳</u>议中寝,其后御史<u>杨守随</u>亦请之。至是上思<u>瑶</u>等言,命阁臣议复<u>郕王</u>

位号。商辂极言“王有社稷功”，赞成之。

遂下诏曰：“朕叔郕王践阼，戡乱保邦，奸臣谗构，请削帝号。先帝旋知其枉，深怀悔恨，以次抵诸奸于法，不幸上宾，未及举正。朕笃念亲亲，用成先志。郕王帝号，一仍其旧，并加尊谥。仍令有司修饰陵寝。”

26 丁酉，申自宫之禁。

时有自宫者三百一十四人，先已谪戍，复逃至京师，幸图进用。上命锦衣卫重杖而遣之，仍申前禁。【考异】宪章录系之十年，今据明史本纪改入。

27 是冬，祈雪。

28 是岁，湖广苗复犯武冈、靖州，湖、湘大震。

29 云南镇守中官钱能私通安南，于是安南黎灏请改道由云南入贡，不许。【考异】安南事见十二年。其请改贡道，据弇州中官考，系之是年，为明年王恕巡抚云南张本。

30 浙江参议张敷华平景宁矿盗，禽其魁十二人，余悉平之。

十二年（丙申、一四七六）

1 春，正月，辛亥，南京阴霾蔽日，地震有声。

南京科、道官上疏言弭灾之策，“乞进君子以正朝廷，择将帅以备边鄙，设法制以弭盗贼。并乞饬天下镇巡官及三司郡县，省刑薄敛，拯饥缉盗，毋妄兴土木，毋因公科扰”，诏下所司议行。【考异】明史本纪及五行志皆但书“地震”，三编则云“阴霾地震”，盖据南京科、道奏疏也。宪章录言：“南京六科、十三道，各以阴霾蔽日，地震有声，疏请修省。”今据之。

2　戊午,大祀南郊。

3　是月,释嘉策凌寇宣府。

4　二月,乙亥朔,日有食之。

甲午,以南京灾异,敕群臣修省。

5　三月,壬子,减内府供用物。

6　壬戌,湖广总兵官李震大破靖州叛苗,平之。

震与巡抚刘敷等会兵,分五道进,破六百二十余寨,俘斩八千五百余人。都指挥彭伦,率右哨兵破其山上之贼,贼遁。伦渡邛水江,直捣其巢,乘胜攻白崖塘。崖高万仞,下临深渊,称绝险,伦掩其不意,得路夜登。贼仓皇溃,追斩二千余级,遂夷其寨。

7　是春,晋商辂太子少保、吏部尚书,万安户部尚书。

8　夏,四月,御史薛为学等上言:“虏寇纵横,又将大举入寇,恐仓猝之间难于制敌。况今灾异屡见,南京地震阴霾,榆林天鸣如炮,流星陨于城中有声,大抵皆兵象也,乞敕在廷文武大臣及科、道等详议兵备。若不先时而虑,待患至而图之,不曰将才难得,则曰军士不足,不曰器械不备,则曰粮饷不给,失机贻患,可胜道哉!”诏下所司议之。

9　五月,庚申,录囚。

10　丁卯,荆襄流民复乱,命左副都御史原杰抚治。

初,项忠既平荆襄,凡流民已附籍者给复三年,未附籍者逐归其乡,而占籍既久,散者复聚。忠虽陈善后十事,不过增设营堡,多置巡司,以厉入山之禁。不数年,禁渐弛,党亦渐众,朝廷以为忧。祭酒周洪谟因著流民说,略言:

"东晋时,庐松之民流至荆州,乃侨置松滋县于荆南,陕西雍州之民流聚襄阳,乃侨置南雍州于襄西,其后松滋遂隶荆州,南雍州遂治襄阳。今当增置郡县,听附籍为编氓,可实襄、邓户口。"都御史李宾善其说,闻于上,上是之,乃有是命。

杰既至,遍历山溪,宣朝廷德意,诸流民欣然附籍。乃大会湖广、河南、陕西抚、按官籍之,得户十一万三千有奇,口四十三万八千有奇,用轻则,定田赋。民皆大悦。

11 六月,通惠河成。

12 赵王见潾有罪。

见潾,高燧之曾孙也,累世失德,至见潾尤甚,屡贼杀人,又尝乘醉欲杀其叔父。事闻,诏夺禄米三之二,去冠服,戴民巾,使读书习礼,以冀悛悔。【考异】事见诸王传,在成化十一年。明书系之是年六月,今据之。

13 秋,七月,癸卯,皇次子生,宸妃邵氏出也。

14 庚戌,京师黑眚见。

时民间传"有物金睛修尾,状如犬狸,负黑气夜入人家,至则人昏迷",遍城惊扰。是日,上常朝奉天门,侍卫见之而哗,顷之始定。

乙丑,上躬祷天地于禁中,以"用度不节,工役劳民,忠言不闻,仁政不施"自责。大学士商辂疏弭灾八事,曰:"番僧国师法王毋滥赐印章,四方常贡外勿受玩好,许诸臣直言,分遣部使录囚、省冤狱,停不急营造,实三边军储,守沿边关隘,设云南巡抚。"上优诏褒纳。

戊辰,遣使录天下囚。【考异】黑眚之见,明史本纪系之七月庚戌,证之五行志及二申录皆同。明史稿系之乙丑者,下诏自责之日,牵连并记也。庚戌眚见,乙丑躬祷,戊辰录囚,明史分书,皆本之实录,今悉据之。

15 八月,改王恕为右都御史,巡抚云南,治钱能之狱也。

旧制,使安南必由广西。能既通安南,遣指挥郭景奏事京师,诡言安南捕盗兵入境。上即命景赍敕戒约之,而景径自云南往。能因遗安南王黎灏玉带、宝绦、蟒衣、珍奇诸物,灏遣将率兵送景还,欲遂通云南道。景惧后祸,给先行白守关者,扬言安南寇至,关吏戒严。黔国公沐琮遣人谕其帅,始返,而诸守臣畏能,匿不奏。能又遣景及指挥卢安、苏本等,交通(千)〔干〕崖、孟密诸土官,纳其金宝。

大学士商辂,以云南僻远,中官不法,议遣大臣有威望者巡抚镇压之,乃以命恕。

16 上欲建玉皇阁于宫北,命内臣执事,礼与郊祀等。大学士商辂等奏:"祖宗创为郊祀,岁一举行。今皇上又欲别建阁祀玉皇,无非欲为母后祝釐,为生民祈福。但稽之古礼,实有未协。昔傅说之告高宗曰:'黩于祭祀,时谓弗钦。'礼烦则乱,事神则难。况天者至尊无对,事之之礼,宜简不宜烦,可敬不可渎。今乃别立玉皇之祠祀,并用南郊之礼乐,则是一月之间连行三祭,未免人心懈怠,诚意不专。伏望停止,并将内廷一应斋醮悉令报罢。庶几天心昭鉴,可以变灾为祥。"上嘉纳之,命拆其祠,祭器等件悉送库储。【考异】建玉皇阁事,见明史商辂传。宪章录系之是年八月,所载尤详,今据增。

17 兵部侍郎马文升整饬辽东军务。巡抚陈钺,贪而狡,将士小过辄罚马,马价腾涌。文升上边计十五事,因请禁之,钺由是嗛文升。未几,仍敕还部。【考异】事见明史本传,在是年八月,诸书所载同,今据之。

18 甘州守臣上言:"哈密王母已死,城印俱存土尔番,请俟朝廷往谕即献还。"上方却其贡使,至是复许之。时大臣专务姑息,致外蕃益无顾忌云。【考异】诸书或系之是年,或系之明年。证之明史外国传,书"十二年八月",今据之。

19 九月,辛丑朔,始令太监汪直刺事。

直,故大藤峡猺种也,初给事万贵妃宫,为人便黠,迁御马监太监。会黑眚见,宫中有妖人李子龙者,本侯姓,名得权,易州人,少为僧,行脚河南,遇道士授以符术,遂蓄发变姓名。先是有陕西民李氏,产子子龙,有异征,得权因冒之,往来真定间,迤逦至京师,主军匠杨道仙家,夤缘中官鲍石,潜入大内。石党韦寒等敬信,皆北面礼子龙为上师。寻锦衣校侦其谋不轨,亡中官黄赐上变,寒自杀,子龙及石等伏诛。于是上益恶之,锐欲知外事,因命直易服,将校尉一二人密出伺察,人莫之知也。【考异】明史本纪不载,但于十三年正月书"置西厂汪直提督官校刺事"事。三编则于是年九月书"汪直刺事",明年正月书"置西厂",编年之例,分书之是也。盖李子龙之狱发于是年黑眚见后,因有汪直刺事之命。明年以直刺事有验,始置西厂,命领之。故诸书皆系诛子龙于是年九月,据其刺事之始,为明年置西厂张本也。今从三编。又宪章录记汪直领西厂事云,"去岁九月,因黑眚之异,侯得权之诛,始命直出外诇察。"据此,则直刺事确在是年九月子龙伏诛之后,三编盖据实录也。明书系之辛丑,为九月朔日,今从之。

20 庚申,湖广总兵官李震,以平靖州苗功封兴宁伯。

时赵辅、刘聚皆先后以功封侯伯,论者多訾议之,惟震以功高,无异言。

21 冬,十月,辛巳,京师地震。

22 丙戌,太白昼见。

23 十一月,癸亥,南京大雷雨。【考异】明史五行志书"是月癸亥",三编目中亦云"是月二十三日",癸亥也,是月辛丑朔。

24 是月,巡抚四川右副都御史张瓒讨播州湾溪苗,破之。

瓒以十年冬巡抚四川,会播州致仕之宣慰使杨辉言:"所属天坝、干地、湾溪诸寨及重安长官司为生苗窃据,请王师进讨",诏瓒"谕还侵地,不服则征之"。时辉子爱年幼,仍起辉暂理军事。诏瓒"亲至播州,征调机宜悉听裁处"。至是瓒督诸军及辉攻破诸苗,凡平山寨十六,斩首四百九十六级,抚男妇九千八百余口。请设安宁宣抚司,湾溪隶焉。

事闻,赐敕奖劳。【考异】平湾溪事,见明史瓒传及四川土司传,今参书之。惟瓒传言"十二年七月命瓒兼督松茂、安绵、建昌军务",似平湾溪苗又在其前。盖苗始叛在十年之冬,平则当在十一二年间,土司传系之十二年,与本纪合。若是年七月兼督之命,则湾溪之捷尚未报至也。诸书皆不载,今据本纪年月。

25 十二月,壬午,陕西兰州地震。【考异】此据三编,本之实录,在是月壬午,统系之十月地震目中,今依之。

26 己丑,始开设郧阳府治。

原杰既受抚治之命,乃相度地势,以襄阳所辖郧县,居竹房、上津、商洛诸县中,道路四达;且去府治远,山林深阻,将吏鲜至,猝有盗贼,遥制为难。乃拓其城置郧阳府,以县附之,并置湖广行都司,增兵设戍。而析竹山置竹溪,析郧置郧西,析汉中之洵阳置白河,与竹山上津房咸隶新府。又于西安增山阳,南阳增南召、桐柏,汝州增伊阳,各隶其旧府。制既定,荐知邓州吴远为郧阳知府,诸县皆择邻境良吏为之,流人得所,四境乂安。以功进石都御史。

杰数扬历于外,既居内台,不欲外出。荆襄之命,非其意也。事竣,请还朝。既,以地界湖广、河南、陕西,事无统纪,因荐御史吴道弘自代。——郧阳之有抚治自此始也。

【考异】原杰抚治郧阳之命在是年五月,开设郧阳府及行都司在十二月。证之明史地理志,郧阳府下分隶各县,皆书"成化十二年十二月置",其沿革固可考也。宪章录系之是年七月,据其经营之始,犹为近之。若纪闻及明书,书于是年之正月,是时杰尚未受抚治之命,亦非牵连记事之体。今据明史纪、志分书之。

27 是月,以巡抚延绥余子俊移抚陕西。

先是子俊知西安府,兴修水利、凿渠引河西水灌田,民赖其利。行之既久,水溢无所泄,至是复于城西北开渠泄水,使经汉故城达渭,公私益便,号"余公渠"。又于泾阳凿山引水,溉田千余顷;逌南山道直抵汉中,以便行旅;学校公廨圮者悉新之;奏免岷、河、洮三卫之戍南方者万有奇,易置南北之更戍者六千有奇,就戍本土。于是边境乂然,民以不扰。

十三年(丁酉、一四七七)

1 春,正月,丙午,以水灾,免浙江税粮四十一万有奇。

2 庚戌,大祀南郊。

3 己巳,置西厂。

初，永乐中，设东厂，令宦官刺事，权势与锦衣卫均。至是别设西厂刺事，以汪直督之，所领缇骑倍东厂，势远出卫上。自是大狱屡兴。

4 是月，增孔子庙笾豆乐舞之数。

初，洪武四年，定祀孔子礼，笾豆以十，舞以六佾。前年秋，祭酒周洪谟请备天子之制，章下礼部，尚书邹幹驳寝之。

洪谟再疏争，言："孔子像以冕旒十二，既用天子之礼，而佾舞乃诸侯之乐；以礼论乐则乐不备，以乐论礼则礼为僭。乞如前所请，增笾豆为十二，舞为八佾，庶礼乐相称，足章尊崇之典。"从之，乃命大学士商辂以增定礼制告孔子庙，学士王献告于阙里。

5 二月，甲戌，安庆大雪，雷电间作。

应天巡抚牟俸言："雷者阳气之发，雪者阴气之凝。十一月一阳初复，而震雷早发，已乖二气之常；二月四阳既盛，而恒雪不已，雷电复作，阴阳杂糅，尤天变之大者。乞修人事以弭之。"上从其奏，乃下诏求直言。【考异】事见明史五行志。牟俸所奏，本传不具，三编据实录采入去年十一月目中，今据增。是月庚午朔，甲戌则初五日也。

6 甲午，浙江山阴县地忽涌泉如血。

7 是月，汪直以刺事籍建宁指挥同知杨鳃。

鳃，少师荣曾孙也，坐与其父泰杀人，为仇家所讦，诏刑部主事王应奎、锦衣百户高崇往勘。而鳃亡入京师，因其姊婿礼部主事董序求计于中官韦瑛。瑛素无赖子，鬻于宦官韦姓为家人，冒延绥功授百户，方欲从直刺事无由也。

乃诺飗为营解，倾取其赀而潜报直，谓"飗父子杀人惧罪，辇金巨万匿序所，将贿诸用事者以缓其狱"。直信之，即遣人捕飗、序。顾飗赀已尽于瑛，大索序家，无所得，因考讯飗，琶之三。——"琶"者，锦衣酷刑也，以加人，骨节皆寸解。飗不胜琶，妄言寄金于其叔父兵部主事仕伟所，瑛遂夜率逻卒突入仕伟家，缚仕伟拷掠，及其妻子。翰林侍讲陈音，与仕伟比屋居，闻其声甚楚，乘墉大呼曰："尔擅辱朝臣，不畏国法耶！"逻卒应曰："尔何人？不畏西厂！"音厉声曰："我翰林陈音也。"瑛寻絷仕伟去。而应奎、崇勘狱犹未报，直奏其受泰赂，与泰并械至京。狱具，飗瘐死狱中，泰坐弃市，籍其家。时崇亦死于狱。乃论应奎遣戍，仕伟、序并谪官。

　　直既发飗事，颇诬左右大臣多得飗贿，上隐不发，然愈谓直可倚任。而瑛亦以比结直，直遂倚瑛如左右手，气焰薰灼。凡西厂逮捕朝臣，初不俟奏请，下至民间斗詈鸡狗琐事，辄(真)〔置〕重法。中外骚然。【考异】明史本纪不具，事见宦官传。盖直方见倚任之始，传及三编皆系之武清等下狱之前。宪章录、法传录、明书及纪事本末皆书于是年之二月，今据之。杨飗，明史杨荣传作"业"，宦官传作"曅"，法传录作"毕"。"业"与"毕"以形似而误。惟三编作"飗"，盖本之实录，疑即据奏报之文，今从之。董序，"序"诸书皆作"玙"。又其官为中书，非主事，今皆据三编书之。惟质实以杨飗为荣之孙，盖脱去"曾"字也。

8　闰月，辛酉，免山东被灾税粮凡四十一万有奇。

9　三月，戊子，免河南被灾税粮凡三十九万有奇。

10　是月，谕法司慎勘妖言狱。

　　时西厂旗校以捕妖言图官赏，多为赝书诱愚民而后捕之,冤死相属,廷臣莫敢言。有通判曹鼎、知县薛方者,宁晋人也。会罢闲家居,厂校诬其邑人王凤与瞽者康文秀受妖书,株连及之,发卒围其家,拷掠诬伏。既论死,鼎、方两家人数声冤,下法司覆验,狱果妄。而分守怀来中官廖礼,复兴妖人赵大狱,所收系甚众,巡抚殷谦等具奏如礼言。狱成,命官按之亦妄。于是左都御史李宾奏请"今后妄报妖言者坐斩"。上但下诏责礼等,谕"法司慎鞫,毋或瞻徇以虐非辜",而西厂之刺捕者如故。【考异】三编系此事于三月,云"上悟其诬,始下诏责礼等"云云。证之宪章录,云"都察院奏拟妄报妖言坐斩"。纪事本末以为李宾。时宾正居宪职,后坐商辂党致仕去,正此也,今据书之。

11 夏,四月,戊戌,甘肃地裂,又震有声。宁夏大震。榆林凉州及山东沂州之郯城、滕、费、峄等县,同日俱震。

12 癸丑,刑部郎中武清,广西勘事还,至通州,厂校谓其有所赍载,不俟奏,执而系之狱。寻讯鞫无验,释之,竟不以闻。

13 丁巳,汪直令韦瑛执太医院院判蒋宗武,下之狱,以通政使方贤及之也。瑛以索院中药不得,遂并执宗武。

14 庚申,礼部郎中乐章、行人张廷纲及浙江布政使刘福,俱下西厂狱。

章、廷纲同使安南还,厂校执之,鞫其受馈遗有迹。奏闻,诏冠带闲住。

福先已擢副都御史,以母忧去,寻坐为浙江布政时督造战船不如法,当镌一级,服除,命以三品官外补。有构之于直者,遂执系厂狱。旋以鞫无实,释之,改授陕西按察使。

15 是月，商辂兼谨身殿大学士，万安加太子少保，刘珝晋吏部尚书，刘吉晋礼部尚书。

16 召原杰为南京兵部尚书。

时杰在郧阳，屡请还朝，遂有是命。杰以疾疏辞，不许。遂卒于南阳，年六十一。郧襄民为立祠。诏赠太子太保，谥襄毅。【考异】明史原杰传，言"杰荐吴道弘自代，遂请还"。宪章录召为南京兵尚系之是年四月，今遘书之。

17 五月，甲戌，执左通政方贤，下西厂狱。

时贤掌太医院事，韦瑛以索药不与，遣人恣检其家，得片脑沉香，以为盗之官库，且藏有御墨及龙凤瓷器，俱以违法论。寻谪戍辽东。【考异】诸人下狱，明史本纪系之四月，皆无日，其方贤下狱，别系之是月甲戌，盖先后之次第也。今四月干支，皆据明史稿书之。三编统系之正月置西厂目中，其者人下狱之本末，悉据明实录所载，详著于质实中，证之宪章录、纪事本末皆同。有系狱而后奏闻者，有旋执旋释竟不以闻者。史谓"逮捕朝臣，不俟奏请"，即指武清等也。今据三编分书之。

18 丙子，罢西厂。

时汪直、韦瑛用事，官校势日横。大学士商辂忧之，因率同官条直十二罪，言："陛下委听断于直，直又寄耳目于群小如韦瑛辈，皆自言承密旨，得专刑杀，擅作威福，贼虐善良。陛下若谓摘奸禁乱，法不得已，则前此数年何以帖然无事？且曹钦之变，由逯杲刺事激成，可为惩鉴。自直用事，人心疑畏，士大夫不安于位，商贾不安于途，庶民不安于业。若不亟去，天下安危未可知也。"上得疏，愠曰："用一内竖，何遽危天下！谁主此奏者？"命太监怀恩等传

旨诘责。辂正色曰："朝臣无大小,有罪皆请旨逮问。直擅
抄没三品以上京官;大同、宣府,边城要害,守备俄顷不可
缺,直一日械数人;南京祖宗根本地,留守大臣,直擅收捕;
诸近侍在上左右,直辄易置。直不去,天下安得无危!辂
等同心一意为朝廷除害,无有先后。"词意慷慨。怀恩等以
实覆奏,传旨慰劳。

会兵部尚书项忠亦倡九卿劾之,上不得已,令直归御
马监,调韦瑛边卫,散诸旗校。人心大悦。然诸人奏皆留
中,上意犹未释也。

时蒋宗武尚系狱中,闻罢西厂,竟衣囚服反其家。【考
异】事见明史商辂传。惟传言"同时万安、刘珝、刘吉亦俱对,引义慷慨",辂因
有"诸公皆为国如此,辂复何忧"之语。按万安、刘吉,中官之党,当辂在阁正
言,不得不相与附和。若谓"引义慷慨",在刘珝或有之,而安、吉未必敢也,此
盖刘吉后修实录之饰词,故三编目中虽据明史辂传,而删却三人同对语,最为
得之矣。

19 是月,太监怀恩传内旨,令锦衣副千户吴绶同在镇抚
司问刑。

绶貌陋而心险,颇通文移,善词翰。时上虽革西厂,犹
密召汪直伺外间动静,且令访能文事者为之辅。有军卒以
绶能写本通行移报之于直,直召至,拟三批答,封进称旨,
遂有是命。

初,绶从项忠征荆襄,以罪被劾,衔之。至是忠劾直,
直任绶为腹心,相与伺之急。忠不自安,乞疾归,未行而东
厂校之狱起。

20 六月,甲辰,罢兵部尚书项忠为民。

方忠之倡九卿劾直也，既具草，令郎中姚璧持诣诸尚书署名。——璧，夔之子也。——时尹旻为吏部尚书，璧先诣旻。而旻素交欢直，因言："奏出项尚书，兵部宜为首。"璧曰："公六卿之长也。"旻怒曰："今日乃知六卿长耶！"既署名，即驰报直，直遂与吴绶谋，嗾东厂校诬忠以刘江事。

刘江者，金吾左卫都指挥也，注选为江西都司巡按御史，以其未谙军政，檄使领操，而更令佥事掌都司印。江不胜忿，疏其事以请。事下兵部，言"江妄奏当罪"，而上方以都指挥例得掌印，直江而责兵部阿御史言。一时东厂官校受直指，忽腾蜚语，谓"江选都司非例，乃夤缘中官黄赐属兵部得之"。赐故与陈祖生为司礼监直忮其位在己上，不相能；商辂之劾直，直疑出赐、祖生意。二人皆闽产，直谮其为乡人杨鏸报复，出之南京，意犹未慊，因构江事诬忠，且以倾赐。

给事中郭镗等，遂上章劾忠，词连兴武伯李震交通忠状。——震初佐忠平荆襄贼，亦绶所恶也。诏并下法司，会锦衣卫廷鞫忠，忠抗辩不少屈。众虽知忠枉，而重违直意，会绶擢锦衣问刑官，遂周内其狱。

忠既罢，江论遣戍，璧亦坐牵引，与震等谪有差。

21　庚戌，复设西厂。

时上虽罢西厂，而任直如故。有御史戴缙者，性险躁干进，以九年秩满不迁。至是探知上意，乃假灾异上疏，言："近岁以来，灾异屡臻，敕谕廷臣修省，未闻大臣进何贤,退何不肖,亦未闻群臣祛何稗政,效何嘉猷。独有太监汪直,缉捕杨鳢等之奸恶,惩治高崇、王应奎之赃贪,凡所摘发,允协公论,足以警众服人;特其部下官校韦瑛辈,行事或涉张皇,为大臣奏罢。伏望陛下推诚任人,务俾宿弊尽革,然后天意可回也。"

缙初为此奏,以属所善吴绶示直草,直得之大喜,为言于上。疏入,遂复开西厂,直之权势愈炽云。

三编发明曰:明自宦官王振乱政,御史李铎以遇振不跪谪戍铁岭卫,于是言官之气始慑于宦官,然未尝显与宦官比也。前七年,云南镇守中官钱能以疾将召还,巡按御史郭阳誉能刚果有为,乞留镇守,为士论所鄙,然犹不至倾朝士以悦宦官也。戴缙险躁干进,謏謏訾訾,颂西厂之功而扬其焰,且以倾直所不悦者,嗣后宦官用事,遂多与言官相表里。驯至末流,崔呈秀、倪文焕之徒,皆甘心效逆阉鹰犬,毒痛海内,以速明祚之亡,而作俑实自缙始,缙罪可胜诛哉!

22 壬子,京师雨钱。

23 丁巳,大学士商辂请致仕,许之。

辂奏罢西厂,汪直谮其"尝纳指挥杨鳢贿,欲脱其罪",辂不自安。会戴缙复颂直功,请复西厂,辂遂力求去。诏加少保,赐敕驰传归。辂既去,士大夫益俛首事直,无敢与抗者。

24 秋,七月,辛未,诏翰林院会内阁自考察其属。

旧制,诸司官属考察,俱由吏部都察院会核,至是以翰林职居清要，听其长自核奏闻。【考异】事见<u>宪章录</u>、<u>明书</u>。而<u>明书</u>系之是年七月辛未，今从之。

25　是月，召<u>陕西</u>巡抚<u>余子俊</u>为兵部尚书，<u>南京</u>右都御史<u>林聪</u>为刑部尚书。

　　<u>汪直</u>治<u>杨曮</u>之狱，谤诸大臣受贿，自<u>商辂</u>外，并及刑部尚书<u>董方</u>、都御史<u>李宾</u>等，上颇信之。乃<u>戴缙</u>上书，并乞令两京大臣自陈，以倾<u>直</u>所不悦者，于是<u>方</u>、<u>宾</u>皆致仕去，一时如署尚书<u>薛远</u>及侍郎<u>滕昭</u>、<u>程万里</u>等，以次陈免者凡数十人，而<u>缙</u>以媚<u>直</u>，寻擢尚宝少卿。

26　八月，壬戌，锦衣官校执通政使<u>张文质</u>下狱。

　　时东厂官校发<u>云南</u>百户<u>左昇</u>私事，词连<u>文质</u>，遂执送锦衣卫狱，上不知也。左通政<u>何琮</u>等以掌印请，上始知而释之。诏锦衣卫官以擅系大臣，停俸三月。【考异】<u>明史</u>、<u>三编</u>，皆书"工部尚书"，而<u>三编</u>目中又书"兵部"，疑"兵"字误也。然是时<u>王复</u>任工尚，<u>文质</u>则以通政司兼署，故目中有"左通政请印"之语。今仍书其本官，删去"工部尚书"字。

27　是月，以<u>应天</u>之<u>淮安</u>、<u>扬州</u>、<u>徐州</u>、<u>凤阳</u>及<u>山东</u><u>兖州</u>水灾，分遣刑部郎中<u>张文</u>、兵部郎中<u>张谨</u>等五人驰往，发仓粟振之，并赐<u>文</u>等敕："所在有司贪酷者，许请逮治。"【考异】振<u>应天</u>等府，<u>明纪</u>系是年之末，<u>三编</u>据<u>实录</u>在九月。其分遣之官，据<u>质实</u>言，"<u>文</u>之<u>兖州</u>，<u>谨</u>之<u>淮安</u>，<u>扬州</u>则户部郎中<u>谷琰</u>，<u>徐州</u>则吏部员外<u>国泰</u>，<u>凤阳</u>则户部郎中<u>李炯</u>"，然皆据<u>实录</u>中所载也，附记之。

28　免<u>江西</u>、<u>福建</u>被灾秋粮。

29　九月，甲戌，京师夜地震者凡三。【考异】见<u>明史</u><u>五行志</u>，<u>三编</u>书于目中，云"月之十日甲戌夜"。按是月乙丑朔，甲戌正初十日也。

30 甲申,吉王见浚之国长沙。

31 是月,王恕改南京都察院右都御史,参赞军务。

先是恕巡抚云南,尽廉得镇守太监钱能私通安南及诸不法状,遣骑捕诈称"安南寇至"之郭景,景惧,自杀。因劾能"私通外国,罪当死",诏遣刑部郎中潘蕃往按之。能又以其间驿进黄鹦鹉,恕请禁绝。会巡按云南监察御史甄希贤,劾奏"能索守矿千户三人贿,意不满,以巨梃杖千户至死者一人",下都察院。而王越畏能势,独缓其狱。及蕃自云南勘还,奏"恕所劾能遣郭景以玉带蟒衣私通安南及遣卢安、苏本等通干崖、孟密等事皆实"。都察院请逮能等至京治罪,上特宥能,但降敕切责,罪其下九人。恕因再疏言:"昔交阯以镇守非人,致一方陷没;今日之事,殆又甚焉。陛下何惜一能,不以安边徼?"能大惧,急赂贵近,请召恕还。而是时商辂、项忠诸正人方以忤汪直罢,遂有是命。

恕居云南九月,威行徼外,黔国以下咸惕息奉令。疏凡二十上,直声震天下。【考异】据明史王恕传,"恕在云南九月"。计恕以去年秋奉巡抚云南之命,当以岁底至滇,而中间勘能之疏屡上,皆在是年九月改南之前。故弇州中官考,遣潘蕃往勘及甄希贤劾奏能杖杀千户事,俱记是年之秋,又传言在商辂、项忠忤汪直罢后,正是时也。今汇记其巡抚云南以后事,统系之九月下。

32 冬,十月,戊申,以土尔番久据哈密,乃命边臣筑城于苦峪谷,移哈密卫治之,仍给以土田牛种。

33 是月,余子俊还,掌兵部事,【考异】明史年表,子俊任兵尚,以七月召,十月任。宪章录记子俊自陕西还于是月,与明史合,今从之。奏申明条例十事;又列上军功赏格,俾中外有所遵守。

34 十一月,辛未,冬至,杭州大雷雨,虹见。巡按御史侣钟言:"月令,八月雷始收声,二月雷乃发声。"今十一月初旬,一阳始生,正闭藏之时,而乃雷电交作,虹(蝀)〔蜺〕出见,皆为非时,乞加修省。"下礼部,"移文三司及抚、按等官,抚恤军民,操练士马"。【考异】见明史五行志。宪章录、二申录皆系之是月雷雨下,有"虹见"二字,证之侣钟奏疏,是也。今据增入。

35 戊寅,湖广荆门州大雷电,雨雪。

36 是月,张瓒讨四川松潘卫叛苗。

瓒既平播州苗,会松茂番寇边,乃以去年七月命兼督松茂、安绵、建昌军务。瓒至军,审度形势,改大坝旧设副使于安绵,而令副总兵尧彧军松潘,参将孙昌军威叠,为夹攻计。乘间修河西旧路,作浮梁,治月城,避偏桥栈道,军获安行,转饷无阻。

37 十二月,丁巳,免南畿苏、松、常、镇四府水灾夏税凡五十万有奇。

38 是月,进王越兵部尚书。

先是项忠之罢,越自谓当迁,而廷议推余子俊为兵部尚书。越弥不平,请解领团营,优诏不许。因自陈:"捣巢功为故尚书白圭所抑,从征将士多未录,乞移所加官酬之。"子俊亦言"越赏不酬功"。而越方结汪直,有内援,遂有是命。

初,内阁之论罢西厂也,越遇大学士刘吉、刘翔于朝,显谓之曰:"汪直行事亦甚公。如黄赐专权纳赂,非直不能去。商、万在事久,是非多有所忌惮。二公入阁几日,何亦为此?"珝曰:"吾辈所言,非为身谋。使直行事皆公,朝廷置卿大夫何为?"越不能对。【考异】史所载刘珝多贬语,盖本宪宗实录。如谓折王越者乃刘吉而珝默然,弇州考误力辨之,今明史已删之矣。盖实录出自刘吉所修,多不足信,今据明史本传。

越素以才自喜,不修小节,为朝议所齮。至是乃破名检,与群小关通,因奸人韦瑛自结于直。而同时有陈钺者,亦以夤缘直擢右副都御史,巡抚辽东。

39 是冬,南京镇守太监覃力朋进贡还,以百艘载私盐,骚扰州县。行至武城,典史诘之,力朋怒,击折其齿,射杀一人。会汪直刺事廉得之,以闻。明年,逮力朋,下狱论斩,竟以幸免,而上益谓"直不私可倚任"云。【考异】力朋进贡事,纪闻系于是年之冬。弇州中官考书于十四年,而三编书于复设西厂目中,亦以力朋事在明年,盖明年始逮治也。今仍据纪闻系之是年冬。

40 是岁,擢陕西参政秦纮为右佥都御史,巡抚山西。

纮至,劾镇国将军奇涧等罪,奇涧父庆城王钟镒为奏辩,且诬纮。上重违王意,逮纮下法司治,事皆无验。而内官尚亨籍纮家,以所得敝衣数事奏,上叹曰:"纮贫一至此耶!"赐钞万贯旌之。于是夺奇涧等三人爵,王亦削禄三之一。未几,复改纮抚河南。

41 以太仆少卿李纲为右佥都御史,转左,出督漕运,与平江伯陈锐共事。

纲以进士授御史,历按南畿、浙江,劾去浙江赃吏至四百余人,时目为"铁御史"。

督运逾年,卒。锐见笥中惟敝衣,挥泪曰:"君子也!"为具棺敛,闻其清节于朝。特诏赐祭葬,不为令。纲清刚似<u>李侃</u>，并为时所重云。

十四年（戊戌、一四七八）

1 春，正月，甲戌，大祀南郊。

2 己卯，<u>襄王瞻墡</u>薨。

王自四年来朝归，六年又召，以老辞。岁时存问，礼遇之隆，诸藩所未有。谥曰<u>宪</u>。

3 是月，吏部考察朝觐官，奏免二千十六员，<u>浙江按察使刘釪</u>、<u>江西按察使赵敔</u>预焉。时论惜之。【考异】事见<u>明书</u>，而<u>宪章录</u>所记尤详。惟<u>刘釪</u>，据<u>明史刘球传</u>，系<u>云南</u>按察使，今仍据<u>宪章录</u>书之。

4 二月，戊申，皇太子出阁讲学。上命太常少卿<u>王献</u>等入侍，学士<u>彭华</u>等充讲读官，阁臣<u>万安</u>、<u>刘珝</u>、<u>刘吉</u>董督之。

时有老宦官<u>覃吉</u>者，朝夕侍太子，口授四书章句及古今政典。上赐太子庄田，劝勿受，曰："天下皆太子有也。"太子偶从内侍读佛经，闻<u>吉</u>入，曰："老伴来矣"，急手<u>孝经</u>。是年，太子方九岁，端本正始，<u>吉</u>有力焉。【考异】<u>明史</u>本纪不载。<u>三编</u>系之是月，日分据<u>玥书</u>。

<u>三编</u>御批曰：太子出阁就学，豫教所当慎重。<u>覃吉</u>即老成旧阉，亦只可谨视起居。若口受章句，廷臣中岂无可简备宫僚以资启迪？乃委之寺人，实为非体。幸而<u>吉</u>尚谨愿，不致贻累蒙求。然欲以是垂训后人，则如<u>冯保</u>等之挟势揽权，未尝不由于<u>承华</u>保护。史家不知履霜坚冰之义，反以"端本正始"归功于<u>吉</u>，无识甚矣！

5 是月，改<u>万安</u>吏部尚书兼谨身殿大学士，<u>刘珝</u>、<u>刘吉</u>加

太子少保兼文渊阁大学士,尚书尹旻、杨鼎、邹幹皆加太子少保。

6　三月,甲子朔,皇太子冠。

礼部请"每月朔望,文武百官奉天殿朝参后,皆赴文华殿谒太子",制曰:"可。"

7　戊辰,免浙江被灾秋粮。

8　己卯,赐曾彦等进士及第、出身有差。

9　辛巳,罢四川乌撒卫银场。

10　丙戌,复开辽东马市。

初,朵颜等三卫,以饥困再四请复开马市,皆不许。至是陈钺巡抚辽东,复为之请,乃许之。

时们都尔已死,伊斯玛音主兵柄,三卫复数为所窘。而通事刘海、姚安肆侵牟,三卫怨之,不复来市。及钺内召,始请治二人罪,令参将布政司官一人监市,毋有所侵克。于是通市如故。【考异】陈钺请治通事罪,事见三编。钺以明年十二月内召,乃开市,今类记之。

11　丁亥,以浙江饥,罢采办花木之役。

12　是月,福建上杭盗起。

初,天顺中,巡按御史伍骥平上杭盗,捣其巢,乱乃定。至是有曾宗、邓嵩等,复聚众屯结出掠,敕镇守中官卢胜、巡按戴用督捕之,而势益炽。时前佥都御史高明方服阕,特起为福建巡抚,任以讨贼。

明至汀州,即督兵入山,不数月,盗皆以次禽缚。诛首恶三十六人,余减死遣戍,析其地置永定县,由是上杭无盗患。

13 夏,四月,丁酉,免南畿、山东被灾秋粮;寻以襄阳江溢,坏城郭,并免之。

14 是月,吏科都给事中赵侃等上言:"州县守令,亲民之职,不宜以监生序补。乞谕吏部取科目出身者选授之。"部臣覆称:"先年大学士李贤,请选监生有学识者授以知州、知县等官,至今行之。且岁贡久在太学,固难以科目拘。今后但严加考核,仍循旧制为便。"报可。

15 五月,以戴缙为右佥都御史。

缙既擢尚宝少卿,意犹未慊,汪直复力荐之,遂有是命。

于是御史王亿等竞效缙尤,相率媚直,谓"西厂摘伏发奸,不惟可行之今日,实足为万世法"。传之四方,无贤愚皆唾骂之。群指缙为罪首,而缙骤跻显秩,甘为鹰犬而不辞,台中纪纲为之扫地。【考异】诸书但载缙请复西厂事,惟明书于上年六月庚戌书戴缙、王亿二人,明史纪事本末亦并及之。证之三编,则王亿所奏,盖慕缙之迁擢而效之,未必同在一月事也。三编记王亿事于戴缙擢佥都御史目中,今从之。

16 汪直奏武举设科,乡、会、殿试如文科例。

时直用事,欲以建白为名,吴绶为撰草。奏上,上令"兵部移文天下,教养数年,俟有成效,巡按、提学等官具奏处置"。卒行之。

17 六月,庚子,岁星、太白同昼见。

18 癸卯,命汪直行辽东边。

先是巡抚辽东陈钺,以掩杀冒功激变,直欲自往定之,

【考异】铖掩杀冒功,据明史马文升传在十四年春,三编目中则云前年冬,盖掩杀在前,被劾在后。三编本之实录,今类记之,系以"先是"云云。上令司礼监怀恩等诣内阁,会兵部议。恩欲遣大臣往抚以沮直行,文升疾应曰:"然。"恩入白,上即命文升往。直不悦,欲令私人王英与俱,文升谢绝之。疾驰至镇,宣玺书抚慰,无不听抚者。

　　事垂定,直思攘其功,固请于上,挟英俱往。日驰数百里,箠挞守令,远近驿骚。铖闻之,惧,先遣人赂直左右,令所过居民跪迎道左。比至,铖出迓于郊,望尘蒲伏,又盛供帐娱直,赂其左右,皆争称铖贤,直大喜,至开原,再下令招抚,文升乃推功于直。然直内惭,文升又与抗礼,奴视其左右,直益不悦。而铖与文升素不合,日夜谮之直,于是直必欲倾文升矣。

　　19　是月,四川巡抚张瓒,自率兵攻白草坝、西坡、禅定数大寨,斩获无算;徇茂州叠溪,所过降附,又讨平白草坝余寇、先后破灭五十二寨,歼其魁,他一百五寨悉献马纳款,诸番悉平。留兵戍要害,增置墩堡,乃班师。

　　上嘉其功,征拜户部左侍郎。以请终制辞,许之。【考异】瓒平松潘、叠溪叛苗,明史本纪书于十三年十一月之下,明史稿则书于是年四月,证之明史张瓒传,亦书十四年。盖瓒以十二年七月兼督松茂军务,阅两年而后平,故奏报之先后互异。三编书于是年六月,今从之。

　　20　秋,七月,丁丑,京畿、山东大水,分遣郎中林孟乔、刘道、员外郎袁江、王臣往勘灾,振之。

　　21　是月,江西人杨福,以伪称汪直伏罪。

　　福尝为崇府内使,随入京。既,逃还过南京,遇所识者谓其貌似直,福乃冒直名,而所识者亦冒充校尉。自芜湖乘传食廪,历苏、常,由杭州抵四明,有司及市舶中官亦屏息奉命,威福大张。既抵福州,为镇守太监卢胜所觉,执问如律。时直势震天下,故小人乘之以扰害人,大率类此。【考异】据弇州中官考,系之成化十四年。宪章录、纪事本末,皆系之是年之七月,今据增。

22 八月,癸巳,遣南京刑部侍郎金绅巡视江西。

时江西亦大水,上以各路灾伤,诏廷臣条恤民事宜。于是科、道应诏言:"近岁工匠以斧斤微劳滥膺禄秩,旗校以捕获妖言辄得迁官。前虽敕法司慎鞫斯狱,而缉捕希求升职,其中岂无诬枉?刑赏过中,灾祲或亦由此。"疏入,下所司议之。

23 戊戌,早朝,东班官若闻有甲兵声者,因辟易不成列,卫士争露刃以备不虞,久之始定。【考异】明史本纪不载,事见五行志,明史稿书作"戊申"。然按之志及宪章录、二申野录皆作"戊戌",疑稿中误"戌"为"申"也,今据明史志。

24 庚戌,免湖广被灾秋粮凡十六万有奇。

25 甲寅,下巡抚苏松副都御史牟俸于锦衣卫狱。

初,俸巡抚山东,陈钺为布政使,两人负气不相下,遂相恶也。钺既为汪直所喜,欲修前憾于俸,数短之于直,直信之。会俸议事至京,直请执俸下诏狱。

先是俸所亲学士江朝宗,除服还朝,俸迓之九江,联舟并下,所至有司供张颇盛,直因谓朝宗有所关说,并下狱。词连佥事吴瑞等十余人,俱逮系。

26 九月,己未,命御史三人捕盗畿南。【考异】明史本纪不载,见<u>明史稿</u>。畿南,畿辅以南也。是时畿内并无捕盗事,诸书不见。证之<u>宪章录</u>,言"甲兵之异,上命御史究其事所从起,竟不能得"。疑即以甲兵之异遣御史密捕,借盗为名耳。今据书之。

27 是月,擢<u>嘉兴</u>知府<u>杨继宗</u>为<u>浙江</u>按察使。

<u>继宗</u>守<u>嘉兴</u>,以一仆自随,署斋萧然。性刚廉孤峭,人莫敢犯。时集父老问疾苦,为祛除之。大兴社学,遇学官以宾礼,师儒竞劝,文教振兴。

御史<u>孔儒</u>来清军,里老多挞死。<u>继宗</u>榜曰:"御史杖人至死者,诣府报名。"<u>儒</u>怒。<u>继宗</u>入见曰:"为治有体,公但厘剔奸弊,劝惩官吏;若比户稽核,则有司事也。"<u>儒</u>不能难,心衔之。濒行,突入府署发视之,敝衣数袭而已,<u>儒</u>惭而去。

中官过者索钱于<u>继宗</u>,即发牒令取库金,曰:"金俱在,与我印券。"中官咋舌莫敢受。

比入觐,<u>汪直</u>欲见之,不可。上一日问<u>直</u>:"朝觐官孰贤?"<u>直</u>对曰:"天下不爱钱者,惟<u>杨继宗</u>一人耳。"至是秩满,超擢是职。

数与镇守中官<u>张庆</u>忤,<u>庆</u>兄<u>敏</u>在司礼,每于上前毁<u>继宗</u>,上曰:"得非不私一钱之<u>杨继宗</u>乎?"<u>敏</u>惶恐,遗书<u>庆</u>曰:"善遇之,上已知其人矣。"【考异】<u>三编</u>系<u>继宗</u>事于是年之九月,盖本<u>实录</u>。按<u>法传录</u>,"是年七月,<u>浙江</u>按察使<u>杨瑄</u>卒,九月,以<u>杨继宗</u>为<u>浙江</u>按察使",与<u>三编</u>同。他书皆不载,今据增。

28 <u>河</u>决<u>开封</u>,坏护城堤五十丈。

<u>河南</u>巡抚<u>李衍</u>上言:"<u>河南</u>累有河患,皆下流壅塞所致。宜疏<u>开封</u>西南之<u>新城</u>,下抵<u>梁家浅</u>旧河口,以泄<u>杏花</u>

营上流;而自八角河口抵南顿,则当分导之以杀其势,庶可免祥符、鄢陵、睢、陈、归德之灾。"诏衍酌行之。逾年,迁荥泽县治于河北。然衍所疏浚者,不久亦壅。

29　冬,十月,加万安太子太保、尚书,余子俊、林聪皆加太子少保,王越加太子太傅。

30　十二月,甲午,免畿内被灾秋粮凡二十万有奇。

31　是岁,占城齐亚麻弗庵遣使朝贡请封。

初,安南既执槃罗茶悦,立前王孙齐亚麻弗庵为王,以国南边地予之。至是请封,上遣给事中冯义,行人张瑾往封之,义等多携私物行。至广东,闻齐亚麻弗庵已死,其弟古来遣使乞封。义等虑空还失利,亟至占城。占城人言:"王孙请封之后,即为古来所杀,安南以伪敕立其国人提婆苔为王。"义等不俟奏报,辄以印币授提婆苔,封之,得所赂黄金百余两,又过满剌加国,尽货其私物以归。

义至海洋病死,瑾具其事,并上伪敕于朝。而安南黎灏方请遣朝使,申画郊圻,兴灭继绝,其踞占城如故。朝廷知其诞妄,亦卒弗能讨也。【考异】事见明史占城传,特书其朝贡于十四年,明书及宪章录皆系之是年八月。今书于是年之末。

32　土尔番苏勒坦阿尔死,其子阿哈穆特旧作阿黑麻。嗣为苏勒坦,遣使来贡。甘肃巡抚王濬请乘间纳哈商,俾复其国,敕以便宜图之。

明通鉴卷三十四

江西永宁知县当涂 夏　燮 编辑

纪三十四 <small>起屠维大渊献(己亥),尽昭阳单阏(癸卯),凡五年。</small>

宪宗纯皇帝

成化十五年(己亥、一四七九)

1　春,正月,丁卯,大祀南郊。

2　庚辰,免山东被灾秋粮。

　辛巳,振山东饥。

3　是月,加吏部尚书尹旻太子太保,汪直为之请也。

4　改王恕以兵部尚书兼左副都御史,巡抚苏松,代牟俸也。

　恕参南京军务,考选官属,严拒请托,同事者咸不悦;而钱能归,屡潜诉于上,上亦浸厌恕数直言,遂有是命。

　寻起致仕薛远为南京兵部尚书。吏科都给事中赵侃、御史王濬等,交章劾远"潜住京师,夤缘起用",盖指汪直也。不听。

5　二月,庚寅,免湖广被灾税粮凡二十二万余石。【考异】

明史稿，"以去岁旱免秋粮"，而明书、宪章录皆云"水灾"。今仍据明史，但书"被灾"云云。

6　壬子，免广东广、肇、高、雷、廉五府逋赋。

7　甲寅，诏修开国功臣墓。

时南京礼部上言："国初勋臣李文忠等十三人墓，俱在南京城外，文忠曾孙李蓥等以岁久颓坏，请修治"，许之，并令无后者置守冢一人。

明年，复命修耿再成墓，从其曾孙俊之请也。【考异】三编质实据明实录，勋臣十三人，常遇春、李文忠、邓愈、汤和、冯国用、吴复、俞通海、康茂才、赵德胜、张得胜、丁德兴、吴祯、吴良，凡十三人，附记于此。

8　三月，癸未，免江西被灾秋粮。

9　是月，辽东巡抚陈钺，复以邀功失事激变为言官所劾；上遣汪直偕定西侯蒋琬、尚书林聪往勘。

时马文升自辽东还，仍掌部事，会兵部尚书余子俊亦劾钺，钺疑出文升，倾之益急。【考异】明史本纪系文升下狱于五月，诸书皆并记钺激变及直往勘事，明书系钺激变于三月。证之明史文升本传，亦云"是年春"，盖文升下狱张本也，今据书之。

10　夏，四月，丙午，免南畿被灾秋粮凡四十万有奇。

11　壬子，下驸马都尉马诚于锦衣卫狱。【考异】诸书不载，惟见明史本纪。其下狱之由，亦无可考，疑出自汪直构陷也。今据书。

12　是月，以方士李孜省为太常寺丞，寻改上林苑副监。

孜省者，初为江西布政司吏，黩法受赃，既，历京考，得冠带，而赃事发，褫为民，不敢归。时上好方术，孜省乃学五雷法，厚结中官梁芳、钱义，以符箓得幸，中旨授太常寺丞。

御史杨守随言：“祖宗官人之制，必考素行，是以奸邪衰止，流品不淆。孜省故犯赃之吏，其资格则刀笔也，其情罪则胥靡也。太常职司祭祀，厥选尤重，奈何用此赃贿罪人以渎事天地宗庙！”给事中李俊亦以为言。上不得已，乃改命之。

然宠幸日甚，赐以印章二：曰“忠贞和直”，曰“妙悟通微”，许密封奏请。孜省因与芳等表里为奸，干乱国事。

13　五月，壬戌，下兵部右侍郎马文升于狱。

汪直故恶文升而庇陈钺，欲卸其罪，因奏言：“文升行事乖方，禁互市农器，故致边患。”然文升在边，实禁市军器，非农器也。蒋琬、林聪畏直势，不敢异，奏皆如直言，遂逮文升下锦衣卫狱，寻与牟俸论谪戍。戊辰，谪俸戍湖广镇远卫。庚午，文升戍四川重庆卫。

初，俸为江西按察佥，治吉安知府许聪之狱，入同知黄景隆言致死。至是巡按御史奏劾“景隆升任吉安府，自十一年至十三年，以淹禁凌虐故勘人犯至死者凡三百八十七人”。逮治至京师，下狱瘐死。会俸狱方竟，而以前事不为公论所与，故人皆知其为直所陷，然无白其冤者。逾年，卒戍所。【考异】俸治许聪狱，见明史本传。证之宪章录，黄景隆以上年逮治，是年三月死狱中，正与俸被陷谪戍皆同时事，因牵连并记之。

14　癸酉，以牟俸、马文升事，中旨责科、道官互相容隐，缄嘿不言，令自陈状。于是给事中李俊等二十七人，御史王濬等二十九人，合词请罪，诏廷杖各二十。

时文升谪戍以罪，奉赃证不明，俊等畏直势不敢辩，冀以巽词获免,卒拜杖去。

论曰:汪直之势焰甚矣!当其时,如戴缙、王亿等欲以媚直求迁擢者,不足论矣;若廷之大臣,如王越、陈钺、尹旻辈,欲借直以张权势、邀边功者,亦不足论矣;至如万安、刘吉、薛远之等,亦保禄充位之鄙夫,固不复望其有所论列。而如刘珝、林聪辈,亦一时之铮铮矫矫者。今据史所记,珝能折王越于朝,而卒不能持之于西厂复设之日。其后万安见直宠衰,复邀珝奏罢之,珝辞不与,安乃谮之于帝,卒与吉排而去之,岂非授之以瑕乎?聪奉使勘文升狱,而直稍假之词色,遂不敢自树异同。然则史谓其"以旧德召用,时望益峻",特据其传状中归美之谀词耳。至于直庇陈钺,聪不能争,卒亦不能不为之惜,则甚矣晚盖之难也!

15 己卯,免湖广、河南被灾税粮七十六万有奇。

16 秋,七月,癸酉,命汪直行大同、宣府边。

时宣、大镇巡官屡以边警报,而释嘉策凌已为伊斯玛音所杀,部下方内乱,实无意南侵。边臣欲虚张守御功以觊赏,兵部不知而误信之,乃有是请,上竟命直往。所至饰厨传供张百里外,都御史服橐键偕其属伏道左,泥首迎谒,须过乃敢起;至馆,易服请见,膝行起居,叱之出,乃唯唯退。左右索赂不赀,各倾帑以应之,边储为之一空。

17 八月,乙未,遣户部郎中裴慧等七人巡视两畿、山东、河南水灾。

18 九月,四川播州诸蛮复乱。

初,张瓒平播州湾溪苗,置安宁宣抚使,以杨辉之庶长子友为之。所属天坝、干地等寨,旧以僻阻,弃不问,生苗耕其地居之,颇相安。及立宣抚,烂土诸蛮恶其逼,遂引赟果等攻围安宁。时辉子爱新袭,友告警,力不能支,求援于川、贵二镇。兵部奏请仍起辉再统兵剿之,又敕川、贵兵为助。

至是赟果复纠合九姓、丰宁及荔坡贼万人,攻剽愈亟。巡抚贵州陈俨,请调川、湖等官军五万,合贵州兵,听俨节制。时贵州总兵官吴经,绶之兄也,与俨合请。兵部尚书余子俊曰:"贼在四川,而贵州请讨,是邀功也。五万之师,以半年计,须军储十三万五千石,山路险峻,输运之夫须二十七万众。况天暑,瘴疠可虞。"上然之,敕责守臣玩寇,命镇守太监张成及经、俨等相机剿抚,然迄不能靖。【考异】据宪章录,言"是时总兵吴经请兵会剿,余子俊以经乃吴绶之兄,畏势,欲准其奏。上不许"。核与明史子俊及四川土司传所记不合。今按录中又言:"俨奉命相机进止,畏经弟绶之势,迁延于家,以致经大肆杀戮,冒滥邀功。"据此,则畏绶势者乃陈俨,非子俊也,今参二传书之。

19 陈钺既倾马文升,复讽汪直请大发兵树边功,直言于上,遂许之。冬,十月,丁亥,命抚宁侯朱永为靖虏将军,充总兵官,直监军,钺参赞军务。

是行也,王越急功名,私于永,讽其荐己督师,而钺以计沮之于直,遂有是命,于是越益心艳之。

20 闰月,汪直、陈钺等出辽东塞,遇贡使六十人,诬以窥边,掩杀之,焚其庐舍,更发墓斫髑髅以张级数。

先是直奉使东征,余子俊议,以"自古羁縻之国不犯边者,毋令惊扰",而钺欲以媚直邀功,谓"如此则损威示弱"。故六十人之死,皆以招诱得之,自是报复为有名矣。

【考异】朱永、汪直东征,明史本纪系之十月,诸书牵连并记,遂及其掩杀贡使事。惟宪章录分书之,是也。但录中所记,谓"建州贡使四十余人,俱械至京师,令都察院锦衣卫禁锢之",核与明史宦宦传及三编目中所载不同,今仍据明史、三编书之。

21 十一月,庚子,振河南饥。

22 是月,吏科给事中王瑞上言:"天下布、按二司进表官,令各陈地方利病。"上恶其纷扰,命杖之。

时湖广、江西抚、按官,以所部灾伤盗起,请免有司朝觐。瑞偕同官言:"岁祲民困,由有司不职,正宜加罪,乃复为之请留。如此则人才进退,何由审辨? 是朝觐考察大典,皆从此废坏矣。"上从其言,命吏部禁之。【考异】王瑞被杖,见明史本传。宪章录系之是月,今从之。

23 十二月,辛未,论东征功,进朱永保国公,加汪直岁禄,升赏者二千六百余人。

24 丙子,太白昼见。

25 是月,户部尚书杨鼎、礼部尚书邹幹、工部尚书王复俱致仕,许之。

时汪直用事,廷臣谋迁擢者,嗾科、道以灾异劾大臣,于是鼎等请赐骸骨归。

召陈钺还,以功晋户部尚书,张文质礼部尚书,刘昭工部尚书。

26 免四川、江西被灾税粮。

27 是冬,安南黎灏遣兵八百余人,越云南蒙自界,声言捕盗,筑室据居,守巨力止之,始退。

灏自破占城,志意益广,亲督兵九万,开山为三道,攻破哀牢;侵老挝,复大破之。又颁伪敕于车里,征其兵合攻八百,为所败。边吏守臣以闻,上敕广西布政使檄灏敛兵,而灏妄称"未侵老挝,且不知八百疆宇何在"。

是时汪直好力功,欲乘间取安南,言于上,索永乐间讨安南故牍。兵部郎中刘大夏匿不予,密告尚书余子俊,谓"边衅一开,生民糜烂"。子俊悟,事得寝。——大夏,华容人。【考异】据国史纪闻,两书此事,一成化八年,言"是时朝廷好宝玩,有中官迎合上意,欲仿三保太监下西洋故事,因至兵部查取西洋水程。时项忠为兵部尚书,刘大夏任郎中,检旧案,匿他处,忠索之不可得"云云。以下所记,与此略同。按此系野史传闻之异同。而八年任兵尚者确系项忠,是年任兵尚者确系子俊,所记亦俱不误。惟西洋与安南事异,而证之安南传,则灏侵老挝正在十五年之冬。惟大夏传言安南败于老挝,所记微误,盖安南自侵老挝后,征兵复攻八百。据安南本传所记,则败于八百,非败于老挝也。今据正史,并参明史二传书之。

28 是岁,擢吴道弘为大理少卿,抚治郧阳、襄阳、荆州、南阳、西安、汉中六府。【考异】此即郧阳设抚治之始。据原杰传,"杰将还,荐道弘自代",是道弘抚治郧阳在十三年。三编书于十五年,据其擢大理时也,是时道弘已任郧阳抚治。明自景泰末,巡抚例加京官衔,定授副都、佥都御史之等。此以抚治官秩亚于巡抚,故仅授京卿之职抚治之,加卿衔,犹巡抚之加都御史衔也。起张瓒三副都御史,总督漕运,兼巡抚江北诸府。

十六年(庚子、一四八〇)

1 春,正月,辛卯晓,雨(水)〔木〕冰。

2　甲午,大祀南郊。

3　丁酉,伊斯玛音犯延绥,诏朱永为平虏将军,充总兵官御之,汪直监其军,改命王越提督军务。

越垂涎督师不可得,会延绥守臣奏寇潜渡河入靖虏,越乘机说汪直,而陈钺时已内召,遂改命越。时谓"越钺相竞"云。

4　辛丑,免南畿被灾税粮。

5　是月,辽东寇复内犯,拥众深入云阳、清河等堡,杀掠男妇,皆支解以徇。边将敛兵不出,而陈钺方内召,亦隐匿不以闻。于是边地骚然。

6　兵科给事中孙博奏陈数事,末言:"东、西二厂缉事旗校,多毛举细故以中伤大臣。旗校本厮役之徒,大臣乃股肱之任,岂旗校可信反有过于大臣?纵使所访皆公,亦非美事,一或失实,所损实多。乞严加禁革。"奏入,上以为不谙事体,姑宥之。而汪直闻事涉西厂,怒甚,呼博面加诘责。时皆为博危之。

7　二月,癸酉,免湖广被灾税粮凡七十五万有奇。

8　戊寅,王越袭寇于威宁海子,败之。

越侦知敌无犯延绥意,河冰方泮,移帐威宁,欲以计袭之。而恶辽东之役,永不援己与偕也,乃说直,奏令永率大军由南路,己与直将轻骑循塞垣而西,俱会榆林。越至大同,告直以敌帐在威宁,则尽选宣、大两镇兵二万出孤店,分数道进,值大风,雨雪晦冥,潜行至威宁海子。时伊斯玛音等并无寇边意,不虞师之猝至也,仓猝乘马避之不及。

因杀其老弱,报首功四百三十余级,获马驼牛羊六千,师不至榆林而还。永至榆林不见敌,故无功。【考异】明史本纪作"戊寅",明史稿作"庚辰",相差二日耳。其事皆据本传书之。

9 是月,逮河间知府滕佐下狱。

时中官陈喜,以事出河间,会岁饥,佐率属分振在外,失迎谒,仓猝治供具不当意。喜怒,归白于上,遂逮佐等,寻论谪戍有差。

10 三月,戊子,以岁歉,诏减光禄寺供用物。

时京畿、山东荐饥。谕礼部曰:"比岁以灾,顺天、北直隶、山东府县,旱潦相仍,朕甚忧之。书云:'民惟邦本,本固邦宁。'朕重赖吾民供奉,玉食于上,而吾民有不饱半菽者,日当典膳进御,兴念及此,为之辍食。其令被灾府县应征入光禄寺供月,量为减省。自今有可恤民之事,其议以闻。"

11 是月,王越还,论功,封威宁伯,岁禄千二百石,又增汪直岁禄至三百石。

越以文臣受封,宜入西班,不得复领都察院事。【考异】威宁之捷在二月,王越受封在三月。诸书有系之二月者,有系之三月者,皆牵连并记体也。证之七卿表,越以三月回院,封威宁伯,则捷在二月封在三月明矣。今参明史越传分书之。于是御史许进等请援王骥、杨善例,仍领都察院事,并兼督十二团营,汪直从中主之,制曰:"可。"

是役也,朱永以无功,赏不行。久之,进太子太傅。

薛应旂曰:王越之逢迎汪直,躐取爵位,许进等又从而附会之,一时皆谓之名臣,士风习尚可知矣。予谓进以率同官论救强珍,为汪直所怒,构之下狱,摘进他疏讹字,廷杖之几殆。此同时事,何前后之不类?毋亦与王越有旧而论之独宽,遂同预于颂功之列与?不然,吾未见此越之贤于彼钺也。

12 夏,四月,巡按辽东御史强珍,劾陈钺冒功启衅事,不问。

初,御史王崇之巡按辽东,即上书劾钺。钺恐,谋之汪直,以崇之受都指挥庭参不为礼违制,下狱输赎,谪延安推官。

至是珍代其任,见汪直与钺方论功,而寇谋大入,钺与镇守中官韦朗等匿不以闻;钺既召入为户部尚书,朗始上闻。珍往巡按,得其状,请正钺等欺罔罪。事下兵部,尚书余子俊覆奏如珍言,乃命停钺等岁禄。【考异】强珍劾钺,诸书皆系之是年六月,三编据之。证之弇州中官考,珍之奏劾在前,吴原之奏劾在后,故原奏中已有"停俸带罪"之语,盖因珍劾后始有此处分也。三编目中综其前后,故并王崇之之劾亦牵连记之。其实珍之劾在四月,原之劾在六月,纪事本末并吴原之劾系之四月者,亦牵连记事体也。今分书之。

13 五月,免河南被灾秋粮三十五万有奇。

14 六月,癸丑,禁势家侵占民田。

15 是月,兵科都给事中吴原,复劾陈钺及总兵官缑谦、镇守太监韦朗,谓:"钺等启衅冒功,失机匿罪,以祖宗法度为不足畏,生灵血肉为不足恤,不忠不仁,莫此为甚!今因强珍之劾,仅予停俸,不免情重法轻,请重治之,以为人臣欺罔者戒。"御史许进等亦以为言,且谓"陈钺如宋黄潜善、贾似道",语甚剀切。上是之,卒置钺等不问。

16　秋，七月，甲午，倭寇福建。

17　八月，辛酉，申存恤孤老之令。

时户部言："大兴宛平，岁廪孤老七千四百九十余人，凡赡粮二万六千九百余石。近有司疏于稽察，董其事者日肆侵牟，无告之民不濡实惠。宜敕府尹月再巡视，俾惠泽下流，毋负朝廷恫瘝至意。"上俞其请，且敕谕"天下有司殚心存恤，所在巡按御史，廉其怠者，请逮治之。"

18　是月，汪直自辽东还，闻强珍劾陈钺罪，衔之。

会钺闻直还，郊迎五十里，诉珍诬己。直益怒，奏珍所劾皆妄，诏遣锦衣千户萧聚往勘，械赴京。比至，直系治珍于御马监，榜掠备至，然后奏闻。命法司廷鞫，皆不敢忤直意，坐以奏事不实，当输赎。直心未慊，降中旨责珍欺罔，谪戍辽东，而免钺等所停岁禄，且责兵部及言官先尝劾钺者各停禄三月。

19　冬，十月，南京十三道御史徐完等，复劾"陈钺停俸罚轻，不诛何以示戒！"六科给事中章元应等，亦言"钺玩寇殃民，冒功希赏，乞明正典刑！"皆不报。

20　十一月，以旱灾，免直隶顺德所属九县秋粮一万八百石有奇。

21　十二月，庚申，伊斯玛音犯大同，报威宁海子之怨也。大同镇守官告警，丙寅，命朱永、汪直、王越御之。永等师未出，己巳，大同镇将范瑾拒之出境。【考异】此据明史本纪月日。盖边寇自秋入塞，至此始命将也。明史鞑靼传言"是年之秋"，诸书有系之九月十月者，皆类记耳。

22　是月，浔、梧、高、廉贼起，总督两广都御史朱英与总兵官陈政分道击之。再战，俘斩甚众。——政，平乡伯怀之孙也。

是时广西田州头目黄明聚众为乱，知府岑溥走避思恩。英复调参将马义率军捕明，明败走，为恩城知州岑钦所杀，并族属诛之，传首军门。

英在粤，持法无所假借，与市舶中官韦眷忤，眷劾其专权玩贼，浔州知府史芳以事见责，亦讦英奸贪欺罔，按皆无验。上责眷，镌芳二官，而谕英协和共事。

23 是岁，擢湖广布政使何乔新为右副都御史，巡抚山西。

初，项忠驱流民过当，原杰奉招抚至南阳，引乔新自助。民闻杰至，益窜山谷。乔新躬往招之，附籍者六万余户，遂迁湖广右布政。

至是抚山西，禁边地军民出塞伐木捕兽，曰："此辈苟遇敌，必输情求生，皆贼导也。"寻进左副都御史。岁饥，奏免杂办及户口盐钞十之四。

24 广东布政使彭韶请罢市舶。其略曰："国家升平百十余年，生齿之繁，田野之辟，商旅之通，可谓盛矣。然而官府仓库，少有储蓄，人民衣食，艰于自给。比之国初，无经营战伐之需，无造作营缮之费，而富强反不及，何者？以害财之多也。文武之烦冗日增，宗戚之亲疏日众，僧道则寺观联翩，宾贡则四夷络驿。加以进献多门，供御无纪，征敛烦苛，采办驰骋，若不及今撙节，一旦更启他端，益以杂用，其何以善后耶？"

时中官奉使纷遝，镇守顾恒，市舶韦眷，珠池黄福，皆以进奉为名，所至需求，民不胜扰。<u>韶</u>先后劾奏，不避权势，遂为中官所衔。然<u>韶</u>与<u>何乔新</u>同官内外，并有重名，一时称"何彭"云。

十七年（辛丑、一四八一）

1　春，正月，壬午，大祀南郊。

2　是月，兵部尚书<u>余子俊</u>以母忧去，改<u>陈钺</u>代之。以户部侍郎<u>翁世资</u>为本部尚书代<u>钺</u>。

　　先是<u>子俊</u>论<u>陈钺</u>掩杀贡夷罪，上以<u>汪直</u>故宥之。<u>钺</u>多方构<u>子俊</u>于<u>直</u>，会以忧归，得免。

3　以方士<u>顾玒</u>为太常寺少卿。

　　<u>玒</u>以扶卟术得幸于上，遂由传奉为太常丞，至是复晋少卿。

　　时<u>李孜省</u>用事，<u>玒</u>与<u>赵玉芝</u>、<u>凌中倚</u>以为奸；<u>玉芝</u>亦善方术，因中官<u>高谅</u>进。<u>中</u>善书，给事<u>文华殿</u>，皆累擢至太常卿。【考异】事见<u>明史宦官传</u>。<u>三编</u>据实录系之正月，今从之。

4　二月，甲寅，<u>南京</u>地震。<u>凤阳</u>、<u>庐州</u>、<u>淮安</u>、<u>扬州</u>、<u>和州</u>、<u>兖州</u>及<u>河南</u>州县，同日地震有声。

　　礼部奏言："考之传记，地动千里有大灾；春动者岁凶，二月动者水。今所动不止千里，又况<u>凤阳</u>、<u>南京</u>，皆祖宗根本之地，宗庙社稷所在，关系尤重。乞敕有司恤冤抑，矜孤寡，以弭灾异，广储蓄以备岁荒，修渠堰以防水患。"从之。
【考异】甲寅地震事，见<u>明史五行志</u>。<u>三编</u>书之目中，云"是月初十日甲寅也"。是年二月乙巳朔，<u>宪章录</u>书初十日，正甲寅也。惟<u>五行志</u>有<u>和州</u>，<u>宪章录</u>则但云"<u>南畿</u>四府"，<u>三编</u>有<u>和州</u>，元<u>淮安</u>，二<u>申</u>录兼有<u>江西</u>。今仍据<u>明史</u>志书之。

5 壬戌，诏遣官分核天下库藏出纳之数。

6 是月，免山西太原等府及浙江杭、嘉、湖等府被灾税粮凡九十五万有奇。

7 以礼部侍郎周洪谟为本部尚书，时张文质以忧去也。

8 方士顾玒以母丧乞祭诰。故事，四品官未满三载，无给诰赐祭者，上特予之。时史尚尹旻欲献媚于玒，因请并赐诰赠其父。未几，玒二子亦以中旨授官。上方崇信左道，故佞幸之徒猝致荣显如此。

9 王越偕汪直、朱永出师大同，会寇掠边境，追击至黑石崖，斩首百二十余人，获马七百匹。

逾月还，加越太子太傅，永世袭。于是越从勋臣例，改掌都督府事，且觊封侯矣。

10 三月，辛卯，赐王华等进士及第、出身有差。

11 是月，传升戴缙为右都御史。

12 西域撒马儿罕进二狮子，至嘉峪关，乞命大臣迎受。职方郎中陆容上言："狮子为兽，在郊庙不可以为牺牲，在乘舆不可以备服驭，无用之物，不宜受。"礼部尚书周洪谟亦言不当遣大臣，乃敕内臣往迎之。

13 夏，四月，庚申，以久旱风霾，敕群臣修省。

戊辰，命法司慎刑狱，并遣太监怀恩同三法司录囚。

自定五年一审例，率以丙、辛之岁，京师内臣审录以为常，谓之"大审"，南京则命内守备太监行之。初，成祖始定"热审"例，决遣轻罪，仁宗命阁臣会审重囚，英宗又命三法司同公、侯、伯会审，谓之"朝审"。至是罢阁臣会审之制，而内臣大审,所矜疑放遣,常倍于热审云。三编质实:"按明史刑法志,成化时,会有弟助兄殴杀人者,太监黄赐欲从末减,尚书陆瑜持不可。赐曰:'同室斗者被发缨冠救之,况其兄乎!'瑜不能难,卒为屈法。"考瑜于成化八年致仕,赐于十三年以汪直谮罢斥,则宪宗之遣内官会审,不自是年始矣,特是年始定为大审之例耳。

　　三编御批曰:中涓录囚,滥觞于正统,体统凌夷,已非一日。但"热审""朝审"之制,自永乐以来,守而不变,何至宪宗竟尽改旧章,概行罢废。而以会谳大典专任宦官,廷臣遂无由过问,纪纲倒置甚矣。况其矜疑放遣,较常倍增。则由若辈欲假姑息博美名,不复顾明刑本意,滥纵之失,岂可胜言。乃权势既崇,法司惟视其意旨,则其所宽者,必其通苞苴者也;不然,必其流离贫贱,与彼无涉者也;而其所严者,必其有仇隙,或受嘱托而欲致之于死者也。国法尚可问乎?而史家犹以多所矜放为美,真不识事体之甚矣!

14　癸酉,伊斯玛音犯宣府。

15　五月,己亥,王越为平胡将军,充总兵官,汪直监督军务,率京军万人御之。比至,参将吴俨等已追之出塞,复为寇所遮,死者过半。上皆置不问,仍命直、越留屯宣府。

16　六月,癸亥,雨雪。【考异】明史五行志不载,三编盖据实录也。其目云:"是月十九日癸亥。"按是年六月甲辰朔,则癸亥当为二十日,疑大小建各异也,今但据书"癸亥"。

17　秋,七月,甲戌朔,免南畿被灾秋粮。

18　丙戌,南京大风雨,社稷及太庙殿宇俱摧。

19　甲午,诏所在镇守、总兵、巡抚,听汪直、王越节制。

卷三十四　纪三十四　宪宗成化十七年(一四八一)

1157

20 己亥,雷震郊坛。【考异】三编书之七月,其目云:"是月二十五日己亥也。"按是年七月甲戌朔,推之十三日为丙戌,亦见三编目中。己亥当为二十六日,非二十五日,疑转写之误也。

21 八月,癸亥,太白昼见。

22 是月,以李孜省为右通政。

上宠孜省,欲骤贵之,乃命寄俸于通政司,仍掌上林苑事。同官王昺恶其奸邪乱政,遇之无加礼,孜省衔之,谮之于上,左迁昺太仆少卿。故事,寄俸官不预郊坛分献,上特以命孜省,自是廷臣惩昺事,无敢执奏者。

23 冬,十月,壬戌,振河南饥,又免湖广被灾田租十之六。

24 是月,以道士邓常恩为太常寺卿。

自李孜省进后,方伎僧道,无不夤缘中官以冀恩泽。一时取中旨授官者累数千人,名"传奉官",有白衣蹑至卿寺者。

常恩因中官陈喜进,导上祀淫祠,上为之动。是时岳镇海渎诸祠,并置石函,周以符篆,中藏金书道经一卷,杂贮金银钱宝石及五谷为厌胜,皆常恩所为也。

25 十一月,戊子,取太仓银三分之一入内库。

初,太仓库之设,始于正统七年,后积至数百万两,续收者又分"老库"、"中库"之目。至是以内府供应繁多,乃取中库三分之一以供内库之用。

26 丁酉,江南大雷雨雪。

27 是冬,汪直、王越以寇退,请班师,不许。

初,陈钺、王越交结直,邀边功,遂先后进宫膺封爵。

自强珍等发其奸状,于是恶直者指王越、陈钺为"二钺"。

有小中官阿丑,工俳优,一日,于上前为醉者谩骂状,人言"驾至",谩如故,言"汪太监至"则避走,曰:"今人但知汪太监也。"又为直状,操两钺趋上前,人问之,则曰:"吾将兵,仗此两钺耳。"问:"何钺?"曰:"王越、陈钺也。"上忻然笑,稍稍悟,然廷臣尚未敢攻直也。

有东厂中官尚铭者,始因直进,附于直。直方自威宁还,会有盗西内物者,上命厂校按之急,而铭在东厂捕得之以闻,上大喜,赉铭甚厚。直且怒铭之自以为功也,曰:"铭敢负我!"铭闻之,惧将倾己,谋发直事以先之。

直初与王越甚昵,时或泄禁中语于越。后直主陈钺议用兵辽东,言官多以启衅劾钺,越方领都察院事,不能制也。而钺谮于直,谓皆越所嗾者,直怒而窘辱越,越乃挟前所泄语以抵之,直乃沮。寻二人意释,交如初。

顾所泄语颇闻于人,铭悉廉得之,乘直监军在外,白于上,上始疑直,直请班师者再,皆不许其还。而钺尚未之知也,时钺方长兵部,遂复为直请班师,上切责钺。于是直、越乃大惧。已,大同总兵孙钺卒,即命越代之,而以直总镇大同、宣府,悉召京营将士还。【考异】直等请班师,明史本传皆在是年。三编统书之五月寇犯宣府目中,以请班师为是冬事,今据之。

28 是岁,复以书谕安南黎灏。

先是安南侵老挝,据占城如故,诏谕解之,不奉命。本年之秋,满剌加又以被侵告。而占城遣使朝贡,故王之弟古来,奏称:其兄"齐亚麻弗庵权国未几,遽尔陨没,臣当嗣立,不敢自专,仰望天恩,赐之册印。臣国所有土地,本二十七处,四府、一州、二十二县,凡三千五百余里。请特谕交人,尽还本国”。章下廷议。英国公张懋等,请遣有威望之近臣,赐敕谕安南使还侵地。会安南贡使方归,即赐灏敕,令毋抗朝命。

先是安南攻老挝,议者恐其内寇,诏问两广总督朱英处置之宜。英奏言:“彼不过争瓯脱耳,谕之当自悔惧。”上从其言。未几,安南果上表谢,入贡如故。

29　初,辽东贡使之役,边境驿骚。会朝鲜入贡旧由鸦鹘关,至是请改由鸭绿江。尚书议许之,郎中刘大夏曰:“鸭绿道径,祖宗朝岂不知?顾纡回数大镇,此殆有微意,不可许。”乃止。

时有中官何九者,其兄任京卫经历,以罪为大夏所笞。九谮之于上,捕大夏系诏狱,令东厂侦之,无所得。会太监怀恩力救,乃杖二十,释之。

十八年(壬寅、一四八二)

1　春,正月,壬午,大祀南郊。

2　庚寅,阁臣刘吉,以父忧奉诏起复,吉三疏恳辞,而阴属贵戚万喜为之地,得不允。

3　二月,逮沛县知县马时中于狱。

时大监郭文自南京还,过沛,怒时中供张不时,搒掠时中子,不胜楚,溺于河,时中赴救之,起,呼冤。文益怒,褫时中衣,縶以行,县民愤甚,绕船大呼,叱之不退。文使家人持兵击之,杀二人。时中讼于朝,而上先入文诉,命锦衣卫械时中至京,寻谪降广西庆远府经历。

未几,有尚膳监中官,赍荐新节物,道出南旺湖,辟行舟。或避之缓,缚其人悬于樯,笞之死。管河通政杨恭以闻,命刑部郎中朱守孚往勘。守孚右中官,请治恭等巡河不能禁约之罪,上皆勿问。【考异】此事诸书皆不载,彝州中宫考亦遗之。今据三编,增入是年二月下。

4　三月,己巳朔,振南直隶饥。

先是淮扬巡抚张瓒,以凤阳、淮安饥,请发两淮盐直五万振之。至是南京给事中刘玑复告南直隶诸府州灾,诏"以淮安仓粮三万石振凤阳,以苏、松、常、镇四府岁储余米及徐州仓粮一万石各振其地之民,以南京常平仓三万石振应天、滁州,以扬州钞关及税课司夏季应征之钞,准贯纳米,振淮安、扬州"。敕瓒与苏松巡抚王恕董其事。敕甫下而瓒已卒。恕奏免秋粮六十余万石,周行振贷,全活二百余万口。

5　壬申,罢西厂。

先是汪直、王越以久镇不得还,宠日衰。于是言者始交章请罢西厂,未报可。阁臣万安知尚铭谮已行,上已浸恶直,乃上章极言"东厂沄制之善,人易遵循,西厂事出权宜,当革"。从之。一时中外欣然。

6　是月,陈钺以罪免。

时右军都督马仪言:"钺抚辽东时,侵牟帑金,交结近侍,私役军官,入京诇事,擅杀贡使,干没方物,与汪直诬陷侍郎马文升、御史强珍谪戍。其子澍,冒功授锦衣千户,亦倚势为奸利。"事下都察院,请遣官按治。

时上已知钺为直党,仪所劾皆实。而马文升诸人之谪,虽由钺等所构,实上命也,颇恶仪言及之,不欲穷其事。乃令钺致仕去,调澍于永平卫右所,而仪亦南京闲住。

7 以张鹏为兵部尚书。

鹏自宁夏巡抚召还,历任兵部左右侍郎,至是遂晋尚书。

时守珠池中官韦助,乞往来高、肇、琼、廉,会守巡官捕寇,鹏执不可,上竟许之。

南北印马,率遣勋臣、内侍,后以灾伤,止遣御史。是年,上欲复遣内侍,鹏执不可,上勉从之。后仍如旧制。

8 夏,四月,癸丑,哈密故王子哈商旧译见前卷。兴师攻哈密,复其城。

初,哈商寄居苦峪十年,土尔番将伊兰守哈密城,甘肃总兵王玺遣人间谍,悉得其虚实。于是哈商纠罕东、赤斤二卫,得兵一千三百人,与其部下兵共万人夜袭哈密城,破之;伊兰遁走。乘势连复八城,遂还居故土。王玺及巡抚王朝远上其事,上喜,赐敕奖劳。

朝远请封哈商为王,且言:"土尔番已与哈商议和,宜乘时安抚,取还王母孙女及金印,俾随王母共掌国事。"哈密国人亦乞封哈商。廷议不从,乃进左都督。

9 甲子,免山西被灾夏税凡五十四万有奇。

时山西大同等处饥,户部主事汪洪奉命往征边储,知其状,请缓征,故有是命。已,<u>洪</u>又请命<u>山西</u>巡抚<u>何乔新</u>、<u>大同</u>巡抚<u>郭镗</u>檄所属振恤,从之。【考异】此据<u>明史本纪</u>。<u>汪洪</u>之请,具见<u>三编</u>三月振<u>南畿</u>目中。

10　是月,召<u>铅山</u>知县<u>张昺</u>为监察御史。

<u>昺</u>善治狱,所雪冤狱至多。其令<u>铅山</u>时,邑有嫁女者,及婿门而失女,讼于前令,不能决。<u>昺</u>至,行县界,见大树妨稼,欲伐之,民言有神巢其颠,不听。率众往伐,有衣冠三人拜道左,<u>昺</u>叱之,忽不见。比伐树,血流出树间,众惧,欲止,<u>昺</u>手斧之,卒仆其树,则二妇人堕焉,一即前所失女也。有巫以隐形术宣淫邑中,<u>昺</u>执巫痛杖之,无所苦,已,并巫失去。<u>昺</u>驰缚归,印巫背鞭之,立死。乃悉毁诸淫祠。蓥妇子为虎所噬,其母诉于<u>昺</u>。<u>昺</u>斋戒檄城隍神,期五日必驱虎至县廷听鞫。及期,二虎伏庭下,<u>昺</u>叱曰:"孰伤吾民?法当死,无罪者去。"一虎起,敛尾去。一虎伏不动,<u>昺</u>射杀之,以畀蓥妇曰:"虎抵而子死矣。"一时政声闻于朝,乃有是命。

时与<u>昺</u>先后以治行称者,有<u>陈纲</u>、<u>丁积</u>。

<u>纲</u>令<u>黔阳县</u>,城当<u>沅</u>、<u>湘</u>合流,数决坏庐舍。<u>纲</u>募人采石,甃堤千余丈,水不为害。<u>南山崖</u>官道数旦,径仄甚,行者多堕崖死,<u>纲</u>积薪烧山,沃以醯,拓径丈许,行者便之。<u>纲</u>病,民争吁神,愿减己算益长官寿。迁<u>长沙</u>通判。其卒也,<u>黔阳</u>、<u>长沙</u>并祠祀之。

<u>积</u>为<u>新会</u>知县,宦者<u>梁芳</u>,邑人也,时方用事。其弟<u>长</u>,横于乡,官吏莫敢谁何,<u>积</u>捕之系狱,自是权贵屏迹。

令甲民出钱输官供役,曰"均平钱",其后吏贪,复使甲首出钱供用,曰"当月钱",贫者至鬻子女。积一切杜绝。岁大旱,筑坛祈雨,昕夕伏堂下八日,雨大澍,而积遂得疾卒。士民聚哭于途。一妪哭极哀,或问之,曰:"来岁当甲长,丁公死,吾无以聊生矣。"

然三人者,惟晷以最迁,陈、丁二人竟以吏终。【考异】张晷事见本传,诸书皆不载。惟三编据实录书之,盖擢御史之年月也。晷为都御史楷之孙,见明史本传。三编质实则但言"晷先世慈溪人,后徙鄞",不言晷与楷为祖孙。而据陆㮚庚己编,则晷为楷之子,俟考。至陈纲、丁积等,同见质实中,并见明史循吏传,今汇著之。

11 五月,甲申,免山东被灾税粮。【考异】明史本纪无日。史稿书五月甲申,今据之。

12 六月,壬寅,伊斯玛音犯延绥,都指挥刘宁败之于塔尔山,巡抚何乔新、指挥同知支玉败之于天窊梁中觜,千户白道山败之于木瓜园,总兵官许宁败之于三里塔,参将周玺、游击董升等败之于黑石崖。越以调度功,益禄五十石。

方余子俊之筑边墙也,或疑沙土易倾,寇至未可恃;至是寇入犯,被扼于墙堑,不得出,遂大衄。于是边人益思子俊功云。【考异】明史本纪,"是月壬寅,寇犯延绥,汪直、王越调兵御,败之。"证之三编,则以余子俊边墙之筑,寇为所扼,故直与越因之以邀功也。今据三编且中书之。

13 秋,七月,庚午,诏副都御史程宗往云南勘木邦狱。

初,木邦置宣慰司,其所辖有孟密蛮妇曩罕弄者,即故木邦宣慰之女,嫁于孟密者也。故宣慰曰罕揲法,已卒,孙落法嗣。于是曩罕弄以尊属,不受节制,嗾族人与之争,遂以景泰中叛木邦，逐宣慰。成化十年，侵掠陇川，兵力日盛，自称"天娘子"，其子思柄，自称宣慰。黔国公沐琮奏委三司官往抚，曩罕弄益骄蹇不服，且欲外结交阯，逼胁木邦、八百诸部。

至是琮等复以闻，兵部尚书张鹏主用兵。诏廷臣集议，皆以"孟密与木邦仇杀，并未侵犯边境，止宜抚谕。"乃遣宗驰传与译者序班苏诠往。【考异】明史本纪不载，此据明史稿月日。证之明史土司传，恃书云"时成化十八年"，今据之。

14 是月，刘吉起复，仍入阁。南京太常少卿陈音贻书劝其固辞，不悦，遂与音有隙。

15 八月，癸丑，遣使振畿内及山东饥。

16 辛酉，免河南被灾税粮。

17 是月，调王越镇守延绥，以延绥都督同知许宁代镇大同。

时汪直与越俱留镇大同，大学士万安等以越有智计，恐诱直复谋内召，乃调越延绥以离之。两人势益衰。【考异】越调延绥，明史本传在寇退之后。纪事本末系之是年八月，今从之。宪章录系之闰八月。

18 卫、漳、滹沱并溢，溃漕河岸。自清平抵天津，决口八十六。河南霪雨三月，漂损庐舍三十一万四千二百余间，溺死军民一万一千八百余人。

19 闰月，壬申，下仓副使应时用于狱。

时内府供用日繁，守备分守中官布列天下，率以进奉为名，糜帑纳赂，动以巨万计。而江西浮梁之景德镇，烧造御用瓷器尤多，且久费不赀。时用请罢遣中官，卒论谪输赎。

时又有中都留守指挥郭玉,亦上言:"守备中官,徇奴隶之言,掣诸司之肘,决狱惟货,多不以情,请罢勿设。"上以"临濠乃祖宗根本之地,特命中官往镇,寄以守备之权,循祖制也。玉何人,敢议罢革!"下巡按御史,逮问妄奏之罪。【考异】按以上二事,诸书皆不载。一见明史本纪,一见三编,今据月日增。

20 是月,诏天下刑官毋滞讼。

时山西巡抚何乔新,奏劾按察佥事尚敬、刘源视狱多淹滞。乃下诏曰:"刑狱,重事也。周书曰:'要囚服念五六日至于旬时',盖言慎也。今有司乃或瘝厥职,推鞫不以时,凡罪囚应省释者,亦桎梏而久囹圄之,一旦瘐死,是有司杀之也。乔新言是,其即治敬、源旷官罪。自后有司滞讼半年以上者,所在巡按御史奏闻逮治。令天下刑官勤于决谳,以副朕意。"

21 刑部尚书林聪卒于任。

自景泰以来,论谏之臣,聪独称首。后偕汪直鞫辽东陈钺狱,不能争,时论惜之。卒,谥庄敏。

22 以刑部侍郎张蓥为本部尚书。

23 九月,庚戌,太白昼见。

24 癸亥,岁星昼见。

25 冬,十月,取太仓银四十万入内库。

26 十一月,免畿内、陕西、辽东被灾秋粮。

27 十二月,庚午,御制文华大训成,以教皇太子也。书凡二十八卷,列纲四:曰进学,曰养德,曰厚伦,曰明治。上亲制文弁其首,命詹事彭华、中允周经等进讲文华殿。太子每起立拱听,首辅万安以为劳,请坐听,华与经不从,乃止。

28 是月,以书成,晋万安太子太傅兼华盖殿大学士,刘翔太子太保兼谨身殿大学士,刘吉太子太保兼武英殿大学士,彭华以下纂修官升赏有差。

十九年(癸卯、一四八三)

1 春,正月,丙午,大祀南郊。

2 二月,录故大理寺丞钟同次子越为通政司知事。

　同长子起,已录入国子监授官,至是上复念同死于忠义,虽已荫一子,未足酬之,诏赐越一官,并给同妻罗氏月廪。

3 以职方郎中刘大夏为福建右参政。

　大夏在兵部久,明习故事,尚书皆倚重之。时兵部左侍郎缺,中官有欲荐之者,冀大夏一见,卒不往。吏部议迁太仆卿,大夏私语所知曰:"郎中转京堂,岂不甚愿!但吾做秀才时,见府县政事不得其平,辄曰:'使我做时,某事当如何行,某事当如何罢。'今幸登朝,不得一亲民之官,非素志也。况郎中一出,非知府即参议,官阶崇重,何为不可,但恐人负官耳。"吏部乃升大夏授是职,以政绩闻。未几父丧,闻赴,一宿即行。【考异】大夏为福建参政,明史本传系之是年。惟大夏方在兵部,为尚书所倚重,一旦外迁,传中不言其故。桧国史纪闻,言"大夏不愿转京堂,自请外任"。证之本传,"大夏改庶吉士,馆试当留,自请试吏"。以此推之,福建之任,出自大夏自请明矣,今据之。

4 三月，丙辰，免湖广被灾税粮。

5 是月，户部尚书翁世资致仕，召余子俊代之。

6 改戴缙南京工部尚书，以副都御史李裕为都察院右都御史。

7 中官梁芳有宠，假市珍玩名，侵盗库金以数十万计，不足则给以盐。上即位之初，太监李棠等乞开中辽东盐万引，许之，自是请者益众。芳前后请两淮存积余盐不下数十万引，皆怙宠辄行。于是戚畹家人亦有希恩妄乞者，计臣不能执争。凡所乞中盐至无算，商引壅不行，边储日匮。

至是中官王钿复请支河东盐二万四千引，上始厌其扰，曰："祖制，内臣无私产，矧敢牟利中盐！"乃命户部榜谕禁之。三编质实："明史食货志，洪武时，定额两淮岁办大引盐三十五万二千余引，弘治时，改办小引盐倍之，所输边甘肃、延绥、宁夏、宣府、大同、辽东、固原、山西、神池诸堡，岁入太仓余盐银六十万两。浙岁办大引盐二十二万四百余引，弘治时改办小引倍之，所输边甘肃、延绥、宣府、大同、蓟州，岁入太仓余盐银十四万。长芦岁办大引盐六万三千一百余引，弘治时改办小引十八万八百有奇，所输边宣府、大同、蓟州，岁入太仓余盐银十二万。河东岁办小引盐三十万四千引，弘治时增八万引，岁输宁夏、延绥、固原饷银三万六千余两。凡大引四百斤，小引二百斤。'余盐'者，灶户正课外所余盐也。'存积盐'者，正统时从巡抚周忱议以淮、浙、长芦盐十分为率，八分给守支商曰'常股'，二分收贮于官，遇边警始召商中纳，谓之'存积'。"

8 夏，四月，癸亥朔，太白昼见。

9 丁丑，免河南被灾税粮。

10 五月，汪直报大同寇警，请调京军赴援。兵部尚书张鹏，以"时方盛暑，师难久戍。计大同各边士马数及四万，使内外守臣戮力同心，足敷守御"，奏止勿遣。

鹏又言："控制边方，必须养精蓄锐于无事之时，方能折冲御侮于有事之日。迩来工役频繁，未遑训练，猝有征发，恐不足用。乞罢遣归营，停诸杂役。"是时卢沟堤岸及京仓、通州仓诸役，一时并兴。是春，又命襄城侯李瑾督军万人修大慈恩寺。凡团营见军九万三千四百有奇，更番赴工者至五万二千人，故鹏言及之。会保国公朱永亦以为言，乃罢京仓之役，余令趣工速竣，即休舍之。

然于时团营弊日滋，营帅中官习以军士供私役，谓之"应役"。市井游贩之徒，以赂窜名军籍，避操惮调，率贿将弁祈免，谓之"买闲"。而提督守营诸官，又诡以空名支饷，缺伍辄以万计。寻定西侯蒋琬奏其状，上命怀恩偕户尚余子俊阅实之，而其弊迄莫能革云。

11 六月，乙亥，调汪直南京御马监。

时许宁既与王越易镇，至大同，以争坐不协于汪直。巡抚郭镗以闻，遂调直南京，别遣中官蔡新代镇，而边警已屡告矣。

12 丁丑，广西桂林、平乐诸猺叛，攻城杀将，总督朱英，会总兵官平乡伯陈政分兵十二道击破之。【考异】据明史本纪，但云"广西猺"，今据朱英传书之。

13 秋，七月，辛丑，迤北小王子犯大同。

先是谍报寇至，巡抚郭镗问战守计于许宁，宁皆不应。至是小王子骤率三万骑大入，连营五十里。宁既未有备御，猝见敌至，势方盛，不敢撄其锋，乃欲示以持重，伺其惰邀击之。因敛兵戒守，而令别将刘宁、董升军西山，周玺屯怀仁相掎角。

癸卯,寇纵兵大掠,焚代王别墅。王趣战,使众哭于辕门,宁犹不听。会有自京师至者,服佩颇异,守门卒报曰:"行事校尉来矣。"宁不得已与郭镗、蔡新等将中军营城外。寇以十余人为诱,新遣部骑驰击,宁将士争赴之,遇伏,大败,死者千余人。刘宁、董升闻中军失利,督众自守,寇围之数重,几陷,发巨炮击之,围乃解。

时许宁奔夏米庄,镗、新驰入城,势方急。会玺自怀仁还兵来援,道遇敌乘胜前,锐甚,玺厉将士曰:"今日有进无退!"大呼陷阵,寇少却。久之,短兵接,玺臂中流矢,拔镞战益急,与子鹏及麾下壮士击杀数十人。会刘宁兵至,中军溃卒亦稍集,寇乃退。而许宁竟掩败以捷闻。

14 己未,授朱永镇朔大将军,充总兵官,率京军御之,以蔡新监其军。

时寇得志,长驱入顺圣川大掠,谋犯宣府。刘宁将兵三千,遇之聚落站西,连战,败之。

15 八月,甲子,小王子寇宣府,都督同知周玉将二千人前行,巡抚秦纮率兵继进,至白腰山,击败之。指挥曹洪邀击,败之于西阳河,都指挥孙成又败之于七马房。时寇乘胜,气锐甚,竟为玉等所挫。未几,复至,玉伏兵又败之。会朱永至大同,复会玉军击败之鹁(鸽)〔鸽〕峪。而山西巡抚边镛、参将支玉等亦邀击,破之。大同西路参将庄鉴复遮其归路,战于牛心山,寇遂遁。

先是诸将失利,许宁以下皆被逮,惟周玺、刘宁转败为胜,而<u>庄鉴</u>以所部无亡失,皆论功升赏有差。

16 乙丑,命户部侍郎<u>李衍</u>、刑部侍郎<u>何乔新</u>巡视边关。

时寇入<u>大同</u>,畿内震惊。<u>乔新</u>至,相险阻,筑城堡,简精壮,厉器械,为战守备。又获虏谍,知<u>小王子</u>在边守者多老弱,请选精兵间道出捣之。会虏引去,不果行。【考异】巡视边关,<u>明史乔新传</u>不载。此据本纪月日,又证之<u>纪闻</u>同,并据史稿增入<u>李衍</u>。

17 壬申,贬<u>汪直南京奉御</u>,其党<u>王越</u>、<u>戴缙</u>等皆罢黜。

<u>直</u>既失势,言官劾其八罪:"一负恩欺罔,二冒功滥杀,三侵盗帑金,四诬善奖奸,五擅作威福,六招纳无藉,七朋邪乱正,八妄开边衅。"诏从末减,遂有是谪。

<u>越</u>以党<u>直</u>,夺诰券,编管<u>安陆州</u>,二子以功荫得官者皆削籍;<u>戴缙</u>、<u>吴绶</u>并斥为民;<u>韦瑛</u>前已调<u>万全卫</u>,<u>陈钺</u>亦先致仕,皆不问。明年,<u>瑛</u>欲邀功,希复用,诬报卫人<u>刘德兴</u>谋不轨,覆验之妄,上恶其稔恶,诛之。而<u>直</u>后竟得良死。又有工部侍郎<u>张顺</u>,亦以媚<u>直</u>得迁,至是亦令致仕去。

一时<u>直</u>党先后斥逐,公论快之。而<u>越</u>、<u>钺</u>、<u>缙</u>、<u>顺</u>之等,皆进士出身,时以为科名之玷云。

18 九月,【考异】<u>明史稿</u>,"九月丁巳,<u>应天</u>、<u>镇江</u>、<u>太平</u>、<u>宁国</u>、<u>广德</u>量加田租",<u>明史</u>删之。今按诸书皆不载,而<u>明史食货赋役志</u>中亦无是年量加田租之事,不知<u>明史稿</u>何据,今亦删去。妖人<u>王臣</u>伏诛。

时中官进奉,多借购书采药之名,所在骚扰,贿赂公行。<u>臣</u>以妖术为内监<u>三敬</u>所信任,<u>敬</u>奉使<u>苏</u>、<u>常</u>等府,挟<u>臣</u>及百户<u>王完</u>等十九人以从,所至陵虐官吏,矫旨搜括民间珍玩,因夺室女纵淫,长吏不从者多被辱。至<u>苏州</u>,召诸生写妖书,辞不赴,即令有司捕系至驿中乱箠之,诸生大哗。敬奏其抗命,下巡按御史逮问。

巡抚王恕疏言:"当此凶岁,宜遣使振济,顾乃横索玩好。昔唐太宗讽梁州献名鹰,明皇令益州织半臂褙子,进琵琶杆拨、镂牙合子诸物,李大亮、苏颋不奉诏。臣虽无似,有慕斯人。"又言:"王敬赍来驾帖,止开'前往苏、常采取药饵,收买书籍',别无行拘大户索要银两缘由。何期敬动以朝廷为名,需索要求,无有纪极,东南骚然,民不堪命。目下王敬方来,太监段英又至,造办药材冰梅,苏、松、常三府已办与价银六千两,镇江、太平、池州、宁国、安庆、徽州、广德七府州与银一千五百两,又发钞于松江,索银二千两。王敬又发盐一万五千五百引与宁国等府,逼银三万二千五百两,又有盐艘数百,发去江北庐州等府卫、江西南昌等处逼卖,不知又得几千万两。至苏、常等府,倚势逼取官民银三万六千余两。其在江、浙二布政司及南京沿途索要官民金银,不知又有几千万数。千户王臣专弄左道邪术,而敬听伊拨置,舳舻相衔,满载而归,亏损国体,大失人心。谨将臣该管地方索取金银开数具题。伏望留意于难保之天命,割恩于坏事之小人,明正法典以告天下。"

时常州知府孙仁,为敬诬奏被逮,恕抗章救之,凡三疏劾敬。会中官尚铭亦发敬奸状,上乃下敬等狱,戍其党十九人,而弃臣市,传首江南,中外称快。然以为敬等犹幸免云。【考异】王敬事,明史本纪不载。三编系之九月,与明书、宪章录同。弇州中官考则两载之,一云"九月",则尚铭始发其事之月日也,一云"十一月",

则王恕所劾。盖是时恕凡三疏劾敬,又论救孙仁,故弇州据国史分书之。今仍据三编,统系之九月下。

　　三编发明曰:汪直、王敬之横恣甚矣,宪宗一旦遣斥,时共快之。然商辂发直之奸甫逾月而直复用,王恕论敬之罪至三疏而敬自如。特以尚铭一言潜诉,乃始贬直而下敬于狱,则宪宗之遣斥宦官者,仍以信任宦官,直、敬贬而尚铭用事,铭固直、敬之类也。厥后梁芳之废以蒋琮,刘瑾之诛以张永,亦皆其类之自相倾轧,而非在上者果能察其乱政,务决去之,此明世宦官之祸所以蔓延而不可图也。

19　都察院右都御史李裕,以汪直既败,偕副都御史屠滽请雪诸忤直得罪者。上以事已处分,恶其纷扰,各停俸半年。寻复马文升、强珍官。

20　召广东举人陈献章。

　　献章举正统中乡试,再上礼部不第,从吴与弼讲学,归,筑阳春台,静坐其中。其学以静中养出端倪为指要,即喜怒哀乐未发之中也。久之,游太学,祭酒邢让重之,言于朝,以为杨龟山复出,由是名藉甚京师,朱英、彭韶交章荐之。至京,令就试,辞疾不赴,乞放归田里,就医奉母,乃授翰林院检讨归。

21　江夏僧继晓,以秘术因中官梁芳进,封国师,至是为其母朱氏乞旌,许之。朱本娼家女也,诏不必勘核,遽旌其门。

22　冬,十月,壬申,召朱永还。

　　永之复将也,以王越、汪直已得罪。至则会周玉、李玙等击败之,归,仍督团营。或投匿名书言永图不轨,永乞解兵柄,不许。寻手敕加太傅、太子太师。

23 十二月,始罢传奉官。

先是陕西巡抚郑时上言:"传奉之官,日益冗滥",因首劾中官梁芳及其引用之李孜省、僧继晓等,上不怿,谪降贵州参政,陕西人哭送,如失父母。上微闻其事,颇悔悟。

至是吏科都给事中王瑞倡同官上言:"爵赏天下公器,自非功德才能,难以弋获。近年幸门大开,鬻贩如市,恩典内降,遍及吏胥,武阶荫袭,下逮白丁。或选期未至,超越官资,或外任杂流,骤迁京职。以至厮养贱夫,市井童稚,皆得攀援,妄窃名器,逾滥至此,有识寒心。乞断自宸衷,悉予斥汰,以存国体。"

御史张稷等亦言:"传奉各官,至于末流贱伎,妄厕公卿,屠狗贩缯,滥居清要。文臣有未识一丁,武阶亦未挟一矢,白徒骤贵,间岁频迁。或父子并坐一堂,或兄弟分踞各署。甚有军匠逃匿,易姓进身,官吏犯赃,隐罪希宠。一日而数十人得官,一署而数百人寄俸。自古以来,有如是之政令否?"

上得疏,为之动。居三日,贬李孜省一秩,凌中等十二人皆罢黜,朝野称快。然上特借以塞中外之望,卒亦不罪芳也。

24 是岁,调广东布政使彭韶于贵州。

时太监梁芳之弟锦衣千户海,在雷、廉私采禽鸟,以进贡为名,官民被扰。韶奏劾,触芳怒,遂有是调,广州父老皆涕泣送之。

明通鉴卷三十五

江西永宁知县当涂 夏　　燮 编辑

纪三十五 起阏逢执徐(甲辰),尽强圉协洽(丁未),几四年。
宪宗纯皇帝

成化二十年(甲辰、一四八四)

1　春,正月,庚寅,京师地震。永平诸府及宣府、大同、辽东,皆同日地震。

壬辰,敕谕廷臣曰:"朕仰惟祖宗丕绪,夙夜兢惕,图治未遑。迩者地震京师,天戒至矣。斋心涤虑,省愆修德。尔文武群臣与朕共天职者,得毋有窃位苟禄以召灾咎者乎? 自今宜痛自惩艾,以毗朕志。"

于时御史徐镛、何洸,请"暂免庆成宴,以法古者减膳彻悬之意"。上以其妄议变制,下锦衣卫狱讦之。已,并谪知县。【考异】是年正月己丑朔,庚寅初二日,见三编目曰。惟宪章录书于是月己丑朔,且有星变。二申灵则己丑星变,庚寅地震。今安星变在明年正月朔。是年元朔星变,明史志传中皆无所见,今从正史。明旦稿书地震于壬辰者,据下诏之日也。

2 诏以灾异,减贡献,饬备边,罢营造,理冤狱,宽银课、工役、马价,恤大同阵亡士卒。

3 丁酉,大祀南郊。

4 是月,太监尚铭有罪。

铭既倾汪直,益擅权势,鬻爵市官,恣为奸利,闻京师有富室,辄以事罗织,得重贿乃已。上寻觉之,杖之百,谪充南京净军,籍其家,辇送内府,数日不绝。

初,铭以附直得领东厂,其党李荣、萧敬,援之入司礼监,铭既贬而荣、敬犹用事。于是都给事中王瑞上言:"二人者,昔党汪直坏事于前,继党尚铭坏事于后。祖宗大业,岂容小人屡坏之!京师之人皆曰:'直开西厂,兆以黑眚之变;铭入司礼,应以地震之灾。若非宸衷内断,早见而勇去之,后日坏事,或不止此。'今荣、敬尚在,窃恐汪直、尚铭之祸未艾也。乞并加贬斥以绝根株,则宗社生灵幸甚!"疏入,上竟置荣、敬不问,而以太监陈准代铭督东厂。

准为人谨愿,既莅事,诫诸校尉曰:"有大逆告我。非此则有司之事,若勿预也。"自是都人稍稍安之。

5 二月,命户部尚书余子俊兼左副都御史,总督大同、宣府军务,兼理粮饷。寻加太子太保。

6 小王子寇大同。

7 三月,庚寅,赐李旻等进士及第、出身有差。

8 己酉,以定西侯蒋琬充总兵官,会余子俊备寇大同、宣府,太监张善监督军务。【考异】明史本纪:"琬会余子俊备大同。"证之诸书,盖先命子俊,后命蒋琬,故七卿表亦书子俊督大同于二月。今分书之。

9　是月，以大理少卿佴钟为右副都御史，巡抚保定等处兼提督紫荆等关。改南京刑部侍郎盛颙为左副都御史巡抚山东。

　　寇入大同，廷议遣大臣巡视保定诸府，乃以命钟，至则巡抚其地。

　　山东自牟俸后，不设巡抚者十年。至是，岁旱饥，盗起，廷议复遣大臣往抚之。遂以命颙。

　　颙下车，祷雨大澍，槁禾复苏。条荒政数十事，下所司修举。颙前令束鹿，以县多豪家，徭役不均，乃立为九则法，豪家皆奉法惟谨。及抚东省，颁九则于诸府行之，盗不禁而戢。

10　处士余干胡居仁卒。

　　居仁性行淳笃，闻吴与弼讲学，往从之游。其学以主忠信为先，以求放心为要，操而勿失，莫大乎敬，遂以"敬"名其斋。端庄凝重，对妻子如严宾。手置一册，详书得失，用自程考。鹑衣箪食，晏如也。筑室山中，四方来学者日众。皆告之曰："学以为己，勿求人知。"又曰："吾道相似，莫如禅学。世之学者误认存心，多流于禅，或欲屏绝思虑以求静。不知圣贤惟戒慎恐惧，自无邪思，不求静未尝不静也，骛于空虚与溺于功利者均失之。其患有二：一在所见不真，一在工夫间断。"时以为笃论。居平不求仕进，暗修一室，布衣终其身。人以为薛瑄之后，粹然一出于正者，居仁一人而已。

　　卒，年五十一。万历十三年，追谥文敬。

11 夏,四月,戊午,录囚。

12 是月,增设山西副使、佥事各二员。

时余子俊奏:"大同、宣府二处,仓场隔远,政务殷剧,请增设监司督理粮饷。乃举南阳知府雍泰、成都知府毛松龄,授为山西副使,庆阳同知李荨、郿州知州周宁,授为山西佥事。

13 五月,甲午,再录囚,减死罪以下。

14 甲寅,山西代州地凡七震。

15 是月,起马文升为左副都御史,巡抚辽东。

文升至是凡三至辽东。民闻其来皆鼓舞。益禁仰中官总兵,使不得胺削,众益大喜。

16 改王恕仍为南京兵部尚书,参赞军务。

时钱能仍守备南京,语人曰:"王公,天人也。吾敬事而已。"恕坦怀待之,能卒敛戢。【考异】文升巡抚辽东,恕改南京兵部,据明史本传,皆在是年。宪章录系之五月,今从之。

17 逮大同失机之许宁、郭镗、蔡新俱下狱,巡按程春震发之也。

法司会鞫,以宁等轻率致败,降指挥同知,闲住,镗降六官,新以初任降三官。

18 六月,庚午,设云南孟密安抚司。

先是曩罕弄之役,遣程宗、苏诠往勘。而曩罕弄贰于木邦,畏邻境不平,潜使人从间道至京献宝石黄金,且重赂阁臣万安,"请别立孟密安抚司,开设治所,直隶云南布政司。"下内阁议。安欲许之,刘珝、刘吉曰:"孟密故隶木邦。

今叛而请命于朝,若许之,是周天子命三晋大夫为诸侯也。土官谁不解体?"安曰:"不从则当伐之。往日麓川之败不可不戒。"珝对曰:"何以伐为!但命守臣严边备,而敕邻境土官合兵慑之,彼奚能为?"事遂寝。

及宗率诠往,诠受曩罕弄子思柄金,导宗迎安风旨,示意曩罕弄,复遣人入贡如前请。会云南巡抚吴诚卒于官,即令宗代,下其事于宗,议可否。宗遂言:"曩罕弄与木邦仇杀已久,势难再合。别立安抚司,因命思柄为孟密安抚使,于事为便。"从之。

孟密地有宝井,恣行贿遗,而木邦兵力积弱,不能报。思柄恃有朝命,益肆侵夺,先后占踞木邦地凡二十七所。自是诸部扰攘,中国用兵且数十年。

19 己卯,免陕西延安等处被灾税粮六十万有奇,又免南畿江北等府被灾税粮。【考异】明史稿:"是月己卯,免陕西被灾税粮。"明史但书"六月",无日,又同月,"免南畿被灾税粮",证之明书,盖南直隶江北诸府也,今统系之六月下。

20 是月,改都察院右都御史李裕为南京都御史。

裕承戴缙之后,欲振台纲,诸不悦者咸谤之。至是上亦厌其纷扰,遂有是命。

召朱英为右都御史。

21 秋,七月,庚寅,以陕西旱,命停岁办物料。

22 八月,壬申,太白、岁星同昼见。【考异】三编书于八月,其日分见明史天文志,今据之。

23 九月,乙酉朔,日有食之。

24 戊子,陕西、山西旱,大饥,人相食。山西巡抚叶淇请发帑金三万振山西。

是年夏秋间,山东、湖广、河南及畿南、江北各省灾伤叠告,遣大臣分道振之,并免税粮。不足,又预度天下僧道六万人,令输粟给牒,济山、陕饥。【考异】各省灾伤,三编统系之六月下,<u>明史本纪</u>书之是秋。今仍据<u>明史稿</u>分书之。

25 是月,北寇<u>伊斯玛音</u>等复入居河套。

26 冬,十月,丁巳,下刑部员外郎<u>林俊</u>及都督府经历<u>张黻</u>于狱。

时岁大饥,僧<u>继晓</u>方以左道擅宠,先后赐美姝十余人,金宝不可胜纪。又请建<u>大永昌寺</u>于<u>西市</u>,逼(徒)〔徙〕居民数百家,糜帑数十万。

于是<u>俊</u>上言:"今年以来,灾异迭臻,京师地震,陵寝动摇,日月继蚀,监戒之昭,莫此为甚!<u>陕西</u>、<u>山西</u>、<u>河南</u>,频年饥馑,人民流离,道殣相望,振济无从,可为流涕。而僧<u>继晓</u>,以妖言荧惑圣听,遂竭有用之财,供无益之费,工役不息,人怨日兴,臣谓当斩<u>继晓</u>以谢天下。然纵<u>继晓</u>之恶者<u>梁芳</u>也,<u>芳</u>倾覆阴狠,引用邪佞,排斥忠良,数年之间,假名干没,祖宗百余年之府藏殆尽。家赀山积,<u>尚铭</u>不足多;所在骚扰,<u>汪直</u>莫能过。今内而朝臣,外而市井之徒,皆痛心饥民之死,莫不欲食<u>芳</u>与<u>继晓</u>之肉,而卒不敢以此言进者,所惜者官,所畏者死耳。臣何忍畏罪不言,以误陛下!"疏入,上大怒,下<u>俊</u>锦衣狱拷讯。

<u>黻</u>上疏论救,言:"今三边未靖,四方灾旱,军民愁苦万状。凡有世道之忧者,惟恐陛下不得尽闻,人臣不敢尽言

耳。今林俊上言而反得罪,则远近相传,以言为戒,岂朝廷之福哉!"上怒黻回护,并下之狱,欲诛二人。

司礼监怀恩力争,上怒,投以砚,曰:"若助俊讪我。"恩免冠伏地号哭,上叱之出。恩遣人告镇抚司曰:"汝曹谄芳倾俊,俊死,汝曹何以生!"遂称疾不起。

上怒亦渐解,命各杖三十,谪俊云南姚州判官,黻师宗知州。

时言路久塞,两人直声震都下,为之语曰:"御史在刑曹,黄门出后府。"

27 癸酉,罢云南元江诸府银坑。

28 是月,以仓场侍郎殷谦为户部尚书,仍兼仓场事。

29 十一月,南京兵部尚书王恕,闻林俊、张黻先后得罪,复上言:"天地止一坛,祖宗止一庙,而佛至千余寺。一寺立而移民居且数百家,费内帑且数十万,此舛也。人皆知此事之非而不言,独林俊言之;人皆知林俊之是而不言,独张黻言之;今悉置之于法,人皆以言为讳。设再有奸邪误国,陛下何由知之?"疏入,留中。

先是,怀恩讽兵尚余子俊救俊,子俊谢不敢。至是恩见恕疏,叹曰:"天下忠义,斯人而已!"

30 中旨进吏部尚书尹旻为太子太傅。

旧制,凡加大臣保、傅,皆赐敕授,而旻独以传奉得之,又与丁忧之中书杜昌同日受命,皆前此所未有也。

31 陕西之饥,待振孔急。有陕西人南京户部主事张伦,以事至京师,因陈馈运事宜,言:"黄河自河南入淮,直抵南京,水路无碍。请量拨淮安、瓜洲军粮十万石,南京常平仓粮十万石,运至渑池县,令河南、山西、陕西三司委官转运,以五万石存留怀庆等处,五万石给平阳等处,十万石给潼关、西安等处,以备振济。又以两浙盐七十四万余引,两淮盐一百二万余引,卖银送京,以给军饷。"下所司议行,并令伦督运。

32　封哈商为忠顺王。

　　哈商贪残,国人失望。

33　十二月,辛未,免山西被灾夏税,乙亥,免河南被灾税粮,凡共三十八万有奇。

34　是冬,余子俊还朝。

35　是岁,大学士万安等言:"漕运多取给于江南,运道水利,所系甚重。如河南怀庆地方,筑堤障沁水,以济徐、吕二洪及邳、宿、桃源运道,山东、兖州等处,导引汶、泗、洸河诸泉,以济济宁上下运道。今沁水冲决堤岸,流入黄河,汶、泗、洸诸泉岁久不浚,亦多淤塞,以致河流浅涩,运道稽迟。请敕工部重臣,自通州至淮、扬,会山东、河南抚、按相度经理。"从之,敕工部侍郎杜谦率郎中萧冕、员外郎李濬往董其役。【考异】事见明史河渠志,杜谦之往在明年,宪章录系之是年,据朝议之始也,今从之。

36　初,占城遣使请封,其使者具言:"古来实王弟,其王病死,非弑。惟提婆苔不知何许人。"乃命使臣暂往广东,俟提婆苔使至,审诚伪处之。使臣候命经年,提婆苔使者不至,乃令还国。仍敕古来谕提婆苔,使纳原降国王印,宥其

受伪封之罪,仍失头目。提婆苔不受命,乃遣给事中李孟
旸,行人叶应,册封古来为占城国王。孟旸等言:"安南构
兵不已,提婆苔又窃据占城边地,稍或不慎,反损国威。宜
令来使传谕古来,使诣广东受封。"古来乃自老挝挈家赴岩
州,孟旸等竣封而还。古来又欲躬诣阙廷奏安南罪,许之。

二十一年(乙巳、一四八五)

1　春,正月,甲申朔,申刻,有光自中天坠,化白气,曲折
上腾。逾时,复有赤星如碗,自中天西行,轰然如雷震。【考
异】星变在是年正月之朔甲申也。明史稿书"丙戌"者,据下诏之日。自庚寅
以下,类记发帑金及分遣大臣振饥事,明史皆各有日分,今据纪中分书之。

2　丙戌,诏群臣极言时政。

庚寅,赦天下,诏行宽恤之政。

谕曰:"往者灾沴迭兴,天时亢旱,岁竟不登,河南、山
东、畿内率多饥馑,山西、陕西尤剧,至有弃恒产家室不顾
者。元元何辜,罹此危厄! 朕博采群议,发内帑仓储,敕所
司多方振济,期此矜人,咸归乐土。不意岁首星变有声,朕
愈兢兢阳载,敕廷臣备陈时政得失,采纳而行。方春时和,祗
承资始之仁,诞敷宽恤之典。"

3　乙未,大祀南郊。

4　乙巳,遣户部侍郎李衍,刑部侍郎何乔新,佥都御史贾
俊,以帑金二十五万振山西、陕西、河南饥。

乔新奉使山西,所全活三十余万人,还流冗十四万户。

5　是月,廷臣以星变,各应诏上封事,吏部尚书尹旻、户
部尚书余子俊,都御史六英等,皆条陈政事,而于传奉官论

者尤多。

吏科给事中李俊率同官上疏曰："今之弊政，最大且急者，曰近幸干纪也，大臣不职也，爵赏太滥也，工役过烦也，进献无厌也，流亡未复也。天变之来，率由于此。

夫内侍之设，国初皆有定制。今或一监而丛十余人，一事而参六七辈，分布藩郡，总领边疆，援引憸邪，投献奇巧。司钱谷则法外取财，贡方物则多方责贿，兵民坐困，官吏蒙殃，杀人者见原，偾事者逃罪。如梁芳、韦兴、陈喜辈，不可枚举。惟陛下大施刚断，无令干纪，奉使于外者悉为召还，用事于内者严加省汰，则近幸戢而天意可回矣。

今之大臣，非夤缘内臣则不得进，非依倚内臣则不得安，此以财贸官，彼以官鬻财，无怪其掠受四方而计营三窟也。如尚书殷谦、张鹏，侍郎艾福、杜铭，南京尚书李本，侍郎刘俊，皆老而懦；尚书张鎣，大理卿田景旸，南京尚书张瑄，侍郎尹直，皆清论不惬。惟陛下大加黜罚，勿为姑息，则大臣知警而天意可回矣。

爵以待有德，赏以待有功，今或无故而爵一庸流，或无功而赏一贵幸；方士献炼服之书，伶人奏曼延之戏；掾吏胥徒，皆叨宫禄；俳优僧道，亦玷班资。一岁而传奉或至千人，数岁而数千人矣；数千人之禄，岁以数十万计，是皆国之租税，民之脂膏，不以养贤才，乃以饱奸蠹，诚可惜也！如李孜省、邓常恩辈，尤为诞妄，此招天变之甚者。乞尽罢传奉官，毋污玷朝列，则爵赏不滥而天意可回矣。

都城佛刹，迄无宁工，京营将士，不复遗力。如国师继晓,假术济私,糜耗特甚,中外切齿。愿陛下内惜资财,外惜民力,不急之役,姑赐停罢,则工役不烦而天意可回矣。

近来规利之徒,率假进奉为名,或录一方书,市一玩器,购画图,制簪珥,所费不多,获利十倍。愿陛下留府库之财为军国之备,则进献息而天意可回矣。

陕西、河南、山西,赤地千里,尸骸枕藉,流亡日多,萑苻可虑。愿陛下体天心之仁爱,悯生民之困穷,追录贵幸盐课,暂假造寺赀财,移振饥民,俾苟存活,则流亡复而天意可回矣。”

疏入,上优诏答之。

一时先后陈言者,两京诸臣则给事中卢瑀、秦昇、童枊,御史汪奎,员外郎崔陞、彭纲,主事张吉、苏章、周轸、李旦,中书舍人丁玑等,言尤剀直,大都为李孜省、僧继晓及传奉之冗滥而发。

上时遇天变,方惧,乃降孜省上林丞。继晓先为林俊所论,自知清议不容,乞空名度牒五百道归养其母,许之,至是亦革国师,黜为民。传奉官以次斥罢。而林俊、张黻得免谪,授南京散官。一时朝野称快。

然是时瑀等所言,因中官、方士之等,浸及宫闱,上衔之,因密谕吏部尹旻等,“且书六十人姓名于屏,俟奏迁则贬远恶地”。于是自瑀以下,相继贬斥,俊亦寻调外。惟陞、章应迁,以部臣迟奏得免。奎寻以纠仪稍缓,廷杖,谪夔州通判。而孜省、常恩等宠卒不替云。

6 星变之言事也,一时在外大臣,则彭韶方以副都御史巡抚应天，上言："彗星示灾，见于岁暮，遂及正旦。岁暮者天道之终，正旦者岁事之始，此天心仁爱，欲陛下善始善终也。陛下嗣位之初，家礼正，防微周，俭德昭，用人慎。乃迩年以来，进奉贵妃加于嫡后，褒宠其家，几与先帝后家埒，此正家之道未终也。监局内臣，数以万计，利源兵柄，尽以付之，犯法纵奸，一切容贷，此防微之道未终也。四方镇守中官，争献珍异，动称敕旨，科扰小民，此持俭之道未终也。六卿并加师、保，监寺兼领崇阶，及予告而归，廪食舆夫，滥加庸鄙，爵赏一轻，人谁知劝？此用人之道未终也。惟陛下慎终如始，天下幸甚！"

南京兵部尚书王恕亦言："近者林俊、张黻蒙召复职、继晓亦已遣归。惟是诸司之中，固尝有先林俊、张黻而被谪者，天下之大，亦岂无后继晓而肆术者？请敕吏部通查数年以来因言事而降调闲住者，悉令复职，仍许直言无隐。及敕都察院行委巡城御史，严加禁治，如有奸妄巧伎邪术之徒，不许潜住京师，敢有藏匿者，并罪邻(佑)〔右〕。如此则崇正黜邪，灾变可弭而和气交应矣。"

上得疏，皆不怿。而韶时方召为大理卿，遂停其擢。

【考异】星变言事诸臣，悉据三编目中书之，而所指为言尤剀直之卢瑀等，即下文所云"书六十人姓名于屏"者是也。据宪章录、法传录，言"一时言者浸及宫闱秘密事"，盖指万贵妃也。帝以其干涉贵妃，遂密书其姓名而斥逐之。彭韶一疏，明斥贵妃，是以上不怿而停其内召，今据明史韶传增入。

7　二月，己未，吏部奏放免传奉官凡五百六十余人。上为留六十七人，余皆斥罢。

时御马监王敏请留马房传奉者，上许之。敏谒司礼监怀恩,恩大骂曰:"星变专为我曹坏国政故。今甫欲正之,又为汝坏,天雷行击汝矣!"敏遂愧恨死。

8 壬申,泰安地震。

9 丁丑,免陕西被灾夏税。

10 是月,复命余子俊兼副都御史,往宣府、大同等处总督军务。

初,子俊巡历宣大,请以延绥边墙行之两镇,因岁歉而止。及复出,锐欲行之,言:"东起四海治,西抵黄河,延袤千三百余里,旧有墩百七十,应增筑四百四十,墩高广皆三丈计,役夫八万六千,数月可成。"而是时巡抚宣府李岳等,以"连岁兵荒,军民罢困;今东作方兴,骤以修边为事,未免动众妨农,乞暂停止,以俟丰年。"兵部尚书张鹏等谓:"差官修边,已有成命,请自圣裁。"诏以明年四月即工。

然是时公私耗敝,骤兴大役,上下难之。子俊又欲责成于边臣,而己不亲其事,由是谤议纷起。【考异】据明史子俊传,总督宣大军务,在去年二月。其冬还朝,是年复奉行边之命,因有请筑宣大边墙之议。据此,则子俊去冬还朝,今春复出,而以议修边与廷臣议不合,谤议之起,实始于此。今参宪章录及子俊本传书之,为是冬改镇大同及明年被劾致仕张本。

11 三月,壬午朔,泰安又震声如雷,泰山动摇。丙戌,复震。

12 庚寅,开纳米例,振河南饥。

13 癸巳,乙未,泰安相继震。庚子,又震。

是时太监梁芳、韦兴,糜帑藏为奇技淫巧,结万贵妃。林俊之下狱也,上亦疑芳等,一日,视内帑,见累朝金七窖俱尽,谓芳、兴曰:"糜费帑藏,实由汝二人。"兴不敢对。芳曰:"建显灵宫及诸祠,为万岁祈福耳。"上不怿,曰:"吾不汝瑕,后之人将罪汝矣。"

芳大惧,遂说贵妃劝上废太子而立邵贤妃之子。上为之动,召司礼监怀恩,微示其意,恩免冠叩头曰:"奴死不敢承命。宁陛下杀恩,无使天下之人杀恩也!"伏哭不起。上怒,谪凤阳守陵。次及覃昌,昌曰:"以恩力犹不能回天,况昌乎?"会泰山屡震,占者谓应在东宫,上惧,事得寝。【考异】易太子事,见明史万贵妃及怀恩传,恩之斥居凤阳,三编亦据之。惟明书记其伏地痛哭之语,此野史之可信者。盖恩非强谏,不至上寝其事而仍斥居凤阳也,今据书之。

14 夏,四月,戊午,以泰山屡震,遣官祭告于东岳之神。

15 壬戌,转江南漕运四十万石振陕西饥。

16 戊辰,录囚。

17 甲戌,免南畿、山东被灾税粮凡五十七万有奇。【考异】明史本纪书免税粮于是月,今日分据明史稿。

18 是月,以康永韶为礼部侍郎。

永韶故为御史,以言事谪知县。久之,有荐其知天文者,中旨召还,授钦天监正,进太常少卿,掌监事。

永韶为御史有直声,及是乃以迎合取宠,占候多隐讳,甚者以灾为祥。是时陕西大饥,永韶言:"今春星变,当有大咎,赖秦民饥死足当之,诚国家无疆之福。"上甚悦,中旨擢是职,仍掌监事。未几,坐历多讹字,落职归。

19 闰月,兵部尚书张鹏罢。

鹏初为御史,抗直负重名,后扬历中外,惟事安静。群小窃柄,阁臣万安、刘吉阴附之,鹏不能有所匡救。

是春星变,鹏偕僚属言:"传奉武职至八百余人,乞悉令闲住,并军功毋滥授。四方镇守、守备内官,非正统间原设者,悉宜召还。"廷臣亦交请之,下兵部覆核。而鹏畏中官,卒不敢坚其议,遂尽留之,时论皆咎鹏。奸民章瑾,献宝石求为锦衣卫镇抚,怀恩不可,鹏知上意属瑾,即推用焉。故台谏劾大臣不职者多及鹏。鹏力求去,遂赐敕给驿归。

20 五月,壬戌,京师地震。【考异】三编且中书云,"是月十三日夜。"

21 丙子,振京师饥民。

22 是月,左迁巡抚顺天右佥都御史杨继宗为云南副使。

继宗抚顺天,按行关塞,武备大饬。会旱变,应诏陈言,历指中官及文武诸臣贪残状,且请召还中宫出镇者,益为权贵所嫉。治中陈翼讦其过,诸权贵因中之,遂左迁。

23 市舶中官韦眷,奏乞均徭户六十人,添办方物。广东布政使陈选,以时方减省贡献,持诏书争之,上命予其半。眷由是怒选。

番人马力麻,诡称苏门答剌使臣入贡,私市易,眷利其厚贿,将许之,选立逐之去。撒马儿罕使者自甘肃贡狮子,将取道广东浮海归,云"欲往满剌加更市以进",选疏言"不可许,恐遗笑外番,轻中国"。上纳其言。而眷憾选益甚。【考异】三编系选卒于二十二年九月,据其在道卒之年月也。证之明史选传,事发于二十一年。是年因星变减省贡献,与传中书二十一年韦眷添办方物之语合,今据宪章录书于是月下。

24 六月,辛巳,令武臣纳粟袭军职。

时廷臣条时政阙失,多以官爵太滥为言,诏下两京部臣核实澄汰。至是南京兵部核武职之冒滥者,具名以闻,率多内臣厮养。乃寝前诏,令援纳粟事例,任如故。

25 癸未,诏:"盛暑祁寒,朝臣所奏毋得过五事。"以星变陈言,恶纷扰也。

26 秋,七月,都察院右都御史朱英卒。

英入掌院事,寻加太子少保。星变,疏陈八事:"请禁边将节旦献马;镇守中官武将不得私立庄田侵夺官地;烧丹符咒左道之人,当置重典;四方分守监枪内官,勿进贡品物;罢撤仓场、马房、上林苑增设内侍;召还建言得罪诸臣;清内府收白粮积弊;治奸民投献庄田及贵戚受献者罪。"权幸皆不便,执政多持之不行,英造内阁力争,竟不能尽从也。时流民集京师者多,英请人给米月三斗,幼者半之。报许。

卒,赠太子太保。正德中,追谥恭简。

英既卒,以副都御史屠滽为右都御史。

27 八月,己卯朔,日有食之。

28 是月,以万通家人徐达为指挥佥事,予世袭。

通少业贾,以万贵妃弟骤贵,贪黩骄横。刑科给事中马中锡再疏劾之,再被杖,后遂无敢言者。日命家人牟利四方。达以善居奇为通所喜,因得官百户。通殁,上眷通不已,庶子方二岁,养子方四岁,俱授官,而达亦以此擢四品秩,并传袭不替。达尝奏请两淮盐引三万,时上已渐恶乞盐之扰,犹命立予之,其荷恩宠如此。

初,通父贵,性醇谨,见子姓皆得官,每忧形于色,曰:"吾家德不胜福,何以堪之!"诸子或屑越赐物,辄戒曰:"县官所赐皆著籍,他日复宣索,汝曹将重得罪。"诸子窃笑以为迂。自贵卒后,通与其兄喜、弟达等,遂日骄横。其家凭倚恩眷,声势烜赫矣。[考异]万通家人世袭事,诸书皆不载。三编据实录系之八月,今从之。

29 九月,甲子,刘珝致仕去。

时阁部大臣万安与南人相党附,珝及尹旻、王越又党于北人。顾珝性疏直,自以宫僚旧臣,遇事无所回护。林俊之劾继晓下狱也,珝于上前解之;李孜省辈左道乱政,欲动摇东宫,珝密疏谏;上皆不悦。

珝又素薄安,尝斥安负国无耻,安忿,日夜思中珝,未有以发也。会汪直宠衰,安侦知西厂可罢,邀珝同奏;珝惩商辂前事,且见言官方交章请罢,因辞不预。及疏上,上颇讶无珝名,安阴使人讦珝与直有连。会珝子镃邀妓狎饮,安又使人为刘公子曲,增饰秽语,杂教坊院本奏之。

上大怒,欲罢珝,遣中官覃昌召安、吉赴西角门,出上手封书一函示之,安等佯惊救。次日,珝具疏乞休,令驰驿,赐月廪金币甚厚。其实排珝使去者,安、吉二人谋也。【考异】按弇州考误,谓"万安、刘吉力救珝,然二人实合策逐珝者也",明史传中本之。若明人国史,则有"珝言西厂事有何不公道"及"安言公不欲,吾当自为之",弇州以为诬史,盖以宪宗实录修自刘吉故也。至传旨谓"珝贪财好色"及"纳王越贿"等事,皆不可信,者书多载之,明史传中删之,是也。惟珝不预罢西厂事,而以为汪直宠尚未衰,此似亦实录中锻炼语,今并删之。

卷三十五 纪三十五 宪宗成化二十一年(一四八五)

1191

维时内阁三人，安贪狡，吉阴刻，珝稍优，顾喜谈论，人目为狂躁。珝既仓猝引退，而安、吉之党如彭华、尹直者相继入内阁，于是安、吉之宠乃益固。

30 冬，十月，免山东、山西、陕西、河南、四川被灾税粮凡合二百五十五万有奇。

31 是月，复李孜省左通政，邓常恩太常卿。

32 十一月，丙辰，太白昼见。

33 丙寅，京师地震。

34 韦眷之通番也，番禺知县高瑶没其赂赀巨万，陈选移檄奖之，且闻于朝。至是眷诬奏选、瑶朋比为贪墨，诏遣刑部员外郎李行会巡按御史徐同爱往勘之，又行巡抚都御史宋旻勘报，皆畏眷势，不敢发。未几，选与瑶俱坐罪。

35 是月，召马文升为兵部尚书。

文升抚辽之逾年，进右都御史，总督漕运。淮、徐、和饥，请移江南粮十万石，盐价银五万两振之。至是召掌兵部。

时李孜省方怙宠，文升入朝，颇恶其为人，而孜省亦深嫉文升，不相容。

36 十二月，甲申，以彭华为吏部左侍郎兼翰林学士，入内阁预机务。

当是时，朝多秕政，四方灾伤日告。上崇信道教，李孜省、邓常恩方进用，安因华潜与结，藉以排异己，一时诸大臣相继被逐，而华遂由詹事擢侍郎入阁。

华深刻，多智数，善阴伺人短，与安、孜省比，一时人皆恶而畏之。

　　寻又晋刘吉户部尚书兼谨身殿大学士。

37　甲午,振南畿饥。

38　是冬,小王子犯兰州主浪、镇番、凉州。

39　是岁星变,南京兵部尚书陈俊,率九卿陈时弊二十事,皆极剀切。上亦多采纳,而权幸所不便者终格不行。明年,致仕去。

二十二年(丙午、一四八六)

1　春,正月,己未,大祀南郊。

2　乙丑,免河南被灾秋粮。

3　是月,寇犯临洮。

4　二月,庚辰,免畿南六府及湖广被灾秋粮。

5　余子俊筑宣、大边墙未成,遽以去冬疏请还朝。上入蜚语,命改左都御史,巡抚大同。

　　于是中官韦敬谗之于上,谓子俊假修边,多侵耗,又劾其以私恩怨易置将帅,兵部侍郎阮勤等为之白。时勤方以巡抚陕西内召,力言"子俊筑边墙,实一劳永逸之举",上怒,让勤等。而给事、御史复交章劾子俊,中朝多欲倾之者。上命工部侍郎杜谦等往勘,平情按之。是月,谦等还,奏"子俊在边未及二年,费虽无私,然用官银百五十万,米菽二百三十万,耗财烦民,不得无罪"。遂落太子太保,致仕去。【考异】诸书记子俊事,有系之去年者,有系之今年者。证之明史本传,子俊改抚大同,在去冬请还朝之时。时上已入蜚语,因中官韦敬之谗,复命杜谦往勘，来往数月，故传中于其致仕下特书云："时二十二年二月也。"证之宪章录亦同，今据其致仕年月书之。

6　三月，小王子复犯开原。

7　夏，四月，戊寅，录囚。

8　乙未，清畿内勋戚庄田。

9　是月，封金阙、玉阙二真君为上帝，命大学士万安祭于灵济宫。【考异】祭二阙真君，宪章录系之是年四月。证之明史万安传，正李孜省等构逐朝臣之时，今据之。

10　夺尹旻太子太傅，授太子少保。

旻掌铨衡最久，而与阁臣万安不协。安屡欲去之，以刘珝与旻同乡相厚，数为所沮。及珝罢归，安欲援尹直入阁，而直与旻尤有怨。安与直因彭华谋之李孜省，遂构尹龙之狱。

龙，旻子也。先是旻有乡人武选郎邹袭者，以司吏樊忠、韩锡盗敕事发，坐防范不谨调外。袭素与龙及侍读焦芳善，因谋为指挥张旺等一百二十三人保留袭，疏上之。下吏部议，旻曰："此公论也，乞复袭官。"时上已疑旻有私于袭，问曰："尔何由知为公论？"然犹勉从旻议，不深诘也。未几，东厂缉事者发袭等交通状，旻自伏罪。上责其徇情妄奏，遂有是贬。又未几而龙诸阴事并发矣。【考异】尹旻子龙事，诸书多系之五月，据龙下狱之月日也。证之三编质实载宪宗实录，言旻先因邹袭交通事夺一秩，而特书云："时二十二年四月也。"下文云："甫逾月而厂校又发龙纳贿事，乃下龙狱，命旻以尚书致仕。"诸书所载，但言发龙诸阴事，而不及邹袭交通一狱，又但言革旻太子少保，而漏脱前月旻落太子太傅事，由未见实录耳。惟明史七卿表，于尹旻下注云，"四月，夺太子太傅，授太子少保，五月，劾免"，与三编所载实录同。今分书之。并据实录书其子龙下狱之

11 五月,东厂复发尹龙交通官吏纳贿状,万安、彭华等又嗾给事中张雄、刘清、刘旻、御史陈玫等交章劾龙,并及旻,上宥旻而下龙锦衣卫狱。

诏法司会鞫于午门、通判王范,经历张璲,并以赂龙得官逮讯,词连郎中刘绅、员外郎董宁,同知朱绅,副使谢显、王锦、冯兰六人。狱上,命旻以尚书致仕,龙削籍,范等谪有差,侍郎耿裕、黎淳以阿默停禄三月,而焦芳坐为袭草保留疏谪同知。于是御史吕璋等复劾侍郎倪钟、秦纮,大理寺丞刘瓛,寺副苏泰,太仆寺卿张海,顺天府丞黄杰,洗马罗璟,给事中马龙,御史刘璧、于璧、高辅、张鼐,编修王敕,员外郎杨棨、袁弸,皆以山东人坐旻党,或调或降云。【考异】尹龙一狱之本末,悉据三编所载明实录书之。惟宪章录载张雄等原疏,又有"知县孙盛送银三百两,指挥吴昂送银五百两",实录何以不及?而词连之刘绅、董宁等六人,宪章录亦不及也,今据实录增入之。

12 六月,乙亥,敕群臣修举职业。【考异】明史稿:"敕群臣修省。"按是年无灾荒事,明史作"修举职业"为是。盖是时尹旻等事发,以此敕戒也。今据明史。

13 乙酉,免南畿、陕西被灾税粮。

14 甲午,谕法司慎刑。

15 是月,户部尚书殷谦致仕。

16 秋,七月,小王子犯甘州,指挥姚英等死之。

17 故致仕少保、谨身殿大学士商辂卒。

辂再入阁,前后预机务二十一年,家居十年,卒,年七十三。赠太傅,谥文毅。

辂平粹沉重，宽厚有容，临大事，决大议，毅然不可夺。既谢政，刘吉过访邸第，见其子孙林立，叹曰："吾与公同事历年，未尝见公笔下妄杀一人，宜天之报公厚也！"辂曰："正不敢使朝廷妄杀一人耳。"

18 八月，谪江西巡抚闵珪为广西按察使。

江西南赣诸郡多盗，率献赀强宗，投为仆，事发，辄倚庇拒有司捕。珪请连坐其主以清盗源，法司议从之。而尹直、谢一夔即王一夔，见前卷。皆江西人，怒珪，谋之李孜省，取中旨责珪以不能弭盗，遂被谪。孜省亦江西人也。珪被谪命下，一夔喜，谓人曰："珪之谬也！非吾，则孜省密启上前，吾(卿)〔乡〕缙绅尚得高枕乎？"人乃知珪之左降，孜省为之也。

珪抚江西，以风力闻，故江西人官于京师者皆忌之。

时尹直比孜省以倾尹旻父子，又构珪及罗璟、马文升、杨守随等，一时物论喧腾，朝野侧目。【考异】三编书闵珪、郑时二人左降于是年八月。证之诸书及明史列传，时谪贵州参政，在成化十九年冬罢传奉官十二人之前，言："时首劾中官梁芳，谪贵州参政，陕人哭送如失父母。上颇悔悟。寻因王瑞之言，乃罢传奉官十二人。"据此，则时之左降，与闵珪相差三年，疑三编牵连并记，而目中所云"斥传奉官十人，系六人狱"者，仍是十九年事。今据明史郑时、王瑞诸人传，但书闵珪左降事，而仍系时谪贵州于十九年下。

19 是月，以吏部侍郎耿裕为本部尚书，改工部尚书刘昭于户部，以李裕为工部尚书代昭。

20 御史姜昂，偕同官劾李孜省罪，上怒其妄言，命杖之午门外。

21　九月，丁卯，以尹直为户部左侍郎兼翰林学士，入阁预机务。

直躁于进取，性矜忌，不自检饬。前为侍读学士，觊擢礼部侍郎，而尚书尹旻不欲荐直，直竟以中旨得之。翌日，遇旻于朝，举笏谢旻曰："公所谓简在帝心者。"由是两人益交恶。

直寻以忧去。服阕，起南京吏部侍郎，就改礼部。凡在南部八年，郁郁不得志，属其党万安谋内召，旻辄持不可，诸朝臣亦皆畏直，幸其在南。卒倚安及李孜省力，召为兵部侍郎，益比孜省，与彭华共倾旻以泄怨。至是复由中旨改户部入阁，时论鄙之。

22　是月，免河南、广东被灾税粮。【考异】明史稿但书"是月乙巳，免河南被灾税粮"，今据明史本纪增广东。

23　罢南京兵部尚书王恕，改马文升为南京兵部尚书。

恕以论救林俊、张黻，侃侃论列无所避。先后应诏陈言者二十一，建白者三十九，皆力阻权幸。天下倾心慕之，遇朝事有不可，必曰："王公胡不言也？"或又曰："公疏且至矣！"已而果然。时为谣曰："两京十二部，独有一王恕。"于是贵近侧目，上亦浸厌苦之。

是时传奉官前罢者复夤缘干进，恕言"政令不宜数改"，语尤激切，遂忤旨。会南京兵部侍郎马显乞致仕，忽附批曰："王恕老劣矣，亦令致仕。"而文升为孜省所谮，遂出以代恕。一举而闲废两名臣，朝野大骇。

工部主事王纯，疏请留恕，比之汉汲黯，以为"无愧古社稷臣"。上怒纯出位妄言，命杖之，寻谪贵州推官。

24 改都御史屠滽于南京，召刘敷代之；明年，任不久寻罢。

25 逮广东布政使陈选，道卒。

先是勘使李行等至粤，中官韦眷以选及高瑶贪墨无迹，贿选所黜吏张裘令诬证，裘坚不从，拷掠无异词。行等畏眷，竟以诬狱上，于是选及瑶俱被逮，士民数万号泣遮留，使者辟除乃得出。选行至南昌，疾作，行等阻其医药，竟卒，年五十八。编修张元祯为治丧敛之。

裘痛选死，乃上书曰："窃见故罪人选，孑处群邪之中，独立众憎之地。太监韦眷，通番败露，知县瑶按法持之，选移文奖劝以激贪懦，固贤监司事也。都御史宋旻及徐同爱，怙势养奸，致眷横行胸臆，秽蔑清流。勘官李行，颐指煅炼，竟无主证。臣本小吏，诖误触法，被选黜罢，实臣自取。眷意臣憾选，啖以厚赂，臣虽胥役，敢昧素心！行等乃文致其罪，选故刚直，不堪屈辱，愤懑旬日，身婴重疾。行等幸其陷身，阻其医疗，讫命之日，密走报眷。小人佞毒，一至于此！臣屏黜罪人，秉耒田野，百无所图，诚不忍忠良衔屈，而为圣朝累也。"不报。

选以天顺间进士巡按江西，斥贪残吏。上即位之初，督学河南。汪直出巡，都御史以下皆拜谒，选独长揖。久之，进按察使，重囚多所平反，决遣轻系数百人，囹圄为空。治尚简易，独于赃吏无所假。在粤数年，卒以发奸及难。

瑶即前请复景帝年号者，以训导迁知县，至是同被逮，竟谪戍永州,释还,卒。

26 遣刑部侍郎何乔新往四川,勘播州土司之狱也。

初,巡抚张瓒设安宁宣抚,以授杨辉庶长子友为使,而友忮其弟爱嗣辉宣慰职,欲害之。辉既没,友与长官张渊谋刺爱,不果,遂诬奏"爱居处器用僭拟朝廷,又通唐府,密书往来,私习兵法天文,谋不轨事"。

乔新奉勘,将行,请曰:"杨氏主播州五百余年,诸蛮服从久矣。历代宽以文法,盖治之以不治也。今但宣二人面质真伪,无令惊疑。"上是之。及至,尽得其始末,白爱诬而夺友官,迁保宁羁管,斩张渊。播州遂安。

27 冬,十月,乙亥,录囚。

28 是月,内阁万安晋少傅兼太子太师,刘吉晋少保兼太子太傅,彭华晋礼部尚书、太子少保,尹直晋兵部尚书、太子少保。

29 改耿裕为南京礼部尚书,李裕代为吏部尚书,谢一夔代裕为工部尚书。

耿裕以持正,不为万安所喜,而李孜省方用事,欲引其乡人为援。会李裕自南都御史赴都考绩,留为工部尚书,至是遂以代裕;而一夔之擢,亦孜省主之也。李裕与一夔皆有时望,至是以孜省故,名顿损。

30 刑部尚书张蓥以忧去,进刑部侍郎杜铭为尚书代之。

31 十一月,癸丑,占城王古来来奔。

先是古来为安南所逼,欲来求援,朝议欲遣大臣两解之。未行而两广总督宋旻之奏至。

32 十二月,免江西、广西被灾税粮。

33 户部尚书刘昭罢。

昭,尹旻党也。旻子龙交通事发,词连昭子绅,于是六科、十三道,交章劾"昭比尹旻而声势相倚,子绅复比尹龙而夤缘升官",上勿问。至是昭子绮以纳粟授锦衣千户,复夤缘迁官。事觉,科道复交章劾昭,乃夺太子少保,令致仕去。

明
通
鉴

二十三年(丁未、一四八七)

1 春,正月,庚戌,大祀南郊。

2 辛亥,贵妃万氏薨。

妃服用器物,穷极僭拟。中官、佞幸钱能、覃勤、汪直、梁芳、韦兴辈,皆假贡献,苛敛民财,倾竭府库以结妃欢,四方进奉异物皆归之。父、兄、弟、侄皆授都督、指挥、千百户等官。性嫉妒,掖廷御幸有身,饮药伤坠者无数。至是薨,上辍朝七日,谥曰恭肃。【考异】据明史后妃传:"妃以暴疾薨。"而宪章录则云:"是日,庆成宴罢,上还宫,忽报妃卒。"凡云"暴卒"者,皆不良于死,传中加一"疾"字,是贵妃之薨亦一疑案,所谓"多行不义必自毙",其为谋易东宫,愤事不成,他日恐受鱼肉之祸,因自经耳。今据正史。

1200

3 己巳,免陕西、湖广被灾税粮。

4 是月,遣南京右都御史屠滽护送占城国王古来归国,并传檄安南,宣示祸福。滽至广东,募健卒二千人,驾海艘二十至占城。安南以滽大臣奉特遣,不敢抗,古来乃得入。【考异】据明史占城传,言"古来欲躬诣阙奏安南罪,二十三年,总督宋旻以闻。朝议遣大臣往,乃命屠滽"云云。是古来但有躬诣阙廷之请,并未自至,而本纪记其来奔于去年十一月癸丑,意彼时古来已至广东,而宋旻以来奔上闻,故史据实录书之。今分书,仍据明史纪、传。

5　应天府丞杨守随以母忧起复至京师。

初,守随劾李孜省,改上林监副,孜省衔之。至是吏部以无缺,议添注,不许,命除外任,遂谪南宁知府。

6　召余子俊复为兵部尚书。

子俊致仕去,上徐悟其无罪,会马文升改南,遂召代之。寻加太子太保。

7　以李敏为户部尚书,代刘昭也。

是时敏督漕运,召拜之。

敏昔抚大同,见山东、河南转饷至者,道远耗费,乃会计岁支外悉令输银,民轻赍易达,而将士得以其赢治军装,交便之。至是并请"畿辅、山西、陕西州县岁输粮各边者,每粮一石征银一两,依时值折军饷,有余则召籴以备军兴"。从之。自是北方二税皆折银,由敏始也。

8　二月,乙酉,命副都御史边镛、通政司参议田景贤巡视大同诸边,以备北寇。

9　是月,以李孜省为礼部右侍郎。

初,孜省复用,益作威福,既构尹旻父子,又假扶鸾术言"江西人赤心报国。"于是致仕副都御史刘敷,礼部郎中黄景,南京兵部侍郎尹直,工部尚书李裕,礼部侍郎谢一夔,皆因之以进。间采时望,若学士杨守陈、倪岳,少詹事刘健,都御史余子俊、李敏诸名臣,悉密封推荐。搢绅进退,多出其口,执政大臣万安、刘吉、彭华,从而附丽之,所喜者则援之通显,所怒者则构之贬斥。至是进官,仍掌通政司如故。一时佞幸窃权宠者,无与侔比。

10 三月,丁未,彭华得风疾,致仕去。

华以贿孜省得擢,时人为之语曰:"八百宪台升李裕,三千馆阁荐彭华。"【考异】华得风疾去,见明史万安传。"八百""三千"二语,据三编质实,言华之卒,孝宗实录载此二语,今于华致仕下增入。

三编发明曰:明季门户之习,为一代深锢之患,然当成化以前,未有显然援结,庇其乡里,连及阖省者也。

自李孜省擅宠,荐引乡人彭华入阁,复假邪术言"江西人赤心报国",而同省大臣皆因之以进,厥后孜省既败,焦芳用事,衔孜省辈之黜己,遂减江西解额,且榜禁之使不得选朝官。誉北诋南,相寻报复,党祸之结,自此始矣。

夫人臣植党树援,未有不害于而国者,然多以学术意气私相矜许,久之乃成角立之势。若孜省者,一佞幸小人,习五雷道法,迎合宪宗意旨,与奸僧继晓窃取尊显。偶假扶鸾仙鬼之伎,遂开朋党比附之门,使朝局为之一变,可不慎欤!

11 丁巳,赐费宏等进士及第、出身有差。

12 癸亥,免山东被灾税粮。

13 夏,四月,乙亥,免浙江被灾秋粮。

14 庚辰,录囚。

15 丙戌,上周太后徽号曰"圣慈仁寿皇太后"。【考异】明史本纪不载,据后妃传在是年四月。明书据诏书系之丙戌,今从之。

16 五月,乙卯,旱,遣使分祷天下山川。

丙辰,敕群臣修省。

17 是月,工部尚书谢一夔卒。

先是僧继晓请建大永昌寺,未成而去,梁芳辈复请兴工。一夔前有"谨妄费以足财用"之疏,因使督建永昌寺以难之,一夔遂愤懑得疾卒。【考异】一夔,即王得仁子,本姓谢,已见前。宪章录以闵珪之谪乃尹直所为,而乡人有忌一夔者,因入之宪宗实录中。然一夔江西人,其因李孜省以进,盖亦不能为之讳也。今据昈史直书之。

18 朵颜三卫数为鞑靼所窘,去年,有鞑靼别部那孩,拥三卫众入大宁金山,涉老河,攻杀三卫头目巴延等,掠去人畜以万计。是月,三卫携老弱走避边塞。守臣刘潺以闻,诏予刍粮,令于近边地驻牧。【考异】鞑靼别部侵三卫,据明史鞑靼传,事在二十二年,此据其避入边塞,依本纪书之。明史稿书于六月己巳,今从明史。

19 六月,己丑,免陕西、南畿被灾秋粮。【考异】明史无日,此据明史稿。又,稿中无陕西,据宪章录,"是月,以灾伤免陕西西安等府粮十八万六千四百余石",与明史合。

20 是月,以贾俊为工部尚书。

俊历工部左、右侍郎,时专重进士,举人无至六卿者,俊独以重望得之。

21 秋,七月,戊申,封皇子五人为王,祐杬兴王,祐棆岐王,祐槟益王,祐楎衡王,祐枟雍王,皆以年幼不之国。

三编御批曰:史家纪万妃之事,皆谓其骄妒横行,至于后(官)〔宫〕有娠,尽遭药堕。今以宪宗封建诸子证之,知其说殊不足尽信。盖宪宗偏宠万妃及妃之恃宠骄妒,固当时情事所有。若谓其专房溺惑,则后宫必进御无期,何就馆之多,竟尔绳绳相继? 如是年及孝宗初受封,共有十人,其最幼者乃宪宗第十四子,而所云"饮药堕胎"者尚不可胜计,其生不为不蕃。万妃果妒毒,岂能听贯鱼及众,而诞生成立者且如是之多乎? 总之宫闱事秘,传闻已不可凭,或由众人深嫉万安之假附乱政,遂饰为无稽之语以归罪万妃。纪载家耳食滋讹,于成化间事,几不啻汉成时之昭阳祸水,而不顾其迹之矛盾,亦可怪也!

22 是月,万安进少师。

23 八月,庚辰,上不豫。

甲申,命皇太子视事于文华殿。

戊子,大渐。

己丑,帝崩。遗诏,皇太子即位。谕文武群臣。

帝早正储位,中更多故。而践阼之后,上景帝尊号,雪于谦冤,抑黎淳而召商辂,恢恢乎有人君之度矣。顾以宠万贵妃,中官乘之以进,遂任汪直,开西厂。至于季年,韦兴、梁芳擅宠于内,李孜省、僧继晓通赂于外,妇寺之祸,遂与之终始云。

24 九月,壬寅,太子即皇帝位。诏赦天下。以明年为弘治元年。

25 丙午,太白昼见。

26 丁未,斥诸佞幸李孜省及太监梁芳、外戚万喜等。

时六科、十三道交章劾孜省及其党邓常恩、赵玉芝交结太监芳、外戚喜等诸不法事。上以宅忧,谪芳南京少监,喜指挥使,<u>孜省</u>、<u>常恩</u>、<u>玉芝</u>等皆戍<u>陕西</u>边。

27 乙卯,上大行皇帝尊谥曰<u>纯皇帝</u>,庙号<u>宪宗</u>。

28 是月,御史<u>曹璘</u>上言:"梓宫发引,陛下宜衰绖杖履,送至<u>大明门</u>外,并至宫中行三年丧。<u>贵妃万氏</u>有罪,宜告于先帝,削其谥,迁葬他所。"上纳其奏,而戒勿言贵妃事。

29 冬,十月,丁卯朔,汰传奉官,罢右通政<u>任杰</u>、侍郎<u>蒯钢</u>、指挥佥事<u>王荣</u>等凡二千余人。又罢遣禅师、真人及<u>西番法王</u>、国师之等一千数百人。【考异】<u>明史稿</u>,<u>任杰</u>等五百六十四人,<u>蒯钢</u>等一千三百五十八人,未及武职。<u>明史</u>加入佥事<u>王荣</u>等,故据其总数云"二千余人"也。<u>明史稿</u>又云:"罢<u>左善世</u>等一百二十人,法王、佛子、国师等七百八十九人。"证之<u>明史佞幸传</u>,尚有僧道官等,今据<u>佞幸继晓传</u>书之。

初,传奉之例既开,文武僧道滥恩泽者数千。<u>李孜省</u>用事,群奸中外蟠结,士大夫附者日益多。进士<u>郭宗</u>,由刑部主事以篆刻为中人所引,擢尚宝少卿,日与市井工技伍,趋走阙廷。兵部左给事中<u>张善吉</u>谪官,因秘术干中官<u>高英</u>得召见,因自陈乞复官。士论以为羞。一时诸杂流,加侍郎、通政、太常、太仆、尚宝者,不可悉数。至是上即位,用科、道言,斥革谪戍有差。

<u>宪宗</u>初即位,以道士<u>孙道玉</u>为真人。厥后<u>西番法王</u>、国师之等皆锡诰命,服食器用,僭拟王者,出入乘楼舆,卫卒执金吾仗前导,锦衣玉食几千人。取荒冢顶骨为数珠,髑髅为法碗。僧<u>继晓</u>贵幸,所引用缁衣羽流,加号真人、高士者,亦盈都下。自二十一年星变之后,稍稍斥罢,而诸番僧如故。

至是诏礼官议汰,奏:"诸寺法王至禅师四百三十七

人，喇嘛诸僧七百八十九人，中国人为禅师及善世、觉义诸僧官一百二十人，道士自真人、高士及正一、演法诸道官一百二十三人，请俱贬黜。"诏："法王、佛子递降国师、禅师、都纲，真人、高士降正一、演法，余悉落职为僧道，遣还本土，并追夺诰敕、印章及仪仗诸玉器等物。"

30 乙亥，尊皇太后周氏为太皇太后，皇后王氏为皇太后。

上在东宫，太皇太后亲加抚育，省视万方，故上事祖母至孝。时以为两世孝同一揆云。

31 丙子，立妃张氏为皇后。

32 丁亥，万安罢。

安以首辅草登极诏书，禁言官风闻言事，中外哗然，安亦悔之。至是诏廷臣广陈天下利弊。御史寿州汤鼐诣阁，安从容曰："此非内廷意，吾辈维持君等耳。"鼐以告人，谓"安归过于君，无人臣礼。"于是庶吉士合州邹智、御史广德姜洪等交章列安罪状。

先是有歙人倪进贤者，粗知书，无行，谄事安，日与讲房中术。安昵之，因令就试，得进士，授庶吉士，除御史。上一日于宫中得疏一小箧，皆论房中术者，末署曰"臣安进上"。令怀恩持至阁，曰："此大臣所为耶？"安愧汗伏地，不能出声。

及诸臣弹章入，复令恩就安读之，安数跪起求哀，无去志。恩直前摘其牙牌曰："可去矣！"始惶惧归第，乞休去。安时年七十余，在道犹望三台星，冀复用。居一年卒。

安在政府二十年，每遇试，必其门生为考官，子孙甥婿多登第者。子翼为<u>南京</u>礼部侍郎，孙<u>弘璧</u>编修。<u>安</u>卒后皆相继死，遂绝。

33 壬辰，追谥母<u>淑妃</u>为<u>孝穆皇太后</u>。

初，<u>孝穆</u>之薨，外廷藉藉指<u>万贵妃</u>。上即位，<u>鱼台</u>丞<u>徐顼</u>请上母妃尊谥，迁葬，并追究薨故，于是廷臣议逮<u>万</u>氏戚属下锦衣卫鞫治。<u>万安</u>惧，不知所出，曰：“我久与<u>万</u>家无往来。”<u>刘吉</u>亦以有连自危，与<u>尹直</u>共拟旨寝之。然上仁厚，终恐伤先帝意，卒不可。

34 癸巳，以吏部左侍郎<u>徐溥</u>兼翰林学士，入阁预机务。

35 <u>万安</u>之被劾也，<u>汤鼐</u>实首发之。<u>鼐</u>上疏之明日，宣至<u>左顺门</u>，中官森列令跪，<u>鼐</u>曰：“此旨耶？抑太监意耶？”答曰：“有旨。”<u>鼐</u>始跪。及宣旨，言“疏已留中”，<u>鼐</u>大言曰：“臣所言皆国家大事，奈何留中！”

<u>安</u>既斥，<u>鼐</u>亦出畿辅，印马驰疏言：“陛下视朝之余，宜御便殿，择侍臣端方谨厚若<u>刘健</u>、<u>谢迁</u>、<u>程敏政</u>、<u>吴宽</u>者，日与讲学论道，以为出治之本。至如内阁<u>尹直</u>，尚书<u>李裕</u>，都御史<u>刘敷</u>，侍郎<u>黄景</u>，奸邪无耻，或夤缘中官，或依附佞幸，不早驱逐，必累圣明。司礼中官<u>李荣</u>、<u>萧敬</u>，曩为言官劾罢，夤缘复入，遂摭言官过，贬窜殆尽，致士气委靡，宜亟正典刑，勿事姑息。诸传奉得官者，请悉编置<u>瘴乡</u>，示天下戒。且召致仕尚书<u>王恕</u>、<u>王竑</u>，都御史<u>彭韶</u>，佥事<u>章懋</u>等，而还建言得罪诸臣，以厉风节。”疏入，报闻。

36 初，<u>万安</u>等居政府，<u>邹智</u>时在诸生中，恶之。会上年举乡试第一，入都，道出<u>三原</u>，谒致仕尚书<u>王恕</u>，慨然曰：“治

天下在进君子，退小人。方今小人在位，毒痛四海，而公顾屏弃田里！智此行非为科名，欲上书天子，别白贤奸，拯斯民于涂炭耳。"恕奇其言，笑置之。

是年，成进士，授庶吉士。遂上疏曰："陛下于辅臣，遇事必咨，殊恩异数必及，亦云任矣。然或进退一人，处分一事，往往降中旨，使一二小人阴执其柄，是既任之而又疑之也。陛下岂不欲推诚待物哉？由其进身之初，多出私门，先有以致陛下之厌薄；及与议事，又唯诺惟谨，伈伈俔俔，若有所不敢，反不如一二俗吏足以任事，此陛下所为疑也。臣窃以为过矣！昔宋仁宗知夏竦怀诈则黜之，知吕夷简能改过则容之，知杜衍、韩琦、范仲淹、富弼可任则不次擢之，故能北拒契丹，西拒元昊，未闻一任一疑可以成天下事也。愿陛下察孰为竦，孰为夷简而黜之容之，孰为衍、琦、仲淹、弼而擢之，日与讲论治道，不使小人得参其间，则天工亮矣。

臣又闻天下事，惟辅臣得议，惟谏官得言；谏官虽卑，与辅臣等。乃今之谏官，以躯体魁梧为美，以应对捷给为贤，以簿书刑狱为职业，不畏天变，不恤人穷。或以忠义激之，则曰：'吾非不欲言，言出则祸随，其谁吾听？'呜呼！既不能尽言效职，而复引过以归于上，有人心者固如是乎？臣愿罢黜浮冗，广求风节之臣，令仗下纠弹，入阁参议，或请对，或轮对，或非时召对，霁色接之，温言导之，使得毕诚尽蕴，则天听开矣。

臣又闻汲黯在朝，淮南寝谋，君子之有益人国也大矣。

以陛下之聪明，宁不知君子可任而故屈抑之哉？乃小人巧谗间以中伤之耳。今硕德如王恕，忠鲠如强珍，亮直刚方如章懋、林俊、张吉，皆一时人望，不宜贬锢，负上天生才之意。陛下诚召此数人置要近之地，使各尽其平生，则天心协矣。

臣又闻高皇帝制，阉寺惟给扫除，不及以政。近者旧章日坏，邪径日开，人主大权尽出其手，内倚之为相，外倚之为将，藩方倚之为镇抚，伶人贱工倚之以作奇技淫巧，法王佛子倚之以恣出入宫禁，此岂高皇帝所许哉？愿陛下以宰相为股肱，以谏官为耳目，以正人君子为腹心，深思极虑，定宗社长久之计，则大纲正矣。

然其本则在陛下昭理何如耳。窃闻侍臣进讲无反覆论辨之功，陛下听讲亦无从容沃心之益，如此而欲明理以应事，臣不信也。愿陛下念义理之难穷，惜日月之易迈，考之经史，验之身心，使大业日新，终岁无间，则圣学明而万事毕治矣，岂特四事之举措得其当已耶！"

疏入，不报。

未几，上嗣位，御史姜洪亦上时政八事，历诋太监萧敬，内阁万安、刘吉，学士尹直，侍郎黄景、刘宣，都御史刘敷，尚书李裕、李敏、杜铭，大理丞宋经，而荐致仕尚书王恕、王竑、李秉，去任侍郎谢铎，编修张元祯，检讨陈献章，佥事章懋，评事黄仲昭、御史强珍、徐镛、于大节，给事中王徽、萧显、贺钦，员外林俊，主事王纯及见任尚书余子俊、马文升，巡抚彭韶，侍郎张悦，詹事杨守陈，且言"指挥许宁，内官怀恩,并拔出曹辈,足副任使"。他所陈多斥近幸。疏几万言,大指与智及汤鼐合。上嘉纳之,卒为所斥者憾不置云。

时又有麻城进士李文祥上封事,其略曰:"祖宗设内阁六部,赞万几,理庶务,职至重也。顷者在位多匪人,权移内侍,赏罚任其喜怒,祸福听其转移。仇视言官,公行贿赂。阿之则交引骤迁,忤之则巧谗远窜。朝野寒心,道路侧目。望陛下密察渠魁,明彰国宪,择谨厚者供使令。更博选大臣,谘诹治理,推心委任,不复嫌疑,然后体统正而近习不得肆也。

祖宗定律,轻重适宜。顷法司专徇己私,不恤国典,豪强者虽重必宽,贫弱者虽轻必罪,惠及奸宄,养成玩俗。兼之风尚奢丽,礼制荡然,豪民僭王者之居,富室拟公侯之服,奇技淫巧,上下同流。望陛下申明旧章,俾法曹遵律令,臣庶各守等威,然后礼法明而人心不敢玩也。

然国无其人,谁与共理?致仕尚书王恕、王竑,孤忠自许,齿力未衰;南京主事林俊、思南通判王纯,刚方植躬,才品兼茂;望陛下起列朝端,资其议论,必有裨益,可翊明时。且贤才难得,自古为然,习俗移人,豪杰不免。惟兹臣庶,不尽庸愚,能知自愧,即属名流,乐其危菌,乃为猥品。愿陛下明察群伦,罢其罔上营私,违天蠧物者;余则勉以自新,既开改过之路,必多迁善之人。

臣见登极诏书不许风闻言事,古圣王悬鼓设木,自求诽谤,言之纵非其情,听者亦足为戒。何害于国,遽欲罪之。昔<u>李林甫</u>持此以祸<u>唐</u>,<u>王安石</u>持此以祸<u>宋</u>,远近骤闻,莫不惊骇。愿陛下再颁明诏,广求<u>直言</u>,庶不<u>堕</u>奸谋,足彰圣德。大率君子之言,决非小人之利,谘问倘及,必肆中伤,如有所疑,请试面对。"

疏奏,宦官及执政<u>万安</u>、<u>刘吉</u>、<u>尹直</u>等咸<u>恶</u>之,数日不下。忽诏诣<u>左</u>顺门,以疏内有"中兴再造"语,传旨诘责,<u>文祥</u>从容辨析而出。谪授<u>陕西</u>咸宁丞。

37 <u>万安</u>之既去也,<u>尹直</u>亦寻罢,而<u>刘吉</u>独留为首辅。

会是月星变,<u>邹智</u>复上书言:"今日君子所以不进,小人所以不退,大抵由宦官权重也。<u>汉元帝</u>尝任<u>萧望之</u>、<u>周堪</u>矣,卒制于<u>弘恭</u>、<u>石显</u>;<u>宋孝宗</u>尝任<u>陈俊卿</u>、<u>刘珙</u>矣,卒间于<u>陈源</u>、<u>甘昇</u>;<u>李林甫</u>、<u>牛仙客</u>与<u>高力士</u>相附和而<u>唐</u>政不纲;<u>贾似道</u>、<u>丁大全</u>与<u>董宋臣</u>相表里而<u>宋</u>室不振;君子小人进退之机,未尝不系此曹之盛衰。愿陛下鉴既往,谨将来,揽天纲,张英断,凡所以待宦官者,一以<u>高皇帝</u>为法,则君子可进,小人可退,而天下之治出于一矣。"

是时上新嗣位,多更弊政,<u>智</u>喜以为其志且得行,乃更上之。

38 十一月,癸丑,<u>尹直</u>罢。

时给事中<u>宋琮</u>、御史<u>许斌</u>,劾"<u>直</u>自为侍郎以至入阁,夤缘攀附,皆取中旨",上于是薄其为人,令致仕去。

一时言官复交章劾"吏部尚书<u>李裕</u>,工部尚书<u>刘敷</u>,皆因<u>孜</u>省以进"。<u>裕</u>连疏辨,遂与<u>敷</u>同乞休去。

39 乙卯,以詹事<u>刘健</u>为礼部侍郎兼翰林学士,入阁预机务。寻进礼部尚书。

健自为编修,谢交游,键户读书,人以木强目之。然练习典故,有经济志,曾充东宫讲读,受知于上,遂有是命。

【考异】刘健入阁,宪章录、纪闻皆系之弘治元年正月,今据明史纪及七卿表。

40 戊午,复逮梁芳、李孜省等下狱。

芳等既被谪,太监蒋琮复发其罪大不当赦状,遂有是逮。孜省不胜搒掠死,芳废死,而玉芝、常恩等寻遇赦免。

41 是月,召王恕为吏部尚书,调马文升为左都御史。

恕致仕家居,一时论万安、刘吉者辄首荐恕,司礼监怀恩亦力言于上,遂即家起用之,而文升亦以时望得内召。

【考异】马文升任左都,诸书亦系之明年正月,今据明史年表。

42 礼部左侍郎丘濬进大学衍义补。

濬以真德秀大学衍义止述修身、齐家事,而治国、平天下阙焉,乃博采群书以补之。至是表上于朝,上览称善,进濬尚书,赉金币,诏刊行其书。既,濬以"书中所载皆可见之行事,请摘其要者下内阁议行之",报可。

43 十二月,壬午,葬纯皇帝于茂陵,孝穆太后祔焉。

44 是月,免江西、湖广被灾税粮。

45 始建奉慈殿,祀孝穆也。

上既追谥迁葬,又以不得祔庙,下廷臣议。礼臣周洪谟、倪岳上言:"周礼有祀先妣之文,谓姜嫄也,鲁颂之閟宫是已。唐、宋推尊太后不配食祖庙者,别立殿以祀之。故宋之章献、章懿二后,皆有奉慈之建,每岁五享,四时荐新上食如常仪。今孝穆神主,宜于奉先殿傍别立奉慈殿,岁时祭享,一如奉先殿仪。"从之。

上追念太后，遣人求太后家。先是太后在宫中尝自言："家在贺县，姓纪，幼不能知亲族也。"于是有妄冒太后戚畹以希宠贵者十数辈，后事露，皆谪戍，而太后家终不可得。厥后礼臣上言：可仿太祖封徐王故事，定拟太后父母封号，立祠桂林致祭，以慰圣母之灵。"遂封后父庆元伯，母伯夫人，立庙桂林府，有司岁时祀焉。大学士尹直撰册文，有云："睹汉家尧母之门，增宋室仁宗之恸"，上燕闲诵之，辄欷歔泣下。【考异】亡葬及建奉慈殿事，诸书多系之十月追封下，盖同时事也。宪章录系之葬纯皇帝下，今从之。又册文为尹直撰。直即以是月罢官，其为是年之冬又可证也。

46　上之嗣位也，起用正人，言路大开。时将建棕棚于万岁山以备登眺，有太学生虎臣上疏切谏。祭酒费訚惧祸及，银铛系臣堂树下。俄，官校宣臣至左顺门，传旨慰谕曰："若言是，棕棚已毁矣。"訚大惭。臣遂名闻都下，顷之，命授七品官，为云南知县，卒于官。【考异】建棕棚事，法传录、明书皆以为宪宗正月事，明书所记尤详。据明史高瑶传，以为孝宗践阼，今从之，系于是年之末。

47　是岁，郁林、陆川贼黄公定、胡公明等作乱，广西参将欧磐偕按察使陶鲁等分五道讨平之。

明通鉴卷三十六

江西永宁知县当涂 夏　燮 编辑

纪三十六 起著雍涒滩（戊申），尽上章掩茂（庚戌），凡三年。

孝宗达天明道纯诚中正圣文神武至仁大德
敬皇帝

1 春，正月，己亥，享太庙。

2 丙午，大祀天地于南郊。

3 己未，始命考察在外镇守武臣，如文官例。

4 是月，以何乔新为刑部尚书。

乔新初为刑部侍郎，以刚正为万安、刘吉所忌。上嗣位，安等拟旨出乔新为南京刑部尚书，借升秩以远之。中官怀恩不平，诣阙正色曰："新君立，当用正人，何为出何公？"安等默然。

既而刑尚杜铭罢，群望属乔新，而吉代安为首辅，终忌之，久不补。至是以王恕复荐，乃有是命。

5 御史汤鼐复上书言："刘吉与万安、尹直，奸贪等耳，

卷三十六　纪三十六　孝宗弘治元年（一四八八）

1215

安、直斥而吉独进官,不以为耻。请大申黜陟,明示劝惩!"又劾李荣、萧敬而荐谪降进士李文祥为台谏。

是时上更新庶政,封章旁午,言路大开。而鼐意气尤锐,其所抨击,间及海内人望,先后劾马文升、周洪谟、倪岳、张悦等,浸及王恕。以故大臣多畏之,而吉尤不能堪。

【考异】事见明史鼐传,特书于是年之正月,今据增。

6 闰月,敕修宪宗实录。

7 诏天下举异才。【考异】明史本纪不载修实录、举异材事,今一据明书,一据纪事本末增。

8 是月,言官劾两广总督宋旻、漕运总督丘鼐等三十七人宜降黜,中多素有时望者,阁臣刘吉竟取中旨允之,章不下吏部。尚书王恕,以不得其职,拜疏乞去,不许。

时陕西巡抚缺,恕推河南布政使萧祯,诏别推。恕执奏曰:"陛下不以臣为不肖,任臣铨部。倘所举不效,臣罪也。今陛下安知祯不才而拒之?是必左右近臣意有所属,臣不能妄承风旨以固禄位。且陛下既以祯为不可用,是臣不可用也。愿乞赐骸骨。"上乃卒用祯。【考异】王恕论劾、推事,诸书皆不载,据明史恕传,特书于是年之闰正月,今据增。

9 二月,戊戌,祭太社、太稷。

10 丁未,耕藉田。

礼毕,宴群臣,教坊以杂伎进,都御史马文升厉色曰:"新天子当知稼穑艰难,岂宜以此渎乱宸聪耶!"即斥去之。

耕藉之礼,自成祖以后,惟登极一行之,至是始定于每岁仲春,上躬自行礼,定为制。【考异】定耕藉自是每岁躬行,三编据明史礼仪志增入,并著之质实中,今从之。

11 丙辰，禁文武大臣请托公事。

12 是月，封哈密左都督哈商为忠顺王。

哈商既复国，会成化之末，卫喇特杨汗王旧作养罕。谋犯边，哈商知之，来告。边将严设备，杨汗不得利去，憾哈密，还兵掠其拉木城。旧作剌木城。甘肃巡抚唐瑜，因请假哈商以名位，使益固臣节。

至是其国人复诉卫拉特之逼，欲得中国封以威邻部，乃命哈商仍袭前封。时卫拉特已与哈密和，且约婚不复扰。而土尔番阿哈穆特闻哈商之封，怒曰："哈商非忠顺族，安得立！"乃伪与结婚而图之。

13 中官郭镛，请上豫选妃嫔以广储嗣，庶子谢迁上言："山陵之工未毕，谅暗之恸犹新，此必宦竖巧为谀词以动上，非陛下本心也。陛下富于春秋，俟祥禫之后，徐议未晚，愿亟寝前命！"诏罢选。

14 三月，乙丑，命吏、兵二部疏两京文武大臣、在外知府守备以上官姓名，揭之文华殿壁，有迁罢者，易以新除。

15 癸酉，幸太学，释奠于先师孔子，加币，用太牢，改分献曰"分奠"，尚书王恕请之也。

礼毕，御彝伦堂，命祭酒费誾等进讲，誾举商书说命篇敷陈"时宪钦若"之义，词旨了畅。上耸听良久，徐(论)〔谕〕曰："六经载圣人之道，非知之艰，行之推艰。朕与尔师生勉之。"

16 乙亥，小王子寇兰州，都指挥廖斌击败之。

是时伊斯玛音已死，入寇者复称"小王子"云。

17 丙子,御经筵。【考异】是月乙丑朔,丙子十二日,正后定之讲期,故会典据之以为定制。

先是吏部侍郎<u>杨守陈</u>,请遵祖制开大、小经筵,日再御朝。其略言:"大经筵及早朝,但如旧仪。若小经筵,当择端介博雅之臣以次进讲,必于圣贤经旨,帝王大道,以及人臣贤否,政事得失,民情休戚,讲之明而无疑,乃行之笃而无弊。凡前朝典籍,祖宗谟训,百官章奏,皆当贮<u>文华后殿</u>,退朝披览。日令内阁一人,讲官二人,居前殿右厢,有疑辄问。一日间居<u>文华殿</u>之时多,处<u>乾清宫</u>之时少,则欲寡心清,临政不惑,得于内者深而出治之本立矣。

午朝则御<u>文华门</u>,大臣台谏,更番侍直。事已具疏者,用揭帖举崖略口奏,陛下详问而裁决之。在外文武官来觐,俾条列地方事,面陈大要,付诸司议。其陛辞赴任者,随所职任而戒谕之。有大政则御<u>文华殿</u>,使大臣各尽其谋,勿相推避,不当则许言官驳正。其他具疏进者,召阁臣议可否以行。而于奏事辞朝诸臣,必降词色,详询博访,务竭下情。使贤才常接于目前,视听不偏于左右,合天下之耳目以为聪明,则资于外者博而致治之纲举矣。

如或经筵常朝只循故事,百官章奏皆付内臣调旨批答,臣恐积弊未革,后患滋深。"疏入,上深嘉纳。

丁丑,复命儒臣日讲。时<u>谢迁</u>为讲官,务积诚开上意,每进讲,敷词详切,上数称善。【考异】守陈上疏,据<u>明史</u>本传在<u>弘治</u>改元之正月。三编书于开经筵目中,标以"先是"二字,今从之。

18 壬午,始视午朝于<u>左顺门</u>,吏部尚书<u>王恕</u>复请之也。

<u>恕</u>言:"<u>正统</u>以来,每日止一朝,臣下进见说事,不过片

时。虽圣主聪明,岂能尽识尽察!不过寄聪明于左右之人。左右之人与大臣相见者不多,亦岂能尽识诸大臣之贤否!或得之毁誉之言,或出于好恶之私,未免以直为枉,以枉为直。欲察识之真,必陛下日御便殿,宣召诸大臣,与之讲论治道,谋议政事,或令转对,或阅其章奏。如此,非惟可以识大臣而随才任使,亦可以启沃圣心。"从之。不久,寻罢。

19 是月,都御史<u>马文升</u>陈时政十五事,曰:"选廉能以任风宪,禁摭拾以戒贪官,择人才以典刑狱,申命令以修庶务,逐术士以防煽惑,责成效以革奸弊,择守令以固邦本,严考课以示劝惩,禁公罚以励士风,广储积以足国用,恤土人以防后患,清僧道以杜游食,敦怀柔以安四裔,节费用以苏民困,足兵食以御外侮。"上颇采其言,下所司议行。

其节用一事,则云"一应供应之物,陛下量减一分,则民受一分之赐",言尤剀切。

20 上之嗣位也,起用言事谪降之<u>林俊</u>、<u>强珍</u>等,命科、道官阙者悉增补。于是<u>南京吏部主事储罐</u>上言:"先朝直谏诸臣,既蒙轸念,起改官资。而前主事<u>张吉</u>、<u>王纯</u>,中书舍人<u>丁玑</u>,进士<u>敖毓元</u>,尚弃岭海蛮瘴之间,臣甚惜焉。又,前进士<u>李文祥</u>,当陛下御极之初,倡众敢言,冀益新政。大臣厌其少年,阳示培植而阴挫抑之,天下皆知非陛下意。方今增补谏官,乞召此五人,置之风纪论思之地,言论丰采,必有可观。"疏入,上命部臣以次起用。

<u>吉</u>与<u>玑</u>皆以星变言事被谪者,而<u>毓元</u>预焉。<u>纯</u>以抗章

留王恕故，文祥以劾万安、刘吉故，安虽死而吉衔文祥次骨。于是吏部拟擢官，多为吉所纠驳，颇不尽起用。

21 夏，四月，甲寅，以天暑录囚。自后岁以为常。

22 是月，天寿山震雷风雹，楼殿瓦兽多毁。礼部尚书周洪谟，上书请修省，上深纳之。

维时庶子张昇，亦因天变疏言："陛下即位，言者率以万安、刘吉、尹直为言。安、直被斥，吉独为首辅，复又倾身阿佞，取悦言官，昏暮款门，祈免纠劾，许以超迁。由是谏官缄口，廷臣靡然附之。李林甫之蜜口剑腹，贾似道之笼络言路，吉实合而为一。"因数吉十罪，"请亟谴斥，以应灾异，以回天意"。

疏上，御史魏璋等，阿吉意交章劾昇，左迁南京工部员外郎。【考异】天寿山震雷雨雹，明史五行志不载，证之明史周洪谟传，则是年四月事。又，张昇传亦言"因天变上书"，与宪章录、国史纪闻、二申录所记皆同，今据书于四月下。惟诸书皆作"大风雨雹"，此据明史洪谟传。至以比李林甫、贾似道，则参宪章录增入。

23 礼科给事中张九功，奏请厘正祀典。下尚书周洪谟等议，以"释迦、文殊、上清、太上老君，不宜修建斋醮，遣官祭告。古礼幽禜祭星，今北极紫微大帝，像之为人，称之曰帝，非典。至风云雷雨，本合祀于南郊，复隆秋报，今徇道家言，又有雷声普化天尊之祀，是渎也。岁以正月十五日为真君张道陵生辰，遣官祭告非制。大、小青龙神，祷雨无应，不足祀。梓潼帝君，昔传神姓张，名亚子，蜀人，仕晋战没，人为立祠。唐、宋屡封至英显王，元加号为帝君，景泰中，因京师旧庙新之，岁以二月三日生辰遣祭。神庙食于蜀,宜也,与文昌六星无涉,其祠在天下学校者当毁。永乐中,以道士周思得传王灵官法有验,乃建天将庙祀灵官,谓宋徽宗时有西蜀萨坚授法于林灵素者,其师也,因于庙立祖师殿。宣德中,改大德观,封灵官曰崇恩真君,祖师曰隆恩真君。成化初,改显灵宫,岁易袍服,其费不赀。当革灵济宫祀。金阙、玉阙上帝,盖五代时徐温子知证、知谔也。神世系事迹非甚异,其僭号亦当革。”于是祀典为之一正。

洪谟又建议,谓:“玄武七宿,不当信道家武当山修炼之说。城隍非人鬼,不当有五月十一日诞辰之祭。东岳泰山既专祭封内,且合祭郊坛,则朝阳门外东岳庙之祭,实为烦渎。”上以崇祀既久,不尽除也。

洪谟矜庄寡合,与万安同乡,安居政府时,颇与之善。至是以言官先后论奏,致仕归。又三年卒,谥文安。【考异】洪谟之卒,宪章录系于是年之十月,盖据其致仕牵连并书也。今据明史本传,卒在弘治四年。

24 五月,庚午,太白昼见。

25 丙子,南京雷震,坏洪武门兽吻,又坏孝陵御道树。

26 是月,嘉兴盗起。

时嘉兴百户陈辅,以盗贩盐为逻者所发苴官,遂招集无赖,作兵器,四出剽掠,郡县吏置不问。辅益恣,与其父端、子文、婿邓夔等率众攻府治,知府徐霖逾墙走。因据府库,纵狱囚,劫军器,执千户白鉴,大掠城中,夺舟趋太湖,官军不能遏。镇守中官张庆以闻。

先是二月间,浙江景宁县屏风山,有异兽万余,大如羊,白色,衔尾浮空去,巡按御史畅亨,请罢温、处银矿,而置镇守太监<u>张庆</u>于法。至是上谕户部曰:"<u>浙江</u>财赋甲天下,有银矿、盐场之利,易以生盗,而官吏怠玩,武备废弛。<u>嘉兴</u>城守辇集之地,尚尔寇贼纵横,则山溪僻县,奸宄潜伏,乘机窃发者,更不可诘。"乃遣刑部侍郎<u>彭韶</u>驰往巡视,偕镇、巡官督诸司讨平之。

27 六月,癸巳朔,日有食之。

28 乙未,<u>小王子</u>率部落潜住<u>大同</u>近边营,亘三十里,遣使千五百余人款关求通贡。巡抚<u>许进</u>以便宜纳之,闻于朝,所上书自称<u>大元汗</u>。时朝廷方务优容,许遣五百人诣京师。【考异】<u>明史本纪</u>不书,今据<u>明史稿</u>,系之是月乙未。惟其书寇<u>大同</u>、<u>宣府</u>,证之<u>鞑靼</u>传,言"<u>弘治</u>元年夏,<u>小王子</u>奉书求贡,自称<u>大元可汗</u>,朝廷方务优容,许之"。所记与三编合,今据三编书之。

29 甲寅,岁星昼见。

30 是月,清理<u>淮</u>、<u>浙</u>盐法。

<u>淮</u>、<u>浙</u>盐自<u>成化</u>间为势豪乞中者所挠,有司不敢与忤,每事姑息,以是盐法日坏,商病而课不充,边储匮乏。户部尚书<u>李敏</u>,请简风宪大臣整理。上以<u>彭韶</u>方在<u>浙</u>,即命<u>韶</u>理<u>浙</u>盐,而别遣户部左侍郎<u>李嗣</u>清理<u>两淮</u>盐法。<u>嗣</u>至<u>淮</u>,乃建买补余盐之议。

初,<u>洪武</u>创制,商支盐有定场,毋许越场买补。灶户勤者,正课外,有余盐送场司,二百斤为一引,给米一石;其盐召商开中,不拘资次给与。<u>成化</u>后令商收买,而劝借米麦以振贫灶。至是<u>嗣</u>请令商人买余盐补官引,而免其劝借,且停各边开中。俟通课完日,官为卖盐,三分价直,二充边储,而留其一以补商人未交盐价。由是以余盐补充正课,

而盐法小变。

詔以浙商苦抑配,为定折价额,蠲逋负,悯灶户煎办征赔折阅之困,绘八图以上,条其利弊,奏行之。

31 秋,七月,戊辰,减浙江温、处等银课万余两,汰管理银场官。

32 是月,文华殿日讲毕,赐讲官程敏政等各织金绯衣金带,上皆呼先生而不名。

33 南京御史张晸偕同官上言:"迩台谏交章论事矣,而扈跸纠仪者不免锦衣捶楚之辱,是言路将塞之渐也。经筵既举矣,而封章屡进,卒不能回寒暑停免之说,是圣学将怠之渐也。内幸虽斥梁芳,而赐祭仍及便辟,是复启宠幸之渐也。外戚虽罪万喜,而庄田又赐皇亲,是骄纵姻娅之渐也。左道虽斥,而符书尚揭于宫禁,番僧旋复于京师,是异端复兴之渐也。传奉虽革,而千户复除张质,通政不去张苗,是传奉复启之渐也。织造停矣,仍闻有蟒衣牛斗之织,淫巧其渐作乎?宝石废矣,又闻有戚里不时之赐,珍玩其渐崇乎?诗云:'靡不有初,鲜克有终',愿陛下以为戒。"上嘉纳之。【考异】诸书不载,事见明史晸传。盖是年五月,晸以大风拔孝陵柏树,劾刘吉等十二人。是冬晸之被贬,此二事其张本也,今分书之。

34 御史曹璘上言:"星陨地震及金、木二星昼见,请御经筵,罢斥刘吉等。"又"请罢内史书堂以消天变。"上不怿,降旨谯让。【考异】此亦据明史璘传,特书"元年七月",今据增。

35 八月,乙巳,小王子犯山丹、永昌。辛亥,犯独石、马营。

是时小王子又纠其别部曰巴延蒙克王，_{旧作伯颜猛可王}。与俱入朝。自是屡以入贡为名，沿边寇掠，且渐往来套中矣。

36 丙辰，减云南银课二万两。【考异】浙江、云南银课减数，见明史食货志。明史稿漏却浙江，明史漏却云南，今分系之七、八两月。

37 是月，张九功复请更正文庙祀典。大略言："从祀诸贤，如荀况、马融、王弼，皆在所当黜；今之儒臣礼部侍郎薛瑄，在所当入。"少詹事程敏政言："戴圣身陷赃吏，刘向喜谈神仙，马融为梁冀草诏杀李固，何休解春秋黜周王鲁，王弼、何晏倡为清谈，王肃佐司马昭（纂）〔篡〕弑，杜预为吏不廉，为将不义，得罪名教，皆宜黜祀。颜子、曾子、子思配享于殿，而父在两庑，非所以明伦；宜别立启圣一祠祀叔梁纥，而以颜无繇、曾皙、孔鲤及孟孙氏配。"祭酒谢铎，则谓"吴澄出处不正，当黜其祀。"俱诏廷臣议之。

学士吴宽、侍郎倪岳则言："马融、王弼之徒，虽立身不无可议，而六经煨烬，赖以守缺抱残，自是唐之注疏多祖其言，今之经传多引其说，何可尽废！"于是从祀之议中寝。【考异】据宪章录、明书请更正文庙祀典，俱系之是年八月，以其与上文厘正祀典同在张九功一奏中也。明文礼志云："初，洪武时，司业宋濂请去像，设庙主，礼仪乐章亦多更定，太祖不允。成、弘间，少詹程敏政谓马融等八人当斥，给事中张九功推言之，并请罢荀况、公伯寮、蘧瑗等，而进后苍、王通、胡瑗，为礼官周洪谟所却而止。至是以张璁力主，不敢违。毁像盖用濂说，先贤去留略如九功言。"与是年八月事合。至谢铎请罢吴澄从祀，则明史铎传中详之。且言："铎请进宋儒杨时而罢吴澄，礼部尚书傅瀚持之，乃进时而澄从祀如故。"是又议礼中寝之证也，今据增八月下。

38 九月，己卯，录囚。

39 冬,十月,乙卯,振湖广、四川饥。

40 是月,召南京尚书耿裕为礼部尚书,代周洪谟也。寻又改倪岳为礼部左侍郎。

时裕因灾异,条上时事及申理言官,先后陈言甚众。值公私侈靡,耗费日增,裕随事救正,大都归于节俭。岳好学,博综经世之务,佐理部事。一切礼文制度,裕皆取决焉。

41 十一月,甲申,妖僧继晓伏诛。

继晓既罢为民归,至是给事中林廷玉复请逮治,乃令有司执送京师。法司论其罪,以犯在赦前,免死;给事中陈璚言"继晓罪大,不当宥",命弃市。

同时有户部员外郎周时从,疏请"置先朝遗奸汪直、钱能、蔡用辈于重典,而察核两京及四方镇守中官"。诸宦官因摘其奏中"宗社"字不越格,命法司逮治。已而释之。

42 乙酉,免河南被灾秋粮。

43 是月,土尔番阿哈穆特潜师至哈密城下,诱哈商_{旧译见前。三编一作哈尚。}盟,执杀之。复袭破哈密城,仍令伊兰据其地,留六十人助之。寻遣使入贡,称与哈密结姻,乞赐蟒服及九龙浑金膝襕诸物。使至甘州,哈密都指挥阿穆呼朗_{旧作阿木郎。}告变。朝廷亦不罪番使,但令还谕其主反侵地。阿哈玛特竟不奉命,复遣使来贡,礼官议薄其赏而拘其使臣。

44 是冬,太监蒋琮劾给事中周纮、御史张昺,阁臣刘吉构之也。

先是孝陵雷震之异，纮率六科、暠率十三道交章劾吉等十余人，吉衔之。

至是纮、暠奉命阅军，军多缺伍，两人欲劾奏守备中官，琼知之，乃先劾二人。章下内阁，吉修隙，拟黜之外，尚书王恕抗章曰："不治失伍之罪而罪执法之臣，何以服天下！"再疏争，言官亦论救，乃调纮南京光禄寺署丞，暠南京通政司经历。【考异】二人被劾调外事，诸书皆不载。明史暠传书于是年之冬，并著二人被劾之本末，今据增。

45 擢贵州布政使王诏以右副都御史巡抚云南。

云南土官好争袭，所司入其贿，变乱曲直生边患。诏至，苟苴不通，绳之以法，且去弊政之不便者。又以前尚书吴云，在洪武中继王祎死事，后祎赐谥，岁祀之，而不及云，诏以为请，乃谥云忠节，并祀，称"二忠祠"。【考异】王祎、吴云并祀京师称二忠，见洪武八年。此所请乃并祀云南，今据明史本传。

46 是岁，侍讲刘戬，以上即位颁诏安南，由南宁乘传抵其国，交人大惊。戬依旧制，受陪臣拜谒，不交一语，越宿即行，馈遗一无所受；使人要于途，固致之，卒麾去。时与前奉使之徐琦、章敞，并为交人所重云。

二年（己酉、一四八九）

1 春，正月，丁卯，收已故内臣赐田给百姓。

2 辛未，大祀南郊。

3 二月，癸巳，截湖广漕米二十万石振四川饥。

时蜀中大饥，先后遣户部郎中江汉、王弘往振，仍发帑金二万，为饥民耕种之具。

先是流民逐食四出，巡抚谢士元，檄所部置广室十余区，作糜食之，且令所在给符遣归，道经郡县，验而廪之粟，乃渐复业。时朝廷虽命转湖广漕，久不至，赖士元区画，民得以济。会湖广岁亦歉，转漕竟止不发。

四川故多盗。有野王刚者，啸聚且五年矣，劫掠夔州、新宁，往来大宁、大昌诸县，前守臣畏罪，匿不以闻。乘岁饥，土番大小娃复煽乱，士元托行边，驰诣其地，大小娃惧，泥首迓道左，立谕散之。刚更转入湖广竹山、竹溪，据陕西汉中、金州、平利、西乡诸郡县。副都御史戴珊，方抚治郧阳，请集湖广、陕西合四川兵讨之，于是士元亦遣兵会讨。贼闻风溃，珊督湖广兵捣其巢，盗悉平。

4　是月，兵部尚书余子俊卒。

子俊以先朝旧臣，上待之独厚。改元以来，疏陈十事，已，又上边防七事，多允行。至是疾亟，犹手削奏稿，陈救荒弭盗之策。甫得请而卒，年六十一，赠太保，谥肃敏。

子俊沉毅寡言，有伟略。凡奏疏文移，必自属草，每夜分方寝。尝曰："大臣谋国，当身任利害。岂得远怨市恩，为自全计！"故榆林始事，怨讟丛起，子俊持之益坚，竟以成功，为数世利。

5　擢马文升兵部尚书，代子俊也，并命兼督十二团营。

时兵政废弛，西北部落不时窥塞下。文升严核诸将，黜贪懦三十余人，奸人大怨，夜持弓矢伺其门，作谤书射入东长安门内。上闻，诏锦衣卫缉捕，给骑士十二人卫出入。文升乞休，慰谕之。

文升又请于团营内选马步锐卒二千，遇警征调，且遵洪、永故事，五日一操，以二日走阵下营，三日演武。皆报可。

以屠滽代文升为左都御史。

6 下监察御史汤鼐于狱。

初，鼐与庶吉士邹智、中书舍人吉人、进士李文祥交善，并负意气，裁量人物；刘吉之被劾也，诸人有力焉。而鼐章屡上不已，吉衔之次骨，使人唆御史魏璋曰："君能去鼐，行佥院事矣。"璋欣然，日夜伺鼐短，于是吉人之狱起。

时上方遣官振四川饥，吉人上言："宜遣四使分道振，且择才能御史为巡按，庶荒政有裨。"因荐给事中宋琮、陈璚、韩鼎，御史曹璘，郎中王沂、洪钟，员外郎东思诚，评事王寅，理刑知县韩福及寿州知州刘概可使，而巡按则鼐足任之。璋遂草疏，伪署同官陈景隆等名，言"吉人抵抗成命，私立朋党。"上怒，下人锦衣狱，令自引其党人，以鼐、璚、思诚、概、福对。璋又嗾同官陈璧等，言"璚、福、思诚非其党，其党则鼐、概、文祥、智及知州董杰是也。概尝馈遗鼐白金，贻之书，谓：'夜梦一人骑牛几堕，鼐手挽之得不仆，又见鼐手执五色石引牛就道。因解之曰："人骑牛，国姓也。意者国将倾，赖鼐扶之，引君当道耳。"'鼐、概等自相标榜，诋毁时政，请并文祥、智、杰逮治。"疏上，吉从中主之，遂悉下诏狱。

时概知寿州，鼐里也。上之即位也，概上言："刑赏予夺，人主大柄。后世乃有为女子、小人、强臣、外戚所攘窃者,由此辈心险术巧,人主稍加亲信,辄堕计中。爱者乘君之喜而游扬之,恶者乘君之怒而微中之,使贤人君子卒受暧昧而去,然后荐易其软美易制者,以行其交通饵引之计。故刑赏予夺,名虽人主犹操,实一出于其所簸弄。党立势成,复恐一旦败露,则又极意以排谏诤之士,务使其君孤立于上,耳无闻,目无见,以自便其私,不至其身与国俱败不止。故夫刑赏予夺,必由大臣奏请,台谏集议,而后可行,则谗佞莫能间,而权不下移矣。"会考绩赴都,遂遇祸。

杰以进士授外任,方入都谒选,会尚书王恕请暑月辍讲,为鼐所劾,杰亦抗疏争之。寻授沔阳知州,甫数月,遂就逮。

智与文祥,皆吉所深恨者。时文祥方以王恕荐,召为兵部主事未逾月,吉辄嗾其党魏璋并入二人名。智身亲三木,仅属喘息,慷慨对簿,曰:"智见经筵以寒暑辍讲,午朝以细事塞责,纪纲废弛,风俗浮薄,生民憔悴,边备空虚,私窃以为忧。与鼐等往来论议诚有之,不知其他也。"

然是时谳者皆承吉意,吉欲以一网尽置之死。赖尚书何乔新、侍郎彭韶力持之,外议亦汹汹不平,乃坐概妖言律斩,鼐受贿戍肃州,人欺罔削籍,智、文祥、杰皆谪官。

吏部尚书王恕奏曰:"律重妖言,谓造作符谶类耳。概书词虽妄,不过推诩汤鼐等,今当以妖言,设有如造亡秦谶者,更何以罪之?"上得疏意动,命姑系狱。既而热审,乔新等言:"概本不应妖言律。且概五岁而孤,无兄弟,母孙氏守节三十年,曾被旌,老病且贫。概死,母必不全,祈圣恩矜恤。"乃减概死,戍海州。【考异】汤鼐等下狱谪戍,三编系之是年之二月,正遣使振四川饥时也。纪事本末同,惟宪章、法传二录皆书于元年之四月。今按王恕请暑月辍讲,鼐上章劾之,事在元年之六月,安得有下鼐等于狱之事?若谓因刘吉之恨牵连并记,则彼时四川之饥报未至,遣振之诸臣无闻,相差殆及一年,其为舛误明甚。至宪章录分书其事,以下狱系之去年,谪戍系之今年,亦非也。据三编所记,本之实录,下狱谪戍皆在二年振四川饥之后,证之明史鼐传,时事悉符,今据三编参明史书之。

　7　复起南京御史姜绾之狱。

　　南京沿江芦场,故隶三厂,给中官采用。成化初,江浦县田多沉于江,而濒江生沙洲六,民请耕之以补沉江田额。洲与芦场近,奸民辄投献守备中官,指为芦场,收其利,民失业而岁额租课仍责偿之民。上即位,诏势家悉返投献地,县民乃相率诉于朝。下绾覆按,南京守备中官蒋琮,属绾求右己,不应,寻上疏言:"琮以守备重臣,不宜与小民争利。"因历数其变乱成法之十罪。疏入,下南京三法司,请遣官覆治。

　　先是御史余濬劾中官陈祖生违制垦后湖田,湖为之淤,奏下南京主事卢锦勘报。时锦与给事中方向监后湖黄册——黄册者,洪武中置库于后湖,令主事、给事中各一人守之。而锦故与祖生有隙,向亦尝率同官缪樗等劾祖生及文武大臣不职状,又因雷震孝陵柏树劾大学士刘吉等十一人,而诋祖生益力。祖生衔向次骨,遂讦向、锦实侵湖田。诏下法司勘,勘未上而琮为绾所劾。于是琮、祖生及吉合谋,复陷南京科、道等,请逮治之。【考异】据明史姜绾传,绾劾蒋琮在是年二月。三编系之三年正月者,据其被逮下狱之年月也,今分书之。

8　三月,己未,免陕西被灾秋粮三分之二。

9　乙丑,寇犯宣府独石。

10　戊寅,闭会川卫银矿。

11　是月,以秦纮为右都御史,总督两广军务。

纮奏"中官奸利及赏功所岁储金钱数万,费出无纪,请从都御史勾稽",诏从之。

12　大理寺评事夏鍭上疏曰:"臣伏见主事李文祥、庶吉士邹智等,皆以言得罪。夫言官无流窜之祸,则不足以彰其誉;有谪徙之名,则愈足以见其难,罪愈重而名愈高。是言者之得罪,虽罹今日之祸,只成后世之名;所惜者独非人主之福耳。人主知此之故,使言者无其祸亦无其名,而名固归于人主之一身矣。"疏入,留中。——鍭,前四川巡抚埙子也。【考异】据纪闻、宪章录、纪事本末诸书,皆系之是年汤鼐下狱之后。惟明史本传,言"四年,鍭以进士谒选入都,上书救邹智、李文祥等忤旨,下狱得释。久之,除南京大理评事",与诸书异。并识于此。

13　夏,四月,庚戌,录囚。

14　丁巳,复减浙江银课。

15　是月,吏部尚书王恕乞致仕,不许;诏免其午朝及风雨朝参。

恕以请寒暑辍讲经筵为汤鼐等所劾,恕自认过,乞放还,上优诏勉留之,恕感激眷遇,益以身任国事。方以疾在告,闻上颇擢用宦官,至有赐蟒衣,给庄田者,具疏切谏。中官黄复,请起复匠官潘俊供役,恕力言"不可以小臣坏重典",再执奏,竟报许。而是时刘吉方用事,多尼之。

会两京狱起,吉所构陷之汤鼐、刘概、姜绾及张昺、周纮等,恕皆抗章力救。吉益恨,乃合私人魏璋等共排之,凡恕先后推用之罗明、熊怀、强珍、陈寿、丘鼐、白思明等,咸嗾璋等纠驳。恕自知不得行其志,连章求去,赖中官怀恩数于上前左右之,得不加害。【考异】恕求致仕,诏免午朝等事,皆见明史本传。传中所记,正汤鼐、姜绾狱起之后事,明书系之四月,是也。今从之,并据本传增入。

16 五月,庚申,河决开封,自原武由开封黄沙冈抵红船湾凡六所,又决埽头五所。东北入沁河,溢流为二:一决南岸,自于家店经兰阳县南,东至归德,由徐、邳入淮;一决北岸,自封丘县之荆隆口,漫祥符,溃仪封县之黄陵冈,东经曹、濮,入张秋运河。郡邑多被害,汴梁尤甚。

议者请迁开封城于许州以避患,布政使徐恪持不可,乃止。命所司役夫五万人治之。

17 六月,京师及通州等处大雨,水溢,军民房屋倾倒,人畜多溺死。【考异】此据宪章录、纪闻等书。明史五行志入之七月,据下诏月分。且是时顺、永、河、保四府州县皆大水,奏报之先后不一,今分月书之。

18 秋,七月,壬戌,敕两京录囚。

19 癸亥,以京师阴雨,南京风雷,诏"文武群臣勉加修省;政事有阙失当更正者以闻"。

于是给事中韩重等应诏陈四事:"一存敬畏以契天心,一慎用人以奉天命,一祛弊政以消天变,一谨号令以肃天威。"上嘉纳之。

惟御史欧阳旦上言七事,极诋阁臣刘吉不职状,乞罢归田里,上以其妄言,切责之。

户部郎中周轸请革皇庄,言:"天子藏富于民,不宜有庄,与民争利。宜捐付民佃种,责其租税。"疏入,留中。

时尚书何乔新,亦以京城大水请恤被灾民户,又虑刑狱失平,条上律文当更议者数事,悉为阁臣刘吉所格不行。

20 戊寅,振畿内水灾,给贫民麦种,复遣官分振河间、永平,户给米一石。

21 八月,丁酉,复四川流民复业者杂役三年。

22 壬寅,敕孟密归木邦侵地。

时云南守臣奏:"孟密曩罕弄,先后占夺木邦地二十七处,又诱其头目放卓孟等叛,其势非尽吞并不已。乞敕八百宣慰司与木邦和好,互相救援,亦敕木邦宣慰收拾人心,亲爱骨肉,勿使孟密得乘间诱叛,自致孤弱。如孟密听谕,方许曩罕弄孙承袭。"报可,并敕云南守臣亲诣金齿晓谕。复降敕诘责前镇、巡官所以受赂召侮启衅者。【考异】据明史稿,系之八月壬寅,明史不载。证之木邦传,正在是年,今据增。

23 己酉,奉宪宗神主祔太庙。

初,宪宗既葬,将行升祔礼。而是时九庙已备,议者咸谓"德、懿、僖、仁四庙宜以次奉祧"。

礼部尚书周洪谟、侍郎倪岳议:"国家自德祖以上,世次莫推,则德祖宜视周后稷为不祧之始祖,太祖、太宗,则所谓'文世室'、'武世室'者也。今宪宗升祔,当祧懿祖。宜于太庙寝殿后别建祧殿,如古夹室之制,岁暮则奉祧主合享,如古祫祭礼。"

时吏部侍郎杨守陈言:"天子七庙,祖功而宗德。祖可比商祖乙、周亚圉,非契、稷比。议者习见宋儒尝取王安石说,遂使七庙既有始祖,又有太祖,太祖既配天,又不得正位南向,非礼之正。今请并祧德、懿、僖三祖自仁祖以下为七庙,异时祧尽,则太祖拟契、稷,而祧主藏于后寝,祫礼行于前殿。时享尊太祖,祫祭于德祖,则功德并崇,恩义亦备。"

上从礼官议,建祧庙于寝殿后,遣官祭告宗庙。上具素服告宪宗几筵,祭毕,奉迁懿祖神主衣冠于后(股)〔殿〕,床幔御座仪物则贮于神库。自后奉祧仿此。

24 九月,以白昂为户部侍郎,修治河道。赐以特敕,令会山东、河南、北直隶三巡抚,自上源决口至运河,相机修筑。【考异】宪章录、纪事本末等书,皆记命白昂于三年四月河决阳武之下。证之明史河渠志,书河决开封于是年五月,命白昂在九月,白昂上书论治河在明年正月,而明年四月河决阳武则佚之,盖是时昂方修治,功未竟也。至昂之奉命上书,志中分书年月皆可考证,今从之。

25 冬,十月,乙巳,罢浦城银冶。

26 己酉,录囚。

27 十一月,戊午,以顺天饥,发粟平粜。

28 十二月,甲申朔,日有食之。

29 辛卯,赐故少保于谦谥。

给事中孙需上言:"谦功在社稷,宜赐赠谥庙祀。时谦子冕为应天府尹,亦请之。"上曰:"谦能安社稷以遏寇略,其定国捍患之绩著矣。中罹权奸之害,虽先帝已尝昭雪,优加褒恤,而不使之庙食于后,犹未足为效忠者劝。"乃加赠光禄大夫、上柱国,谥忠愍,立祠墓所,赐额曰"旌功"。学士程敏政为作旌功录。祠成,郎中李梦阳为之记。万历中,改谥忠肃。【考异】于忠肃请谥,据明史谦传,用给事中孙需言,三编则谓子冕所请,盖据实录。是二人先后奏请,今并书之。"忠愍",明史作"肃愍"。三编质实亦云据实录。

30 是岁,西域赛玛尔堪旧作撒马儿罕。入贡狮子,土尔番亦贡焉。

先是土尔番遣将伊兰据哈密,哈密将阿穆呼朗,旧译见上。觇知伊兰势弱,请援于边臣,调赤斤、罕东兵夜袭破其城,伊兰遁去,因命哈商弟恩克保喇旧作奄克孛剌。袭都督同知,给新印。而阿穆呼朗等以力薄不能守,寻引还,土尔番复据哈密城如故。

至是来贡,上言:"愿献还哈密城印。"礼臣请却其贡,上不从,并敕兵部还其前拘之使臣,命内官张苇护行。谕内阁草敕,阁臣刘吉等言:"阿哈穆特背负天恩,杀我所立哈商,宜遣大将直捣巢穴,灭其种类,始足雪一国之愤。或不即讨,亦当如古帝王封玉门关绝其贡使,犹不失大体。今宠其使臣,厚加优待,又遣中使伴送,此何理哉?陛下事遵成宪,乃无故召番人入大内看戏狮子,大赉御品,夸耀而出,都下闻之咸咳叹,以为祖宗以来从无此事。奈何屈万乘之尊,为奇兽之玩,俾异言异服之人,杂遝清严之地。况使臣满剌土儿,即哈商之外舅,忘主事仇,逆天无道。而阿哈穆特方聚人马谋犯肃州,名虽奉贡,意实叵测。兵部议羁其使,正合事宜。若不停张苇之行,彼使臣还国,必谓中土帝王可通情希宠,长番贼之志,损天朝之威,莫甚于此。"

疏入,上止苇行,而问阁臣兴师、绝贡二事,吉等以"时势未能,但请薄其赐赉"。因言:"饲狮日用二羊,一岁则七百二十羊,又守狮日役校尉五十人,一岁则一万八千人。若绝其喂养,听其自毙,传之千岁,实为美谈。"上不能用。明年,复遣使从海道贡狮子,始却之。【考异】据明史本纪云:"是年,土鲁番入贡,撒马儿罕贡狮子、鹦鹉,却之。"证之土鲁番及刘吉传,则土鲁番及撒马儿罕俱贡狮子也。且二传俱云:"诸臣请却其贡,上不能用。"又,土尔番传中已有"召番人入大内看戏狮子"之语,是则本纪所载,并明年再贡却之之事牵连并记耳。又据土尔番传,初贡狮子在三年之春,再贡在秋,盖奏报及使至之先后不同耳,非纪与传之自相矛盾也。今年月据本纪参二传书之。

31 上嗣位,升陕西布政使梁璟,以右都御史巡抚湖广。是岁,两京饥,璟奏免南北漕粮八十九万余石,从之。

上登极诏书已罢四方额外贡献,而提督武当山中官复贡黄精、梅、笋、茶芽诸物。武当道士先止四百,至是倍之,所度道童又倍之,咸衣食于官,月给油蜡、香楮及洒扫夫役以千计。璟奏请停免,多见采纳。

32 擢太常少卿周经为礼部右侍郎。

时中官请修黄村尼寺祀孝穆太后;土尔番贡狮子,不由甘肃,假道满剌加浮海至广东;经倡议毁尼寺,却番贡不与通。寻改吏部,进左侍郎。

通政经历沈禄者,皇后姑婿也。尚书王恕在告,中官传旨擢禄本司参议,经言"非面承旨,又无御札,不敢奉诏"。复与恕疏争之。虽不能止,朝论韪焉。

33 以邓廷瓒为右副都御史,巡抚贵州。

初,廷瓒以淳安知县内迁太仆寺丞,时以贵州新设程番府,地在万山中,蛮獠杂居,特擢廷瓒为知府,政平令和。巡抚陈俨上其治行,宪宗令久任。九载秩满,始迁山东参政,寻进布政使。廷瓒自令至守,淹留逾三十年,至是去知府止三岁,遂得开府。寻以母忧归,令服阕还原任。

三年(庚戌、一四九〇)

1 春,正月,甲子,大祀南郊。

2 是月,再发仓米三十万石振畿南诸郡县。

3 下南京御史姜绾等十人于狱,寻贬官。

南京后湖田之狱,会杨守随为应天府尹、勘中官守备蒋琮罪,且雪方向、卢锦等,琮乃嗾其党郭镛疜劾守随。时镛奉使两广,道南京,驾方舟泛湖,御史孙纮以擅游禁地劾之。镛怒,归,诉于上,言"守随勘向、锦失出,御史不劾奏,独绳内臣"。上乃遣太监何穆、大理少卿杨谧再勘后湖田及绾、琮互讦事。比报,胃"守随失出如镛言,绾、琮互讦皆私忿"。

方绾疏之下三法司也,刑部尚书何乔新请移南京法司勘治,琮因条辨:"绾疏谓己尝奏下李孜省狱,绾与乔新皆其乡人,欲以倾己图报复。"至是谧等因论"琮不应先嘱勘官,后诬指绾与乔新为孜省党。绾等亦不当逞忿渎奏。并宜逮治"。乃褫锦职,谪守随、向有差。于是与绾同官之孙纮、刘逊、金章、纪杰、曹玉、谭肃、徐礼、余濬及给事中缪樗,皆在逮中。

给事中陈璚,言"不宜以一内臣而置御史十人于狱",不省。卒宥琮不问,而贬绾等为州判官。陈祖生虽违制垦田,亦获宥。

是时大学士刘吉方恶言官,遂结内官频兴两狱,于是两京台署为之一空。尚书王恕,言"宫中府中,俱为一体,陟罚臧否,不宜异同",李敏亦言"琼、绾同罪异罚失平",而上先入吉谮,不知也。由是中外恶吉,为之侧目。

　4　户部侍郎白昂上书论治河。其略曰:"臣自淮河相度水势,抵河南中牟等县,见上源决口,水入南岸者十之三,入北岸者十之七。南决者自中牟、杨桥至祥符界析为二支:一经尉氏等县,合颍水,下涂山,入于淮;一经通、许等县,入涡河,下荆山,入于淮;又一支自归德州过凤阳之亳县,亦合涡河入于淮。北决者自原武经阳武、祥符、封丘、兰阳、仪封、考城;其一支决入荆隆等口,至山东曹州,冲入张秋运河;去冬水消沙积,决口已淤,因并为一大支,由祥符翟家口合沁水,出丁家道口下徐州。此河流南北分行大势也。合颍、涡二水入淮者,各有滩碛,水脉颇微,宜疏浚以杀河势;合沁水入徐者,则以河道浅隘不能受,方有漂没之虞。况上流荆隆诸口虽暂淤,久将复决。宜于北流所经七县,筑为堤岸以卫张秋。但原敕山东、河南、北直隶,而南直隶之淮、徐,实河所经行要地,尚无所统。"上乃并以命昂。

　　昂举郎中娄性协治,役夫二十五万,筑阳武长堤以卫张秋,引中牟决河出荥泽,浚宿州古汴河,又浚归德睢河,使河流入汴,汴入睢,睢入泗,泗入淮以达海。南北分治,水患稍宁。【考异】白昂治河在去年九月,此其莅事后所上方略。明史河渠志特书于是年之正月,今据之。

5 二月,壬辰,免河南被灾秋粮,以河决后民困未苏也。

甲午,户部复以"南畿之凤阳、淮扬,湖广之郧、襄及河南南阳诸郡水旱,请免征刍粮及麦丝之税。"诏曰:"凶年当损上益下。必欲取盈,如病民何!部臣言甚称朕旨,亟如所请行之。"

已而潞、沁二卫所屯田被灾。旧制,屯田灾及三分乃免粮,部臣格于例,不敢请蠲,上闻之,曰:"岁饥,方将振之,安可复征!"特免之。【考异】明史本纪,"是月免河南及南畿、湖广税粮。"据三编,则户部所请,兼及三省之刍粮、麦、丝及潞、沁二卫屯田之税,皆据实录增,今从之。

6 召后父张峦至京师。

峦以乡贡入太学,上优礼外家,逾年,遂封寿宁伯。

7 三月,丙辰,命"天下预备仓积粮,以里数多寡为差。凡州县十里以下者积谷五千石,十里以上、二十里以下者积一万五千石,二十里者积二万石,其上以是为差。至八百里以下,限积十九万石,卫千户所积五千石,百户所三百石。考满之日,稽其多寡以为殿最,不及三分者夺俸,六分以上谪官。著为令"。

8 庚午,赐钱福等进士及第、出身有差。

9 甲戌,诏兵部侍郎张海、左通政元守直阅边。

10 是月,刘吉偕同列上言:"陛下圣质清赢,与先帝不同。凡宴乐游观一切嗜好之事,宜悉减省。左右近臣有请如先帝故事者,当以太祖、太宗典故斥退之。祖宗令节宴游皆有时,陛下法祖宗可也。"

是时吉于阁臣居首,而同列徐溥、刘健皆正人,故两人有论建,吉亦署名。

去年二月旱,上命儒臣撰文祷雨,吉等言:"迩者奸徒袭李孜省、邓常恩故术,见月宿在毕,天将阴雨,遂奏请祈祷,觊一验以希进用。幸门一开,邀宠召祸,实由于此。"

五月、七月,又以灾异言事,请上修省,慎终如始。是年之春,又以西域再贡狮子,请却番贡。凡此皆不尽由吉,而吉之领袖以窃美名,皆此类也。【考异】事见明史刘吉传,书于是年之三月,并类记前后事,今从之。

11 中官乞鹰场牧马地千顷,户部尚书李敏言:"场止三百余顷,余皆民业,不宜夺耕种之地以为飞走之所。"从之。【考异】事见明史敏传。明书及纪事本末皆系之是年之三月,今从之。惟"中官"明史作"贵戚"稍异。

12 夏,四月,丙戌,寇犯宣府独石。

13 五月,甲子,录囚。

14 六月,鞑靼别部巴颜蒙克旧译见上。遣人贡马。

15 秋,七月,起侍讲谢铎为南京国子祭酒。

铎两遭亲丧,服除,以亲不逮养,遂不起。上即位,言者交荐,以言官召修宪宗实录,至是遂擢是职。上言六事,曰:"择师儒,慎科贡,正祀典,广载籍,复官馔,均拨历。"其正祀典,则请罢吴澄而进宋儒杨时,为礼部所持,卒不行。明年,谢病去。【考异】铎请罢吴澄从祀,已见元年厘正祀典下。盖明史礼志因议祀典诸臣并及之也。铎之请,据本传在是年,宪章录系之七月。惟传言"进杨时而罢吴澄,为礼部尚书傅瀚持之,乃进时而澄从祀如故。"今考瀚为礼尚在弘治十三年,杨时从祀在八年,且铎以是年擢南京祭酒,明年谢病归,十年复起,则时从祀时,铎已去朝,盖建论在先,从祀在后。又考瀚传,孝宗嗣位,擢太常少卿兼侍读,历礼部左右侍郎,然则明史传中"尚书"二字,盖"侍郎"二字之误也。今但书"为礼部所持"云云。

16 九月,庚戌,禁内府加派供御物料。

17 是月,土尔番使者至京师。

先是土尔番再贡狮子,朝议却之。其使乃潜诣京师,礼官请治沿途有司罪,仍却其使。当是时,中外乂安,大臣马文升、耿裕辈,咸知国体,于贡使多所裁损,阿哈穆特始知中国有人,稍稍敛戢。

18 闰月,癸巳,禁宗室勋戚奏请田土及受人投献。

上之登极也,诏"势家所受献地悉还之民",寻有南京芦场之讼,其弊如故。至是刑科给事中胡金复以为言,乃申是禁。然上性宽厚,虽屡申禁,不能尽执法也。

19 是秋,诏修斋于大兴隆寺。理刑知县王岳,骑遇之,中使捶辱岳,使跪寺前。御史任仪劾中使罪,姓名偶误,乃并仪下吏,贬知县。

20 冬,十月,辛亥,录囚。

21 十一月,戊戌,有彗星见天津南,尾指东北。

大学士刘吉等言:"迩者妖星出天津,历杵臼,近营室,稽之载籍,其占为兵,为饥,为水旱。今两京、河南、山西、陕西旱蝗,四川、湖广岁不登,倘明年复然,恐盗贼窃发,祸乱将作。愿陛下节用度,罢宴游,屏谗言,斥异教,留意经史,讲求治道。沙河修桥,江西造瓷器,南海子缮垣墙,皆非急务,宜悉停止。"上嘉纳之。

甲辰,诏停工役及罢内官烧造瓷器。

22 十二月,戊申朔,彗入营室。

23 辛亥,以星变,敕"群臣修省,陈军民利病"。

吏部侍郎彭韶上言:"宦官太盛,滥授官太多,亟宜裁损,杜幸门。"又请"午朝面议大政,毋只具文。"上善其言而不能用。【考异】明史本纪书彗见在十二月,据修省下诏之月日也。天文志,彗见始于十一月,三编据实录系之十一月,今分书之。

24 己未,京师一日地再震。【考异】三编目云"是月十二日也"。是月戊申朔。

25 庚申,彗见天仓,渐没。

26 壬戌,减供御品物,并敕罢明年上元灯火。

27 是岁,广西恩城州土知州岑钦攻逐田州知府岑溥。

初,溥既与钦共诛黄明,事见成化十六年。已,复与钦交恶,钦遂攻夺田州,与其党泗城知州岑应分踞其地。至是总督秦纮,以兵入田州逐钦,钦与应复交杀。纮乃还溥于田州,留官军戍之,乱乃定。

明通鉴卷三十七

江西永宁知县当涂 夏　燮 编辑

纪三十七 起重光大渊献（辛亥），尽阏逢摄提格（甲寅），凡四年。
孝宗敬皇帝

弘治四年（辛亥、一四九一）

1　春，正月，癸未，以修省，罢上元节假。

2　己丑，大祀南郊。

3　辛卯，停庆成宴。

4　是月，户部尚书李敏致仕。

时敏有疾在告，上遣医视疗。已，复力请，诏乘传归，未抵家卒。赠太子少保，谥恭靖。

敏生平笃于行谊，所得禄悉以分昆弟故人。里居时，筑室紫云山麓，聚书数千卷，与学者讲习，及巡抚大同，疏籍之于官，赐名紫云书院。掌户部，力请革皇庄，时不能用。继以论救姜绾与中官相恶，遂不得行其志云。

敏罢逾月，进户部侍郎叶淇为本部尚书。

5　二月，己巳，敕法司曰："曩因天变示谴，敕天下诸司审录重囚,矜疑放遣者数十百人。朕以为宽之于终,孰若慎之于始! 嗣后两京三法司及天下问刑官,务存心仁恕,持法公平,详审其情罪所当,毋姑息,毋苛刻,毋傅致于一时,冀不坐于他日,庶协古人钦恤之训焉。"

6 是月,召南佥都御史白昂为都御史,以屠滽罢也。

7 三月,逮两广总督秦纮。

先是纮在镇,劾总兵安远侯柳景贪暴不法,诏逮景下狱。景讦纮,勘无左证,法司当景死。景连姻周太后家,有奥援,讦纮不已,乃并逮纮。连鞫,卒无罪,诏宥景死,夺爵闲住,而纮亦坐罢。尚书王恕请留纮,不纳。

纮自成化末,被诬为尹旻党谪官,上即位,以恕荐督漕运,寻督两广军务,在制府二年,多所饬治。时中官、武臣镇两广者,率纵私人扰商贾,干预公事,贼杀无辜,又交通土官为奸利,前督臣宋旻、屠滽,嗫不敢言。纮至,辄疏于朝,请申条禁,镇守官益衔之。

会田州之乱,遣兵安定,方议讨平黎、猺,剿山后之贼,而逮治之命已下。纮部署军事毕,从容就道,仪卫骖从仍如开府仪。逾岭,因服就系。语官校曰:"两广蛮夷杂处,总制体尊,逮就拘执,恐损国威。既逾岭,真囚矣。"人皆服其知体。

8 夏,四月,乙丑,遣司礼太监韦泰同法司录囚。

9 辛未,太白昼见。

10 是月,以礼部公廨火,尚书耿裕、侍郎倪岳、周经被劾下狱。已,释之,停其俸。【考异】事见明史裕传,据七卿表在是年四月。今按五行志,礼部官廨火在是年二月戊午,盖诸人被劾,至此始下狱也。今据本传。

11 六月,辛亥,京师地日凡三震。【考异】三编目云,“月之六日也”,是月丙午朔,今从之。

12 是月,南京工部侍郎黄孔昭卒。

　　孔昭在成化中,由工部主事改吏部文选司,进郎中。故事,选郎率闭户谢客,孔昭曰:“国家储才,犹富家之积粟也。粟积于丰年,乃可以济饥;才储于平日,乃可以济用。”每公退,遇客至辄延见,访以人才,书之于册,由是铨叙平允。居平嗜学笃行,与陈选、林鹗、谢铎友善。并为士类所宗。

　　嘉靖中,追赠礼部尚书,谥文毅,【考异】孔昭之卒,据明史本传在是年。宪章录系之六月,今从之。

13 秋,八月,庚戌,以水灾,停苏州、浙江今年织造。

14 乙卯,南京及淮、扬二府同日地震。【考异】明史本纪但书“南京地震”。证之五行志,则淮、扬亦同日震,三编亦据增于六月京师地震目中,今从之。

　　是日,南京晦冥。

15 己未,封皇弟祐楷为寿王,祐梈汝王,祐橓泾王,祐枢荣王,祐楷申王。

16 丁卯,以宪宗皇帝实录成,刘吉进少师、华盖殿大学士,徐溥进太子太傅、户部尚书兼武英殿大学二,刘健进礼部尚书兼文渊阁大学士。

17 是月,刑部尚书何乔新致仕。

　　乔新在刑部,值阁臣刘吉仇正人,屡兴大狱,乔新率据法直之。吉愈愤，数撼他事，夺俸二年。属大理丞阙，御史邹鲁觊迁，而乔新荐郎中魏绅。会乔新外家与乡人讼，鲁即诬乔新受赇曲庇。吉取中旨，下其外家诏狱，乔新乃拜疏乞归。顷之，穷治无验，鲁坐停俸，乔新亦许致仕。

乔新居官廉介，与人寡合，气节友彭韶，学问友丘濬而已。时论惜之。【考异】乔新致仕，宪章录、纪闻等书皆系之是年之春，盖据其外家起讼之月也。至诸书皆云"乔新坐受馈遗下狱"，证之明史本传，则下狱者乃其外家，非乔新也。今据七卿表，乔新致仕在八月，其本末参本传书之。

18 九月，丁酉，皇长子生。【考异】明史本纪书皇子生于十月丙辰，据下诏之月日也。三编汇载于五年立太子目中，云"前年九月丁酉"，据实录也。诸书作"九月二十四日"，是月甲戌朔，丁酉正二十四日，今据之。

19 是月，擢吏部侍郎彭韶为刑部尚书，代何乔新也。

韶与乔新同以气节相尚，佐吏部，与王恕甄人材，核功实，仕路为清。至是迁掌刑部。

会柳景为秦纮劾罢，坐赃数千，征仅十之一，以其母诉免，韶执奏曰："昔唐宣宗元舅郑光官租不入，京兆尹韦澳械其庄吏，宣宗欲宽之，澳不奉诏。景无元舅之亲，赃非负租之比，独蒙宥除，是臣等守法愧于澳也。"不从。

20 冬，十月，癸丑，录囚。

21 丙辰，以皇子生诏天下。

22 戊午，河决开封，怀庆及宣武、睢阳诸卫皆被灾，命有司分振之。

23 乙丑，晋礼部尚书、太子太保丘濬兼文渊阁大学士，预机务。

1246

初,大臣入阁,自景泰间王文始,然犹都御史也;至是濬以尚书入阁,而阁体愈崇。故事,大学士秩五品,非加三孤及宫傅者,仍班尚书下。时王恕长六卿,位濬上。濬自以阁部相兼,欲示尊异,而恕仍旧制不让,濬不悦。已而内宴,濬径居恕上。自是由侍郎詹事入阁者,班皆列六部尚书上,实自濬始也。【考异】据王弇州二史考误,言"以大臣入阁者,前有王文、丘濬、王琼。双溪杂记以为尚书入内阁,自焦芳始,误也"。三编质实引之。然王文以都御史入阁,而以尚书入阁者实自濬始,并叙之。

24 是月,改封兴王于安陆。

25 前庶吉士邹智卒。

智以汤鼐狱谪广东石城所吏目。比至广东,总督秦纮檄召修书,乃居会城。闻陈献章讲道新会,往受业,自是学益粹。

至是得疾遽卒,年二十六。天启初,追谥忠介。

26 十一月,庚辰,振南畿灾。

27 十二月,甲子,土尔番复贡狮子,"请还金印及所据哈密十一城"。甘肃总兵官周玉为之奏请,许之,果以城、印来归,【考异】据明史,土尔番贡狮子在是年之秋,盖边臣奏闻之日也。至是贡使入都,纪据书之。诏还其所拘之使臣,并厚赉之。

28 是月,凤阳陵火。

时有遗火山场者,遂延爇九十余里。巡按官劾留守中官王正等罪,赎杖,还职。

29 复召秦纮为南京户部尚书。

时言官交章论纮无罪,诏起之。

纮自为大臣,先后以劾宗戚屡得罪,赖廉直受主知,又所在著劳绩,为廷臣所推,故再仆再起云。

30 是岁,以河南布政使徐恪为右副都御史,巡抚河南。

恪所部多王府,持法严,宗人多不悦。平乐、义宁二王,遂讦恪减禄米、改校尉诸事,勘无验,坐恪入王府误行端礼门,欲以平二王忿。上知恪无罪,而以二王幼,降敕切责,命与湖广巡抚韩文易任,吏民罢市泣送,数十里不绝。

比至湖广,值岐王之国,中使携盐数百艘抑卖于民,为恪所持阻不行,其党密构于上。居一年,中旨改南京工部侍郎,恪上疏曰:"大臣进用,宜出廷推,未闻有传奉得者。臣生平不敢由他途进,请赐罢。"上慰留,乃拜命。

后以考绩入都,得疾,遂致仕,卒。

31 召右副都御史佀钟为户部侍郎。

钟以三年巡抚苏、松诸府,尽心荒政,至是召佐户部,总督仓场。未几,改吏部。

五年(壬子、一四九二)

1 春,正月,壬午,大祀南郊。

2 二月,丙寅,诏封安定王之族人善巴旧作陕巴。为忠顺王。

时土尔番既献还哈密城,兵部尚书马文升言:"番人素畏蒙古,必得元裔镇之。有安定王沁布旧作千奔。之族人善巴,乃故忠顺王托克托之近属从孙,可主哈密。"从之。

时又有绰尔济者,沁布弟也。初,哈密无主,廷臣固尝属绰尔济,而绰尔济惮哈密多事,不欲立,及事定,又觊得爵,兵部以其反复,持不诈。会诸番亦以善巴奏请,遂有是命,而以阿穆呼朗为都督佥事辅之。

3　庚午,减陕西织造绒毻之半,巡按御史张文请之也。

文言:"陕西岁歉之后,民病未苏,司礼监近下帖子降图式织造绒毻数百事,并宜停止,以其价振业贫民。"命减其半。

4　三月,戊寅,立皇子厚照为皇太子,赦天下。

5　录太庙配享功臣后。

初,功臣佐太祖定天下,卒后追封王者六人:中山,开平,岐阳,宁河,东瓯,黔宁,是(小)〔后〕其子孙皆袭侯;至是不替爵者惟中山、黔宁而已。上以立太子,颂恩诏及之,命吏部访以闻。【考异】诸书皆系诸臣裔孙袭封于是年,惟明史本纪分书之,盖访录在先,予袭在后也。三编统系之六年二月目中,亦类记访录功臣后于五年。盖本纪之分书,其月日皆据实录也。今参三编所记分书之。

6　辛卯,古田獞叛。

初:广西猺獞,惟古田种类最繁,其强者曰韦,曰白,曰闭,而皆并于韦。贼首丰朝威据古田,县官窜会城;遣典史入县抚谕,烹而食之。事闻,命副总兵马俊、参议马铉、千户王珊等进讨,皆遇伏败死。诏夺两广总督闵珪等俸,令益兵进剿。

7　是月,进后父张峦为寿宁侯。

先是峦封伯,请勋号诰券,尚书王恕言:"钱、王两太后正位中宫数十年,钱承宗、王源始邀封爵。今皇后立甫三年,峦已封伯,遽有此请,累圣德,不可许。"至是仍以后故晋封爵。

8　夏,四月,丁巳,录囚。

9　是月,大学士丘濬上言:"成化时彗星三见,遍扫三垣,地五六百震。迩者彗见天津,地震天鸣无虚日,异鸟三鸣于禁中。春秋二百四十年,书彗孛者三,地震者五,飞禽者三。今乃屡见于二十年之间,甚可畏也。愿陛下体上天之仁爱,念祖宗之艰难,正身清心,以立本而应务;谨好尚,不惑于异端;节财用,不至于耗国;公任使,不失于偏听。禁私谒,明义理,慎俭德,勤政务,则承风市宠,左道乱政之徒,自不敢肆其奸,而天灾弭矣。"因列时弊二十二事,上纳之。【考异】据明史濬传,上书在是年。宪章录、二申录皆系之是年之四月,今据之。

10　五月,乙亥,太白昼见。

11　是月,诏求遗书,从大学士丘濬之请也。

濬言:"高皇帝当至正丙午之岁,始肇帝业,首求遗书。既平元都,得其馆阁秘册,又广购民间,一时所积不减前代。太宗当多事之时,犹集儒臣纂永乐大典以备考究。今承平百年,中外无事,乌可使经籍废坠!夫民庶之家,迁徙不常,好尚不一,既不能广有储藏,即储藏亦不能久远。所赖石渠邃阁,积聚之多,收藏之富,扃钥之固,类聚者有掌故之官,阙略者有缮写之吏,损坏者有修补之工,散佚者有购访之令,然后不致废坏阙失。前代藏书之多,有至三十七万卷者,近内阁书目不能什一。数十年来,在内未闻考核,在外未闻购求,及今失之,恐遂放佚。自古藏书不一所,汉有东观、兰台、鸿都,唐有秘书监、集贤院,宋有崇文馆、秘书省。国朝罢前代台监馆省之官，并其任于翰林院，设典籍二员，掌文渊阁书籍。南京国子监虽设典籍，仅掌累朝颁降之书及旧锓书板而已。今请敕内阁所藏书籍，令学士以下督典籍官，汇若干册，册若干卷，检其有副本者，分贮一册于两京国子监。若内阁所无或不备者，乞敕礼部行天下提学官榜示购访，俾所在有司校录呈送。其藏书之所，二在京师，曰内阁，曰国子监；一在南京，曰国子监；使一书而存数本，一本而藏三所。每岁三伏时，令翰林院僚属同赴阁、监曝书，毕事扃鐍。廷臣有因事欲稽考者，奏请诣阅，以为常规，则于文治有裨焉。”疏入，上嘉纳之，故有是命。三编质实：“按宋书王俭传称明帝置东观祭酒，晋志称魏兰台选二御史居殿中，唐志称龙朔二年改秘书省曰兰台。则宋亦有东观，魏、唐亦有兰台，不独汉也。通典称汉延熹二年置秘书监，唐志称东宫官崇文馆学士二人，唐六典注称魏有崇文馆，则秘书监非始于唐，崇文馆亦非始于宋也。宋志称秘书郎掌集贤院图籍，则宋亦有集贤院，不独唐也。唐、宋皆设秘书省，其官皆称曰监，亦非唐谓之监而宋谓之省也。濬云然者，特临文偶举耳。”

12 加兵部尚书马文升太子少保。

文升请崇正学，抑邪说，节财用，省工作，所论奏甚众。至是以民困赋役，极陈其害，谓：“今民田十税四五，其输边塞者，粮一石费银一两以上，丰年用粮八九石方易一两。若丝绵布帛之输京师者，交纳之费过于所输。南方转漕通州，至有三四石致一石者。中州岁役五六万人治河，山东、河南修塞决口夫不下二十万，苏、松治水亦如之。湖广建吉、兴、岐、雍四王府，江西益、寿二府，山东衡府，通计役夫不下百万，诸王之国，役夫供应亦四十万。加以湖广征蛮，山、陕防边，供馈饷，给军旅者，又不知凡几。赋重役繁，未有甚于此时者也。宜严敕内外诸司，省烦费，宽力役，毋擅有科率，王府之工宜速竣，庶令困敝少苏。"上皆嘉纳之。

【考异】事见明史文升本传，证之是年河决，江、浙水灾及征蛮防边皆用工役之时，今统系之是月加太子少保下。

13 六月，丁未，免南畿去年被灾税粮。

14 是月，下御史彭程于狱。

程巡视光禄寺，见造皇坛祭器。——皇坛者，宪宗斋醮之所也。程上疏言："光禄金钱，皆民膏血，用之得当，犹恐病民，况投之无益之地。先帝笃信李孜省、继晓辈，意在求福；今二人已伏辜，尚不能自免祸，焉能福人！陛下即位，若辈废斥殆尽，何复有皇坛烦置器！果复有此，则宜遏之将萌，如无之，请治所司逢迎罪。"时上初无〔皇坛〕造（皇）器之命，特光禄仍故事未革，置以备也。及得疏，以程暴扬先帝过，下锦衣狱。给事中丛兰亦巡视光禄，继上疏论之。上宥兰，夺光禄寺卿胡恭等俸，付程法司论罪。

刑部尚书彭韶，拟程赎杖还职，不许。韶复抗章申救，且言："光禄寺靡用无籍，经费不支，牲物概赊之市肆，大为贾人累。及今不节，恐无以善后。程欲为国家惜经费，心本无他，但不应引李孜省事。"疏入，上令光禄寺籍岁出之数以闻，而戍程及家属于边。

程母李氏，年老，无他子，叩阙乞留侍养。南京给事中毛珵等亦奏曰："昔刘禹锡附王叔文，当窜远方，裴度以其母老为请，得改连州。陛下圣德非唐中主可比，而程罪亦异禹锡。祈少矜怜，全其母子。"不许。子尚，随父戍所，遂举<u>广西</u>乡试。明年,<u>上</u>念<u>程</u>母老,放还。

15 秋,七月,甲午,振<u>南畿</u>、<u>浙江</u>、<u>山东</u>饥。

时<u>山东</u>久旱,<u>南畿</u>、<u>浙江</u>水灾,兵部尚书<u>马文升</u>疏请振恤,从之。

先是<u>浙</u>饥,<u>余杭</u>致仕尚书<u>邹幹</u>疏言:"<u>浙江</u>水旱相仍,民穷且盗。乞亟行振恤。"<u>上</u>以<u>幹</u>家居忧国,赐羊酒文绮劳之。乃特遣侍郎<u>吴厚</u>巡视<u>浙江</u>,督有司振济。给事中<u>吴世忠</u>复上疏言:"近者各行省以灾告,而<u>浙江</u>为甚,致廑宸衷,屡饬百司经画。乃振恤之典有加,而惠泽之实未究。良由府县官吏,发粟不时,文书勘报,动淹旬月,俟既得食,而饥者已死,流者已远。又沈书吏胥役,因缘为奸,更有不可胜言者。今欲约之以法,莫若稽诸册籍,以产之多寡验民之穷富,凡遇给振,视此为则。富者不得滥支,贫者获沾实德,庶弊革而惠行。"因条上兴水利、复常平仓二事,诏举行之。【考异】<u>明史</u>稿书振<u>南畿</u>、<u>山东</u>于是月,而振<u>浙江</u>更系之八月乙卯。<u>明史</u>统书之是月,<u>三编</u>、<u>纲目</u>亦书于七月下,今从之。

16 是月,<u>河</u>复决数道,入<u>运河</u>,坏<u>张秋</u>东堤,夺<u>汶</u>水入海,漕流绝。命工部侍郎<u>陈政</u>总理河道,集夫十五万,治未效而<u>政</u>寻卒。【考异】诸书皆系之是年之七月,惟<u>明史</u>运河条下书于四年。按明年命<u>刘大夏</u>治河,则<u>政</u>卒当在是年,今牵连书之。

17 八月,癸卯,<u>刘吉</u>罢。

<u>吉</u>居内阁十八年,柄政久,权势烜赫。<u>上</u>初加委任,后眷亦渐衰,而<u>吉</u>无去志。及是<u>上</u>欲封后弟<u>张延龄</u>伯爵,命<u>吉</u>撰诰券,<u>吉</u>言"尽封二太后家子弟乃可",<u>上</u>不悦,遣中官至其家,讽令致仕,给驿归。

吉性机诈，善傅会，锐于营私，屡为言路所攻，晋官不已，人目之为“刘棉花”，以其耐弹也。吉疑其言出下第举子，因请举人三试不第者不得复会试。时适当会试期，举子已群集都下，礼部为请，诏姑许入试，后如令。已而吉罢，令亦不行，归逾年卒。【考异】据明史吉传，言“帝欲封后弟伯爵”。是年后父张峦卒，峦时已进侯，子鹤龄于是年十一月袭侯爵，则此所指盖延龄也。证之恩泽表，延龄封伯在八年十一月，盖帝欲以是年封，因吉言中止耳。今据表、传参书之。

18　乙丑，停南京、苏州、浙江额外织造，召督造官还，灾故也。

19　是月，寿宁侯张峦卒，追赠昌国公，命其子鹤龄袭为侯。

峦以后父故，特赐祭葬。钦天监革职监正李华择葬地，中旨复官。大学士徐溥等言：“即位以来，未尝有内降，幸门一开，末流安底！臣等不敢奉诏。”乃止。

20　冬，十月，丙辰，录囚。

21　壬戌，贵州都匀苗叛。

初，有苗贼七千人攻围杨安堡，都指挥刘英统兵觇之，为所困，诏镇巡官往援，乃得出。至是复有苗党乜富架、长脚等煽聚为乱，会巡抚邓廷瓒莅（壬）〔任〕，乃诏镇远侯顾溥率官兵八万人，以廷瓒提督军务，太监江德监军往讨之。——溥，兴祖之孙也。【考异】明史本纪书“贵州黑苗叛”，证之土司及廷瓒传即都匀苗也。今参二传书之。

22　是月，更中盐法。

初，洪武时，各边开中商人招民垦种，筑台堡自相保聚，边方菽粟无甚贵之时，成化间始有折纳银者，然未尝著为令也。商人纳米钞给盐，恒苦守支。至是户部尚书叶淇，淮安人，盐商皆其亲识，因与淇言："商人赴边纳粮，价少而有远涉之虞，在运司纳银，价多而得易办之利。"淇乃奏请"召商人纳银运司，类解太仓，分给诸边，每引输银三四钱有差"。视国初中米直加倍，而无守支之苦，一时太仓银累至百余万。然赴边开中之法废，商屯撤业，菽粟翔踊，于是边储因之日虚。

三编发明曰：叶淇召商纳银之议，论者多咎其更开中法，以致边储日匮。而不知明代边储之匮，自在屯政不修，而不尽关于盐法。其盐法之坏，又在势家乞中，而不关淇之变法也。

盖产盐有盈有绌，边地不能悬知，则但知召商开中而初不为支盐计。故守支之弊，在永乐时已所不免。逮宪宗之世，势家争先奏乞，所赐盐引动以万计，且许其越场支盐，不限年次，于是商人益困守支，而盐亦壅阏不行。夫商人挽输数千里外，守支至数十年之久而不得盐，及既得盐，复为奏乞盐所壅阏而不获速售，然则商人之病开中亦极矣，虽日下令招之，其谁应哉！

淇见报中之急，乃为更制以利商，商利则报中多，报中多则国课裕，是亦救弊之策也。如云商屯撤业，边粟翔贵，独不思塞下之地，商可屯，军不可屯乎？

明食货志称成化时屯田法废，戍卒多役于私家，子粒不归于公廪。论者不深咎此，而徒责淇变法，亦昧于轻重之计者矣。

23 十一月,丙申,闭浙江温、处银坑。

24 是月,停纳粟例。

初,成化末,以陕西、河南诸省饥,始开事例,凡纳粟者许为监生、吏、典等项。至是尚书王恕言:"永乐、宣德、正统间,天下亦有灾伤,各边亦有军饷,当时无纳粟例,粮不闻不足,军民不闻困弊。比年来一遇灾伤,辄行捐例,以致正途壅滞。出身候选,多至十五六年以上才得一官,年已向暮,谁肯尽心职业! 又况前项人员既以财进身,岂能以廉律己! 欲他日不贪财害民,何由可得!"上是其言,立命已之。

25 十二月,丁巳,荆王见潚有罪。

见潚者,荆宪王之孙,靖王子也。靖王三子,次见溥,封都梁王,与见潚同母。见潚怨母之昵见溥也,锢母,夺其衣食,竟死,出柩于窦。召见溥入后园,捶杀之;给其妃何氏入宫,逼淫之。从弟都昌王见潭妻苒氏美,求通焉;见潭母马氏防之严,见潚髡马鞭之,囊土压见潭死,械系苒妃入宫。尝集恶少年,轻骑微服,涉汉水掠人妻女。弟樊山王见澋,惧祸及己,密以闻。上召至京师,御文华殿,命廷臣会鞫。见潚引伏,废为庶人,锢之西内。

26 是岁,吏部主事蔡清上疏,略曰:"今日急务,在朝廷之纪纲,而其次在边境。今士大夫皆谓罪可以计免,功可以权得,苟利其家,朝廷之事不暇顾也。民之贫者无立锥之地,而宦官厮养富过王侯。朝廷锱铢取于民以为士马资者,半入于庸将之家,而转输于权幸之门,于是兵弱而不能卫民。盖士风弊则人才乏,民力屈则兵力弱,势也。夫贤者必用,不肖者必去,功必赏,罪必罚,此纪纲之大要也。若其本则在人主之一心,心正而后事可理,理明而后心可正,讲学而后理可明。真氏大学衍义一书,不易之则也。"
上嘉纳之。【考异】诸书不载蔡清上书事,此据明鉴补。证之明史本传,言"王恕时长吏部,访以时事,清乃上二札,一请振纪纲,一荐刘大夏等三十余人,恕皆纳用"。据此,则清乃上恕札,恕纳其言,复行上奏耳。明鉴所载在是年十月,今系之是年之末。

六年(癸丑、一四九三)

1 春,正月,己卯,大祀南郊。

2 是月,吏部考察大学士丘濬言于上曰:"唐、虞三载考绩,三考黜陟。今有居官未及一载而黜者,所黜徒信人言,未必皆实。此非唐、虞之法,亦非祖宗旧制也。"上然之,敕吏部:"凡历官未及三载者,俱令复任。虽经三考,非有贪暴实迹者亦勿黜。"时王恕主吏部,争之不得,遂有隙。

3 二月,甲寅,吏部访得开国勋臣常遇春玄孙复、李文忠玄孙璇、邓愈五世孙炳、汤和六世孙绍宗以闻。诏袭指挥使,奉先祀。

时有滁人郭琥,自言滁阳王子老舍四世孙。老舍当宣德间曾以滁阳王亲来朝,至是琥遂冒之,命予冠带奉祀。已而为宥氏所讦。——宥氏者,故滁阳王邻,太祖复其家,令世守王墓者也。礼部审滁阳王碑文,王实无后,老舍非王子,复夺其冠带。

4　丁巳，擢布政使刘大夏右副都御史，治张秋河。

是时张秋屡决，上深以为忧，命廷臣荐才识堪任者。时大夏方为浙江左布政使，以王恕荐，赐敕遣之。【考异】据明史本纪、三编，在是年二月，证之河渠志黄河条下特书"弘治六年二月"，与本纪合。而运河条下以为七年之春，盖大夏以六年往，七年议治河，志中未分析。且下文所载，正直夏汛将至，漕舟鳞集，皆七年大夏经营之本末，非二志自相矛盾也。今分书之。

5　是月，兵科给事中吴世忠上言："太宗皇帝奉天靖难，当时文臣如方孝孺、周是修、练子宁、邹瑾、魏公冕、齐泰、黄子澄诸人，皆伏节以死。夫太宗靖难者，武王之心，天下之大权也；诸臣抗节者，夷、齐之志，天下之大经也。世之论者，徒以诸臣之迹为疑，此皆不知祖宗之心，帝王之孝者。太宗尝谓群臣曰：'若练子宁在，朕固当用之。'仁宗即位之初，即诏赦诸忠臣子孙。此二圣之所已行者。且仁宗既罪李时勉而日后又有忠文之谥，英宗既诛于谦而未几又有庙祀之举。祖宗雄略，率多类此。陛下以祖宗之心为心，褒赠诸臣，九庙神灵岂特生色而已耶！"事下礼部议，竟格不行。【考异】据宪章录、法传录、明书，皆系吴世忠请褒恤方孝孺等于是月，三编不载，今据增。

6　三月，癸未，赐毛澄等进士及第、出身有差。

7　是月，宁夏地震。连三年共二十震。

8　夏，四月，己亥，土尔番复据哈密。

善巴既立，诸番索犒赏不得，皆怨之。寻阿穆呼朗又引别部默克埒旧作乜力克。人掠土尔番牛马，阿哈穆特怒，潜兵夜袭哈密，围之三日，诸番莫肯捍御，沁布忌其立，亦不援;默克埒、卫喇特以兵来助,俱败去。乃执善巴,禽阿穆呼朗,支解之。伊兰复据其城。

事闻,丘濬谓马文升曰:"西陲事重,烦公一行。"文升曰:"西域人嗜利,自古未有能为中国患者。徐当靖之。"濬复以为言,文升请行。廷臣佥言:"北寇方张,本兵未可远出,请改命大臣。"己酉,遣兵部侍郎张海、都督同知缑谦经略哈密。

9 庚申,录囚,并命南京法司暑月录囚如京师。

10 辛酉,久旱,敕修省、求直言。

庶子李东阳,条摘孟子七篇大义,附以时政得失,累数千言,上之;吏部侍郎张悦,陈"遵旧章,恤小民,崇俭素,裁冗食,禁滥罚"数事,又上修德、图治二疏;上皆嘉纳。【考异】久旱求言,据本纪在是年四月,而东阳本传列之五年。其实五年并无久旱求言事,疑误记也。

11 是月,太医院院判刘文泰劾吏部尚书王恕,大学士丘濬使之也。

濬与恕素不相能,是年考察,恕奏罢二千人,濬调旨留之者九十余人,恕遂求去。文泰者,故往来濬家,以求迁官为恕所沮,衔之。恕里居日,尝属人作传,镂板以行,濬谓其沽直谤君。文泰心动,乃自为奏草,示除名都御史吴祯润色之,讦"恕变乱选法,且传中自比伊、周,于奏疏留中者,概云'不报',以彰先帝拒谏,无人臣礼",欲中以奇祸。恕奏辨,且言"文泰无赖小人,此必有老于文学多阴谋者主之,请赐廷鞫"——盖指濬也。诏下文泰锦衣狱,词连濬,诸言官亦交诋濬,请并逮祯对簿。上不悦,降文泰御医。

【考异】据明史七卿表,王恕致仕在闰五月。盖文泰之劾在是月,故明史稿书之四月癸丑,今系之是月下,而分书恕致仕于闰月。

12 五月,丙寅,小王子犯宁夏,杀指挥赵玺。

13 闰月,乙未,免南畿被灾秋粮凡一百八十万石有奇。

应天巡抚倡钟复以饥告,"请截留苏、松、常、湖四府漕粮三十万石分振被灾郡县",从之。

14 是月,太子太保吏部尚书王恕致仕。

文泰之贬也,上责恕沽名,令焚所镂板,而置澂不问。恕再疏辨,不省,乃力求去,听驰驿归,不赐敕。廷论以是不直澂。

> 王世贞曰:按搢绅之论,皆以文泰此举出自丘公。然三原止合略辨其事,力求归休,不当疏请廷鞫,又以"老学阴谋"肆加诋斥。大臣恬静之礼,与事君恭顺之道,惜乎无为三原谋者!盖公北人伉直少文之故。而宪章录为贤者讳,亦似未考其事之颠末也。

15 六月,庚午,京畿大旱。

飞蝗过京师,自东南而西北,日为之掩者三日。户部请"遣顺天府丞毕亨行县督捕,其直隶府、卫及各布政司,并令正、佐官行视",从之。

16 壬申,总督湖广右都御史闵珪击古田叛獞,破之。

上年马俊等之败没也,诏切责珪等,珪乃与总兵官毛锐复进兵连破七寨,余皆就抚。遂连定百余寨,獞患渐戢。

于时南京户部员外周琦上讨獞三策,谓:"桂林之古田,柳州之马平,山势绵亘,径复冈连。大军北进则贼南走,西进则贼东走,师甫退则贼盘据如故,以是屡发兵讨,迄不能创贼。所当厚集兵力，环四面锐攻，遏其奔窜之路以覆其巢。抚定残獞，召还逋民，编户给田，薄租赐复。或析村附邻县，或医俗置土官。三年安堵，然后班师。此为计长久之策。

如不能然，仍止调阼近官军与土兵进剿，则师期不可不早。往者讨獞之师，大抵秋征冬集，春初入山，雨水既多，瘴疠将发，势不能久驻。若于六月调发，霜降进攻，不致迫于撤兵，则深阻可穷而功乃克集。

且獞贼之叛，虽常数十峒猬起，而倡乱特一二凶渠。郡县既闻窃发，四五百里禀命制府，议抚议剿，辄淹旬时，贼得以其间连结者獞，势乃益炽。若责成分镇军官，乘其蠢动，即率所部偕郡县吏以时扑灭，则可不征师不糜饷而事济。此二者，亦创贼之策也。"

琦，马平人，生长诸獞出没之地，知其情势，故所陈策颇得贼要领，廷议皆是之，下两广守臣议行。而古田寻告捷，守臣幸纾患目前，遂置琦策不用。【考异】周琦上讨獞三策，诸书不载，三编书之是年目中。据云："琦策方议行，而古田寻告捷。"是二事同在一年，今据增。

17　是月，改耿裕为吏部尚书，以礼部侍郎倪岳为本部尚书。

岳任事未久，会诏取国师领占竹于四川，岳力谏，不省；给事中夏昂、御史张祯等相继争之，事竟寝。时营造诸王府，规制弘丽，逾永、宣之旧，岳请颁成式，从之。【考异】谏取四川国师事，法传录系之九月。证之明史岳传，即擢尚书后事，今牵连并系之是月下。

18　秋,七月,刑部尚书彭韶致仕。

韶莅任三年,昌言正色,与王恕、何乔新称“三大老”。时内官王明、苗通、高永,杀人遣戍;昌国公张峦,建坟逾制,役军至数万;畿内民冒充陵庙户及勇士旗校辄免徭役,致见户不支,流亡日众。韶抗章极论,皆格不行,贵戚、近习深疾之。韶因连疏乞休,竟得请去。

19　八月,辛未,雨雹,大如弹丸,平地壅积。

礼部尚书倪岳疏弭灾急务,劝上勤圣学,开言路,止无功之费,停不急之役,黜奸贪,进忠直,多见采纳。

先是四方所报灾异,礼部岁终汇奏,视为具文;岳在部,乃以日月先后汇分条析,复援证经史,为上恳切言之。

20　甲戌,免顺天之河间、保定等府被灾夏税。

是年以灾蠲者,两京外,蠲山西太原诸府、平阳诸县夏税,河南开封诸府夏税之半,祥符诸县秋粮。又免沈阳卫屯粮六万四千余石。振则自苏、松外,山东饥甚,巡抚王霁先后请发帑金五十余万,米二百余万石,选廉能吏验口给之,凡活饥民二百六十余万。【考异】以上各省蠲振,三编统系之闰五月免应天、苏、松田租目中。证之明史本纪,于南畿、山东之振皆遗之,今据三编,汇记于是年八月下。

21　是月,以都御史白昂为刑部尚书,代彭韶也。复召屠滽为左都御史以代昂。

22　九月,丁酉,免陕西被灾夏税。【考异】是年蠲振,悉具三编闰五月目中,惟漏却陕西,今据明史月日增。

23　是月,赐荆王见潚死。

见潚既系西内,复自系中擸奏见㵾罪,诬其与楚府永安王谋不轨,诏遣使往按问不实。见濡更奏"见潚尝私造弓弩,与子祐柄有异谋",验之得实。乃赐见潚令自尽,废祐柄,而以见溥子祐橺顾为荆王。

24 冬,十月,丙寅,以灾伤,罢明年上元灯火。

庚辰,停甘肃织造绒毹。

25 十一月,庚申,振京师流民。

26 是月,诏举天下材德之士隐于山林者。顺天府尹唐恂,举布衣潘辰。

辰,景宁人,少孤,随从父家京师,以文学名,吏部以其生长京师不录。至是恂复奏,而给事中王纶、夏昂亦交章荐,乃授翰林待诏,掌典籍。会典成,进五经博士,累官至太常卿。一时士大夫重其学行,称为南屏先生。【考异】潘辰事见明史陈济传,传言诏举才德之士在弘治六年。明书系之是年十一月,今从之。

27 十二月,乙丑,太白昼见。

28 辛未,以灾复(复)开银米事例,备振济之用。

29 己卯,敕天下镇、巡官修省。

30 是月,南京大雷雨,拔孝陵树。

31 巡按河南御史涂昇疏论治河。

其略曰:"黄河之为患,南决病河南,北决病山东。昔汉决酸枣,复决瓠子,宋决馆陶,复决澶州,元决汴梁,复决蒲口。然汉都关中,宋都大梁,河决为患,不过濒河数郡而已。今京师专藉会通河,岁漕粟数百万石;河决而北,则大为漕忧。臣博采舆论,治河之策有四:

一曰'疏浚'。荥、郑之东,五河之西,饮马、白露等河,皆黄河由涡入淮之故道。其后南流日久,或河口以淤高不泄,或河身狭隘难容,水势无所分杀,遂泛滥北决。今惟躐上流东南之故道,相度疏浚,则正流归道,余波就壑,下流无奔溃之患,北岸自无冲决之虞矣。二曰'扼塞'。既杀水势于东南,必须筑堤于西北。黄陵冈上下旧堤缺坏,当度下流东北形势,去水远近,补筑无遗,排障百川,悉归东南,由淮入海,则张秋无患而漕河可保矣。三曰'用人'。——荐河南佥事张鼐。四曰'久任'。——则请专任大夏,且于归德或东昌建公廨,令居中裁决也。"

上是其言,诏大夏议行之。【考异】涂昇论治河,诸书不载,具见明史河渠志,书于六年十二月,今据增。

32 是岁,擢布政使何鉴为右副都御史,巡抚江南,兼理杭、嘉、湖三府税粮。

七年(甲寅、一四九四)

1 春,正月,丁酉,大祀南郊。

2 是月,兴王之国安陆,舟次龙江,有慈乌数万绕舟,至黄州亦然,时以为瑞。谢疏陈五事,上嘉之。【考异】事见明史本传。明人诸书皆系之是年正月,以世宗故,记之特详,今据之。

3 二月,甲子,以去冬孝陵风雷之变,遣使祭告。敕两京群臣修省,求直言,并命内外慎刑狱,决轻系,从给事中马子聪、御史刘琬之请也。

4 是月,工部尚书贾俊罢,以侍郎刘璋升任代之。

5 河复决张秋。

时刘大夏以夏汛将至,漕舟鳞集,乃先自决口西岸凿月河以通漕。

6　三月,癸巳,贵州苗平。

先是巡抚邓廷瓒奉提督军务之命,以副使吴倬善计画,引赞军事。倬遣熟苗诈降富架,诱之入寇,伏兵禽之。乘势深入,连破百余寨,生禽长脚以归,群苗震慑。

廷瓒言:"都匀、清平,旧设二卫、九长官司,以土人世官,自用其法,恣虐激变,苗民乱四十余年。今元凶就除,非大更张不可。请改为府县,设流官,与土官兼治,庶可久安。"于是设府一,曰都匀,州二,曰独山、麻哈,县一,曰清平。苗患自此渐息。【考异】升都匀为府,属二州一县,据地理志,在弘治七年五月。盖平苗奏报在先,处置在后也,今并记之。

7　戊申,敕两畿捕蝗。民捕蝗一斗者,给米倍之。

8　夏,四月,丁亥,录囚。

9　是月,张海等自土尔番还。

海与缑谦皆庸才,行至甘州,遣土尔番人归谕其主,令还侵地,身驻甘州待之。至是阿哈穆特遣使求贡,诡言愿还善巴及哈密。廷议以番人谲诈,谋弃善巴,闭嘉峪关,绝番贡。海等闻之大喜,遂逐番使,封关而还。言官劾其罪,下狱,寻贬秩。【考异】明史土尔番传,海等还在是年。三编类记于六年四月,且中亦云"明年"。证之明书、宪章录,皆系之四月,今据之。

10　五月,甲辰,遣太监李兴、平江伯陈锐往会刘大夏治张秋决河。【考异】宪章录书张秋河成于是月,盖因命李兴等牵连并记也。明史纪遣治在五月,河成在十二月,今据分书之。

11　是月,宣府、山西、河南有星昼陨。

12　六月,筑高邮湖堤成,赐名康济河。

初，白昂治开封决河讫工，遂自山东循运河而南，抵扬州，议治之。时御史孙珩、郎中吴瑞方董南河事，皆谓"高邮州运河九十里，自州西北三里入新开湖道。湖凡五十里，湖东直南北为堤，洪武中障以土，正统中固以石，屡决而复修。其西北则与武安、张良、七里、珍珠、甓社诸湖相灌注，萦回数百里。每风涛作，挟舟触堤石辄坏，多覆溺者。当于湖东开复河以避其险"。

昂遂上其议，召工开凿。起杭家嘴，历清水潭，抵丁志港，长竟四十里。两岸壅土为堤，堤首尾置闸，与湖通。堤之东又置闸四，垱洞一。至是成，会大夏治张秋河，奏上之。【考异】白昂治开封决河在前，筑高邮堤在后，诸书并系之二年之冬，牵连并记耳。三编据其成之日，列其事于且中。今从之。

13 秋，七月，乙巳，京师地震。三编目云，"月之十九日乙巳也。"此据实录。明史五行志无月日。

14 丙午，命工部侍郎徐贯往苏、湖，会巡抚副都御史何鉴经理南畿水利。

时三吴水道湮塞，给事中叶绅、巡按御史刘廷瓒乞遣官浚治，乃命贯往。

贯上言："自永乐初命夏原吉浚治，时以吴淞江滟沙浮荡，未克施工，逮今九十余年，港浦复塞。臣相度地势，疏吴江长桥，导太湖散入淀山、阳城、昆承等湖。又开大石、赵屯等浦，泄淀山湖水由（误）〔吴〕淞江入海，开白鱼洪、鲇鱼口等处，泄昆承湖水由白茆港入江，开斜堰、七浦、盐铁等塘，泄阳城湖水由七（了巷）〔丫港〕入海。下流既通，于是开湖州之娄泾，泄天目、安吉诸山水自西南入太湖，又开诸斗门以泄运河之水,由<u>江阴</u>入<u>大江</u>,上流亦通。东南水患少息。"并奏以主事<u>祝萃</u>自随,从之。

15 <u>南京</u>六、七两月,复大风雷,坏<u>孝陵</u>树。

16 八月以<u>李东阳</u>为礼部右侍郎兼翰林侍读学士,典诰敕。

　　时阁臣<u>徐溥</u>等以诏敕繁,请如先朝<u>王直</u>故事,设官专领,乃推<u>东阳</u>入阁典之。

17 晋<u>徐溥</u>少傅、吏部尚书、谨身殿大学士,<u>丘濬</u>少保、户部尚书、<u>武英殿</u>大学士,<u>刘健</u>太子太保兼礼部尚书、<u>武英殿</u>大学士。

18 九月,丁亥,以水(文)〔灾〕停<u>苏</u>、<u>松</u>诸府沂办物料,留关钞户盐备振。

19 是月,<u>南京地震</u>。

　　时御史<u>宗彝</u>等请召致仕尚书<u>何乔新</u>、<u>彭韶</u>,不报。【考异】<u>明史</u>五行志于是年书云:"是岁两京凡(大)〔六〕震。"三编据实录书于七月京师地震目中,云:"九月戊寅<u>南京地震</u>,十一月壬子,京师地复震。"凡可考者三,<u>南京</u>一见,即是年之九月。惟九月无戊寅,戊寅为八月二十二日,盖八月丁巳朔也。三编"戊寅"二字疑误,否则"九月"二字当为"八月"之误。今但书"是月",不书"戊寅"。

20 加吏部尚书<u>耿裕</u>、兵部尚书<u>马文升</u>俱太子太保,户部尚书<u>叶淇</u>、刑部尚书<u>白昂</u>、都御史<u>屠滽</u>俱太子少保。

21 冬,十月,己未,录囚。

22 是月,立<u>金民壮法</u>。

　　初,<u>正统</u>、<u>景泰</u>间,尝募民壮愿自效者,然未定金法。至是以给事中<u>孙鼐</u>言:"令州县七八百里以上里金二人,五百里三人,三百里四人,百里以下五人,俱于丁众粮多之家,选年力强者充之,有司以时训练。遇有调发,给粮以行。而禁占役贿纵之弊。富民不愿者,则上直于官,官自募之。"【考异】诸书皆系金民壮于二年,今据三编,本实录也。

23 广洋卫指挥石文通,奏太监蒋琮僭侈杀人、掘聚宝山伤皇陵脉及殴杀商人诸罪,琮竟减死,谪充孝陵净军。

24 十一月,壬子,京师地复震。

25 十二月,甲戌,张秋河工成。

初,刘大夏奉敕治河。时河流湍悍,决口阔九十余丈。大夏行视之,曰:"是下流未可治,当治上流。"于是即决口西南开月河三里,属之旧河,使通漕运。乃浚黄陵冈南贾鲁旧河四十余里,由曹出徐以杀水势。又浚孙家渡口,别凿新河七十余里,导使南行,由中牟、颍上东入淮。又浚祥符四府营淤河,由陈留至归德分为二:一由宿迁小河口,一由亳州涡河,俱会于淮。然后沿张秋两岸筑台立表,贯索连巨舰,穴而窒之,实以土。至决口,去窒沉舰,压以大埽,且合且决,随决随塞,连昼夜不息,功乃成。上遣行人往劳,改张秋名曰安平镇。【考异】明人诸书皆系张秋河成于四月,今月日悉据明史纪、志。

26 己卯,小王子数犯甘凉、永昌、庄浪。诸被掠者,敕镇、巡官恤其家,给以牛种。

27 是岁,免北京、河南、湖广、陕西、山西被灾夏税。【考异】是年免各省税粮,明史本纪不书月日,统系于是年之末,三编同,今据之。

28 前翰林院检讨庄㫤,以成化初与章懋、黄仲昭等谏内廷张灯,廷杖被谪。寻授南京行人司副,居三年,母忧去。

旋丁父忧，服除，不复出。居定山二十余年，学者称定山先生。巡抚王恕尝欲葺其庐，辞之。荐章十余上，部檄屡趣不赴。大学士丘濬恶昪，语人曰："率天下士背朝廷者昪也。"

是年，有荐昪者，应诏起用。昪念濬当国，不出且得罪，强起入都。阁臣徐溥欲复起为翰林，濬曰："我不识所谓定山也。"乃复以为行人司副。俄迁南京吏部郎中，得风疾，明年乞休，部臣不为奏。又明年，京察尚书倪岳以老疾罢之。居二年卒。天启初，追谥文节。

29　前威宁伯王越，以汪直党被谪，时议颇以越功大罪轻，然竟无白之者。上嗣位，赦还。是年，越屡疏讼冤，诏复左都御史致仕。越时年七十，耄矣，复结中官李广，以中旨召掌院事。给事中季源、御史王一言等交章论，乃寝。【考异】以上二事，据明史本传，皆特书于是年。诸书不载，今据增。

明通鉴卷三十八

江西永宁知县当涂 夏　燮 编辑

纪三十八　起旃蒙单阏(乙卯)尽著雍敦牂(戊午)凡四年。

孝宗敬皇帝

弘治八年(乙卯、一四九五)

1　春,正月,乙未,大祀南郊。

以太皇太后不豫,免庆成宴。

2　壬子,鞑靼寇凉州。

时鞑靼北部伊毕喇伊木王旧作亦卜剌因。等入套驻牧,小王子及陀罗海之子旧作脱罗干。和硕旧作火筛。居贺兰山后,与之相倚,势日强,至是入寇。甘肃总兵官刘宁与战,禽斩五十余人。相持至暮,收辎重南行,寇复来袭,禽其长一人。明日,参将颜玉来援,副将陶祯兵亦至,寇乃遁,俘其稚弱,获马驼牛羊二千。

论功,进宁右都督。

未几,寇犯宣府。是年三入辽东,卒为东西诸边患。

3　二月,乙卯朔,日有食之。【考异】诸书皆作"三月乙酉朔日食"。<u>明史</u>推历改正,今从之。

4　戊午,<u>丘濬</u>卒。

<u>濬</u>在内阁五年,尝以宽大启上心,忠厚变士习,廉介嗜学。所居邸第极湫隘,四十年不易。既老,右目失明,犹披览不辍。然议论好矫激,讥<u>范仲淹</u>多事,谓"<u>岳飞</u>未必能恢复,<u>秦桧</u>有再造功。"闻者颇骇其言。性褊隘,与<u>刘健</u>议事不合,至投冠于地。言官建白不当意,辄面折之。

与<u>王恕</u>不相得,至不交一言,卒嗾所私<u>刘文泰</u>讦之去。及是卒,<u>文泰</u>往吊,<u>濬</u>妻叱之出,曰:"以若故,使相公龁<u>王公</u>,负不义名,何吊焉!"

赠太傅,谥<u>文庄</u>。

论曰:<u>黄南雷明儒学案</u>,谓"<u>丘文庄</u>喜进恶退,一见之于<u>定山</u>,再见之于<u>白沙</u>,与<u>尹直</u>相去不远。"今按<u>尹直</u>琐缀录,言"<u>丘濬</u>修<u>宪宗实录</u>,谓'<u>陈献章</u>作十绝句媚<u>梁芳</u>,自是为世所鄙'"。予谓此即<u>尹直</u>平日以此诬<u>白沙</u>者,<u>濬</u>遂据而笔之实录中。又据<u>王弇州</u>引<u>宪宗实录</u>,谓"<u>献章</u>貌谨厚,诗文亦有可取者,然于理学未究也。一时好事者妄加推尊,形诸荐奏,虽其乡里前辈以德行文章自负者亦疑之。及授官归,沿途拥骈从,列仗槊,扬扬得志而去"云云。<u>薛氏宪章录</u>谓"此语出自<u>张元祯</u>之笔,不过因乡里前辈之语,非出于<u>濬</u>之所自道。"然又安知非出于<u>濬</u>之所指授,遂笔之实录中!<u>南雷</u>见<u>元祯</u>极称<u>献章</u>,遂以为<u>尹直</u>等之所为。然<u>元祯</u>固力诋<u>康斋</u>者,而<u>白沙</u>则<u>康斋</u>弟子也。<u>宪宗实录</u>

主自<u>丘濬</u>,而<u>张</u>、<u>尹</u>二人实秉笔焉。乃至藉代言之体以逞其撼树之诬,岂非昔人之所云秽史哉!

5 乙丑,以礼部侍郎<u>李东阳</u>、少詹事<u>谢迁</u>入内阁预机务。时<u>迁</u>方居忧,力辞。许俟服除拜命。

6 己卯,<u>黄陵冈</u>河工成。

先是<u>刘大夏</u>治<u>张秋</u>决口成,复上言:"<u>安平</u>既塞,下流已治,惟<u>黄陵冈</u>居<u>安平镇</u>之上流,河口广九十余丈,<u>荆隆</u>等口又居<u>黄陵冈</u>之上流,广四百三十余丈,<u>黄河</u>至此,宽漫奔放,必筑塞诸口,导<u>河</u>上流,使南下<u>徐</u>、<u>淮</u>,庶可为运道久安之计。"廷议从之。

是年正月,<u>大夏</u>乃兴工筑塞<u>黄陵冈</u>及<u>荆隆</u>等口凡七处,五旬而毕。于是上流河势复归<u>兰阳</u>、<u>考城</u>,径归<u>德</u>、<u>徐州</u>入运河,会<u>淮</u>水东注于海,南流故道以复。又筑<u>大名府</u>之长堤,亘三百六十里,起<u>胙城</u>,抵<u>徐州</u>。复筑<u>荆隆</u>口等堤凡一百六十里,起于<u>家店</u>,历<u>铜瓦厢</u>,抵<u>小宋集</u>。大小二堤相翼,培以石坝,溃决之患始息。敕建<u>黄河</u>神祠以镇之,赐额曰"昭应"。

初,<u>黄河</u>自金<u>明昌</u>中南北分流,其后南流盛而北流渐微。国朝<u>正统</u>、<u>景泰</u>间,尝东决<u>大清河</u>入海,虽即修治,而支渠犹有存者。至是<u>黄陵冈</u>塞,<u>黄河</u>始全入于海,而北流遂绝。【考异】据<u>明史河渠志</u>,议筑<u>黄陵冈</u>在去年<u>张秋</u>河工后,兴工在本年正月,成于二月己卯。则<u>三编</u>所云"五旬"者确合。<u>志</u>以为"旬有五日"。未知何据,今从<u>三编</u>。

国朝<u>孙嘉淦</u>论治河曰:北之<u>大清河</u>为<u>济水</u>,南之<u>大清河</u>为<u>淮水</u>,皆能涤河之淤。宋<u>熙宁</u>二年,河决<u>澶</u>

州,分而为二:一由南清河入海,一由北清河入海,南北分流,历久无患。南渡以后,河遂南徙。论者谓地势南高北下,宜顺水之性,导之北行,不可引之南下。至正初决金堤等处,命贾鲁治之,大开黄河故道,水遂安流。贾鲁称善治河,乃道之北行,未尝令南徙也。

明洪武初,河决阳武,东过开封,南入于淮,而河之故道遂淤。正统十三年,河决张秋、沙湾,东流入于海。景泰时又决张秋,弘治时又决金龙口,趋张秋,冲会通河以入海。张秋之东不及百里,即东阿之山,山下即大清河。黄河决水不能逾山东走,必自顺河北行,故凡言决张秋者,皆由大清河以入海也。自刘大夏筑大行堤二百余里,逼河南行,河遂全入于淮,逆水性而祸民生,亦可谓拙于谋矣。

我朝运道、河流,皆沿旧制。顺治、康熙年间,决北岸者十之九,决南岸者十之一。北岸决后,溃运道者半,不溃运道者亦半,凡其溃运道者,皆由大清河以入海者也。盖以大清河之东南皆泰山之支脚,故其道亘古不坏,亦不迁移。从前南北分流之时,已受黄河之半,嗣后张秋溃决之日,又受黄河之全。然史但言由此入海而已,并未闻有冲城郭、淹人民之事,则此河之有利而无害,亦百试而足征矣。

至于运道,尤易为力。即从张秋入海,顺河北行,五六日可至利津,距天津海道不过五六百里。计大清河所经之处,不过东阿、济阳、滨州、利津等四五州县,即有漫溢,不过偏灾。忍四五州县之偏灾,即可减两江二三十州县之积水,并解淮、扬两府之急难,此其利害之轻重,不待智者而后知也。

7 三月,壬辰,免湖广被灾税粮。

8 己亥,陕西、宁夏地震十二次,声如雷。

9 夏,四月,甲寅,苏、松各府治水工成。凡修浚河泾、港渎、湖塘、斗门、堤岸百三十有五所,役夫二十余万。徐贯悉以任之祝萃,功为多。然是时迫于成功,疏白茆未深广,十数年后,仍复壅塞。

10 壬戌,谕吏部、都察院:“考察进退人才,务得实迹以闻。”

11 乙丑,封后弟张延龄为建昌伯。

12 壬午,录囚。

13 是月,下山东副使汤茂元于狱。——茂元,吏部侍郎守陈子也。

初,上遣中官李兴等偕刘大夏治河,兴威虐,縶辱按察使,且多索供亿。茂元代摄司事,上言:“治河之役,官多而责不专。有司供亿,日糜百金。诸臣初祭河,天色阴晦,帛不能燃,所焚之余,宛然人面,具耳目口鼻,观者骇异。鬼神示怪,夫岂偶然! 乞召还兴及陈锐二人,专委大夏,功必可成。”且言:“后戚家威权太盛,请加禁防。画工艺士,宜悉放遣。山东既有内臣镇守,复命李全镇临清,徒滋民扰,亦宜撤还。”疏入,下山东抚按官勘奏,言“焚帛之异诚有之,所奏供亿,多过其实。”而兴、锐连章劾茂元妖言,诏遣锦衣百户胡节逮之。

茂元莅官有惠政，父老遮道诉节，乞还杨副使。比入见，茂元长跪不伏，上怒，下锦衣狱。节遍叩中官，备述父老诉冤状，中官多感动。会言官交论救，部议赎杖还职，特谪长沙同知，寻谢病归。【考异】诸书多记茂元事于去年五月遣李兴、陈锐下，证之明史本传，茂元上书在李兴等既至之后，下狱当在八年。三编据实录系之是年之四月，今从之。

14 五月，己丑，免南畿被灾秋粮。

时应天之苏、松等府，浙江之嘉、湖等府，并以灾告，因命工部侍郎徐贯协同巡抚何鉴振之。凡给谷米五十六万三千余石，帑金三千九百五十余两，所活饥民百二十万有奇。【考异】明史本纪，是月但书"免南畿秋粮"，不及振应天、浙江，今据三编纲目增入。

15 是月，定国子监生拨历事期。

初，洪武中，国子监设六堂课，诸生行积分法，以八分为率，不及者仍坐堂肄业。又令诸生分习吏事，谓之"历事"，又谓之"拨历"，其期以入监之年月为先后，送吏部选用。其超异者，奏请上裁，多擢显官；其常调者，为府、州、县六品以下官。已而进士日重，监生日轻，虽积分、历事不改初法，而监生渐多淹滞，拨历或至十余年之久。景泰以后，乃频减拨历岁月以疏通之，每岁拣选优者，辄与拨历，遂有坐监未及一年者。

及是监生在监者少，而吏部听选至万余人，又不得官。礼部尚书倪岳乃定议，"监生诸司历事，一依旧例，必日月满后方许分拨"。由是诸生在监稍久，而选人亦不至壅滞矣。时林瀚为祭酒,以监生不敷拨历,请增贡额,岳亦议行之。

瀚典国学垂十年,馈银岁以百计,悉贮之官,以次营立署舍,师儒免僦居自瀚始。

16 秋,七月,丁亥,封宋儒杨时将乐伯,从祀孔子庙廷。

初,正统中,训导王昌请以时入祀孔庙,下礼部议,未及行。其后祭酒谢铎亦以为言。至是特命从祀,位司马光之次。三编质实:"孝宗实录言'时位在司马光之次',而明史礼志所述先儒位次,光之次为程颐。颐之次为时,盖分列两庑,则时位次光,而统左右庑序之,则时又居颐之次也。"

17 戊子,广西府江、平乐獞叛。

府江者,漓江之水自兴安流入桂林府东北,复绕而南行,入平乐府境。夹江两岸皆高山,纡回六七百里,猺、獞之所聚也。由府江而西南百六十里曰永安州,州之西有荼山、力山诸獞,凭险阻与府江贼相声援,遂并起为乱。

总督闵珪调兵六万,分四哨讨之。参将欧磐,自象州、修仁直捣六峒,所向摧破,偕诸军连破山寨百八十六,斩首六千有奇。磐以功进都指挥,迁广西副总兵。

18 是月,召崇王见泽,不果。

见泽以成化十年就藩,至是太后以春秋高,思一见之,因敕召。工部尚书倪岳言:"数年来,诸王之国,道路供亿,民力殚竭,今召王复来,往返劳费。兼水旱荐臻,舟车所经,恐有他虞。亲王入朝,虽有故事,然英宗复辟,襄王奉诏来朝,实以塞疑谤之隙,非故事也。"大学士徐溥亦以为言。上重违太后意,不允;既而言官交章论之,乃已。【考异】事见诸王及徐溥、倪岳传,而崇王传中特书于是年之七月,今据之。

19　八月,癸亥,以四方灾异数见,敕群臣修省。

时耿裕主吏部,大臣应诏陈时政者,礼部侍郎周经为具奏草,而斥戏乐一事,语尤切直。上遣中官廉草奏者,裕曰:"疏首吏部,裕实具草。"经曰:"疏草实出经手,即有罪罪经。"时两贤之。

20　是月,命右副都御史金泽总制江西、湖广、福建军务,剿抚群盗。是时上杭盗复起,故有是命。【考异】明书、宪章录、典汇诸书,皆系上杭盗起于六月,命金泽总制三省在八月,本纪不载,今据增。

21　改马湖土知府为流官知府。

马湖为安氏世袭知府,传至鳌者,残虐其民,岁计口敛财以万计;纵淫所部土妇;用妖僧百足,魇魅杀人;怒其属长官王大庆不阿己,遣人杀之,大庆闻而逃,乃杀其弟;横恣且二十年,有司利鳌贿不问。及是佥事曲锐请遣巡按御史张鸾按治,按察使洪钟赞决之,捕鳌送京师,置极刑。

马湖自汉为牂柯郡地,寻没于蛮;唐设羁縻州四,统名马湖郡;安氏租税其地,为所据者盖数百年,至是始设流官云。

22　九月,南京地震。

23　是秋,召刘大夏还,授左副都御史,寻迁户部侍郎。

24　冬,十月,陕西妖僧据终南山为逆,巡抚张敷华禽之,送京师伏诛。

先是朝廷议用兵,会敷华自山西移抚入陕,兵部尚书马文升曰:"张都御史能办此。"敷华果以计缚僧,平之。【考异】敷华移抚陕西,诸书皆系之是年之四月。明书系诛妖僧于十月,正敷坐莅任后事也,今据之。

25　南京地再震。【考异】宪章录载南京地震于十月。明史五行志云:
"是岁南京地再震。"证之二申野录,则九、十两月也,今据之。

26　詹事谢迁服阕,始至京师。

迁仪观俊伟,秉节直亮,与刘健、李东阳同辅政,而迁
见事明敏,善持论。时人为之语曰:"李公谋,刘公断,谢公
尤侃侃。"天下称贤相焉。

27　十一月,己酉,免直隶被灾税粮。

28　是月,佥都御史许进进兵讨土尔番。

初,土尔番既执善巴,令牙兰据守哈密,僭称可汗,侵
沙州,迫罕东诸部附己。兵尚马文升谓:"此寇桀骜,不大
创终不知畏,宜用汉陈汤故事袭斩之。"乃荐进巡抚甘肃。
又以指挥杨翥熟悉番情,召询方略,翥备陈罕东至哈密道
路,"请调罕东兵三千为前锋,汉兵三千继之,持数日粮,间
道兼程进,可得志"。文升喜,请敕发罕东、赤斤及哈密兵,
令副总兵彭清将之,令受进节制。

进莅镇,与总兵官刘宁厚结土尔番世仇什埒图,旧作小
秃列。使以四千骑先往,杀数百人。什埒图中流矢卒,其子
布拉噶岱旧作卜六阿歹。愤,欲报父仇,进复厚结之,使断贼
道,无令东援伊兰,而重犒赤斤、罕东及哈密遗种之居苦峪
者,令出兵助讨。

至是清以精骑五百出嘉峪关前行,宁与中官陆闿统二
千五百骑继之,越八日,至伊济穆尔川,旧作羽集乜川。诸军
俱会。薄暮,大风扬沙,军士寒栗僵卧。进出帐外劳军,有
异鸟悲鸣,将士多雨泣,进慷慨曰:"男儿报国,死沙场幸

耳,何泣为!"将士皆感奋。夜半,风止,大雨雪。时番兵俱集,惟罕东兵未至。众欲待之,进曰:"潜师远袭,利在捷速。兵已足用,不须待也。"及明,冒雪倍道进。

又六日,奄至哈密城下,伊兰已先遁去,余贼拒守。官军四面并进,十二月,辛酉,拔其城,复善巴妻女。俘其守者八百人,则皆哈密人为伊兰所劫者。或欲尽歼之,进不可,遣使抚谕,悉降,遣分守要害。而疏请怀辑罕东诸卫为援,散土尔番党与以孤其势,遂班师。【考异】明史本纪系克土尔番之众在十二月辛酉,此据其拔城之月日也。证之进传,彭清进兵在十一月,下云,"越八日至羽集乜川,又六日抵哈密城下",计辛酉在十二月之上旬,是十一月进兵,十二月克也,今分书之。

29 丙子,湖广长沙大雷电。

丁丑,江西南昌、彭湖俱大雷电,雨雪雹,大木折。

30 是月,诏撰三清乐章。

时上崇信斋醮,命内阁为之。阁臣徐溥等言:"天至尊无对,汉祀五帝,儒者犹非之。况三清乃道家妄说耳,一天之上,安得有三大帝!且以周柱下史李耳当其一,列人鬼于天神,矫诬实甚。郊祀乐章皆太祖亲制,今使制为时俗词曲以享神明,亵渎尤甚。臣等诵读儒书,不敢以非道事陛下。"上嘉纳之,遂寝前命。【考异】事见明史徐溥传。传中特书"八年十二月",三编据之。明鉴系之八月下,盖汇书于是年之末耳。今仍据三编年月。

31 是岁,占城复奏安南侵扰。上欲遣大臣往,大学士徐溥等上言:"春秋,王者不治夷狄。安南虽奉正朔,修职贡,然恃险负固。今遣使至其国,小必掩过饰非,大或执迷抗命。若置而不问,损威已多;若问罪兴师,贻患尤大。"上命已之。

32　西北别部默克埒,其长曰亦剌思王,曰满哥王,曰亦剌因王,各遣使款肃州塞,求贡且互市。巡抚许进、总兵官刘宁为之请,尚书马文升言:"互市可许,入贡不可许。"乃却之。

33　召巡抚贵州右都御史邓廷瓒掌南京都察院事,甫数月,命提督两广军务兼巡抚。

九年(丙辰、一四九六)

1　春,正月,壬辰,大祀南郊。

2　是月,吏部尚书耿裕卒。

裕在吏部,秉铨数年,无爱憎,亦不徇毁誉,铨政称平。自奉澹泊,两世贵盛,家业萧然,父子并以名德称。

赠太保,谥文恪。【考异】诸书皆系裕卒于八年之二月。证之明史本传,特书"九年正月卒",七卿表同,今据之。

逾月,以都御史屠滽为吏部尚书。

3　土尔番之败也,阿哈穆特始知畏惧,欲还善巴。而哈密屡破,遗民入居者,旦暮虞寇。至是阿哈穆特复来攻,固守不下。讫散去,诸人自以穷窘难守,尽焚室庐,走肃州求济。边臣以闻,诏赐牛具穀种,并发流寓之回回等三部番人及哈密之寄居赤斤者、尽赴苦峪及瓜、沙州,俾自耕牧以图兴复。【考异】事见明史哈密传。明书系之是年正月下,今从之。

4　二月,己酉朔,太白昼见。

辛亥,岁星昼见四日。

5　庚午,免河南被灾税粮。

6　辛未,诏右通政张璞、大理少卿马中锡阅边。寻擢中锡为右副都御史,巡抚宣府。

7　是月,增文庙佾舞七十二人,如天子之制。【考异】据明史礼志,增文庙佾舞在九年,明书系之是年之二月,今从之。

8　三月,丙申,赐朱希周等进士及第、出身有差。

9　闰月,上御文华殿,少詹事王华进讲。

　　时上方信任中官李广,华进讲大学衍义,至唐李辅国与张后表里用事,指陈甚切,上命中官赐食劳焉。【考异】事见明史王守仁传。明书及纪事本末皆系之闰三月,今从之。

10　夏,四月,戊子,下武冈知州刘逊及给事中庞泮、御史刘绅等六十二人于狱。

　　逊以偕南京御史姜绾等劾中官蒋琮得罪,谪澧州判官,寻迁武冈知州。岷王膺钺以支岁禄不时给,讦逊于朝,诏锦衣官校逮逊按治。于是泮、绅等偕同官上言:“锦衣天子亲军,非重事不宜轻遣。逊坐给禄愆期事微,而王奏牵佐证百人,势难尽逮,请敕抚按官勘报。”上以亲王劾一州官,辄交章奏沮,乃下泮等同官四十二人、绅等同官二十人于锦衣卫狱。六科署空,吏部尚书屠滽请命尚宝司及中书代收部院封事。侍读学士杨守阯,贻书极诋滽失,寻滽与府部诸臣申救泮等。寻释逊,贬四川行都司断事。而守阯书颇传于世,滽甚憾之。——守阯,侍郎守陈弟也。

11　丙午,录囚。

12　是月,户部尚书叶淇致仕,以礼部侍郎周经代之。

时上宽仁，而户部尤奸蠹所萃，挟势行私者不可胜纪，少不如意，谤毁随之。经悉按祖宗成法无所顾，宽逋缓征，裁节冗滥。四方告灾，必覆奏蠲除，每委官监税，课入多者与下考，苛切之风为之少衰。

13　改礼部尚书倪岳为南京吏部尚书。

先是南吏尚缺。廷推吏部侍郎徐琼，而琼与后家有(运)〔连〕，谋代岳。至是诏加岳太子少保，改南，而琼果代为礼部尚书。寻改岳南京兵部尚书，参赞军务。

14　以闵珪为左都御史。

珪时迁南京刑部尚书，至是以屠滽擢吏部，召珪代之。

15　六月，庚子，免江西被灾税粮。

时江西南昌等九府并以灾告，共免税粮五十万八千余石。

16　是月，诏举将才。

初，宣德间，定举将才之制，令天下都司岁选一人，资送京师都督府甄别录用。自天顺末立武举法，材勇多由科目进，后虽特诏举用将才，罕有应者。至是兵部尚书马文升"请广选举，令府部台省诸人别其材所堪者以闻，仍会官考校，如武举制"。上然其言，故有是诏。

已而给事中蔚春，又"请敕天下郡县访有山林之士，材堪将帅者，以礼聘遣，或擢总兵营，或命专大镇，逮有成效，赏及举者"。上亦从之，然卒无以应诏也。

17　致仕尚书尹旻上表贺万寿，并以太子年当出阁，上承华笺，引先朝少保黄淮事，冀召对。上鄙其献谀希恩，却之。【考异】直贺圣节,据明史本传在是年。明书系之六月,盖七月孝宗万寿节也,宪章录系之十月。今从明书。

18 秋,七月,小王子等连犯大同、宣府。

19 八月,壬寅,免湖广被灾秋粮。

20 是月,擢工部侍郎徐贯为本部尚书,以刘璋罢也。

21 九月,己酉,禁势家侵夺民利。

是时外戚长宁伯周彧与寿宁侯张鹤龄,经营私利,两家忿争,至聚众相斗,都下震骇。

尚书屠滽偕九卿上言:"宪宗皇帝诏:'勋戚之家,不得占据关津陂泽,设肆开廛,侵夺民利。违者许所在官司执治以闻。'皇上践极,亦惟先帝之法是训是遵。而勋戚诸臣,不能恪守先诏,纵家人列肆通衢,邀截商货。都城内外,所在有之。观永乐间榜例:'王公仆从二十人,一品不过十二人',今勋戚多者以百数,大乖旧制。其间多市井无赖,冒名罔利,利归群小,怨丛一身,非计之得。迩者长宁伯周彧、寿宁侯张鹤龄两家,以琐事忿争,喧传都邑,失戚里之观瞻,损朝廷之威重。伏望纶音戒谕,俾各修旧好,凡有店肆,悉皆停止。更敕都察院揭榜禁戒,扰商贾夺民利者,听巡城巡按御史及所在有司执治。仍考永乐间榜例,裁定勋戚家人,不得滥收。"科、道亦以为言,上嘉纳之。【考异】事见明史周能传,特书"九年九月",今明史本纪系之八月己酉下。八月无己酉,盖上文漏去"九月"二字也。证之五行志,亦书"九月己酉",今更正。

22 乙丑,录囚。

23 冬,十月,中使取宝坻港银鱼,巡抚顺天都御史屠勋以为横索害民,诏止之。

24 十二月,刑部吏徐珪,上书请革东厂。

上初即位,员外张伦请革东厂,不报。及是司厂中官罗祥、杨鹏用事,遂起满仓儿之狱。法司承鹏指,问拟失平,珪愤,因抗疏论之。

满仓儿者,千户吴能女也。先是能以女付媒者鬻于乐妇张,绐曰:"此庆云侯家。"后转鬻乐工袁璘所,能殁,妻聂访得之。女怨母鬻己,诡言非己母,聂与子劫女归。璘讼于刑部,郎中丁哲、员外郎王爵讯得情,璘语不逊,哲笞璘。璘归,数日而死,御史陈玉、主事孔琦验瘗之。鹏从子尝与女淫,教璘妻诉冤于鹏,而令张指女为妹,引前媒者证"聂女固鬻于侯家,此非是"。奏下镇抚司,坐哲、爵等罪。复下法司锦衣卫讞,索女庆云侯周彧家,无有;复命府、部大臣及给事中、御史廷讯,张与女始吐实。法司坐哲因公杖人死,当徒,爵、玉、琦及聂母当杖,而科女罪与母同。

珪言:"聂女之狱,哲断之审矣。鹏拷聂使诬服,镇抚司共相蔽欺。陛下令法司、锦衣会问,惧东厂,莫敢明,至鞫之朝堂,乃不能隐。夫女诬母仅拟杖,哲反坐徒。轻重倒置如此,皆东厂威劫所致也。臣在刑部三年,见鞫问盗贼,多东厂镇抚司缉获,或校尉挟私诬陷,或为人报仇,或受首恶赃令傍人抵罪。刑官洞见其情,无敢擅更一字,以致枉杀多人。臣愿陛下革去东厂以绝祸原,则太平可致。臣一介微躯,左右前后皆东厂镇抚司之人,祸必不免。顾与其死于此辈,孰若死于朝廷,愿陛下斩臣首,行臣言,虽死无恨。"上以其狂诞,发原籍为民。哲等亦放归。

观政进士孙磐上疏曰:"近者言官劾人,率乘势败,而排触奸幸,反出胥吏,议者羞之。请定建言为四等:最上弹劾权贵,其次补拾阙遗,又其次建白时政,有裨国家。皆分别擢叙。粉饰文具、循默不言者黜之。"时不能用。

25 是冬,无雪。

十年(丁巳、一四九七)

1 春,正月,庚戌,大祀南郊。

2 甲寅,岁星昼见,凡三日。

3 戊午,京师、山西地震。

4 甲子,太白昼见,凡四日。

5 是月,吏部考察京、外官。侍讲学士杨守阯时掌院事,上言:"臣等各有属员,进与吏部会考所属则坐堂上,退而听考又当候阶下。我朝优假学士,庆成侍宴,班四品上;车驾幸太学,坐彝伦堂内,视三品;此故事也。今四品不与考察,则学士亦不应与。臣等职司讲读,可否在圣鉴,何待考察!"诏可。——学士不与考察自守阯始。

6 二月,上游后苑毕,御讲筵。

侍讲学士王鏊,进讲"文王不敢盘于游畋",反覆规切,上为动容。讲罢,上顾李广曰:"讲官所指,殆为若辈。好为之!"自是遂罢游猎。【考异】事见明史鏊传。明书及纪事本末俱系之是年之二月,今从之。

7 上自八年后,视朝渐晏。中官李广,以斋醮烧炼被宠。

大学士徐溥等上疏极论曰:"旧制,内殿日再进奏,事重者不时上闻，又尝面石儒臣咨访政事。今奏事日止一次，朝参之外，不得一望天颜。章奏批答，不时断决，或稽留数月，或竟不施行，事多壅滞，有妨政体。经筵进讲，每岁不过数日，正士疏远，邪说得行。

近闻有以斋醮、修炼之说进者。宋徽宗崇道教，信符箓，卒至乘舆播迁。金石之药，性多酷烈，唐宪宗信柳泌以陨身，其祸可鉴。今龙虎山、上清宫、神乐观、祖师殿及内府番经厂，皆焚毁无余，彼如有灵，何不自保？天厌其秽，亦已明甚。陛下若亲近儒臣，明正道，行仁政，福祥喜庆，不召自至，何假妖妄之说哉！

自古奸人蛊惑君心者，必以太平无事为言。唐臣李绛有云：‘忧先于事，可以无忧；事至而忧，无益于事。’今承平日久，溺于晏安，目前视之，虽若无事。然工役繁兴，科敛百出，士马罢敝，闾阎困穷。愁叹之声，上干天和，致荧惑失度，太阳无光，天鸣地震，草木为妖，四方奏报，殆无虚日。将来之患，灼然可忧。陛下高居九重，言官皆畏罪缄嘿。臣等若复不言，谁肯为陛下言者？”

疏入，上为之感动。【考异】诸书皆系溥等上疏于去年之冬，证之明史溥传，特书“是年二月”，盖三月召溥等议政，此其张本也。今分书之。

8　三月，辛亥，以旱霾，敕群臣修省，求直言。

户部主事胡爟，芜湖人，首应诏上书，言：“陛下深居九重，左右蒙蔽。今李广、杨鹏，引用刘良辅辈，藉左道滥设斋醮，惑乱圣聪，耗蠹国储。乃有不肖士大夫，昏暮乞怜于其门，交通请托，不以为耻。言官有所举劾，辄瞻前顾后，苟且塞责。阴盛阳微,灾何由弭!"因极论方士、中官传奉冗员之害,疏入,留中不报。

同时祠祭司郎中王云凤、给事中叶绅,御史张缙等,皆应诏陈时事,大略如燧言。绅疏八事,而末言去大奸,则专劾李广八大罪:"诳陛下以烧炼而进不经之药,罪一;为太子立寄坛而兴暖疏之说,罪二;拨置皇亲,希求恩宠,罪三;盗引玉泉经绕私第,罪四;首开幸门,大肆奸贪,罪五;太常崔志端、真人王应祹辈称广为教主真人,广即代求善官,乞赐玉带,罪六;假果户为名,侵夺畿民土地,几至激变,罪七;四方输纳上供,威取势逼,致民破产,罪八。内而皇亲、驸马事之如父,外而总兵、镇守称之为公,陛下奈何养此大奸于肘腋而不思驱斥哉!"

云凤则请斩广首以弭灾变,语尤激厉。广衔云凤次骨,令校尉日伺其出入,欲中伤之,不得。会上祠祭省牲还,云凤骑马从驾后,遂劾下锦衣狱,谪知陕州。

时人皆为燧等危。逾年,广得罪,燧等竟得免。【考异】诸书皆记胡燧上书在八年十二月,盖彼时亦有修省求直言之诏也。然证之明史燧传及三编,皆系于是年之二月,盖本之实录也。又,诸书皆系旱霾求言于四月或五月,今悉据正史。

9 甲子,上御经筵罢,召徐溥、刘健、李东阳、谢迁于文华殿,从阁臣之请也。

既至,授以诸司题奏曰:"与先生辈议。"溥等拟旨上,上应手改定。事端多者,健请出外详阅,上曰:"盍就此面议!"既毕,赐茶而退。

自成化间宪宗召对彭时、商辂后,至此始再见,举朝传为盛事。然终溥在位,亦上此一召而已。

溥时年七十,引年求退,不许,诏风雨寒暑免朝参。【考异】明史本纪言"召阁臣议政,后以为常",此例语耳。至宪章录书"七月复召溥等"。法传录又有明年正月之召,皆归美孝宗之语,独溥传载"〔止〕此一召"为得其实。证之十二年张弘至之疏,言"自十年二月后不复再召",与溥传合,今据之。

10 是月,命内阁及翰林儒臣纂修大明会典。

上以累朝典制散见叠出,宜会于一,乃命溥等条次。"以本朝官职、制度为纲、事物、名数、仪文等级为目,类以颁降群书,附以历年事例,使官领其属,事职于官,以成一代之制。"【考异】修会典在是年三月,具见明会典卷首敕谕中,通纪据书,今从之。

11 夏,四月,加屠滽太子太保。

滽骤擢六卿之长,又晋宫衔,时言官交章论劾,以为交通李广得之云。

12 五月,戊辰,小王子犯潮河川,指挥王玉偕刘钦等出御。敌佯走,追之,遇伏,败绩,钦等二十七人战死,玉仅以身免。己巳,复纵兵犯大司,连营二十里,巡抚刘瓛等惟报寇警而已。

时寇数入边无虚岁,京师民讹言震惊,兵部请榜谕。给事中屈伸曰:"若榜示,人心愈惊。汉建始中,都人讹言大水至,议令吏民上城避之。王商不从,顷之果定。今当以为法。"事遂寝。

明年,洪钟抚顺天,以潮河川去京师二百里,居两山间,广百余丈,水涨成巨浸,水退则坦然平陆。因言:"古北口东三里许,其山外高内卑,约余二丈,可凿为两渠,分杀水势。而于口外斜筑石堰以束水,置关堰内,守以百人,使寇不得驰突,可免京师北顾忧,且得屯种河堧地。"兵部尚书马文升等请从之。比兴工凿山,山石崩,压死者数百人。言者请罢役,不听。

未几工成,侍郎张达往视,还言:"石洞仅泄小水,地近边垣,多沙石,不利耕种。"屈伸因劾钟欺妄罪,诸言官及兵部皆请逮钟。上以钟为国缮边,不当罪,停俸三月。

13 六月,丙子,太白经天。

14 己卯,命侍郎刘大夏、李介俱兼佥都御史,督理宣府、大同军饷。

兵部尚书周经谓大夏曰:"塞上势家子以市籴为私利,公毋以刚贾祸。"大夏曰:"处天下事,以理不以势,俟至彼图之。"初,塞上籴买,必粟千石,刍万束,乃得告纳,以故中官武臣得操利权。大夏令"有刍、粟者,自百束、十石以上皆许售",于是势家欲牟利无所得。不两月,(诸)〔储〕积充羡,边人蒙其利。

时寇已退,介乃大修戎备,察核官田牛具钱还之军,以其资偿军所逋马价,边人感悦。先后条上便宜二十事,下所司议行。

15 秋,七月,癸丑,命都督杨玉率京营军备永平。

先是大同警报至,上命中官武臣练京营兵以待。至是闻寇退,命备永平以防内犯。

16 八月,癸未,太白昼见。

17 九月，振山东水灾。

时济、兖、青、登、莱五府皆大水，命有司分振之。

18 加兵部尚书马文升柱国。

文臣之加柱国者，始自正统间，以授大学士杨士奇、杨荣，然犹内阁也；成化间加吏尚尹旻，然亦吏部也。至是文升以兵部得之，时称异数云。【考异】文升柱国，见七卿表，与尹旻同。然宰辅表杨士奇、杨荣皆不见，本传亦无之，今据王弇州柱国表序。

19 冬，十月，壬申，录囚。

20 是月，起王越总制三边军务。

越夤缘中官，以中旨召掌都察院事，被劾而罢。至是鞑靼诸部数犯边，辽东、宣大、延绥、甘肃俱被蹂躏。廷议复设总制，先后会举七人，不称旨。屠滽乃以越名上，诏起原官，总制甘、凉军务。越言："甘镇兵弱，非藉延、宁两镇兵，难以克敌，请兼制两镇。"从之。

21 兵部尚书马文升言："历代兵制，不使权归一人。汉制有南、北军，南军守王宫，主禁卫，北军护京师，听征讨，各有所掌，而南军尤托以心腹。我太祖法古，置十六卫亲军指挥使司，不隶五府为禁兵，即古之南军也；其他卫属五府以备征讨，即古之北军也。永乐中，增置十二卫，又选精壮数千人属御马监，更番上直。近年禁兵废弛，请敕大臣拣选操练，令更番直各门，官为钤束出入。"从之。

22 十一月，庚子，土尔番归哈密善巴，乞通贡，许之。

时诸番以朝廷闭关绝贡，不得入，咸怨阿哈穆特，阿哈穆特始悔之，因送善巴及哈密之众，乞通贡如故。廷议谓：

"无番文,不可骤许,必令具文,乃从其请。善巴既还,且令暂居甘州。俟众头目归心,然后修复哈密城堑,使复旧业。"从之。会王越总制三边,命兼经理哈密。

23 是月,振四川水灾。

24 是岁,免南畿、山西、陕西被灾税粮。【考异】明史本纪十年之末云:"是年,免南畿、山西、陕西被灾税粮,振山东、四川水灾。"今据三编,振山东在九月,振四川在十一月。其免税无月日,仍系之是岁之末。

25 中官李广,劝上建毓秀亭于万岁山,复遣官至河间修建庙宇。吏科给事中周玺上疏,略曰:"陛下即位之初,谕天下有司:'一夫不许擅役,一钱不许擅科。'乃近来兴作相继,费出无经,民困于科派,军困于力役。寿宁侯宅第与毓秀亭之建,未得休息,近又遣官至河间修盖庙宇。夫京师,腹心也;河间数府,肢体也;若肢体伤矣,腹心能无恙乎!伏望陛下深悯斯民,罢止兴作,则太平可致也。"疏入,上嘉纳之。【考异】此疏明史本传不载,今据明鉴增入是年之末。

26 寿宁侯张鹤龄兄弟,出入宫禁。尝侍内廷宴,上如厕,鹤龄倚酒戴上冠,中官何鼎,性忠直,怒鹤龄无礼。他日,鹤龄复窥御帏,鼎持大瓜欲击之,奏言"二张大不敬"。皇后闻之,激上怒,下鼎锦衣狱。

给事中庞泮、御史吴山、张泰、主事李昆、进士吴宗周等论救,上怒,诘"外廷何由知内廷事",令对状。大学士徐溥、尚书周经等复以为言,乃罢诸言官不问。

后怒鼎甚,竟使太监李广杖杀之。上后追思鼎,赐祭,勒其文于碑。【考异】事见明史何鼎传,证之徐溥、周经诸传,正是年事也,今据增。

明通鉴

27　始设<u>南赣</u>巡抚,兼理<u>南赣</u><u>汀</u>、<u>韶</u>等处。明年改提督军务。

十一年（戊午、一四九八）

1　春,正月,丁未,大祀南郊。

2　二月,己巳,<u>小王子</u>遣使求贡。

3　是月,以皇太子将出阁讲读,加<u>徐溥</u>少师兼太子太师,<u>刘健</u>少傅兼太子太傅,<u>李东阳</u>、<u>谢迁</u>皆太子少保。改健户部尚书,东阳礼部尚书,迁兵部尚书,皆兼大学士。又,六部尚书<u>屠滽</u>等、都御史<u>闵珪</u>皆兼东宫官。

4　三月,皇太子出阁就学。

先是太子方四龄,<u>马文升</u>即请“早谕教,择醇谨老成知书史如<u>卫圣</u><u>杨夫人</u>者,保抱扶持,凡言语动作,悉导之以正。若内廷曲宴、钟鼓司承应、元宵鳌山、端午竞渡诸戏,皆勿令见。至于佛、老之教,尤宜屏绝,恐惑眩心志”。上深纳之。至是太子八岁矣,给事中<u>叶绅</u>请择讲官侍读,寻有是命。

时东宫宦竖不欲太子近儒臣,数以事间讲读。詹事<u>吴宽</u>上疏曰：“东宫讲学,寒暑风雨则止,朔望令节则止,一年不过数月,一月不过数日,一日不过数刻,进讲之时少,辍讲之日多,岂容复以他事妨之！古人八岁就傅,即居宿于外,欲令离近习,亲正人。庶民且然,况太子天下本哉！”上纳之。

5　夏,四月,辛卯,录囚。

6　五月，戊申，小王子犯肃州，参将杨蠹击败之于黑山。

7　六月，丙子，桂林地有声如雷，旋陷九处，大者四十七丈，小者七丈或三丈。

8　是月，京师有熊自西直门入城。兵部主事何孟春曰："当备盗，亦备火。宋绍兴间，熊抵永嘉城，州守高世则以'熊'字'能火'，戒郡中慎火，果延烧庐舍，此其兆也。"是年，城内多火灾。未几，遂有清宁之异。【考异】事见明史五行志，宪章录亦载之，今据增。

9　河决归德。

管河工部员外郎谢缉上言："黄河一支，先自徐州城东小浮桥流入漕河，南抵邳州宿迁。今黄河上流于归德州小坝子等处冲决，与黄河别支会流，经宿州、睢宁，由宿迁小河口流入漕河，于是小河口北抵徐州，水流渐细，河道浅阻。且徐、吕二洪惟赖沁水接济，自沁源、河内、归德至徐州小浮桥流出，虽与黄河异源，而比年河、沁之流，合而为一。今黄河自归德南决，恐牵引沁水俱往南流，则徐、吕二洪必至浅阻。请亟塞归德决口，遏黄水入徐以济漕，而挑沁水之淤使入徐以济徐、吕，则水深广而漕便利矣。"上从其请。【考异】诸书不载，见明史河渠志中。下文"八月，振祥符民被河患者"，即是时河决归德后也。今据志，并增入谢缉请治河大略如此。

10　秋，七月，己酉，总制三边王越，袭小王子于贺兰山后，败之。

时小王子居山后久，熟知径路，招伊玛克埒旧作野乜克力。等扰边无虚日。至是越分三路进，俱有斩获。日晡收兵，别伏他道，寇至，复追杀至柳沟，获驼马牛羊器械千数。

频年寇出入宣大、延绥间，守臣不能御，至是越等连败之，边人咸以战胜贺。捷闻，论功，进越少保。

未几，古北口报警，寇入辽东，指挥王臣死之。

11 癸亥，华盖殿大学士徐溥致仕。

溥以目眚乞休，上眷留之，三疏乃许。

溥在内阁十二年，值上方向治，所言多听从。承刘吉恣睢之后，镇以安静，务守成法。与同列刘健、李东阳、谢迁，协心辅治，事有不可，辄共争之。遇大狱，必委曲调剂，天下阴受其福焉。

逾年卒，赠太师，谥文靖。

12 八月，癸未，振祥符民被河患者。

13 甲申，岁星昼见。

14 是月，王越经略哈密，上言："哈密不可弃，善巴亦不可废。宜仍其旧封，令先还哈密，量给修城筑室之费，犒赐三种番人及赤斤、罕东、什马图、旧作小秃列，见前。默克坍即乜克力，见前。诸部，以奖前劳，且责后效。"报可。于是复封善巴为忠顺王。

上年土尔番之请贡也，时哈密无主，都督奄克孛剌为之长，亦遣其党舍音和册旧作写亦虎仙。等来贡，给币帛酬之。使臣犹久留，大肆呴休，礼官徐琼等极论其罪，乃驱之去。至是善巴复立。奄克孛剌者，哈商弟也，与善巴不相能。当事患之，令善巴娶哈商女，与之结好。然善巴嗜酒、掊克，失众心，部下阿尔保喇旧作阿字剌。等咸怨之。

15 是秋，上以少监莫英等三人监督仓场。

自成化之末，裁减仓场监督中官，至是复增之。户部尚书周经上疏力争，上以已遣，不听。

会内灵台请锦衣余丁百人供洒扫，经等谏，不纳。经曰："祖宗设内台，其地至密。今一旦增百人，将必有漏泄妄言者。"上立已之。

崇王见泽乞河南退滩地二十余里，经言不宜予。兴王祐杬前后乞赤马诸河泊所及近湖地千三百余顷，经三疏争之，竟不许。

上以肃、宁诸县地四百余顷赐寿宁侯张鹤龄，其家人因侵民地三倍，且殴民至死，下巡抚高铨勘报。铨言"可耕者无几，请仍赋民"，不许。时王府勋戚庄田，例亩征银三分，鹤龄奏加征二分，且概加之沙碱地，经抗章执奏，命侍郎许进偕太监朱秀复核。经言："地已再勘，今复遣使，徒滋烦扰。昔太祖以刘基故，减青田赋征米五合，欲使基乡里子孙世世颂基。今兴济笃生皇后，正宜恤民减赋，俾世世戴德，何乃使小民衔怨无已也！"顷之，进等还，言"此地乃宪庙皇亲柏权及民恒产，不可夺。"上竟与鹤龄，如其请加税，而命偿权直，除民租额。经等复抗疏言："权乃先帝妃家，亦戚畹也。名虽偿直，实乃夺之，天下将谓陛下惟厚椒房亲，不念先朝外戚。"上终不纳。

大同缺战马，马文升请太仓银以市，经言"粮马各有司存，文升不宜以兵部侵户部权。"上为改拨太仆银给之。

给事中鲁昂，请尽括税役金钱输太仓，经曰："不节织造、赏赉、斋醮、土木之费，而欲括天下之财，是舜也。"内官传旨索太仓银三万两为灯费,持不予。

经刚介方正,好强谏,虽重忤旨不惜,一时宦官贵戚皆惮而疾之。【考异】顾经事见明史本传,特书"是年秋"。纪事本末系之九月,今类记之。

16 佥都御史刘大夏,三疏请移疾。归,筑东山草堂,读书其中。

17 冬,十月,丙寅,命工作不得役团营军士。

18 丁卯,录囚。

19 甲戌,清宁宫灾。——清宁者,太皇太后宫也。

于是大学士刘健等言:"近年以来,灾异频仍,而清宁宫之灾为尤异。恐议者谓'天道渺茫,变不足畏',此乃慢天之说;或谓'天下太平,患不足虑',此乃误国之言;或"以斋醮祈祷为弭灾",此乃邪妄之术适足以亵天;或"以纵囚赦罪为修德",此乃姑息之敝,适足以长恶。向来奸佞之徒,每以此荧惑圣听,妨蠹圣政。贿赂公行,赏罚失当,纪纲废弛,贤否混淆,工役繁兴,征敛百出,公私耗竭,军民困惫。而大小臣僚,被其胁制,畏罪避祸,钳口结舌,下情不达,上泽不宣,愁叹之声,仰干和气,灾异之积,职此之由。伏望特降纶音,戒谕臣工,痛加修省,广求直言,指陈弊政,并加采择,次第施行,以收人心,以回天意,实宗社生民之福。"疏入,上嘉纳之。

丁亥,以灾告天地宗庙社稷。罢明年上元灯火。敕"群臣修省,言时政阙失"。

20 是月,太监李广有罪自杀。

广以符箓祷祀获上宠,会毓秀亭成,幼公主殇,未几清宁宫灾,日者谓建亭犯岁忌。太皇太后恚曰:"今日李广,明日李广,果然祸及矣!"广惧,遂饮酖死。

上疑广有异书,遣使即其家索之,得贿籍,多文武大臣名,馈黄白米各百千石。上曰:"广食几何,乃受米如许?"左右曰:"隐语耳,黄者金,白者银也。"上怒,下法司按问。诸臣皆惧,昏夜赴寿宁侯张鹤龄求解。

时方以宫灾求直言,编修罗玘因言:"今日之事如瘿瘤,(之割)〔割之〕去易而身危,消之去迟而身安。窃见文武官贿广求进,廉耻扫地。其间有部寺之尊,将帅之寄,天下四裔,方以为丙、魏、姚、宋、方、召、卫、霍,今一旦指名暴其恶,恐启远人慢朝廷心,虽实有方、召、丙、魏之徒亦不复信,此大可忧也。如遂已之,廉耻愈衰。臣请降敕密谕贿广者使引疾退,或可消已成之党,绝未起之祸。"章下所司。

而言者犹讦大臣不已。一时未得贿籍主名,各以意揣。遂及尚书周经,经愤甚,上疏曰:"昨科、道劾廷臣奔竞李广,阑入臣名。虽蒙恩不问,臣实含伤忍痛,无以自明。夫人奔竞李广,冀其进言左右,图宠眷耳。陛下试思,广在时曾言及臣否?且贿籍具在,乞检有臣姓名否?请严鞫广家人,臣如有寸金尺帛遗广,或曾一造其门,即治臣交结之罪,斩首市曹,以为奔竞无耻之戒。若无毫毛干涉,亦乞为臣洒雪。否则含污忍垢,即填沟壑,目且不瞑。"上慰答之,并下其章于所司。

广虽惧罪自杀,上犹怜之。广党蔡昭等复为之请,诏予祠额祭葬。大学士刘健以广赃迹昭著，争不当予，乃罢给祠额，仍撰文赐祭。

21 免畿内顺天、广平、顺德、河间、保定五府旱灾税粮凡四万七千八百余石。【考异】明史本纪免两畿、山西、陕西、广西、广东被灾税粮于是年之末，三编据实录系免畿内粮于是年之十月，今据之。

22 十一月，壬子，罢陕西织造羊绒。

23 是月，给事中吴仕伟，以李广赃败，因疏论"宦官不可用，乞尽召镇守中官还"，上不能从。

　　然是时中官出镇者，屡申敕戒谕之。福建邓原、浙江麦秀、河南蓝忠、宣府罗清，颇以廉洁爱民称，赐敕奖励。

24 闰月，壬戌朔，日有食之。

25 己巳，诏"自寿节祈报外，所有斋醮悉罢之"。

26 乙酉，罢福建织造绿布。

27 是月，下御史胡献，给事中胡易于狱。

　　献举九年进士，改庶吉士，至是改御史。逾月，即极论时政数事，言："屠滽为吏部尚书，王越、李蕙为都御史，皆交通中官李广得之。广得售奸，皆陛下任广太过也。今广事已往，然当慎于将来。今之弊政有亟宜革者：京、通二仓总督监督中官，每收米万石，人索白金十两，以岁运四百万石计之，人四千两。夫监督仓储，自有户部，焉用中官！乞赐罢遣。京操军士自数千里至，总兵坐营等官勒令办纳月钱，乞严革以苏其困。东厂校尉，本以缉奸，迩者但为中官、外戚泄愤报怨。如御史武衢忤寿宁侯张鹤龄及太监杨鹏，主事毛广忤太监丰泰，厂校推求细事，诬以罪名，举朝皆知其枉，无敢言者。臣亦知言之必为所陷，然臣弗惧也。"又言："陛下遇灾修省，去春求言，谏官及郎中<u>王云凤</u>，主事<u>胡爟</u>，皆有论奏，留中不报，<u>云凤</u>寻得罪。如此则与不修省何异！"疏入，上不怿。<u>鹤龄</u>与<u>泰</u>各疏辨。

会<u>易</u>劾监库中官<u>贺彬</u>贪黩八罪，<u>彬</u>亦讦<u>易</u>，遂并<u>献</u>下诏狱。谪<u>献</u><u>蓝山</u>丞。

久之，释<u>易</u>。<u>献</u>未赴官，迁<u>宜阳</u>知县。<u>马文升</u>数荐于朝，迁南都察院经历。【考异】<u>胡献</u>等下狱事见本传，诸书皆不载。<u>三编</u>、<u>明鉴</u>系之是年闰十一月，今据增。

28 十二月，庚子，榜禁中外奢靡逾制。

29 壬子，以<u>清宁宫</u>灾，诏赦天下。【考异】据诏书，在是年十二月二十一日，是月壬辰朔。

时以修<u>清宁宫</u>，议采木于<u>四川</u>，尚书<u>马文升</u>请发内帑，免征派，诏停采木之役。

30 是月，以吏部侍郎<u>倪钟</u>为右都御史。

31 是冬，<u>王越</u>卒。

<u>越</u>方经理<u>甘肃</u>，会<u>李广</u>得罪死，言官交章劾<u>广</u>党，皆及<u>越</u>。<u>越</u>闻，忧恚，卒于<u>甘州</u>。

初，<u>越</u>举<u>景泰</u>二年进士，廷试对策，忽旋风起，飏其卷去，更给卷，乃毕事。及秋，<u>朝鲜</u>使至，言其王视朝时，有卷从风中堕，谨持以献，视之乃<u>越</u>卷也。帝语吏部曰："此当任宪官"，因授<u>越</u>御史。不五年，即擢<u>大同</u>巡抚。其后屡告边功，晋<u>威宁伯</u>。

督兵既久，健将武校多出其门，赏予略无吝惜。尝一夕值大雪，<u>越</u>故豪纵，方围炉饮，诸伎拥琵琶侍。一小校诇

敌还,陈敌情未竟,越喜,酌金卮命饮,即赐之卮;语毕,益
大喜,指伎绝丽者立予之。校感激,所至为尽死力。

越胆智过人,自负豪杰,而比汪直得封爵,既罢,复结
李广谋起用,士大夫以其破败名检,咸鄙之。

32 清宁之灾,给事中华昶上言二事:"一请广言路以开天
下之壅蔽,一请明国法以诛天下之大奸。"谓:"李广虽死,
其余党犹蟠据中外。诸大臣贿赂公行,纳诸宦官之门以为
固结之计,乞亟发广私籍,收其私人合其数十百万之赂,内
充帑藏之虚,外舒军国之用,亦足以宽一分之民力,非止弭
灾之一端也。"

检讨刘瑞,请罢醮坛,治故阉李广、汪直之党,起用直
言之杨茂元、王云凤等。

户科给事中丛兰,疏陈弭灾六事,末言:"中官梁芳、陈
喜、汪直、韦兴等,先以罪贬斥,复夤缘还京师,请按治。"

33 时南北言官指陈时政,皆有论劾,上以刘健、李东阳之
请,皆置不问。国子生江瑢,劾健、东阳杜抑言路,健等请
罢,上慰留之,而下瑢于狱。二人力救,乃得释。

34 是岁,免南畿、山西、陕西、广东、广西被灾税粮。

明通鉴卷三十九

江西永宁知县当涂 夏　燮 编辑

纪三十九 起屠维协洽(己未),尽玄黓掩茂(壬戌),凡四年。

孝宗敬皇帝

弘治十二年(己未、一四九九)

1　春,正月,辛未,大祀南郊。免庆成宴。

2　是月,辽东总兵官李杲等诱杀朵颜三卫人,以捷闻。

　　初,三卫自成化末为鞑靼所逼,走匿边塞,势衰久不振。自小王子及和硕即火筛,译见前。相倚日强,为东西诸边患,辽塞屡失事。杲与巡抚张玉、镇守中官任良,欲冒功掩罪,策三卫积弱可欺,乃令都指挥崔鉴、王玺、鲁勋设酒席,诱其来市者三百余人,尽杀之,而诡称"三卫分道入寇,官军败之",遂以捷闻。廷臣以三卫安辑久,颇疑杲等诈,顾未有以发也。既而朵颜诸部来贡,诉其事,乃命副都御史顾佐往核之。

3　二月,壬辰,免山东被灾夏税。

4　戊申,严左道惑众之禁。

5　三月,戊辰,太白昼见,凡五日。

6　丁丑,赐伦文叙等进士及第、出身有差。

7　是科礼部之试士也,大学士李东阳、礼部侍郎程敏政为考试官。举人徐经、唐寅,预作文与试题合,给事中华昶劾敏政鬻题,乃下经、寅及昶于狱。

时榜未揭,诏敏政毋阅卷。其已录者,令东阳会同考官覆核,二人卷皆不在所录中。东阳以闻,上意欲置之,而给事中林廷玉复攻敏政可疑者六事,敕廷臣会鞫。

8　夏,四月,癸巳,敕宣大、延绥备边。

9　是月,免湖广、江西被灾税粮。

10　下程敏政及林廷玉等狱。坐徐经尝赍见敏政,寅尝从敏政乞文,皆黜为吏,敏政勒致仕。而昶以言事不实,与廷玉俱调谪。

敏政出狱,愤恚发疽卒。后赠礼部尚书。

或言敏政之狱,傅瀚欲夺其位,令昶奏之,虽事秘莫能明,而敏政自言夙构试题,为其家僮窃卖,则瀚之构衅,亦敏政自有以取之云。三编质实:"按明史选举志,程敏政、唐寅传,具载此狱。志于寅有惜词,敏政传于此狱有疑词。惟唐寅传云,'江阴富人徐经鬻题于敏政家僮',然言之不详。盖由明孝宗实录极诋溥瀚、华昶,以为瀚嫁祸于敏政,故明史存疑而不详其颠末,敏政传所谓'事秘莫能明'者,亦以此也。"考雷礼列卿记载礼部尚书徐琼事迹,附记此狱颇悉,又王世贞史乘考误,则谓实录所载,乃焦芳为敏政掩覆之词,今并录以备考。列卿记云:"琼于己未知贡举,是年,主考为李东阳、程敏政。敏政发策,以刘静修退斋记为题,人罕知者。其昵幸门生徐经,平日独伺得之,尝与南畿解元唐寅陈说。至是果以发难,举答无遗,二子矜夸雀跃。舆论沸腾,谓敏政卖题受贿。给事中华昶劾之,琼阋关知,敏政在闱,皇惑无措。自首'夙构试目,为家僮窃卖'。乃翻阅试卷,凡知策问出处者俱黜落。揭晓后，给事中林廷玉复疏言：'敏政受贿虽无指实，而自言家人窃卖，迹有可疑。'诏逮敏政、经等俱下狱。经服称'平日尝以双绮馈敏政，敏政受之，出入门下。夙构试目，实从家人购得之。'狱成，敏政勒致仕，经、寅俱黜为吏。"史乘考误云："焦芳修孝宗实录，谓：'傅瀚嫁祸程敏政，后果代其位。时刘建当国，既偏溺于恚怒，莫之能辨。适大学士谢迁、谕德王华俱憾敏政，而都御史闵珪，佥迁、华皆同乡，乃属科、道数辈，内外并力交攻，罗织成狱。而华㫤之甘心鹰犬者，不足道也。'世贞按，傅文穆有倾程之意，人亦知之。至于家僮鬻题，事已彰著，且与刘、谢不相关。盖芳乃李南阳贤门客，程则南阳婿也，故颇为掩覆。而刘、谢与芳有隙，遂肆其丑诋若此。"按三编所载，全据明史敏政传，而发明中谓"敏政有自取之咎"，今从之。

11　前礼部主事杨循吉上言："建文君乃高皇帝嫡孙，躬受神器。后太宗入继大统，削其位号，百余年来，未蒙显复。夫建文虽以左右非人，得罪社稷，而实则生民之主也。请复尊号如景皇帝故事，庶几裨益先圣，有光大孝。"下礼部议，仍格不行。【考异】诸书但载六年吴世忠请恤建文诸臣，而是年循吉请复建文位号事轶之。三编增入目中，并及六年事，今分书之。

12　五月，戊寅，免南畿被灾秋粮。

13　六月，甲辰，阙里文庙灾。

　　户部郎中陈仁，疏请修省，给事中吴世忠，亦因灾陈八事，时不能尽用。

14　秋，七月，己卯，遣太常卿李杰诣曲阜祭告先师，并敕山东抚按官重建。【考异】明史本纪统书于六月甲辰下，明史稿别系遣官祭告于七月，盖奏拟在先，遣使在后也。今据分书之。

15　八月，复免南畿及河南被灾夏税。

16　九月，壬午，普安贼妇米鲁作乱。

　　米鲁者，霑益州土知州安民女，普安司土判官隆畅妻也。【考异】三编引实录,以米鲁为隆畅之妾,实录前以鲁为安民女,后又言"鲁匿其侄安民家",是又以米鲁为安民之姑,盖奏报异词也。今据明史土司传。初以罪为畅所出,居其父家。畅老,子礼袭。有营长曰阿保者,与米鲁通,因讽礼迎归,同烝之。畅闻怒,诛礼,毁阿保寨。阿保挟米鲁与其子阿鲊等攻畅,畅走云南。时东宁伯焦俊为总兵官,与巡抚钱钺和解之。既归,米鲁于道中酖畅死,遂与阿保据寨反。畅别有妾曰適乌,生二子,出居安南卫,阿保欲并杀之,筑寨围其城。又别筑三寨于普安,而令阿鲊等防守,名所居寨曰承天,自号无敌天王,出入乘黄纛,官军不能制。镇巡官以闻,乃发诸卫及土兵万三千人,分道讨之。

17 甲申,重建清宁宫成。

上孝事两宫太后甚谨,而两宫皆好佛老,至是宫成,命灌顶国师设坛庆赞,又遣中官赍真武像建醮武当山,使使诣泰山进神袍,或白昼散灯市上。大学士刘健等力谏,而上重违太后意,曲从之,但优诏褒答而已。

18 是月,小王子入居河套。

初,小王子通贡,遂驻牧套中,然冰坚则来,冰泮则去,虽出没为寇,犹不废朝贡。寻以入贡赏薄,益大肆虏掠。至是入居河套,延绥之间益为敌冲矣。【考异】小王子入贡在元年,入套驻牧在八年以后,皆见明史鞑靼传。惟复入河套,纪、传皆书于十三年之冬,三编改系之是年之九月,盖本实录,今从之。

19 冬,十月,己亥,录囚。

20 是月,命采珠于廉州。

旧制,广东珠池十年一采,而守珠中官,英宗始设。天

顺间,尝一采之,至是以中官请,复有是命。【考异】采珠见明书
及法传录,在是年之十月,今据增。

21　十一月,乙丑,太皇太后还居清宁宫。

太后弟长宁伯周彧,家有赐田,有司请釐正之,上未之
许。太后曰:"奈何以我故龅皇帝法!"卒使归其地于官。
【考异】太后以是年清宁宫成还居之,见明史后妃传,其月日据明书增入。

22　十二月,吏部尚书屠滽、兵部尚书马文升等请罢传
奉官。

上初即位,罢成化时传奉官。寻修京城河桥成,从太
监李兴请,授工匠四人官。已,又传升通政司经历沈禄为
参议,王恕、周经争之不能止。嗣后传奉渐多,及是一月中
升授二百余人。

滽言:"传升文职过多,请惜名器之滥,究夤缘之奸。"
文升言:"祖宗设武阶以待军功,非有临战斩获不得轻授,
实欲奔走天下豪杰,责其效死以报国家。今传奉指挥张玘
辈,特画工耳,岁有俸,月有给,亦既可偿其劳。或优宠之,
赏以金帛,荣以冠带,足矣。乃竟概铨武职,悉注锦衣,准
其袭替,则介胄之士,冲冒矢石著绩边疆者,陛下更何以待
之! 幸门一开,恐不足为天下劝。"不报。

是时言官亦皆上疏极谏,而给事中张弘至,陈初政渐
不克终八事,其言尤切。曰:"初汰传奉官殆尽,近匠官张
广宁等一传至百二十余人,少卿李纶、指挥张玘等再传至
一百八十余人,异初政者一。初戮方士李孜省,斩僧继晓,
近则烧炼斋醮不息,异初政者二。初去万安、李裕辈,朝弹
夕斥,近被劾数十疏如尚书徐琼者,犹觍然居位,异初政者

三。初尝谕有大政召大臣面谕,近自十年三月召见文华殿,不复再召,上下否隔,异初政者四。初停增设内官,近已还者复去,已革者复增,异初政者五。初慎重诏旨,左右不敢妄干,近陈情乞恩,率奉俞允,异初政者六。初令兵部由旧章,有妄乞升武职者奏治,近乞升无违拒,异初政者七。初节光禄供亿,近冗食日繁,移太仓银赊市廛物,异初政者八。"章下所司而已。【考异】此据三编在是年十二月,据实录也。明鉴系之十一年十二月,盖明鉴漏去十二年不书,其所记此事及王守仁疏陈边务,此二条实十二年事也。今据三编书之。

23 是岁,余姚王守仁成进士,奉使治王越葬还。

时朝议方急西北边,守仁条八事上之:"一曰蓄才以备急。聚公侯之子教之武学生,岁升其超异者,兵部两侍郎更迭巡边,择科道二三人以从,使周知虚实,则一旦有急,不患无人。二曰舍短以取长。边将骁勇者,多以过失摈弃,诚使立功自赎,贤于不知地利者远矣。三曰简军以省费。边将之请京军,徒以事不济则责有所分耳,诚以赏京军者赏边卒,数万之锐卒可立致也。四曰屯田以给食。三边之戍,不辍耕农,诚使京军分屯,各食其力,可以少息输馈也。五曰行法以振威。边将失机,立正军法,则军威肃矣。六曰敷恩以激怒。兵方失利,士气销沮,诚恤其孤寡,宣以国恩,喻以复仇,则气可奋矣。七曰损小以全大。小有剽掠,一以为当救,一以为可邀,遂以疲劳致败,今许以便宜,惟责大效而小挫不问,则我师常逸矣。八曰严守以乘敝。婴城固守,使食足威成,然后出奇制胜,所谓立于不败之地而后能败敌也。"疏上,授刑部主事。【考异】明鉴书守仁陈边务,上文漏去"十二年"字,辨见上。盖守仁以是年成进士,王越以去年十二月卒,明史本传谓"治王越葬还",正十二年事也。今据旺鉴,仍改入是年之末。

24 起丁忧布政使雍泰为右副都御史,巡抚宣府。

泰莅任,参将王杰有罪,泰劾之,下泰逮问。泰又请按千户八人。上以泰屡抑武臣,方诏都察院行勘。而参将李稽坐事,畏泰重劾,乞受杖,泰取大杖决之。稽乃奏泰凌虐,上遣给事中徐仁偕锦衣千户往按。杰复使人走登闻鼓下,讼泰妄逮将校至八十六人,并及其婿纳赇事。法司核上,褫为民。【考异】据明史泰传,泰抚宣府在是年,其劾参将被逮事当在次年。今类记于是年之末。

25 初,田州土知府岑溥,以岑钦等既死,命复还田州。事见弘治三年。九年,总督邓廷瓒请复溥职,令带土兵赴梧州听调。是年,溥为子猇所弑,猇亦自杀。次子猛,方四岁,溥母岑氏及头目黄骥护之,赴制府告袭。未几,骥争权首乱,又党于思恩土官岑濬,攻劫田州,杀掠万计。廷瓒奏"请治濬罪,而田州岑猛,亦宜乘此区画,降府为州,毋基异日尾大之患"。从之。然是时濬方据旧田州,不果行。

十三年(庚申、一五〇〇)

1 春,正月,乙丑,大祀南郊。

2 己卯,禁民间收鬻军器。

3 二月,戊子,免山西被灾税粮。

4 庚寅,诏更定刑部条律。

初,洪、永间定制,法司断狱,一依律拟议。英、宪以后，巧法之吏，往往舍律用例，于是条例日繁。五年，以鸿胪少卿李鐩请，命刑部尚书彭韶删定问刑条例。

及是给事中杨廉复言："高皇帝肇造之初，特命刘基、陶安等详定律令，且谕之曰：'立法贵简，若条例繁多，可轻可重，吏得因缘为奸。'圣祖重律轻例之意见矣。百三十年来，律行既久，条例渐多，近令法司详议，汰其繁琐。臣以为非深于经者不足以议律，非深于律者不足以议例。望特选素有经术深明律意者专理其事，以太祖立法贵简之意为主，一切近代冗杂之例，悉为革去，俾以例通律之穷，不以例淆律之正，庶刑官有所遵守。"上嘉纳之。乃下尚书白昂会九卿定议，择条例可行者二百九十余事，与律并行。诏如所请，颁之中外。

时上所任前后刑官，如何乔新、彭韶及昂、闵珪，持法皆平，会情比律，一归仁恕，天下翕然称颂焉。

5　乙未，严旌举连坐之法。

6　是月，检讨陈献章卒。

献章自序其为学，言："年二十七，始发愤从吴聘君学，其于古圣贤垂训之书，无所不讲，然未知入处。比归白沙，杜门不出，专求所以用力之方。既无师友指引，日靠书册寻之，忘寝忘食。如是者数年，而未得此心此理之凑泊处。于是舍彼之繁，求吾之约，静坐久之，然后见吾此心之体，隐然呈露。以之应物，种种应酬，随吾所欲，如马之御衔勒也；以之认理，稽诸圣训，各有头绪来历，如水之有源委也。始涣然自信曰：'作圣之功，其在是乎！'"

张元祯叙其学,谓其"静坐之久,乃大悟广大高明,不离日用;一真万事,本自圆成,不假人力。无动静,无内外,大小精粗,一以贯之。"

后之论者,以为实开<u>姚江</u>之宗派,而于禅学亦遂不能无疑云。【考异】据<u>宪章录</u>,在是月,稽之<u>明儒学案</u>,则二月十日也。今据系于二月之末。

7 夏,四月,甲午夜,彗星见室、壁间,芒尺许,渐长至三尺余。

给事中<u>屈伸</u>上言:"灾异频仍,边方多警,愿惕然敬畏以应天,赫然震怒以御侮。"纳之。

8 庚子,岁星、太白同昼见,凡六日。

9 和硕寇大同。

先是寇自<u>大青山</u>数道入<u>威远卫</u>,游击将军<u>王杲</u>登城望之,见敌骑不多,易之,曰:"失此不击,令他人分吾功!"都指挥邓洪固止之,不听,遂率兵出。寇佯走,杲驰赴之。既见敌骑渐众,知堕计,急驻兵。伏骑七千余噪而出,冲突官军,阵离为五。裨将死者五十二人,军士失亡千余人,战马兵仗称是。时副总兵<u>马昇</u>,参将秦恭,分兵列营,距<u>杲</u>战所仅十里许,逗留不敢进、<u>杲</u>孤军无援,遂大败。守臣讳,不以实闻,命给事中<u>许天锡</u>往勘。

乙巳,以<u>平江伯陈锐</u>为靖虏将军,充总兵官,太监<u>金辅</u>监军,户部侍郎<u>许进</u>提督军务御之。

寻<u>天锡</u>还,言状,论<u>杲</u>、恭、昇罪死,总兵<u>王玺</u>谪戍,巡抚<u>洪汉</u>夺官。

10　庚戌,录囚。

11　壬子,召阁臣议军政。

先是大同之警,京师戒严。兵部请甄别京营诸将,上乃召刘健、李东阳、谢迁至平台,出英国公张懋等自陈疏,面议去留,乃罢遂安伯陈韶、成山伯王镛、宁晋伯刘福三人。【考异】议军政事,见明史刘健传,特书"是年四月"。三编据实录,在是月壬子,盖二十九日也。

12　五月,甲寅朔,日有食之。

13　丙辰,复召刘健等三人面议朝政。上亲书手敕,召镇远侯顾溥督团营。

时上视朝颇晏,健等复以为言,颔之而已。【考异】据此,则召阁臣面议,自十年三月以后,至此始连月行之,以边警故也。然孝宗之倦勤,亦于此见矣。

14　癸亥,和硕复寇大同。

时寇以威远得志去,乃复拥五万骑入大同左卫纵掠。游击将军张俊,【考异】俊,明史本纪作"浚",三编据实录及明史本传改,今从之。遣兵三百邀其前,复分兵三百为策应,而亲率军出击,面被数箭,犹力战,敌乃却。

时陈锐为大帅,怯懦无将略,副总兵刘宁从锐军,虽宿将,顾已老病,又与锐不协,敌至,锐令诸军坚壁毋出战,故敌所向无阻。俊独奋击之,以少却众,为一时奇功。上闻,大喜,立擢都督佥事,顷之,代王玺为总兵官。

15　辛巳夜,彗由太微垣入紫微垣,逾月而灭。

16　是月,吏部尚书屠滽,户部尚书周经,礼部尚书徐琼,刑部尚书白昂,工部尚书徐贯,皆以星变请致仕,许之。滽加柱国,经、琼加太子太保,昂、贯太子太傅,赐敕驰驿。

廷臣争上章留经,一时中外论荐者至八十余疏,咸报寝。

17 以右都御史佀钟为户部尚书,礼部侍郎傅瀚为本部尚书,左都御史闵珪为刑部尚书,工部侍郎曾鉴为工部尚书。

18 起侍郎刘大夏为右都御史,总督两广军务。

敕使及门,携二僮行。广人故思大夏,鼓舞称庆。大夏为清吏治,捐供亿,禁内外镇守官私役军士,盗贼为之衰止。【考异】据明史大夏本传,"以十年移疾归,越二年,起总督两广。"宪章录系之是年之五月,今从之。

19 六月,甲申,免江西被灾秋粮,停山、陕采办物料。

20 庚子,言官劾陈锐、金辅等玩寇无功,并及许进,皆召还。进寻致仕。

复益兵,改命保国公朱晖为靖虏将军,太监扶安监军。

21 是月,召南京吏部尚书倪岳为吏部尚书。

屠滽既罢,廷推马文升掌吏部。御史魏英等言"兵部非文升不可",上亦以为然,乃命岳代,而加文升少傅以慰之。

22 召南京刑部尚书戴珊为左都御史。又以侍郎史琳为右都御史,经略紫荆关。

23 秋,七月,己巳,京师地震。【考异】三编目云:"是月十七日己巳夜也。"是月癸丑朔。

24 八月,辛卯,江西复以水灾告,诏巡抚等官发粟振之。

25 九月,下行人司行人王雄于狱。

时上方召还陈锐,代以朱晖,出师御寇。雄上言:"克敌在将得其人,选任不可不慎。比者寇入<u>大同</u>,延臣首推<u>陈锐</u>,以众之死生,国之存亡,试之谋勇无闻之人,寇益猖獗。今斥<u>锐</u>而用<u>朱晖</u>,特以<u>晖</u>从父征伐,尝经战阵。顾锥之处囊,末犹未见,安知<u>晖</u>之多于<u>锐</u>耶!愿陛下及<u>晖</u>未发而止其行,责前日举<u>锐</u>之罪。然后拔其生长边陲、久历行阵者,俾专阃外,勿署<u>监军提督</u>以挠之。今之监督,即<u>唐</u>观军容使与监军之任也,以<u>郭子仪</u>、<u>李光弼</u>之勇略,而<u>鱼朝恩</u>为观军容使,九节度皆溃<u>相州</u>,况其下乎!"上以雄妄言,下狱,谪县丞。

比<u>晖</u>至,寇已退,乃还。

26 冬,十月,丁未,太白昼见,凡三日。

27 戊申,两京地震,<u>凤阳</u>亦同日震。【考异】凤阳震见<u>明史五行志</u>,今据增。

28 是月,<u>小王子</u>诸部复寇<u>大同</u>。

29 十二月,辛丑,<u>和硕</u>寇<u>大同</u>,南掠百余里,<u>张俊</u>亦竟不能御也。

30 是岁,<u>小王子</u>以居<u>河套</u>,犯<u>延绥神木堡</u>。

时廷议用兵<u>延绥</u>,吏部尚书<u>倪岳</u>论西北边患。

其略曰:"近年来寇屡入边,盖缘<u>河套</u>之中,水草甘肥,易于屯牧,故敌频据其地,拥众寇掠。诸将怯懦,率婴城自守,遇敌骤至,既莫敢折其前锋,又不能邀其归路,致命将徂征,四年三举,曾无寸功。且军旅一动,辄报捷音以希爵赏,甚至妄杀平民,谬称首级。功赏所加,非私家子弟,即权门厮养,而什伍之卒,转饷之民,则委骨荒城,膏血野草,天怒人怨，非细故也。京营素号冗怯，留镇京师，犹恐不及，顾乃轻于出御，用亵天威，为敌人所侮。

且延绥边也，去京师远；宣、大亦边也，去京师近。彼有门庭之喻，此无陛楯之严，可乎？顷兵部建议，令宣府出兵五千，大同一万，并力以援延绥，而不虑其相去既远，往返不逮，人心苦于转移，马力疲于奔轶。夫声东击西者，寇盗之奸态也；批亢捣虚者，兵家之长策也。精锐既尽于西，老弱乃留于北，万一北或有警而西未可离，必至首尾衡决，远近坐困。

至于延绥，士马屯集，粮饷不赀。乃以山西、河南之民任飞刍转粟之役，徒步千里，夫运而妻供，父挽而子荷，道路愁怨，井落空虚。幸而得至，束刍百钱，斗粟倍直；不幸遇寇，身且不保，他何足云！输将不足，则有轻赍，轻赍不足，又有预征。水旱不可先知，丰歉未能逆卜，如何其可预也？又令民输粟补官，输粟给盐，官爵日轻，盐法日沮，而边储之不充如故也。

又，朝廷出帑藏给边，岁为银数十万，山西、河南输轻赍于边者，岁又数十万。银日积而多，则银益贱；粟日散而少，则粟益贵。而不知者遂于养兵之中寓养祖之术，或以茶盐，或以银布，名为准折粮价，实则侵克军需。故朝廷有糜廪之虞，军士无果腹之乐，罔上行私，大率似此。

及访御敌之策，则又议论纷纭，有谓'复受降之故城、守东胜之旧镇'。然塞外既无屯兵，出孤远之军，涉荒漠之地，辎重之累，馈饷之艰，设遇抄掠，进不能战，退不得归，一败而声威大损矣。

又有谓'统十万之众,裹半月之粮,奋扬武威,扫荡窟穴,使河套一空'。事非不善也,然帝王之兵,以全取胜,孙武之法,以逸待劳。今乘危履险以觊万一之幸,一旦情见势屈,为敌所困,既失坐胜之机,必蹈覆没之辙。

其最无策者,又欲弃延绥勿守,使兵民息肩。不知一民尺土,受之祖宗,向失东胜,故今日之害萃于延绥,而关陕震动;今弃延绥,则他日之害钟于关、陕,而京师震动;寇愈近而祸愈大。"

因陈"重将权,增城堡,广斥堠,募民壮,去客兵,明赏罚,严间谍,实屯田,复边漕"数事。时兵部方主用兵,不能尽用也。【考异】倪岳论边患事,见明史本传,在任吏尚之后,而岳以明年十月卒。通纪系之是年之末,今据之。中间预征一段,与成化七年谏大举搜套语复,盖据三编所载,乃岳为侍讲时所上,此因论西北用兵,复申言耳。今分书之。

31 延绥、大同之役,兵科给事中吴世忠上言:"国初设七十二卫,军士不下百万,近军政日坏,精卒不能得一二万人,此兵足忧也。

太仓之储,本以备军,近支费日广,移用日多,倘兴师十万,犒赐无所取给,此食足忧也。

正统己巳之变,尚有石亨、杨洪,迩所用李杲、阮兴、赵昶、刘淮之属,先后皆败,今王玺、马昇又以失事告,此将帅足忧也。

国家多事,大臣有以镇之,迩者忠正多斥,贪庸获存,既鲜匡济之才,又昧去就之节,安能摧强敌,振国威!此任人足忧也。

政多乖舛,民日咨怨,京军敝力役,京民苦催科,畿甸觊恩尤切,顾使不乐其生至此,临难谁与死守!此民心足忧也。

天变屡征,火患频发。云南地震,压万余家,大同马灾,踣二千匹,此天意足忧也。

愿顺好恶以收人心,肃念虑以回天意,遣文武重臣经略宣大以饬边防,策免不职诸臣,而起素有才望如何乔新、刘大夏、倪岳、戴珊、张敷华、林俊诸人以任国事,则寇将望风远遁,而边境可无忧矣。

上以言多诋毁,切责之。然已起用大夏、岳、珊等,如世忠言。

32 副都御史顾左勘三卫还,奏"李杲等诱杀冒功属实",乃取任良回,镌崔鉴、王玺、鲁勋各一级,杲及张玉俱令致仕。

时科、道交劾"杲、玉欺饰,罪当显戮,而优以致仕之礼,恐三卫闻之,积愤反侧。非所以儆边臣,惩有罪。"上不问。

朵颜诸部恨次骨,遂北结和硕谋复仇,数寇广宁、宁远诸卫所。由是辽塞益报警矣。

33 福建建安书林火。

吏科给事中许天锡言:"去岁阙里孔庙灾,今兹建安又火,古今书板,荡为灰烬。阙里,道所从出,书林,文章所萃聚也。春秋书'宣榭火',说者曰:'榭所以藏乐器也。天意若曰,不能行政令,何以礼乐为! 礼乐不行,天故火其藏以示戒也。'顷师儒失职,政教不修;上之所尚者浮华,下之所习者枝叶。此番灾异,似欲为儒林一扫积垢。宜因此遣官临视,勘定经史有益之书,其于培养人才,实非浅鲜。"章入,下所司议,从之。【考异】建安灾事,见明史天锡传,在是年。五行志有"十二年建阳书坊火",未知是一事二事,年分偶差否? 今按许天锡疏中,言"去年阙里孔庙灾"。则建安书林灾在十三年,今据天锡本传。

十四年(辛酉、一五〇一)

1　春,正月,庚戌朔,陕西延安、庆阳二府,同、华诸州,咸阳、长安诸县,潼关诸卫,连日地震,有声如雷,朝邑尤甚,频震。十七日,城垣民舍多摧,压人畜死甚众。县东地坼,水溢成河。

于是兵部尚书马文升言:"陕西与敌为邻,延、庆二府,尤密迩河套。乃地震不已,此外寇侵凌之兆。今小王子部落日众,精兵数万。其酋长和硕,枭雄桀黠,往往以诈计败我官军,其患非小。且海内民困财竭,兵衰将懦,文恬武嬉,法令不振,正安内攘外之时,修德弭灾之日。伏乞行仁政以养民,讲武备以固圉,节财用,停斋醮,止传奉冗官,禁奏乞闲田,撤还陕西织造内臣,振恤被灾之家。"上从其言。

南京操江御史林俊,疏述古宫闱、外戚、内侍、枋臣之祸,"乞罢斋醮,减织造,清占役,汰冗员,止工作,省供应,简赏赐,戒逸欲,远佞幸,亲贤人"。又请豫教皇储,因荐"侍郎谢铎、少卿储瓘、杨廉、致仕副使曹时中、处士刘闵堪辅导",报闻。

俊以成化中请斩僧继晓被谪，寻复官，改南京。上即位，累迁云南副使按察使。九年，引疾，不待报径归。久之，荐起广东布政使，不拜。寻起是职，累疏乞休，荐时中自代，不许。

2　是日，河南之永宁、卢氏，山西之蒲州、安邑，同时地震。

3　己未，大祀南郊。

4　二月，乙未，蒲州地复震，逾月方止，凡二十九震。

5　己亥，罢陕西织造中官。

6　是月，寇犯榆林。

7　三月，鸿胪卿陈寿，以右佥都御史巡抚延绥。

先是寇犯神木堡，乘胜掠紫陌沟。镇巡官不以实闻，为言官所劾，上命给事中艾洪、刑部郎中黄暐往勘。至是洪等还，言："总兵官陈瑛，退避玩寇；巡抚王嵩，坐视蒙蔽。宜治其罪。"乃逮嵩等下法司，以寿代。

寿至，蒐军实，广间谍，分布士马为十道，使互相声援，军势始振。

8　保定武臣献白鹊，以为瑞，礼部尚书傅瀚劾其不当奏，诏斥遣之。

9　是春，吏部侍郎王鏊上御边八策："一曰定庙算，二曰重主将，三曰严法令，四曰恤边民，五曰广招募，六曰用间，七曰分兵，八曰出奇。"又言："今日和硕、小王子不足畏，而嬖幸乱政，功罪不明，委任不专，法令不行，边圉空虚，深可畏也。比年边将失律，率令戴罪杀贼，人心日懈，士气不振。望陛下大举乾纲,有罪必罚,有功必赏,专主将将权。起致仕尚书秦竑为总制,节制诸边,右都御史史琳,坐镇京营,遥为声援。厚恤沿边死事之家,召募边方骁勇之士。更请仿前代制科荐举之例以收异材。"时不能用。【考异】<u>王鏊</u>上边策事,见<u>明史鞑靼传</u>,特书"是年之春",盖<u>大同</u>之役以后,<u>延绥</u>之役以前,今据之,并参<u>王鏊</u>本传增入后段语。

10 夏,四月,庚辰,以寇入<u>延绥</u>,命工部侍郎<u>李鐩</u>督军饷。戊子,命<u>朱晖</u>仍为总兵官,<u>史琳</u>提督军务,太监<u>苗逵</u>监军,分道御之。

　　先是<u>小王子</u>、<u>和硕</u>诸部连兵大举,自<u>红盐池</u>、<u>花马池</u>入,纵横数千里,<u>延绥</u>、<u>宁夏</u>皆告警。巡抚<u>陈寿</u>,督兵捍御。寇先以百余骑来诱,诸将请击之。<u>寿</u>不可,自出帐,拥数十骑,据胡床指挥饮食,寇望见疑之,引去。诸道乘势袭击,斩获甚多。会朝廷遣<u>晖</u>等率重兵至,则<u>寿</u>已奏捷。上嘉之,加禄一等。

　　方<u>寿</u>之奏捷也,或劝其注子弟名籍,<u>寿</u>不可,曰:"吾子弟不知弓马,宁当与血战士同受赏耶!"

　　时<u>朱晖</u>统都督<u>李俊</u>、<u>李澄</u>、<u>杨玉</u>、<u>马仪</u>、<u>刘宁</u>五将往,比至,寇已入<u>宁夏</u>饱掠,又分掠<u>固原</u>而去。

11 戊戌,免<u>山西</u>、<u>陕西</u>一切物料。

12 甲辰,录囚。

13 五月,庚戌,振<u>大同</u>被兵军民,免其税粮。

14 辛酉,免<u>陕西</u>被灾税粮。

15 戊辰,遣使修<u>阙里</u>文庙。并命各布政司上所属地里图。

16 是月，云南参议郭绪，谕孟养降之。

　　初，孟密宣抚司之设也，实割木邦宣慰司地。既而孟密思揲复于界外侵木邦地二十七所，屡谕之还，不听，乃调孟养宣抚思禄兵胁之，思揲始还所侵地。然多杀孟养兵，思禄仇之，发兵越金沙江，夺木邦故割孟密地十有三所。

　　两酋构怨不已，巡抚陈金，承诏遣绪与副使曹玉往谕。旬余，抵金齿，参将卢和兖统军距所据地二程而舍，遣官驰驿往谕，皆留不报。和惧，还军至干崖，遇绪语故，戒勿进，绪不可。玉以疾辞，绪遂单骑从数人行。旬日至南甸，峻险不可骑，乃斩棘徒步引绳以登。又旬日至一大泽，土官以象舆来，绪乘之往，行毒雾中，泥沙蹎踬。又旬日至孟赖，去金沙江仅二舍，手自为檄，使持过江，谕以朝廷招徕意。蛮人相顾惊曰：“中国使竟至此乎！”发兵率象马数万，夜渡江，持长槊劲弩，环之数重。从行者惧，请勿进，绪拔刀叱曰：“明日必渡江，敢阻者斩！”思禄既得檄，见譬晓祸福甚备，又闻至者才数人，乃遣酋长来听令，且致馈。绪却之，出敕谕宣示。思禄亦继至，绪先叙其劳，次白其冤状，然后责其叛。诸酋闻，咸俯伏呼万岁，请归侵地。绪索前所留使人，乃尽出而归之。和及玉闻报驰至，则已归地请降矣。【考异】事见明史郭绪传，特书云，“时弘治十四年五月也。”三编书之十六年正月下，盖据其入贡归侵地之年月耳。今从本传分书之。

17 六月，甲申，贵州官兵讨普安贼妇米鲁，败绩。

　　初，米鲁作乱，敕镇、巡官率土兵进讨，事见十二年九月。并责安民献米鲁，民乃攻斩阿保父子。米鲁亡走，而安民阴资鲁兵五百,袭杀適乌及其二子,据别寨杀掠,又自请袭为女土官。镇、巡官受鲁赂,请宥鲁,严旨切责,必得鲁乃已。

会焦俊卒,曹恺代为总兵官,遂与巡抚钱钺、中官杨友等发兵进讨。而副使刘福阴索赂于米鲁,故缓师;贼益炽,官军败绩,都指挥吴远被虏,普安几陷。友等请济师,从之。【考异】明史本纪但书是年七月命王轼讨米鲁事,明史稿则于六月分书遣云南、贵州守臣讨米鲁,盖先命守臣率官兵进讨,逾月始命将也。证之土司传,是时官兵已败绩,普安几陷,是命云、贵守臣讨米鲁又当在命王轼之前。又证之三编据实录所载,特书"是年六月官兵败绩"云云,据此,则是因败问至始命王轼也。今据三编及明史土司传,分书于六月,为下文用兵张本。

18 戊戌,寇犯延绥清水堡。

19 是月,陕西巡抚熊翀,以鄠县民所得玉玺来献,谓秦玺复出也。礼部尚书傅瀚率同列言:"秦玺完毁,具载简册。今所进形色篆纽皆不类,盖后人仿为之。且帝王受命,在德不在玺。太祖制六玺,列圣相承百三十余载,天休滋至,受命之符不在秦玺明矣。请姑藏内府。"上是其言。【考异】明书系之十三年七月,今据辑览。

20 秋,七月,丁未,泰宁卫入犯辽东。

时海西有僧格者,旧作尚古。以不得通贡怨中国,数以兵阻诸番入贡,诸番并衔之。总兵官蒋骥、巡抚陈瑶,旋招僧格议款,于是卫人以僧格为词,驻兵塞下,攻辽阳迤东诸堡,分守副总兵孙文毅等,率官军四千御之。敌窥迤西无备,乘虚毁边墙四十余道,拥骑八千,分道直入长胜诸堡,辽东大震。

镇、巡官讳之,巡按御史车梁以闻,遣给事中钟渤等往勘状。渤等还奏如梁言,且劾"骥、瑶纳侮邀功,致寇深入。"方下刑部议,会广宁复败,骥、瑶伪以捷闻,给事中屈伸、御史耿明等,交章劾其欺罔,乃下巡按御史核实。刑部请逮骥、瑶廷鞫,乃召骥等还。【考异】据明史本纪及三编所记,皆泰宁卫入寇事。明史三卫传,仅记旬古纳款,而入寇辽阳不载。其攻毁边墙及深入长胜本末,乃于鞑靼传中渗入此事,以为小王子之等,殆误也。今据本纪,参三编目中语书之。

21 癸亥,命南京户部尚书王轼兼左副都御史,提督军务,讨贵州贼妇米鲁。

是时贵州守臣请兵,上以命轼。轼未至而杨友等议招抚,贼扬言愿降,益拥众攻围普安安南卫城,断盘江道,又乘间劫执友,右布政使闾钲、按察使刘福、都指挥李宗武、郭仁、史韬、李雄、吴达等皆死焉。于是贼势益炽。

22 丁卯,朱晖、史琳等袭寇于河套,以捷闻。

是时寇已徙帐,不在套中,晖、琳及中官苗逵,率刘宁等大发兵,由红城子墩直捣其巢,无所遇。遂还,以斩首三级闻,驱孳畜千余归,赏甚厚。

23 庚午,分遣给事中御史清理屯田。

24 闰月,乙酉,小王子以十万骑从花马池入,官军败于孔坝沟,都指挥王泰死之。

时寇分道散掠开成、宁夏境,戕杀惨酷,关中震动。镇将婴城不敢出,而朱晖等又逗遛不急赴,奉旨切责。

25 戊戌,振两畿、江西、山东、河南水灾。

26 八月,丁未,和硕诸部犯固原。

27 己酉,免河南被灾税粮。

28 辛亥,寇复分道散掠韦州、环县、萌城、灵州,皆自花马池入。诸路官军先后得敌人首级十二,复以捷闻。

29 己巳,减光禄寺供奉,悉如元年初制。

时上以军兴缺饷,屡下廷议。大学士刘健等言:"天下之财,其生有限。今光禄岁供增数十倍,诸方织作,务为新巧,斋醮日费数万,太仓所储,不足饷战士,而内府取入动四五十万,宗藩、贵戚之求土田夺盐利者亦数千万计。土木日兴,科敛不已。传奉冗官之俸薪,内府工匠之饩廪,岁增月积,无有穷期,财安得不匮!愿陛下绝无益之费,躬行节俭,为中外倡,天下幸甚!"上纳之。

初,成化时,光禄寺增坐家长随八十余员,传添汤饭中官百五十余员。天下常贡不足于用,乃责买于京师铺户,价直不时给,市井负累。兵部尚书刘大夏亦因天变言之,乃裁减中官,岁省银八十余万。

30 是月,和硕诸部复犯宁夏东路。

31 九月,丙子朔,日有食之。

32 丁亥,遣大理丞刘宪、太仆少卿王质募兵于延绥、宁夏、甘凉。

时有建募土兵之议者,故有是命。

33 甲辰,召史琳还。起秦纮为户部尚书兼副都御史代之。

纮以十一年引疾归,至是廷臣荐纮虽老可用,乃起纮总制三边。

明通鉴

1324

纮至，按行败所，躬祭阵亡将士，掩其骼，奏录死事指挥朱鼎等五人，劾治败将杨琳等四人罪，更易守将，练壮士，兴屯田，申号令，军声大振。

初，寇既徙出河套，平凉、开成皆内地无患。自小王子诸部复往来驻牧，开成当兵冲，为平庆、临巩门户，而城隘民贫，兵力单弱，商贩不至。纮乃拓治城郭，招徕商贾，改开成为固原州。以州境迤北延袤千里，屯田数十万顷，其旷野近边无城堡可依者，议于花马池迤西至小盐池二百里，每二十里筑一堡，堡质四十八丈，役军五百人。固原迤北诸处亦各筑屯堡，募人屯种，每顷岁赋米五石，可得五十万石。诏令规画行之。

34 冬，十月，戊午，录囚。

35 辛酉，南京地震。

36 是月，吏部尚书倪岳卒。

岳状貌魁岸，风采严峻。善断大事，每盈廷聚议，决以片言，闻者悦服。及长吏部，严绝请托，不徇名誉，铨政称平。

赠少保，谥文毅。岳父谦，累官至南京礼部尚书，卒，谥文僖。——明世父子官翰林俱谥文自岳始。

37 改马文升为吏部尚书，代倪岳也。寻召刘大夏为兵部尚书。

文升在班列中最为耆硕，上推心委任，特敬礼之，岁时赐赉，诸大臣莫敢望也。

大夏自两广至，再以疾辞，不允，仍趣之入见。既至，问曰:"朕召卿,卿数引疾,何也?"<u>大夏</u>顿首对曰:"臣老且病。窃见天下民穷财尽,脱有不虞,责在兵部。度力不办,故辞耳。"上默然。

38 十一月,癸巳,分遣刑部侍郎<u>何鉴</u>、大理寺丞<u>吴一贯</u>往振<u>两畿</u>、<u>山东</u>、<u>河南</u>饥民。【考异】<u>明史纪</u>,"闰月振两畿、<u>江西</u>、山东、河南水灾。"此复书者,先命有司自振,至此复遣使也。<u>江西</u>但命有司振恤,不遣官,故不再书,统见于三编十一月目中。

39 十二月,戊辰,<u>辽东</u>大饥,命户部发帑金五万振之。

40 是岁,免畿内、<u>山东</u>、<u>山西</u>、<u>湖广</u>、<u>江西</u>被灾税粮。

41 <u>刘大夏</u>之内召也,以<u>南京</u>刑部侍郎<u>潘蕃</u>为右都御史,总督<u>两广</u>。帐下士旧不下万人,<u>蕃</u>悉汰之,才给使令而已。

42 起前<u>南京</u>祭酒<u>谢铎</u>为礼部侍郎,管祭酒事。

<u>铎</u>谢病家居将十年,荐者益众。至是廷议,两京国学当用名儒,遂起<u>铎</u>。及南监缺,议以<u>章懋</u>补之。

<u>懋</u>自<u>成化</u>初改官<u>南京</u>评事,迁<u>福建</u>佥事,满考,致仕归,屏迹不入城市,奉亲之暇,读书讲学,从游者日众,海内称<u>枫山先生</u>。中外交荐。以亲老,辞不赴。及是奉命,方遭父忧,不就。时南监阙司业且二十年,诏特以<u>罗钦顺</u>为之。命南侍郎<u>杨守阯</u>摄祭酒,而虚位以待<u>懋</u>,时以为异数云。【考异】<u>宪章录</u>系起<u>谢铎</u>、<u>章懋</u>于是年。证之<u>明史</u>本传,<u>铎</u>以四年谢病归,至此已十年。<u>懋</u>以十六年服阕莅任,则起用正在是年。今并系于是年之末。

十五年(壬戌、一五○二)

1 春,正月,丙子,<u>朱晖</u>率师还。

晖本非制胜才，师行纡回无纪律，边民死者遍野。转输征发动数十万，而先后仅获首功十五级。时寇已出套，晖留兵三千，以参将杨玉领之，遂引兵还。都给事中屈伸，疏劾"晖等西讨，无功班师。命甫下而将士已入国门，不知奉何诏旨？且此一役，糜京帑边储共一百六十余万，而首功止三级，是以五十余万易一无名之首也。所上有功将士至万余人，假使歼一渠魁如和硕，或斩级至千百，将竭天下财不足供费，而报功又不知几万万也！请置晖等于重典"。不报。

时所上捣巢有功将士万余，尚书马文升、大学士刘健持之。上先入苗逵等言，竟录二百十人，署职一级，余皆被赉。及班师，上犹遣中官赍羊酒迎劳。

晖以十三年命督三千营、领右府事，至是言官交劾，不问，仍督团营如故。

2 丙戌，大祀南郊。

3 是月，吏部考察朝觐官，举治行卓异者六人，浙江按察使朱钦预焉。未几，佥都御史林俊又举钦自代，乃迁湖广左布政使。

4 江西盗起，新昌王武为首。巡抚韩邦问不能靖，命操江御史林俊巡视。俊身入武巢，武请自效，悉禽贼党。

诏即以俊代邦问，俊引朱熹代唐仲友、包拯代宋祁事力辞，不允。乃更定要约，庶务一新。

王府征岁禄，率倍取于民，以俊言大减省。宁王宸濠贪暴，俊屡裁抑之。王请易琉璃瓦，费二万，俊言宜如旧，且引<u>叔段</u>、<u>吴王濞</u>故事以戒。王怒，伺其过，无所得。会<u>俊</u>以圣节按部，遂劾奏之，停俸三月。寻以母忧归。【考异】<u>俊</u>治<u>江西</u>盗事，见<u>明史</u>本传。<u>宪章录</u>、<u>明书</u>皆系之是年正月，今从之。

5　二月，癸丑，免<u>河南</u>被灾税粮。

6　是月，<u>傅瀚</u>卒。以礼部侍郎<u>张昇</u>为本部尚书代之。

7　三月，癸未，罢<u>饶州</u>督造磁器中官。

先是即位之初，以<u>浮梁</u><u>景德镇</u>所造御用磁器最多且久，费不赀，命督造中官还。寻复遣之，至是复撤。

8　庚寅，赐<u>康海</u>等进士及第、出身有差。

9　夏，四月，壬寅，振京师贫民。

10　乙丑，录囚。

11　五月，庚子，免<u>湖广</u>被灾秋粮。

12　是月，以灾异修省。诏群臣言时政阙失。

大学士<u>刘健</u>，请"早朝以勤政，日讲以视学，节俭以省费，刚断以决事"。上纳之。【考异】<u>明史</u>本纪不载，见<u>刘健</u>传，特书"是年四月"。<u>三编</u>系之五月，据<u>实录</u>也。盖诏下在先，上书在后，本传牵连并记耳。今从<u>三编</u>。

13　六月，岁星连日昼见。

14　秋，七月，己卯，录<u>刘基</u>九世孙<u>瑜</u>为指挥使。

初，<u>景泰</u>中，录<u>基</u>七世孙<u>禄</u>与<u>颜</u>、<u>孟</u>二氏后并为翰林<u>五经</u>博士，至是给事中<u>吴仕伟</u>，言"诚意伯乃功臣，其后裔不当为博士"，乃命<u>瑜</u>为<u>处州卫</u>指挥使，予世袭。【考异】录<u>刘基</u>裔孙，诸书皆系之六年录开国功臣子孙之后。<u>三编</u>据<u>实录</u>系之是年七月，今从之。

15　己丑，<u>王轼</u>平<u>普安</u>，斩贼妇<u>米鲁</u>。

先是轼至师，以便宜调广西、湖广、云南、四川官军、土军八万人，合贵州兵，分八道进。是年正月，参将赵晟破其六坠寨，贼遁，过盘江，都指挥张泰等渡江追吉，指挥刘怀等遂进解安南卫之围。贼复还攻平夷卫及大河、扼勒诸堡，都御史陈金以云南兵御之，贼遁归马尾笼寨。至是官军环攻益急，佥事王懋中、土官凤英等追及之。英临阵格杀米鲁，余党遂平。用兵凡五阅月，破贼寨千余，斩首四千八百有奇。

捷闻，赐敕嘉劳。寻召还，录功，加太子少保。已，改南京兵部尚书，参赞军务。【考异】明史轼传，特书正月破米鲁事，盖据赵晟等之捷及解安南卫之围，而贼之攻平夷卫又在其后。改传言"用兵凡五阅月"，是正月至五月，贼党已平，本纪书之七月，又据其奏报之月日也。今牵连记之。

16　辛卯，命各边卫设养济院、漏泽园。

17　八月，庚戌，以南畿灾，遣官祭告孝陵、太庙及皇陵。

辛亥，敕两京群臣修省。

先是六、七两月，南京、凤阳霪雨，江溢，又大风连日摧孝陵神宫监及懿文陵树木。吏部尚书马文升，请"减膳撤乐，修德省愆，御经筵，绝游宴，停不急务，止额外织造，振饥民，捕盗贼。"时河南、湖广亦大水，京师苦雨沉阴，兵部尚书刘大夏，请"凡事非祖宗旧而不便于军民者，悉条上釐革"。上皆褒纳之。【考异】明史本纪系之是月，据遣官祭告之月日也。证之五行志，书于六、七两月，并参列传增入。

18　九月，庚午朔，日有食之。【考异】宪章录于是年五月、九月皆书"庚午朔日食"，二申录同　盖"五月"误也，今据正史。

19 丙戌,南京、徐州、大名、顺德、济南、东昌、衮州同日地震。

20 丁亥,录囚。

21 戊子,放减内府所蓄鸟兽,从光禄寺卿王珩之请也。

珩列上内外官役酒饭及所畜鸟兽料食之数凡百二十事,及降旨,有仍旧者,有减半者,有停止者。于是放去乾明门虎,南海子猫,西华门鹰犬,御马监山猴,西安门犬、鸽等,各减省有差。存者,减其食料。

22 冬,十月,癸卯,罢明年上元灯火。

先是太监李兴请办明年上元灯火,有诏裁省;至是因礼部尚书曾鉴奏,尽罢之。

23 丁卯,南京地复震。

24 是月,户部上天下会计之数。

尚书佀钟言:"常入之赋以灾伤渐减,常出之费以请乞渐增,入不足当出。正统以前,军国费省,小民输正赋而已。自景泰至今,用度日广,额外科索,河南、山东边饷,浙江、云南、广东杂办,皆昔所无。民已重困,无可复增。往时四方丰登,边境无调发,州县无流移。今太仓无储,内府殚绌,而冗食冗费日加于前。愿陛下惕然省忧,力加撙节,且敕廷臣共求所以足用之术。"吏部左侍郎韩文亦以为言。上乃下廷臣议。

议上十二事,其罢传奉冗官,汰内府滥收军匠,清腾骧四卫勇士,停寺观斋醮,省内侍、画工、番僧供应,禁王府及织造滥乞盐引,令有司征庄田租,皆权幸所不便者,疏留数月不下。钟乃复言，他皆报可，而事关权幸者终格不行。【考异】事见三编，盖据明史钟传。而韩文之奏，明鉴采之，所论冗食冗费，语意略同，今据增入。

25　十一月，壬申，琼州黎贼作乱。

初，前任琼州知府张桓，贪财私敛，继以余濬，贼虐尤甚。黎人苦之，遂有符南蛇等聚众为乱，镇兵讨之不能下。

户部主事冯颙上言："琼州在大海中，周三千里。其五指山，林箐深密，川泽险阻，兵不可入。黎众聚散无常，攻之则巢穴难穷，置之则侵掠无已。乞勾考熟知夷情者，令各集土兵，听巡守官节制，有能禽斩首恶者，复其祖职。此以夷攻夷，数月间当见俘获。不然，师旅之兴无时已也。"上是其言。

时潘蕃总督两广，檄副使胡富调狼土兵讨之。而贼方攻围儋州，富与参将刘信生觇，贼突至，杀信。富手斩剧贼一人，贼乃退。

26　甲午，始罢广东采珠，召中官还。

自十二年之采，中官岁守之费以万计，而所得不偿。是年得珠较多，而岁久珠老不堪用，上始悟而罢之。

27　是月，云南景东卫昼晦，凡七日。

28　十二月，己酉，大明会典成，凡一百八十卷，大学士刘健等表上之。【考异】明会典初修于弘治，再修于万历。明史艺文志言"二百二十八卷"者，万历重修之卷数。其弘治初修一百八十卷之数，见御制序中，末署"弘治十五年十二月十一日"，盖是月己亥朔也，今据书之。

29　辛亥，上以疾不视朝。

时廷臣以南京、凤阳大水，上言时政，久之不下。阁臣刘健等因极陈怠政之失,请勤听断以振纪纲,上皆嘉纳。

【考异】据明史本纪,为明年改卜郊张本。

30 是月,免南畿被灾税粮凡三十万有奇。

31 是岁,致仕兵部尚书项忠、刑部尚书何乔新皆卒。

忠倜傥多大略,练戎务,强直不阿,以劾汪直得罪,事见十三年。直败复官,致仕,家居二十六年卒,年八十二。赠太子太保,谥襄毅。

乔新既罢归后,巡按江西御史陈诠奏其“始终全节,中间只以受亲故馈遗之嫌,勒令致仕,进退黯昧,诚为可惜,请行取任用”,不报。后中外多论荐,竟不复起。至是卒,年七十六。

江西巡抚林俊为彭韶及乔新请谥,吏部覆从之,有旨,“令上乔新致仕之由。”给事中吴世忠言:“乔新学行政事莫不优,忠勤刚介,老而弥笃。御史邹鲁挟私诬劾,一词不辨,恬然退归,杜门著书,人事罕接,士大夫莫不高其行。若必考退身之由,疑旌贤之典,则如宋蒋之奇尝诬奏欧阳修矣,胡纮辈尝诬奏朱熹矣,未闻以一人私情废万世公论也。”事竟寝。正德十一年,复以广昌知县张杰言,赠太子太保,明年,赐谥文肃。

32 升陕西之开成县为固原州,设总制府,用总制秦纮议也。

自和硕诸部出没河套,开成遂为敌冲。至是改立州治,而以固、靖、甘、兰四卫隶之,设总制、参将、游击等官,遂为重镇。【考异】诸书皆系之是年,证之明史地理志:“弘治十五年置固原州,属平凉府。"今据之。

33 御史车梁,以灾异条列时政,中言:"东厂锦衣卫所获盗,先严刑,具成案送法司,法司不敢平反,请自今径送法司,毋先刑讯。"章下,未报。主东厂者言"梁从父郎中霆,先以罪为东厂所发,挟私妄言",遂下梁诏狱。给事御史交章论奏,乃得释,出之于外,终汉阳知府。

34 擢南京太常寺卿杨一清为左副都御史,督理陕西马政,尚书刘大夏之荐也。

西番故饶马,而仰给中国茶,饮以去疾,太祖著令,以蜀茶易番马,资军中用。久而浸弛,奸人多挟私茶阑出为利,番马不时至。一清严为之禁,尽笼茶利于官以服致诸番,番马大集。【考异】事见明史本传,通纪亦系之是年之末,今从之。

明通鉴卷四十

江西永宁知县当涂 夏　燮 编辑

纪四十　起昭阳大渊献（癸亥）,尽旃蒙赤奋若（乙丑）,凡三年。

孝宗敬皇帝

弘治十六年（癸亥、一五〇三）

1　春,正月,癸丑,享太庙,以疾,遣官行礼。

2　是月,云南宣抚司思禄入贡,并归木邦侵地。【考异】孟养请降在十四年五月,此据其入贡分书之,明书亦系之是年正月。三编盖牵连并记耳。

3　二月,辛丑,上疾愈,始视朝。

戊申,大祀南郊——改卜也。【考异】三编目云:“帝有疾,自正月己巳朔至是月辛丑始视朝,乃改卜于十一日戊申。”今从之。

将郊,赐大学士刘健等三人各蟒衣一袭。——阁臣赐蟒自健等始。

4　是月,以会典成,加刘健少师兼太子太师、吏部尚书兼华盖殿大学士,李东阳太子太保、户部尚书兼谨身殿大学士,谢迁太子太保,礼部尚书兼武英殿大学士,副总裁吴宽、王鳌以下,皆升赏有差。

5　敕取河南牡丹三十本,巡抚都御史孙需谏,命已之。

6　三月,癸巳,免山西被灾税粮。

7　夏,四月,辛亥,敕宣大严边备。

8　乙丑,录囚。

9　是月,南京国子祭酒章懋服阕,复固辞,不允,乃之任,六馆士人人自以为得师。

　　时谢铎在北,论者以为李时勉、陈敬宗后,至此始再见云。

10　五月,戊子,以云南灾变,敕两京群臣修省,并遣南京刑部侍郎樊莹巡视云、贵,察官吏,问民疾(若)〔苦〕。

　　先是云南昼晦之异,值景东大疫,又陇川宣抚司雨雪如手掌,尽杀禾稼,宜良地屡震暴风,曲靖大火数发,贵州亦多灾异。上以"灾变非常,皆由官不得人,以致小民含怨,上干天和",特命莹视之。莹至,劾镇、巡官,黜文武不职者千七百人。廉知景东之变,由指挥吴勇侵官帑,以灾异可幸宽政,因云雾晦冥,虚张其事,即奏劾勇罪。巡行所部,修城池,厉兵马,振贫穷,抚流散,威惠大行。

　　初,莹巡按云南,甚有声,诸蛮慑服。至是有诉土官夺其牛者,莹还其牒,谕土官归其牛。他土官聚兵仇杀,莹闻,曰:"吾在,贼敢尔耶! 果尔,当捣其巢,覆其族。"土官闻之惧,各敛兵还。

　　明年,召还,擢南京刑部尚书。

11　莹之巡视云南也,户部员外郎席书上疏言:"灾异系朝廷不系云南,如人元气内损,然后疮疡发四肢。朝廷,元气也;云南,四肢也。岂可舍致毒之源,专治四肢之末!今内府供应,数倍往年,冗食官数千,投充校尉数万。斋醮寺观无停日,织造频烦,赏赉逾度。皇亲夺民田,宦官增遣不已。大狱据招词不敢辩,刑官亦不敢伸。大臣贤者未起用,小臣言事谪者未复。文武官传升,名器大滥。灾异之警,偶泄云南,欲以远方外吏当之,此何理也!汉遣八使巡行天下,张纲独曰:'豺狼当道,安问狐狸!'今樊莹职巡察,不能劾戚畹、大臣,独考黜云南官吏,舍本而治末。乞陛下以臣所言弊政,一切釐革;他大害当祛,大政当举者,悉令所司条奏而兴革之。"时不能用。

12 六月,减苏、杭织造三分之一。

　　先是上纳诸大臣言,召还织造中官。中官邓璿以请,又许之。工部尚书曾鉴极言之,乃有是命。

13 吏部尚书马文升,以考满晋少师兼太子太师。

14 是夏,京师大旱,兵部尚书刘大夏引咎乞致仕,不许。

15 秋,七月,辛卯,岁星昼见。

　　壬辰,太白昼见。

16 是月,总督两广都御史潘蕃讨琼州黎贼,平之。

　　符南蛇在海南聚众数万,势益炽。蕃请益兵进攻,破贼巢千二百余所,斩符南蛇,琼州遂平。会归善、南海诸贼方蜂起,蕃移师讨之,遂平归善剧贼古三仔、唐大鬓等。

17 八月,上念故赠侍讲学士刘球之忠,诏有司访其曾孙祠,录为通政司知事。【考异】录刘球裔,明史本传不载。三编据实录系于是年之八月,今从之。

18 九月,丁丑,振两畿、浙江、山东、河南、湖广被灾军民,分遣都御史王璟巡视浙江,副使汪舜民于淮、扬,佥事阎玺于庐、凤。——舜民,前副都御史奎之从子也。

其北直隶、山东、河南、湖广被灾州郡,皆敕有司如例振之。又以庐凤二府、滁和二州灾尤甚,发南京户部兑余米给振。

时韩文为南京兵部尚书,以米价翔踊,请预发军饷三月;户部难之,文曰:"救荒如救焚,有罪吾自当之。"乃发廪十六万石,米价为平。

璟至浙,陈荒政十事,奏减杭、嘉、湖、宁、绍、台六府税,省杭、湖粮三十余万石,活饥民四十余万人。舜民用便宜发粟,活饥民百二十万人,流民复业者八千余户。玺亦多所全活云。

19 诏清理盐法。

初,奸商投外戚张鹤龄,"乞以长芦旧引十七万免追盐课,每引纳银五分,别用价买各场余盐如其数,听鬻贩",上许之。自后奸民援例,乞两淮旧引至百六十万,自此盐法大坏,奸人横行江湖,官司莫能禁也。

一日,上召见阁臣刘健等于便殿,论及理财,李东阳因极言盐法之坏由陈乞者众。刘健进曰:"太祖时茶法始行,驸马都尉欧阳伦以私贩坐死,高皇后不能救。如伦事,谁敢为陛下言者!"上曰:"非不敢言,不肯言耳。"乃命户部核议盐法利弊以闻。

是时上在位久，益明习政事，数召见大臣面议。而健等三人竭诚尽虑，知无不言。初或有从有不从，既乃益见信，所奏请无不纳。每进见，上辄屏左右。有从屏后窃听者，但闻上数数称善。【考异】<u>明史本纪</u>不具，<u>明史稿</u>系之是月丁丑。<u>三编</u>、<u>明鉴</u>皆书于九月，今据之。

20　壬午，<u>崇明</u>海溢。

21　是月，桃李华。

22　进<u>建昌伯张延龄</u>为侯。

23　冬，十月，丙午，录囚。

24　十一月，甲戌，罢营造器物及明年上元灯火。

是时工部尚书<u>曾鉴</u>言："诸省方用兵，且水旱多盗贼，乞罢诸营缮及明年烟火、<u>龙虎山上清宫</u>工作。"报从，遂有是命。

25　是月，免<u>南畿</u>被灾秋粮。

26　十二月，丙午，免<u>淮</u>、<u>扬</u>、<u>浙江</u>所办物料。

十七年（甲子、一五○四）

1　春，正月，辛未，复振<u>应天</u>饥。

上恐<u>阎玺</u>等分振未周，专敕<u>南京</u>工部侍郎<u>高铨</u>振之。<u>铨</u>陈荒政八事，报可。

2　甲戌，大祀南郊。

3　壬午，严诬告之禁。

4　是月，考察京官。都御史<u>戴珊</u>，廉介不苟合。给事中<u>吴蓂</u>、<u>王盖</u>，自疑见黜，连疏诋吏部尚书<u>马文升</u>，并言"<u>珊</u>纵妻子纳贿"。珊等乞罢,上慰留之。

御史冯允中等言:"文升、珊历事累朝,清德素著,不可因浮词废计典。"乃下荩、盖诏狱,命文升、珊即举察事。珊等言:"两人逆计当黜,故先劾臣等。今黜之,彼必曰是挟私也。苟避不黜,则负委任而使诈谖者得志。"上命上两人事迹,皆黜之。已,刘健等因召对,力言"盖罪轻,宜调用",时上方向用文升、珊,卒不纳。

5 以道士崔志端为礼部尚书。

志端,李广之党也,习步虚声,音吐洪畅。成化中传奉,历官至太常少卿,久之进卿。至是骤擢尚书,仍掌寺事。言官以志端羽流,不宜清秩,抗疏力争。上曰:"先朝有之。既擢用矣。"不听。

6 二月,戊戌,太白昼见。

7 丙午,截留漕粮振凤阳诸府饥民,从应天巡抚张缙之请也,凡发米十五万五千石。缙请期以三年偿之于官,上曰:"民困甚矣,今既振之,毋令偿也。"

8 己未,申谶纬妖书之禁。

9 庚申,免浙江被灾税粮。

10 是月,诏建延寿塔于朝阳门外,除道士杜永祺等五人为真人。大学士刘健等力谏,得寝。【考异】建延寿塔,辑览载之十六年二月,三编删之。今证之健传,特书"十七年二月,"今据列传。

11 诏:"每岁官录重囚,毋限一日。"

故事,会官录囚,率以一日告竣。兵科给事中潘铎言:"审录数多,一日不能详定,恐致冤滥。太宗皇帝时,刑部

上大辟三百余人，谕‘各宫再讯，迟十日不为害’。祖宗好
生之仁，万世所当遵也。”从之。

12　复以灾，诏减光禄寺供奉十之二。

谕曰：“岁饥民贫，朕实痛焉。其务节约，毋滥费。”寻
有是诏。

时尚书刘大夏亦以各省被灾，乞命抚、按官蠲减租役，
专务生养，上命“事当兴革者，所司具实以闻。”大夏乃会廷
臣条上十六事，皆权幸所不便者，相与力尼之。上不能决，
下廷臣再议。大夏等言：“事属外廷，悉蒙允行，稍涉权贵，
复令察核。臣等至愚，莫知所以。”久之，乃得旨：“传奉官
疏名以请。幼匠、厨役，减月米三斗。增设中官，司礼监核
奏。四卫勇士，御马监具数以闻。余悉如议。”制下，举朝
欢悦。【考异】大夏陈兴革事，诸书或系之十五年，或系之十六年。证之明
史本传，特书“十七年二月”。三编亦类记之减光禄寺供奉目中，本纪则但书
“二月甲寅减供用物料”而已。今斗系之二月下。

13　土尔番阿哈穆特死。即阿黑麻，译见前。

先是哈密部下阿尔俣喇等，即阿孛剌，译见前。以怨善巴
故，阴构土尔番迎阿哈穆特幼子展特穆尔旧作真帖木儿。主
哈密，善巴惧，挈家走苦峪。时恩克保喇、旧作奄克孛剌。舍
音和珊旧译见前。俱在肃州，边臣以二人为番众所服，令还
辅善巴，与百户董杰偕行。杰有胆略，既抵哈密，阿尔保喇
与其党五人约夜以兵来袭。杰知之，与恩克保喇等谋，召
阿尔保喇等计事，立斩之，其下遂不敢叛。乃令善巴还，复
主哈密，展特穆尔还土尔番。

而展特穆尔之母，即哈商女也，土尔番与哈商结婚诱杀事见

元年。闻其父阿哈穆特已死,兄莽苏尔旧作满速儿。嗣,与诸弟相仇杀,惧不敢归,愿依外家。边臣虑其与善巴隙,居之甘州。【考异】事具明史哈密传,特书"是年春"。诸书皆系之是年之二月,今从之。

14 三月,壬戌,太皇太后周氏崩,上尊谥曰孝肃睿皇后。

癸未,定祔庙制。

初,慈懿钱太后崩,虽合葬裕陵而异隧,距英宗元堂数丈许室之,虚右圹以待,隧独通。至是上御便殿,出裕陵图示阁臣,刘健等曰:"陵有二隧,一室一通,皆先朝内臣所为,未合礼。昨见成化时彭时、商辂等章奏,先朝大臣忠厚为国如此,先帝亦甚不得已耳。"因与健等议,欲通隧,钦天监奏恐动地脉,乃止。

后询祔庙礼,健等言:"汉以前一帝一后,祔二后自唐始,祔三后自宋始。曩时定议,慈懿太皇太后居左,今大行太皇太后居右,用唐、宋故事。"上曰:"事须师古,末世不足效。祖宗来惟一帝一后,今若并祔,是变礼自朕始也。"乃援孝穆纪太后别祭奉慈殿为言,下廷臣议。礼部尚书吴宽言:"鲁颂閟宫、春秋考仲子之宫皆别庙。"

于是英国公张懋等援"春秋'考仲子之宫'胡安国传云:'孟子入惠公之庙,仲子无祭所。'以此观之,庙无二配。而周礼有'祀先妣'之文,疏云'姜嫄也'。唐、宋推尊太后,不配食者皆别立庙祀之,亦得閟宫之义。宜仿故事,于奉先殿外建庙奉祀为宜。"上然之。将建庙,钦天监奏年月不宜,姑议"暂祀太皇太后于奉慈殿正中,徙孝穆居左"。

终<u>明</u>世皆用其制。

15 夏,四月,己酉,<u>葬孝肃皇后</u>于<u>裕陵</u>。

16 丁巳,振<u>淮安</u>火灾。

17 闰月,辛酉,<u>阙里文</u>庙成,遣大学士李东阳祭告。

　　<u>东阳</u>自<u>曲阜</u>还,上疏曰:"臣奉使遄行,适遇亢旱。<u>天</u><u>津</u>一路,夏麦已枯,秋禾未种。挽舟者无完衣,荷锄者有菜色,盗贼纵横,<u>青州</u>尤甚。南来人言'<u>江南</u>、<u>浙东</u>流亡载道,户口消耗,军伍空虚,库无旬日之储,官缺累岁之俸'。东南财赋所出,一岁之饥已至于此;北地呰窳,素无积聚,今秋再歉,何以堪之! 事变之生,恐不可测。臣自非经过其地,则虽久处官曹,日理章疏,犹不得其详,况陛下高居九重之上耶!

　　臣访之道路,皆言'冗食太众,国用无经,差役频烦,科派重叠。'京城土木繁兴,供役军士,财力交殚,每遇班操,宁死不赴。势家巨族,田连郡县,犹请乞不已。亲王之藩,供亿至二三十万。游手之徒,托名皇亲仆从,每于关津都会大张市肆,网罗商税。国家建都于北,仰给东南,商贾惊散,大非细故。更有织造内官,纵群小搒击,闸河官吏,莫不奔骇,鬻贩穷民,所在骚然,此又臣所目击者。

　　夫闾阎之情,郡县不得而知也;郡县之情,庙堂不得而知也;庙堂之情,九重亦不得而知也。始于容隐,成于蒙蔽;容隐之端甚小,蒙蔽之祸甚深。臣在<u>山东</u>,伏闻陛下以灾异屡见,敕群臣尽言无讳。然诏旨频降,章疏毕陈,而事关内廷、贵戚者,动为掣肘,累岁经时,俱见遏罢,诚恐今日所言又为虚文。乞取从前内外条奏,详加采择,断在必行。"

上嘉叹,悉付所司。

18　庚午,免山东被灾税粮。

19　乙亥,以四方灾异,敕群臣修省。

先是给事中杨褫言:"两畿、河南、山东,自春徂夏不雨,黄河以北,穷民昼劫,淮、扬、嘉、湖,频报灾荒,乞敕百官修省。"从之。

庚辰,谕曰:"庶政滋弊,害及军民,上干和气,朕甚轸焉。令所司详议以闻。"

时外戚近幸多干恩泽,上深知其害政,奋然欲振之。至是尚书刘大夏应诏复陈数事,首以为言,上嘉纳之。

20　己丑,录囚。

21　五月,壬辰,罢南京、苏、杭织造中官,从尚书刘大夏之请也。

先是以曾鉴言仅罢三分之一,至是大夏请悉罢,召中官还,令镇、巡官领之。

22　是月,户部尚书侣钟致仕。

钟以忤权幸,东厂侦事者发其子瑞受金事。钟屡疏乞休,命驰驿归。以秦纮为户部尚书代之。

23　六月,癸亥,太白昼见。是日,京畿雨雪。【考异】明史五行志,上文是年二月书"郧阳、均州雨雪",下文书"六月癸亥雨雪",其下文不书地,即京师也。三编亦据实录书"六月雨雪",且云,"是月四日",癸亥也,今据书之。

24　乙亥,更定两京考察制。

故事，方面官三年朝觐一考察，两京堂上官不与。至五品以下，十年始一行，居官率九载，年劳转迁或服除改补，多不及期。给事中许天锡，请“京官六年一考察，大僚令自陈简去之”。

又以内官冗滥，并请考察以定去留。其略言：“祖宗御内官，恩不泛施，法不轻贷，内府二十四监、局及在外管事者，并有常员。近年诸监、局掌印、佥事多至三四十人，他管事无数，留都亦然。凭陵奢暴，蠹蚀民膏，第宅连云，田庐遍野，膏粱厌于舆台，文绣被乎狗马。凡此之类，皆足召灾。乞敕司礼监会内阁严行考察，此后或三年、五年一行，永为定制。”上善其言，于是令“两京四品以上并自陈听命，五品以下六年考察”。遂著为令。而内官考察，事格不行。

25 辛巳，召阁臣刘健、李东阳于暖阁，议边务，以和硕诸部谋犯大同也。

先是鞑靼诸部上书请贡，许之，竟不至。时入大同杀掠，墩军都指挥郑瑀御之。会游击将军卫勇、副总兵官黄镇与都指挥尉景、李敬等分护官军番上者事竣还，值和硕拥众数百，与瑀战于焦山，卫勇等合兵援之。寇众五千余忽集，持长矛四面刲击，迨暮，复益骑万余。官军殊死战，凡十数合，杀伤相当。瑀战久力屈，犹手刃数人而死，敌就前支解之。

事闻，上召阁臣谕曰：“墩军我赤子，被杀如此。即日遣京军一万征之。”健言“京军恐未可动”。东阳曰：“近鞑靼与朵颜相结潮河以北，古北口甚可虑。若彼声东击西，而我兵出大同，未免顾彼失此。”遂罢议。

而中官苗逵力劝出师，上为之动。越三日癸未，大同败问至，复召兵部尚书刘大夏于便殿，问曰：“卿在广，闻苗逵捣巢功乎？”对曰：“臣闻之。俘妇稚十数耳，赖朝廷威德，全师以归。不然，未可知也。”上默然良久，问曰：“我太宗频出塞，今何不可？”对曰：“陛下神武固不后太宗，而将领士马远不逮。且当时淇国公小违节制，举数十万之众委之沙漠，奈何易言之！度今上策惟守耳。”时都御史戴珊同召，亦从旁赞决。上遽曰：“微卿曹，朕几误。”由是不果出。
【考异】据明史本纪，召刘健、李东阳在是月辛巳，而墩军败问，越三日癸未至，似阁臣召见不止一次。然据明史刘大夏传，则大夏召见在召阁臣之第三日。今据明史本纪书之，而补出召见大夏于癸未之下。

26　上之召大夏也，问曰：“卿前言天下民穷财尽，祖宗以来，税敛有常，何期今日至此？”对曰：“正谓不尽有常耳。如粤东西岁取香药木材，固以万计，他可知矣。”又问：“天下军若何？”对曰：“穷与民等。”上曰：“居有月粮，出有行粮，何故穷？”对曰：“其帅侵克且过半，安得不穷！”上太息曰：“朕临御久，乃不知天下军民困，何以为人主！”

先是大夏陈兵政十害，且乞致仕，上不许，令详具弊端宜革者以闻，于是大夏举南北军转漕、番上之苦及边军困敝、边将侵克之状极言之，至是召对，略如前，乃下诏严禁。

上察知大夏方严练事，数召见咨决。同时惟都御史戴珊以材见，每有宣召，或专及大夏，或兼及珊，诸大臣不能与也。上尝谕大夏曰：“临事辄思召卿，虑越职而止。后有当行罢者，具揭帖以进。”大夏顿首曰：“事之可否，外付府部,内咨阁臣可矣。揭帖滋弊,不可为后世法。"上称善。又尝问:"天下何时太平?"对曰:"求治亦难太急。用人行政,悉与大臣面议,当而后行,久之天下自治矣。"【考异】明史稿书刘大夏召对于弘治十六年之五月乙未,且云:"自后大学士刘健、李东阳、谢迁、尚书马文升、刘大夏,都御史戴珊数召见。"今考孝宗自十三年以后,屡召阁臣,固不始于十六年,而文升、大夏、戴珊之召,明史本传所载,皆十七年事。又据大夏本传,论民穷财尽及问苗逵广东事,特书于十七年六月,盖即在六月辛巳召对阁臣之后,所谓"越三日"者是也。辑览、明鉴书之十六年五月者,盖沿史稿之误,重修三编始据实录改正,今从之。惟明史本纪十七年但书马文升、戴珊召对事,而遗却大夏,亦一疏漏也。今召对人名年月,皆据三编,附识其异于此。

27 甲申,江西庐山鸣如雷。次日,大风雨,平地水丈余,星子、德安二县人溺死者无算。【考异】三编系庐山鸣于六月,据明史五行志在甲申,今据书之。

28 秋,七月,癸巳,命工部侍郎李鐩、大理少卿吴一贯,通政司参议丛兰分道经略边塞。

甲午,左副都御史阎仲宇、通政司参议熊伟分理边饷,以京营不出故也。

29 八月,戊辰,命"天下抚、按三司官奏军民利病,士民建言可采者,所司以闻。"

30 甲申,免南畿被灾夏税。

31 丁亥,召吏部尚书马文升、都御史戴珊于暖阁,谕以"明年考察,务访实迹,秉公黜陟。"又以文升年高重听,再呼告之,命左右掖之下阶。

始,文升为都御史,王恕在吏部,两人皆以正直任天下事。恕去,人望皆归文升。迨为吏部,年已八十,修髯长眉,遇事侃侃不少衰。

32　是月,复召刘大夏论军务。

上欲宿兵近地为左、右辅,大夏言:"保定设都司,统五卫,祖宗意当亦如此。请遣还操军万人为西卫,纳京东兵密云、蓟州为东卫。"从之。

先是大夏尝乘间言四方镇守中官之害,上问状,对曰:"臣在两广,见诸文武大吏供亿,不能敌一镇守,其烦费可知。"上曰:"然。祖宗来设此久,安能遽革!第自今必廉如邓原、麦秀者而后用,不然则已之。"大夏顿首称善。

大夏每被召,跪御榻前,上左右顾,近侍辄引避。尝对久,惫不能兴,呼司礼太监李荣掖之出。

荣等阳修好于大夏而阴衔之,至是因请设东、西卫,中官监京营者恚失兵,揭蜚语宫门。上以语大夏曰:"宫门岂外人能至,必此曹不利失兵耳。"由是间不得行。

明鉴曰:中官监织造,苛扰贪黩,其弊百出,孝宗以刘大夏之言罢之,可谓能断矣。然既知中官之不可监织造,宁不知其不可为镇守者,而犹以祖制为词。铁牌之禁,独非祖制乎?夫昏椓之伦,其性皆全于阴,其才则狡险而已,其志则富贵而已,而乃以廉望之,是以望君子者望小人也。若麦秀之在浙、邓原之在闽,千百中不一二,且度亦不过彼善于此耳,何若专任疆吏之为得乎!使大夏更力陈之,孝宗未必不从其议。何乃一闻择廉之语,辄为顿首称善!此三编御批所以深为大夏惜也。

33 九月，庚寅，录囚。谕法司："不得任情偏执，致淹狱囚。"

34 甲寅，命太常少卿孙交经略宣大边务。

35 丁巳，御暖阁，召辅臣刘健等曰："诸边首功，巡按御史察勘，动淹岁年，非所以示劝。自今奏报以远近立限，违者诘治。"

36 经筵进讲，太监李荣等有以触忌为言者，上闻之，谕辅臣曰："讲书须要明白，直言不讳。可传语诸讲官，不必顾忌。"是时天颜和悦，似以昨所传未的，恐讲官因此观望，规谏不闻，故特示之，俾知上意所向云。【考异】明史本纪书于是月丁巳下。据宪章录所载，则以李荣来说，"讲章内有'以善道启沃他'，'他'字不是对上语"，上微笑。后恐诸讲官因此顾忌，乃特宣示，并书于是月之晦日。王圻续文献通考，亦云"九月三十日"，正丁巳也。今据本纪，参宪章录书之。

37 是月，复置起居注。

初，洪武间设起居注，后废。至是太仆少卿储巏言："古者史官记言记动，典至重也。臣见陛下宣召群臣，多系帷幄造膝之言，近臣不得与闻，史官莫由纪录。失今不图，恐岁月绵远，传闻各异，无以究其始末。乞敕廷臣曾蒙召问者，备录呈览，宣付史馆。庶几圣君言动举无所遗，群臣论说亦以附见。"报可。

38 冬，十月，户部尚书秦纮闻召，以年老连章力辞，乞致仕，赐敕乘传归。明年九月卒，年八十，赠少保，谥襄毅。

纮廉介绝俗，妻孥菜羹麦饭常不饱。性刚果，勇于除害，不自顾虑。其督两广，威望尤著。时以为伟人。

39 十一月，戊子，罢云南银场。

上初即位，减云南银课二万两。十三年，巡抚李士实

言:"云南九银场,四场矿脉久绝,乞免其课。"报可,及是从
巡抚陈金言,竟罢之。

40 辛卯,寇入庄浪。

41 是月,逮大理寺少卿吴一贯。

先是泰宁卫部十余骑,射伤海西贡使。故都指挥佥事
张斌以罪废,孙天祥入粟得祖官。斌欲冒功起废,使天祥
出关,掩杀他卫三十八人,指为射贡使者,巡抚张鼐奏捷。
巡按御史王献臣疑之,方移牒驳勘。会指挥张茂及子钦,
与天祥有隙,诈为前屯卫文书呈献臣,具言天祥掩杀状。
献臣以闻,未报。而献臣尝令步卒导从游山,为东厂所发,
被征,以余濂代。上命一贯偕锦衣指挥杨玉会濂勘之,尽
得其实。论斌等死,天祥毙于狱。

天祥叔父洪屡讼冤,上密令东厂廉其事,还,奏所勘皆
诬,上信之,欲尽反前狱,出东厂揭帖示阁臣,命尽逮一贯
等会讯阙下。刘健言"东厂揭帖不可行于外",既退,复争
之。上再召见,责健等,健对曰:"狱经法司,谳皆公卿士大
夫,言足信。"上曰:"法司断狱不当,身且不保,言足信
乎?"谢迁曰:"事当从众,若一二人言安可信?"健等又言
"众证不可悉逮",上曰:"此大狱,逮千人何恤,苟功罪不
明,边臣孰肯效力者!"健等再四执争,见上声色厉,终不敢
深言东厂非。

一贯等既至,上御午门亲鞫之,欲抵一贯死,闵珪进
曰:"一贯推案不实,罪当徒。"上不允。珪执如初,上怒,命
更拟,珪终以原拟上。谪一贯嵩明州同知,献臣前已贬上

杭丞,再贬广东驿丞,濂云南布政司照磨,茂父子论死。而斌免,洪得论功。

上励精图治,委任大臣,中官势稍绌;惟天祥及满仓儿事皆发自东厂,廷议犹为所挠云。

42 召南京兵部尚书韩文为户部尚书。

43 十二月,庚午,申闭籴之禁。

44 己卯,寇犯灵州。

45 甲申,免湖广被灾秋粮。

46 是月,户部核奏天下户口之数,户凡一千五十万八千九百三十有五,口凡六千一十万五千八百三十有五。

47 是冬,以南京鸿胪卿王璟为佥都御史,巡抚保定。

时以庄田故,遣缇骑逮民二万余人,畿辅骚动。璟抗疏切谏,尚书韩文等在内力持之,管庄内臣稍得召还。

48 是岁,两广总督潘蕃请讨思恩土官岑濬。

濬与岑猛相仇杀不已,前制抚屡抚不服。蕃平琼州之乱,奏请移兵剿之,廷议未决。而濬复掠上林、武缘诸县,死者不可胜计。又攻破田州,猛仅以身免,掠其家属五十余人。闻于朝,兵部乃议调两广及湖广兵合剿之。

十八年(乙丑、一五〇五)

1 春,正月,己丑,小王子诸部围灵州,入花马池,遂掠韦州、环县。

自秦纮召还,寻致仕,遂虚制府不命官。镇、巡官无统摄,边备遂疏。至是寇复分道入,诏户部侍郎顾佐往理陕西军饷。

2　乙未,大祀南郊。

3　甲辰,小王子复陷宁夏清水营。

上曰:"清水营堡乃西陲要害,寇直入焚掠,边弛甚矣。其令巡按御史阅实以闻!"寻寇以攻灵州不克,散掠内地,指挥仇钺邀其归路,与总兵官李祥击走之。

4　是月,考察京、外官。

一日,上御便殿,刘大夏、戴珊同侍。上曰:"时当述职,诸大臣皆杜门。如二卿者,虽日见客何害!"因袖出白金赉之,曰:"少佐尔廉。"且属"勿廷谢,恐为他人忌也"。

珊以老疾乞骸骨,优诏勉留。已,大夏燕见,复为珊请。上曰:"彼属卿言耶? 主人留客坚,客且为强留,珊独不能为朕留耶? 且朕以天下事付卿辈,犹家人父子。今太平未兆,何忍言归!"大夏出,以告珊,珊泣曰:"臣死是官矣。"属以新君嗣位,不忍言去,力疾视事。疾作,遂卒。【考异】诸书皆系之十六、十七两年。今证之本传,言"帝晚年",且是年方严考察,故有"时当述职诸臣闭门"之语,其为是年之正月无疑也。传中叙其卒即在本年,证之七卿表,盖十二月也。

5　二月,戊辰,御奉天门,谕户、兵、工三部曰:"方今生齿日繁,而户口军伍日就耗损,此皆官司抚恤无方,因仍苟且所致。其悉议弊政以闻!"

于是户部尚书韩文等上言:"耗损之故有二,有因灾伤敛重逼迫逃移者,有因惧充军匠诸役贿里长匿报者。若不加招抚之恩,严稽查之法,则逃移者永无复业之望,匿报者别无清理之术。如荆襄流民尤多,宜简命大臣一人往理,其他各行省，敕抚、按等官招抚复业。若逃避军匠等役，许首报更正，违者罪之。自后岁一稽核，仍令有司轻徭薄征以宽恤之。"上从其议。三编质实引王世贞弇山堂别集，言"国家户口登耗，有绝不可信者。如弘治十七年，口至六千十万五千八百三十五；十八年，户至一千二百九十七万二千九百七十四。而正德元年，户仅九百一十五万一千七百七十三，顿减三百八十二万一千二百一，口仅四千六百八十万二千五十，减一千三百三十万三千七百八十五。自是而刘六等乱中原，蓝、鄢等乱楚、蜀、江、广，无处不被兵，而八年以后，口却增至六千三百三十余万。然则有司之造册与户科户部之稽查，皆儿戏耳。

6　是月，上御经筵，学士张元祯请讲太极图、西铭等书，上观之，喜曰："天生斯人，以开朕也！"

元祯家居阅二十年，中外交荐不赴。弘治初，召修宪宗实录，累迁至学士，充经筵日讲官，上颇向用。元祯体清癯，长不逾中人，每日讲，上特设低几听之。至是欲大用，不果。

7　三月，癸卯，赐顾鼎臣等进士及第、出身有差。

8　是月，下户部主事李梦阳于锦衣卫狱。

时上优礼外家。皇后弟寿宁侯张鹤龄、建昌侯延龄，并骄纵，多犯法。梦阳上书陈二病：一曰"元气之病"，谓士气日衰也；一曰"腹心之病"，谓内官日横也。又陈三害："一曰兵害，二曰民害，三曰庄场饥民之害。"又陈六渐："一曰匮之渐，二曰盗之渐，三曰坏名器之渐，四曰弛法令之渐，五曰方术蛊惑之渐，六曰贵戚骄侈之渐。"累数千言。而末言贵戚，则专斥"张鹤龄招纳无赖，罔利贼民，势如翼虎"。

鹤龄奏辨，摘疏中"陛下厚张氏"语，诬梦阳"讪母后，罪当斩"。后母金夫人复诉于上前,上不得已下之狱。已,问刘健曰:"梦阳言事何若?"健曰:"小臣狂妄。"谢迁曰:"赤心为国耳。"上颔之。逾月,即降中旨宥出,仅夺俸三月。

金夫人诉不已,上不听。左右知上护梦阳,"请无重罪,而予杖以泄金夫人愤,"亦不许。未几,刘大夏召见于便殿,谓曰:"若辈欲以杖毙梦阳耳。朕宁杀直臣快左右心乎!"

他日,上游南宫,鹤龄兄弟入侍。酒半,皇后及金夫人起更衣。上出游览,独召鹤龄语,左右莫闻也。惟遥见鹤龄免冠,首触地,自是稍敛迹。【考异】据三编,梦阳下狱在三月,其上疏在二月,出狱在四月,皆见空同集,今类记于三月下。其游南宫一事,亦见梦阳秘录中,盖得之光禄卿张璞云云。明史本传及三编俱采入,今从之。

9 夏,四月,戊寅,命刑部侍郎何鉴抚辑荆、襄流民,从户部尚书韩文之请也。

鉴周历河南、湖广、陕西连界,阅实户口,得户二十三万五千有奇,口七十三万九千有奇,因疏善后十事及军民利病以闻。

10 甲申,上不豫。

11 五月,庚寅,大渐,召阁臣刘健、李东阳、谢迁至乾清宫,谕曰:"朕承统十有八年,年三十六岁。遘疾殆不能兴,故召卿辈。"健等皆慰藉。上曰:"朕自知命也。朕守祖宗法度,不敢怠荒,天下事重烦卿辈。"又曰:"东宫年十五矣,未选婚,可亟令礼部行之。"皆应曰:"诺。"即令司礼太监授遗诏,命就榻前书之。执健手曰:"卿辈辅导良苦,朕备知之。东宫年幼，好逸乐，卿等当教之读书，辅导成德。”

越日，辛卯，召太子，谕以法祖用贤。午刻，帝崩。

帝恭俭有制，勤政爱民，兢兢于保泰持盈之道，用使朝序清宁，民人康阜。仁、宣而后，此其中兴之令主欤！

明史何乔新等传赞曰：“孝宗之为明贤君，有以哉！恭俭自饬，而明于任人。刘、谢诸贤居政府，而王恕、何乔新、彭韶等为七卿长，相与维持而匡弼之，朝多君子，殆比隆开元、庆历盛时矣。乔新、韶虽未竟其用，而望著朝野。史称“宋仁宗时，国未尝无嬖幸而不足以累治世之体，朝未尝无小人而不足以胜善类之气”。孝宗初政，亦略似之。不然，承宪宗之季，而欲使政不旁挠，财无滥费，滋培元气，中外乂安，岂易言哉！

12 壬寅，太子即皇帝位。以明年为正德元年。大赦天下。除弘治十六年以前逋赋。

13 戊申，小王子犯宣府。

时寇乘丧大入，连营二十余里。总兵官张俊，遣诸将李稽、白玉、张雄、王镇、穆荣，各率三千人分扼要害。俄寇由新开口毁垣入，稽遽前迎敌，玉、雄、镇、荣各率所部拒于虞台。俊率三千人赴援，道伤足，以兵属都指挥曹泰。泰至鹿角山被围，俊力疾，益调兵五千人，持三日粮，驰解泰围，又分兵救稽、玉等，皆溃围出，独雄、荣阻山涧，援绝死。诸军大困，收兵还，寇追之，行且战，仅得入万全右卫城，士马死亡无算。

俊及中官刘清、巡抚李进皆征还。御史郭东山言"俊扶病驰援,宜令赎罪",许之。

14 庚戌,命太监苗逵监督军务,保国公朱晖为征虏将军,充总兵官,右都御史史琳提督军务,御寇宣府。

15 辛亥,太白经天。

16 六月,庚申,上大行皇帝尊谥曰敬皇帝,庙号孝宗。

17 秋,七月,加大学士刘健左柱国,李东阳少傅兼太子太傅,谢迁少傅兼太子太傅。逾月,东阳、迁亦加柱国。

18 八月,甲寅,尊皇太后曰太皇太后,皇后曰皇太后。

19 癸亥,太白昼见,凡六日。

20 朱晖等出师,分驻大同、宣府。会寇转掠大同,参将陈雄击斩八十余级,还所掠人口二千七百有奇,虏引去。晖以捷闻。

丙子,召晖等还,加太保,史琳太子少保。琳寻卒。

晖之奏捷也,列有功将士二万余人,侍郎阎仲宇、大理丞邓璋往勘,所报多不实,而中官苗逵力持之。会太监刘瑾用事,乃悉如晖请。

21 辛巳,岁星昼见,凡三日。

22 京师自六月霖雨至于是月。

时东宫旧竖刘瑾,与马永成、谷大用、魏彬、张永、丘聚、高凤、罗祥等八人俱用事,谓之"八党",亦谓之"八虎",日导上游戏。由是怠于政事,遗诏中当兴罢者悉废格不行。

大学士刘健等乃上言:"陛下登极诏出,中外欢呼,想望太平。今两月矣,未闻汰冗员几何,省冗费几何,诏书所载,徒为空文。此阴阳所以失调,雨旸所以不若也。如监局、仓库、城门及四方守备内臣,增置数倍,朝廷养军匠,费巨万计,仅足供其役使,宁可不汰! 文武臣旷职债事、虚糜廪禄者,宁可不黜! 画史、工匠滥授官职者多至数百人,宁可不罢! 内承运库累岁支银数百余万,初无文簿,司钥库贮钱数百万,未知有无,宁可不勾校! 至如放遣先朝宫人,纵内苑珍禽奇兽,皆新政所当先,而陛下悉牵制不行,无以慰四海之望。”

上虽温诏答之,而左右宦竖日恣,增益日益众。每上出,带刀被甲拥驾后。内府诸监局金书,多者至百数十人,光禄日供,骤益数倍。<u>健</u>等极陈其弊,请勤政讲学,报闻而已。

23 九月,甲午,申刻,河鼓、北斗昼见。

是日,<u>南京</u>及<u>苏</u>、<u>松</u>、<u>常</u>、<u>镇</u>、<u>淮</u>、<u>扬</u>、<u>宁</u>七府,<u>通</u>、<u>和</u>二州同日地震。【考异】<u>明史本纪</u>但书“甲午<u>南京</u>地震”,今据<u>五行志</u>。

24 丁酉,振<u>陕西</u>饥。

25 以副都御史<u>屠勋</u>为右都御史。

26 上践阼未数月,渐改先帝之旧。户科给事中<u>刘菠</u>疏谏曰:“先帝大渐,召阁臣<u>刘健</u>、<u>李东阳</u>、<u>谢迁</u>于榻前,托以陛下。今梓宫未葬,德音犹存,而政事多乖,号令不信。<u>张瑜</u>、<u>刘文泰</u>,方药弗慎,致先帝升遐,不即加诛,容其奏辨。中官<u>刘瑯</u>,贻害<u>河南</u>,宜按治,仅调之<u>蓟州</u>。户部奏汰冗员、兵部奏革传奉,疏皆报罢。夫先帝留<u>健</u>等辅陛下,乃近日批答章奏，以恩侵法，以私掩公。是阁臣不得与闻，而左右近习阴有干预矣。愿遵遗命，信老成，政无大小，悉咨内阁，庶事无壅蔽，权不假窃。"报闻。

27 冬，十月，丙辰，小王子率数万骑犯固原，总兵官曹雄军隔绝不相闻。副都御史杨一清巡抚陕西，时在平凉，率轻骑昼夜行，抵雄军，为之节度，多张疑兵胁寇。寇移犯隆德，一清夜发火炮，响应山谷间。寇疑大兵至，遁出塞。

28 庚午，葬孝宗敬皇帝于泰陵。

29 十一月，甲申，御文华殿日讲，大学士刘健等请之也。

30 辛丑，命太监韦兴镇守湖广。

兴自成化末得罪久废，至是夤缘出守。科、道官言："诏革天下镇守内官非旧额者，墨犹未干，乃复遣兴，无以示天下信。"

方上之践阼也，刘健等釐诸弊政，凡先帝所欲兴罢者，悉以遗诏行之。而四方镇守中官，易置者多，仅撤均州齐元，而韦兴复夤缘代均州。

于是兵部尚书刘大夏，复议上应撤者二十四人，又奏减皇城、京城守视中官，皆不纳。顷之，列上传奉武臣当汰者六百八十三人，报可。大汉将军薛福敬等四十八人亦在汰列，于是福敬等故不入侍以激上怒，上遽命复之，而责兵部对状，欲加罪。中官宁瑾顿首曰："此先帝遗命，陛下列之登极诏书，不宜罪。"上意乃解。至是复以兴故，大夏等再三争执，皆不听。

31 十二月，丙辰，长宁伯周彧请加侯封。吏部言："封爵重典,其以恩授者,皆出特旨,未有如彧之自请者。"上是之。

时彧与东光民讼田,为言官所劾,寻有是请,盖效尤张氏兄弟也。

32　丁巳,诏修孝宗实录,英国公张懋为监修,大学士刘健、李东阳、谢迁为正总裁,吏部侍郎张元祯、焦芳为副总裁。

元祯以上嗣位,擢居卿贰,入东阁,专典诰敕。然元祯素有名誉,晚而复出,馆阁诸人悉后辈,见其言论意态,以为迂阔,又名位相轧,遂腾谤议,言官交章劾之。元祯七疏乞休,刘健力保持之。健云,元祯亦卒。【考异】修实录,明史本纪不具,明书系之是年十二月。据武宗实录,为是月丁巳,从之。

33　是月,南京御史陆崑疏陈重风纪八事:"一奖直言。古者臣下不匡,其刑墨。宋制,御史入台逾十旬无言,有辱台之罚。今郎署建言如李梦阳、杨子器辈,当加旌擢。而言官考绩,宜以章疏多寡及当否为殿最。二复面劾。旧制,御史上殿,被劾者趋出待罪,即唐人对仗读弹文遗意。近率封章奏闻,批答未行,弥缝先入。乞遵旧典面奏,立取睿裁。三明淑慝。尚书刘大夏、王轼以病乞休,张元祯、陈清屡劾不去,贤不肖倒置,实治乱消长之关。宜勉留二人,放还元祯等。四核命令。近者言妨左右,频见留中,事出所私,辄收成命。乞令诸曹章奏俱具数送阁,已行者备考稽,未行者便奏请。五养锐气。御史与都御史例得互纠,行事不宜牵制。六均差遣。御史以南北为限,显分重轻。

自今除巡按面命外,其他差遣及迁转资格,宜均拟上请以示一体。七专委任。河南道有考核之责,请择人专任。八励庶官。郎中田岩、姚汀,员外郎李承勋、胡世宁等二十人,皆宜显擢。"章下所司,时不能用。

34 礼部尚书张昇,条奏四方灾异:"自今年正月至九月,天鼓妖星,山崩地震,霪雨暴风,雷火水旱之变,凡百三十余处。而南京根本重地,地亦震,尤变之大者。然兆于先帝宾天之前,示于陛下践阼之始,天心仁爱。伏愿陛下清心洁己,延访公卿,听用忠谏,屏去邪谀,节省滥恩,谨修边备,以协人心而回天意。"疏入,下所司议当兴革者以闻。

35 是冬,小王子诸部入镇夷所,指挥刘经死之。

36 是岁,平思恩州。

先是岑濬攻破田州,总督潘蕃奏请调集三广官、土军十万八千余人,与总兵官毛锐、太监韦经等分六哨,各取道共抵贼寨。寻贼分兵阻险,我军缘崖而进,濬势蹙,遁入旧城。诸军围攻急,濬自缢,城中人献其首。前后斩捕四千七百九十级,俘男女八百人,尽平其地。捷闻,玺书嘉劳。

兵部议:"濬既伏诛,不宜再录其后;而岑猛世济凶恶,亦宜停袭。请改思恩、田州俱为流官,以云南知府张凤、平乐知府谢湖俱升广西右参政,掌思恩、田州府事。"

37 哈密忠顺王善巴卒。子巴尔济旧作拜牙即。袭,昏愚失道,国内益乱。

先时土尔番酋莽苏尔方嗣位,桀黠逾于父,见哈密不振,复有并吞之志。

明通鉴卷四十一

江西永宁知县当涂 夏　燮 编辑

纪四十一 <small>柔兆摄提格（丙寅），尽一年。</small>

武宗承天达道英肃睿哲昭德显功宏文思孝毅皇帝

1　春，正月，乙酉，享太庙。

2　己丑，大祀天地于南郊。

3　甲午，大学士刘健等言："郊坛庙享，内官、内使随从数多。今祭太社、耕藉田在迩，地方窄狭。至释奠大典，太学生徒，圜桥观听，尤不可无以肃观瞻。乞查照正统以前旧制，定为名数，勿使仍前冗滥。"上嘉纳之。

4　乙未，以山陵肯毕，免宴，并罢上元灯火。

5　戊戌，兵部言："陕西守臣各报：'去年十二月二十日，寇拥众数万，毁边墙，散入固原诸处。'宜敕都御史杨一清，随宜征调延宁游兵及庄浪土兵相机战守，别选锦衣千户一人星驰赴彼侦探实情。"乃敕千户屠璋往。

6 是月，召南京刑部尚书张敷华为左都御史。

7 以巡抚陕西左副都御史杨一清总制陕西、延绥、宁夏、甘肃等处边务，兼督马政。

时一清上言："宁夏花马池、兴武营直抵高桥二百余里，为寇入边门户，近因警报，议调延绥游兵、土兵分布防御，而无一人至者，以事关各镇，不相统摄，彼此牴牾故也。宜简大臣一人为总制，无事则常驻庆阳，有警则往环县、韦州诸处，居中调度，如彼出套，即行经略花马池一带。庶几有备无患，全陕可安。"兵部尚书刘大夏，即请以一清任之。

一清遂建议修边。其略谓："陕西各边，延绥据险，宁夏、甘肃扼河山。惟花马池至灵州，地宽延，城堡复疏，寇毁墙入，则固原、庆阳、平凉、巩昌皆受患。成化初，宁夏巡抚徐廷璋筑边墙，绵亘二百余里，在延绥者，余子俊修之甚固，由是寇不入套二十余年。后边备疏，墙堑日夷，弘治之末，寇连侵略，以至于今。秦纮仅修四五小堡及靖虏至环庆治堑七百里，不足捍敌。臣久官陕西，颇悉形势。寇动称数万，往来倏忽，未至征兵多扰费，既至召援辄后时，欲战则彼不来，久持则我师坐老。臣以为防边之策，大要有四：修浚墙堑以固边防，增设卫所以壮边兵，经理灵、夏以安内附，整饬韦州以遏外侵。今河套，即周之朔方，汉之定襄，唐之受降城也。夫受降据三面之险，当千里之蔽。国初舍受降而卫东胜，已失一面之险；其后又辍东胜以就延绥，则以一面而遮千余里之冲；遂使河套沃壤，为寇巢穴。深山大河，势乃在彼，而宁夏外险，反南备河，此边患所以相寻而不可解也。诚宜扼守东胜,因河为固,东接大同,西属宁夏,使河套方千里之地,归我耕牧,屯田数百万亩,省内地转输,策之上也。如或不能,及今增筑防边,敌来有以待之,犹愈无策。"因条上墩台守军及置卫所、增兵备各地势事宜。上可其议,大发帑金数十万,使一清筑墙。未几而刘瑾构之,仅成要害间四十里之地而止。【考异】一清请筑边墙本末,见明史本传。诸书多系其总制三边于去年之冬,盖因寇犯固原、隆德,一清自平凉往援为疑兵而寇遁,遂牵连并记耳。证之正德实录,命一清总制三边在是年正月癸卯,惟宪章录系之正月,与明实录合,今据之,参本传书于正月之末。

8　二月,壬子,御经筵,大学士刘健等请之也。

上自去年冬月后,以天寒辍讲,健等乃以正月复请之,始定遣官知经筵、同知经筵事。至是仍循每月初二日例。

9　乙卯,巡抚保定、佥都御史王璟请革皇庄。

上之即位也,太监夏绶乞于真定诸府岁加苇场税,少监傅琢请履亩核静海、永清、隆平诸县田,太监张峻欲税宁晋小河往来客货,诏皆许之。

又以庄田故,遣缇骑逮民鲁堂等二百余人,畿南骚动。璟抗疏切谏,下廷臣议。金言:"此千百顷琐琐之利,恐不足以孝养两宫,宜悉革之,通给小民领种。"有旨令再议。

于是尚书韩文等覆题,谓:"畿民宜加存恤,若谓庄田以奉两宫,不可给敦小民,则宜移文巡抚官核实,召人佃种,亩征银三分,解部输内库进用。其管庄内官,仍悉召还,庶地方得免侵渔之害。"上曰:"卿等为国为民,意良厚。但朕奉顺慈闱,事非得已。管庄各留内官一人、校尉十人,余悉召还。子粒如拟征银,不许分毫多取。如有仍前生事为民害者,令巡按御史具实以闻。"

大学士刘健等复言:"皇庄既以进奉两宫,自宜悉委有司,不当仍主以私人,反失朝廷尊亲之意。"因极言内臣管庄扰民,不省。【考异】王璟请革皇庄事,见明史本传,系之武宗嗣位之下。惟刘健传特书"元年二月",证之实录,盖是月乙卯也。请革皇庄,始于王璟,廷议从之。因上令再议,韩文始有召佃征银之请。上复欲留管庄内官一人、校尉十人,故刘健复有责之有司,撤还内官之请。实录所记,尤为明析,今据书之。

10 丁巳,遣官行释奠礼于先师。

11 乙丑,耕藉田。

12 戊辰,吏、户、兵三部及都察院各有疏言事,为宦官所挠,传示上意,令阁臣调旨。大学士刘健等不奉命,别拟以奏,上不听。健等力谏,谓:"奸商坏乱盐政,武臣负罪玩法,北征将士无功授官,御用监书篆滥用匪人,皆宜痛抑。今陛下不信大臣而信群小,欲以一二人私恩坏百年旧制,臣等岂敢苟从!所拟四疏,谨以原拟封进。"不报。

居数日,健等又言:"陛下即位之初,诏书一下,天下想望太平。而朝令夕更,迄无宁日,非惟废格不行,抑且变易殆尽。建言者以为多言,干事者以为生事。累章执奏,则谓之再扰;查革弊政,则谓之纷更;忧在于民生国计,则若罔闻知;事涉于近幸贵戚,则牢不可破。臣等叨居重地,徒拥虚衔,或旨从中出,略不预闻;或有所议拟,径行改易。比为户、兵等部盐法、赏功诸事极陈利害,拱俟数日,未奉玉音。若以臣等言是,宜赐施行;所言既非,亦当明加斥责。乃留中不报,视之如无,政出多门,咎归臣等。宋儒朱熹有言:'一日立乎其位,则一日业乎其官;一日不得乎其官,则不敢一日居乎其位。'伏乞圣明矜察,特赐退休。"上慰留之,然疏仍不下。

又数日,健等复历数政令十失,而指斥贵戚近幸尤切,因再申前请。上不得已,始下前疏令所司详议。健等知志终不行,各上章乞骸骨,不许。既而所司议上,一如健等指,上勉从之,由是诸失利者益切齿。

初,孝宗之末,外戚庆云、寿宁家人及商人谭景清等,奏请买补残盐至百八十万引,户部尚书韩文条盐政风弊七事,论残盐尤切,孝宗嘉纳,未及行而崩,即入上登极诏中,罢之。侯家复奏乞下部更议,文等再三执奏,弗从,竟如侯请。于是内阁及言官复论之,诏下廷议。文言:"盐法之设,专以备边。今山、陕饥,寇方大入,度支匮绌,飞挽甚难。奈何坏祖宗法,致误边防!"景清复陈乞如故,文等请执付法司,事始已。户部疏中首论"奸商坏乱盐政",即指景清也。于是失利者以为事始于文,衔之尤甚。

13 癸酉,罢采宝石、西珠。

时中旨传采办,下户部,尚书韩文请屏绝珍奇以养俭德,从之。

14 己卯,大学士刘健、李东阳、谢迁,皆先后上疏乞致仕,不许。

15 三月,甲申,上幸太学,释奠于先师。礼毕,御彝伦堂,祭酒、司业进讲毕,还宫。

16 乙酉,锦衣千户屠瓛自陕西勘事还,奏称:"盐池之役,阵亡十八人,乱马川之役,指挥张瑛中流矢,死者又十八人。今寇已出套东渡,宜行一清督各镇守臣随宜区处。"

时都给事中艾洪等劾"太监陆闿、御史刘淮等冒功掩罪,而所报冲锋三次当先之将士,或身在京师而冒报名姓,或令人顶替而妄作己功"。因及"苗逵、朱晖敷奏失实,淮等纪功之册,宜行覆勘"。报闻,俟查明酌处之。

17 丁亥,大学士刘健等言:"自开讲以来,不时传旨暂免,免者多以两宫朝谒为词,近又云择日乘马。臣等愚见,以为乘马等事,似与讲学两不相妨。至于慈宫问安,往来不过顷刻。且两宫以宗社为念,见皇上勤于讲学,亦必喜动颜色;今以顷刻之问安而废一日之学业,恐非所以慰慈颜,承尊意也。伏乞日勤听讲,除旧例假日外,其余寻常之日不暂停免,使臣等得以少效涓埃,则圣德日隆,圣治日新矣。"报可。

18 先是正月天鼓鸣,二月陕西地震,星斗昼见。于是六科给事中张文等、十三道御史李钺等先后上书,请"重辅导,抑权幸,清弊政"。末言:"刘健等执奏盐法等十事,未及施行。而蓟州草场虽有查拨之命,小民未得实业。大臣如南工部尚书李孟旸等之不职,宣府巡抚都御史李进之失机,都督佥事神英父子之赃罪,皆未明正黜典,弊之大者也。"诏下其章于所司。

19 夏,四月,癸丑,五府、六部等衙门、英国公张懋等合词上疏,其略曰:"自古人君,未有不以忧勤而兴,骄佚而坏者。益之戒舜曰：‘罔游于逸，罔淫于乐。’成王初政，周公作无逸以训之。诚见夫废兴之机，于此焉系，不可以不慎也。我太祖高皇帝百战而得天下，深惧后世溺于宴安，故作皇明祖训，首谓‘守成之君当存敬畏，以祖宗忧天下为心，则能承受天眷。若生怠慢，祸必加焉’。贻谋之远，盖与古人异世而同符也。

　　仰惟皇上嗣立以来，日御经筵，躬亲庶政，天下喁喁望治。迩者忽闻宴闲之际，留心骑射，甚至群小杂沓，径出掖门，游观苑囿，纵情逸乐，臣等闻之，不胜惊惧。

　　昔汉文帝从霸陵欲西驰下峻阪，袁盎谏曰：‘圣主不乘危，不徼幸。今骋六飞，驰不测，有如马惊车败，陛下纵自轻，奈高庙、太后何！’宋孝宗常亲鞍马，薛季宣谏曰：‘球马之事，惟陛下所以习劳讲武。至于卫生之害，积于细微，衔橛之危，起于所忽，则不可不慎。’

　　夫家累千金，坐不垂堂，盖谓所托者重也。陛下负托之重，岂但千金之子，而乃自释端拱之安以犯垂堂之险，万一御者蹉跌，衔辔有失，左右不及致力，将如之何？

　　仰惟天纵圣明，初无此念，必左右近侍引之非道，陛下不察而误蹈之，臣等实为寒心。况去岁以来，灾异迭见，若复从事佚乐，何以感动天心！”疏入，上嘉纳之。

　　是时上好微行，故懋等言之尤切。【考异】法传录载张懋等谏骑射于三月，明书载上始微行于五月。证之武宗实录，在是月癸丑，疏中所言，皆微行骑射事也。明史张辅传，言“武宗即位，与群小狎游，懋率文武大臣谏，其言皆切直”。然此疏诸书皆不载全文，今据实录增。

　　20 御马监太监陈贵、叶阳，以马房屋宇倾圮，奏欲开耕草场地以资修理费。户科都给事中张文等言："我朝养马，仿周人牧师之制，于内甸民耕之外，各营设置草场，每夏秋收放，纵其驰逐，马大蕃息而武事以修，所以尊国势而防寇患也。近日锦衣指挥傅聪、御马太监钱能，各缘父兄之故，请草场为业，既误许之，于是贵、阳遂有此奏。臣等考之，正统时，提督人员有侵其地者，英宗皇帝令改正，戒再犯必杀毋赦。成化中，太监李良、都督李玉等又各侵苜蓿地，诏罚玉俸三月，仍遣官核实以正其经界。近年太监覃昌、陆恺奏讨香河等县草场，寿府、仁寿宫奏拨永清等县草场，给事中周旋查出，先帝又令照数还官。夫莫尊于母后，莫亲于皇弟，先帝不得而私之。贵、阳、聪、能何人，乃敢以香火为请而留数百亩，以修理为词而乞数千亩。是欲以一时之私情而坏累世之成宪，将必至于草场荡废，马政空虚而后已。武备削弱，戎狄生心，患莫大焉。乞绝其私请，令原差科、道官通行核实，辨别定界，并揭累朝禁约之旨，使知遵守，不敢轻犯。"上是之，仍令修理工完即止。

21　丁巳，吏科给事中胡煜以灾异上书，其略曰："臣闻变不虚生，必有由致，惟人主一心，与天心相为感通，苟不务勤学，则无以正心修身。夫一念之不纯，一动之失中，皆足以干阴阳之和。故近古之君，不但勤于昼学，而又选择名儒，夜直禁中，不时召对，所以防非窒欲，为持守身心之助也。今陛下以英妙之年，正力学之时，暮夜既无召对之条，昼日又鲜勤学之益。虽曰日御经筵，然儒臣之讲未毕而已有鸿鹄之思，几席之读未几而倐兴逸乐之想。惟闻与近幸导谀者不时游玩,杂巧满目,一暴十寒,得之方微,耗之已甚。圣学如此,何由缉熙光明?伏望日新以清化源,远佞以端好尚,又必选文学名臣侍从左右,朝夕讲诵以开广聪明。凡内外章奏,悉付内阁大臣议定而行,则忧勤惕厉之心胜,宴安愉佚之志亡,正心以正朝廷,何患天下之不治,天变之不消邪!"下所司知之。

22 吏部尚书马文升请致仕,许之。

初,文升承遗诏,汰传奉官七百六十三人,诏留太仆李纶等十七人,余尽汰之。既而中官王瑞复请用新汰者七人,文升持不可。给事中安奎刺得瑞纳贿状,劾之,瑞恚,诬文升抗旨。更下廷议,皆是文升,上终不听,文升因乞归,不许。

是时朝政已移于中官,文升日怀去志。会两广缺总督,推兵部侍郎熊绣可任。绣不欲出外,颇怏怏,其同乡御史何天衢,劾文升徇私。文升连疏乞休,至是始得旨乘传归,赐玺书优礼之。【考异】文升致仕,实录分书于三、四两月,盖连疏乞休,至是始许之也。据实录,致仕归在是月丁巳,三编亦系之四月,今从之。

23 癸亥,兵科给事中杨一溁,以上好骑射,时出微行,上疏言:"人主不可有他嗜好,驰骤弓矢,尤非所宜。况深居九重,出必清道,岂易轻易游行!秦皇巡幸,变起副车,武帝微行,戒严柏谷。盖天下重器,置之安处则安,置之危处则危,万一不虞,所关非细。"疏入,下所司知之。

24 丁卯,以吏部左侍郎焦芳为本部尚书,代文升也。

芳粗鄙无学识,好嫚骂,刘健、谢迁诸正人皆恶之。芳既积忤廷臣，乃深结奄宦以干进。

上初即位，廷议以国用不足，劝上节俭，芳知左右有窃听者，大言曰："庶民家尚须用度，何况县官。谚云：'无钱拣故纸。'今天下多逋租匿税，不是检索，而但云损上，何也？"上闻，大喜。至是文升去，遂代之。

25 是月，南京祭酒章懋乞致仕，不许。

26 文升之罢也，言官丘俊、石介等荐南京吏部尚书林瀚。上用焦芳，乃改瀚南京兵部，参赞机务。命未至，瀚引疾乞休，因陈"养正心、崇正道、务正学、亲正人"四事，优诏慰留。寻及南京诸臣条时政十二事，语涉近幸，多格不行。

27 掌大理寺工部尚书杨守随奏："每岁热审，行于京师而不行于南京，五岁一审录，详于在京而略于在外。请更定两京内、外皆一例。"从之。

28 五月，丙申，减苏、杭织造岁币三分之半，从工部尚书曾鉴之请也。

时内织染局奏苏、杭织造上供锦绮为数二万四千有奇，鉴力请停罢，乃有是命。

29 兵部尚书刘大夏乞致仕。

大夏以请汰镇守中官及武臣不悦于上，未几，又言："镇守中官如江西董让、蓟州刘瑯、陕西刘云、山东朱云，贪残尤甚，乞按治。"上皆勿问。大夏自知言不见用，遂连疏乞骸骨。至是许之，加太子太保，赐敕驰驿归。给事中王翊、张襘请留之，吏部亦请如翊、襘言，不报。

30 戊戌，戒科、道毋得挟私举劾。

　　先是马文升致仕，廷议推补吏部。御史王时中言："铨衡重寄，如闵珪、刘大夏，不宜在推举之列。"户科给事中刘蒬言："别天下之贤才在公论，寄天下之公论在科、道。若公论不明，贤不肖倒置，天下未有不乱者。大夏官至二品，不为子乞恩，历官数十年，家不逾中人之产，盖亦一时之望，而言者断断不可，是非之乖谬甚矣！乞究治造言无实之人，庶老臣得安其位而行其志。"时闵珪亦连疏请休，上慰留之，乃有是诏。【考异】事见明史刘蒬本传，证之实录，即在大夏致仕之后，而闵珪亦以四月请致仕，此盖为留珪而发也，今从之。

31　甲辰，谕户部会各官议经制事宜。

　　先是总督仓储户部侍郎陈清、兵科给事中徐忱，各疏言"仓库空虚可虑"，给事中张文等亦以为言。于是尚书韩文会英国公张懋等议，谓："京库银两，岁入者为一百四十九万两有奇，以岁用言之，给边折俸及内府成造宝册之类为一百万两，余皆贮之太仓以备饷边急用，故太仓之积，多或至四百万，少亦半之。近岁所入，以积欠蠲除，亏于原额，而所出乃过于常数，盖一岁之用已至五百余万两矣。今海内虚耗，兵荒相仍，以有限之财供无穷之费，若非痛惩侈靡，务为减节，岂能转啬为丰，以济一时之急邪！"因条具经制八事："一崇节俭，二裁冗食，三节冗费，四赃罚解部，五处置盐法，六清查积朽，七钱钞折银，八清釐草场。"诏下所司，"详究近年支用日渐增加多至数倍之由，及运送各边银两已用未用之数，并有可行长策，仍议处以闻"。

32　丙午，擢兵部侍郎许进为本部尚书，代刘大夏也。

进始起佐兵部,兼督团营。时刘瑾用事,进亦多委蛇徇其意,而瑾终不悦。方督团营时,与瑾同事,每阅操,谈笑指挥,意度闲雅,瑾及诸将咸服。一日操罢,忽呼三校前,各杖数十。瑾请其故,进出权贵请托书示之,瑾阳称善,内窃衔之。【考异】许进代刘大夏为兵尚事,见明史本传。七卿表系之五月,证之实录,则本月丙午也。法传录、宪章录书"召总制宣大右都御史刘宇为兵部尚书",又并刘大夏致仕同系之九月,皆误也。宇以明年四月代阁仲宇为兵尚,盖进以是年十月改吏部,而仲宇代之,明年仲宇致仕,乃以宇代之,三年进以吏部致仕,宇又代进。证之明史进传与七卿表,相代年月皆合,今据之。

33 六月,辛亥,以内官监太监刘瑾提督十二团营。

34 乙卯,南京科、道官牧相等奏,"请自今百司章疏,若朝廷大政,必由内阁、六部,而以公论付台谏,勿令径从中出"。礼部覆奏,谓宜从其言。上曰:"朝廷自有处置。"不省。

35 辛酉,禁吏民奢靡逾制。

38 免陕西被灾税粮。

37 是日,大风雨,雷震郊坛兽瓦。

庚午,敕群臣修省。

于是大学士刘健等上言:"自古人君,以勤敬为德,怠荒为戒。伏睹陛下近日以来,视朝太迟,免朝太多,奏事渐晚,游戏渐广。兹当长夏盛暑之时,经筵日讲,俱各停止;臣等愚昧,不知陛下宫中何以消日,且更有何事大于此者?夫奢靡无度,滥赏妄费,非所以崇俭德;弹射钓猎,戕生害物,非所以养仁心;鹰犬狐兔,田野之畜,不可育于朝廷;弓矢甲胄,战斗之象,不可施于宫禁。夫使圣学久旷,正人不亲,直言不闻,下情不达,而此数者交杂于前,臣等不胜忧惧!"疏入,上曰:"自古帝王,不能无过而贵于改过。览卿等奏,具见忠爱之忱,朕当从而行之。"

一时廷臣以灾异应诏陈言者,礼部尚书张昇,工科给事中陶谐,礼科给事中葛嵩,监察御史王涣,吏部主事孙磐,及六科给事中连名之张良弼,十三道御史连名之熊卓等。下内阁议。

于是健等上言:"臣等看得府、部等衙门灾异陈言各本,词意恳切,有臣等所不及知者。窃恐万几之繁,不暇遍览,谨择其所陈时政切要者,恭录以进,请置坐隅。分为数类:曰无单骑驰驱,出入宫禁;曰无频幸监局,泛舟海子;曰无事鹰犬弹射;曰无纳内侍进献饮膳。伏望朝夕观省,以成圣德。"报闻。【考异】事见明史刘健传。传中所言"录廷臣所陈时政切要者",不著姓名,亦不言何时所陈,今证之实录,自刘健等以下府、部台谏,皆以灾异应诏陈言,下之内阁,健等因条录其切要者以进,即张昇等诸人之疏也。今参健传并武宗实录,统系之庚午下。

38 丙子,南京暴风雨,雷震孝陵白土冈树。

39 秋,七月,己卯,以夏儒为锦衣卫指挥使,寻进中军都督府同知。时上将大婚。儒,皇后父也。

40 辛巳,减光禄寺供奉。

时国用不足,给事中张文等疏请节用。户部集议,谓:"韩文等所言冗食冗费,宜令光禄寺查看每年所征厨料及内外近侍官员每日所费酒馔,有不急之用,悉从减省。"得旨准行。

于是该寺会计膳羞供应,视<u>弘治</u>元年日增一倍。礼部言:"日费如此,岁费益多,宜令开具,凡昔无而今有者去之,昔少而今增者减之,必使仍复旧规,以纾民力而充国蓄。"诏从之。

41 壬午,<u>南京六科给事中</u><u>李光瀚</u>等因灾异言事,谓:"灾异所见,大都阴盛阳微,意者戎狄、宦官之应。如北寇屡犯边疆,而<u>太监</u><u>苗逵</u>、<u>保国公</u><u>朱晖</u>、<u>都御史</u><u>史琳</u>,无功冒赏,实足启戎心而轻中国。<u>大学士</u><u>刘健</u>等所陈盐法、边功利害,留中不报,而<u>太监</u><u>高凤</u>、<u>李荣</u>,纳赂招权,颠倒国是,将使老臣不安其位。乞追夺<u>逵</u>等赏赠,裁抑<u>凤</u>等权宠,然后精选内外主将,亲信内阁大臣,议其兴革之当先务者。"<u>十三道御史</u><u>陆崑</u>等亦以为言,并请"裁革新添<u>南京</u>守备内臣,广开言路,屏绝宴游骑射。"疏入,俱下所司知之。

42 癸未,<u>户部尚书</u><u>韩文</u>复会<u>英国公</u><u>张懋</u>等,议覆近年支用加增之由及再陈可行长策,言:"臣等追维其故,银两之用,由于京军屡出,调度频繁,<u>山</u><u>陕</u>饥荒,供亿加倍。往者<u>孝庙</u>登极,赏赐悉出内帑,户部止凑银三十余万两,今则银一百四十余万皆自户部出矣;往者内府岁造金册皆取诸内库,今则户部节进过一万四千八百余两矣;往者户部进送内库银止备军官折俸,今则无名赏赐,无益斋醮,皆取而用之矣;此银费所以日增也。

招收投充之匠,传升乞升之官,役占影射之军,皆夤缘权贵,蠹公营私。或臣下建白而裁革不行,或方行裁革而旋复仍旧,深根滋蔓,潜耗京储,此冗食所以日增也。

光禄寺供应每告不敷,内监局工作略无停息。至如玉带蟒衣,一概滥赐,其他琐屑,不能枚举,此冗费所以日增也。

伏望陛下深惩夙弊,俟诸司查奏至日,应裁革、减省、停止者,即赐施行。其各边解送银两已用未用数目及有无冒支侵耗之弊,宜行各边巡按御史清查造册,以凭追缴。至可行长策,则各处税课司、河泊所及山场、湖陂、田土,或被奸民侵占,或系王府正尝陈乞为业者,尽取还官,召人佃种,如例征租,解库备用。而沿边屯田,昔年禾黍,尽入荆榛,宜敕各边总制会同巡按督同巡守、管屯等官,清查旧有及新增顷亩,除已给军领种外,召人佃种,如例征银,或增或减,便宜行之。似此数事,亦可稍助公家之费。”

上曰:“然。屯田积谷乃饷边上策,前代及国初太祖成法,昭然可考。今沿边及辽东屯田,其择御史能者,分行核实,贵臻实效,不可虚应故事。”

43 户科都给事中张文、给事中刘蒵、薛金等以灾异应诏陈五事:一谨内批,谓:“迩者中外请乞,直从批答,无不赐准,其为各科参论或诸司执奏者,一切报罢。是非不一,事理乖舛,书而不讠云,后厤何观!请谨严以杜罔上行私之渐。”一裁冗员,谓:“内臣迁改增添,纷然杂出,如刘杲、吴祺等之兼督仓场,温祥、范亨等之骤进司礼,余庆、黄准等之同守南京,官多事扰,乞通查裁省以遵明诏。”一节恩礼,谓:“贵戚宗藩,比多请乞,如驸马崔元、林岳,建昌侯张延龄之乞田土,崇府、德府之奏子粒,徽府之拨屯地,蜀府之买引盐,宜一切停止以拯民穷。"一肃京储,谓:"京、通仓提督太监蔡用等,欲将已革晒夫囤基各色钱物仍追收备用,奏赐俞允,岁计银七万四千两。其他巧取,固可类推,乞置之法以儆奸贪。"一清牧地,谓:"顷议清查马房、草场地土,以余亩空闲委弃可惜,与其为小人壑欲之资,孰与助边方万一之急。而太监宁瑾、陈贵等奏蒙停免,仍留牧放以便己私,乞申前命差官清查,仍置瑾等于法以戒将来。"

疏入,忤旨,责文等具状自劾。文等复执奏如初,但以言之戆率,请伏罪,诏姑宥之,仍罚俸各三月。

44 己丑夜,有星见紫微西藩外,如弹丸,色苍白。越数日,有微芒见参、井间,渐长二尺如帚,西北至文昌。钦天监奏言:"恐日久不消,为咎非浅,盖彗之渐也。"

45 庚子夜,彗星见,光流东南,长三尺。越三日壬寅,长五尺许,扫下台,入太微垣。【考异】据三编,庚子,是月二十三日,盖是月戊寅朔也。实录书庚子,则云"青州府诸城县彗星见,有光流东南"云云。证之明史五行志,皆不言起于青州,今仍据三编书之。

是时八党窃柄,朝政日非,灾异迭见。于是南京御史陆崑偕同官上疏极谏。

其略曰:"自古宦竖欲擅主权,必先蛊其心志,如赵高劝二世严刑肆志以极耳目之娱,仇士良教其党以奢靡导君,勿使亲近儒生,知前代兴亡之故,其君惑之,卒皆受祸。陛下嗣位以来,天下喁然望治,乃未几宠幸阉寺,颠覆典刑。太监马永成、魏彬、刘汉、傅兴、罗祥、谷大用辈,共为蒙蔽,日事宴游,上干天和,灾祲数告,廷臣屡谏,未蒙省纳。若辈必谓宫中行乐,何关治乱,此正奸人蒙君之故术也。陛下广殿细旃,岂知小民穷檐蔀屋风雨之不庇? 锦衣玉食,岂知小民祁寒暑雨冻馁之弗堪! 驰骋宴乐,岂知小民疾首蹙额赴诉之无路! 日者雷震郊坛,彗出紫微,夏秋亢旱,江南米价翔贵,京城盗贼横行,可纵情恣欲,不一顾念乎? 伏望侧身修行,屏永成辈以绝乱源,委任大臣,务学亲政以还至治。"疏入,上不省。

46 是月,司礼监传旨,以大婚礼需银四十万两。

先是尚书韩文,以上即位后,山陵、大婚及赏赉需银一百八十万两有奇,部帑不给,请先发承运库,诏不许。文又请:"赏赉自京边军士外,请分别给银钞,稍益以内库及内府钱。并暂借勋戚赐庄田税,而敕承运库内官核所积金银,著之籍,且请罢诸不急费。"上不欲发内帑,命文以渐经画。

至是文以户库空虚,请先发十万两,因言:"海内虚耗,加以水旱频仍,边储缺乏。皇上初服,宜慎俭德,怀永图。礼有定制,非臣下所敢轻议,然百凡赏赉,必酌时宜,从省约,庶几以身示朴,由近及远,而财用以充。"

监察御史赵佑言:"左右以婚礼为名,将肆无厌之欲,计臣惧祸而不敢阻,阁臣避怨而不敢争,用如泥沙,坐致耗国。不幸兴师,遘饥馑,将何以为计哉!"

其后有诏,得减四之一。

47 八月,乙卯,命内官监崔杲等往南京织造绘妆缎匹。

工部尚书曾鉴言:"皇上嗣位,诏停织造,德音方布,何乃辄复沮之? 今东南水旱相仍,生民失业。况绘妆缎一匹,用数十人之工,逾半年而后可完。夫服以彰德,赏以酬劳,赏之有节,则得之者宝藏珍重以为奇,滥则亦以寻常视之耳。伏望躬行节俭,裁抑赐予,勿使重困地方。"六科给事中陶谐等、十三道御史杜旻等亦以为言,不听。【考异】南京织造之遣,据明史本纪在八月乙卯,与实录同。三编列之九月者,考之实录,旻等因织造奏讨长芦盐引,故陶谐、杜旻等以为不可许,且并请停织造,三编盖牵连并记耳。今据实录分书之。

48 戊午,立夏氏为皇后。

49 丙寅,刘健等言视朝太晏:"近者两月以来,或至日高数丈,侍卫执役人等不能久立,俱纵横坐卧,弃仗满地。四方朝见官吏,外国朝贡使臣,疲于久候,非但精神困倦,抑且废时误事。夫早朝乃人君首务,天下观瞻,于此焉系。况当天变民穷之日,恐惧修省,犹恐不及;若君怠于上,臣荒于下,太平之治,何以能成! 臣等叨膺重寄,忧切于中,诚恐圣心别有所系,妨误不小,故敢冒死上陈。"上曰:"知之矣。"

寻又以灾异上言:"人君所畏,惟天惟祖宗。皇上纪元之初,天变迭见,所以仁爱警戒者至矣。祖宗之制,每日早起,祝天拜庙,然后视朝。遇节日忌辰、因事祭告,必亲自行礼,近来每遣亲王代行,似于尊祖敬宗之义有所未尽。三年之丧,自天子达,中世虽以日易月,亦止行之宫中。今先帝大丧,小祥未久,虽大婚事重,吉礼告成,而思慕之诚自不能已。向尝屏去鹰犬,停止骑射,小大臣民,莫不钦为圣德。近者传闻或有群小引诱,造成玩器,深夜之际,广为游乐,万一有之,似于谅暗之礼有所未合。前代之典,凡遇天变,必减膳撤乐,今当修省之时而为怠荒之事,似于敬天之义有所未安。况视朝日迟,午奏多至日暮,诚恐起居无常,寝膳失节,以致耗费精神,妨误政事。伏望敬天勤民,节财省役,进贤去佞,赏功罚罪,庶几民心可慰而天意可回。"

上曰:"卿等所言,皆为朕忧国忧民之事,朕当从而行之。"然群小锢蔽日深,不能改也。

50 是月,致仕吏部尚书王恕上言:"自古明王之治天下,良臣之辅太平,其嘉谋谠论之大要,无过乎大公至正而已。如发号施令,进贤退奸,赏善罚恶,安边治内,与凡一切政务,必须处之得其公正,然后可以服人心而成善治。至如严军法以肃边境,裁冗员以节财用,重官爵以惜名器,禁僭侈以化民风,存羡余以备不虞,给民业以均贫富,皆今日致治保邦之急务也。老臣无以报国,辄效愚直,以仰副陛下询谋求治之盛心,伏惟采而行之,臣死且不朽。"

先是,上登极覃恩,遣使赍敕存问,且谕以"有嘉谋谠论,毋有所隐",故恕有此奏云。

51 九月,戊寅,上御经筵。

先是经筵既开,以暑月停免。至八月,大学士刘健等以为请。而是时上方大婚,命俟九月。至是司礼监复传旨欲免午讲,健等以"先帝故事,日再进讲,且四书、尚书,圣贤之大道,固当先务,若通鉴、大学衍义,皆指陈治道之书,不可不讲。伏乞圣明少留数刻,令臣等照旧每日二次进讲,庶几尽保傅之责,以免旷职之愆。"谕以"知之"。然卒力争不可得。

52 中官崔杲等督织造,将之南京,奏乞长芦往年支剩盐一万二千引。上欲许之,给事中陶谐、徐昂,御史杜旻、邵清、杨仪等先后谏。尚书韩文等言:"盐课之设,专备边饷,与织造无干。成化、弘治年间,弊端始开,先帝深知其害,即已停止,近登极诏书复申其禁。今若允杲等所奏,是诏为虚文,何以令天下!请并织造停之,如谐、旻等所言。"不允。

刘健等复言之,上召健等至暖阁面议,颇有所诘问,健等皆以正对。上不能难,最后厉色曰:"天下事岂皆内官所坏!朝臣坏事者十常六七,先生辈亦自知之。"因命盐引悉如杲请。

健等退,再上章力言不可。上自愧失言,乃俞健等所奏。一时中外咸悦,以上庶几改过,于是健等始有去八党之计。

53 冬,十月,丁巳,大学士刘健、谢迁等,户部尚书韩文等,请诛太监刘瑾等,不果。

瑾自以内官监兼督团营,渐见信用,日与马永成等进鹰犬歌舞角觝之戏,导上佚游,又劝上令镇守内臣各进万金,奏置皇庄,增至二百余所,畿内大扰。健等谋去之,连章请诛瑾等,皆留中不报。会给事中陶谐、御史赵佑等交章论劾,章下阁议,健等持之甚力。

先是尚书韩文以八党用事,每朝退,与僚属言辄泣下,郎中李梦阳进曰:"公泣何为!比谏官疏劾诸奄,执政持甚力,公诚及此时率大臣固争,去八人易易耳。"文捋须昂肩,毅然改容曰:"善! 纵事勿济,吾年足死矣;不死不足报国。"即令梦阳草疏。既具,文读而删之,曰:"是不可文,文恐上弗省;不可多,多恐览弗竟。"

遂合九卿诸大臣上言,其略曰:"臣等伏睹近日朝政日非,号令失当,中外皆言太监马永成、谷大用、张永、罗祥、魏彬、丘聚、刘瑾、高凤等,造作巧伪,淫荡上心,击球走马,放鹰逐犬,俳优杂剧,错陈于前。至导万乘之尊与外人交易,狎昵媟亵,无复礼体。日游不足,夜以继之,劳耗精神,亏损志德。遂使天道失序,地气靡宁,雷异星变,桃李秋华,考厥攸占,恐非吉兆。缘此辈细人,惟知蛊惑君上,自便其私。而不知昊天眷命,祖宗大业,皆在陛下一身,万一游宴损神,起居失节,虽虀粉若辈,何补于事! 窃观前古奄宦误国,为祸尤烈。汉十常侍、唐甘露之变,其明验也。今永成等罪恶彰彰,若纵不治,将来益无忌惮,必患在社稷。伏望陛下奋乾纲,割私爱,上告两宫,下谕百僚,明正典刑,潜消祸乱之阶,永保灵长之祚。"

疏入,上惊泣不食,乃遣司礼中官李荣、王岳等至阁议,一日三反,欲安置之南京,迁以为处之未尽,欲遂诛之。健推案哭曰:"先帝临崩,执老臣手,付以大事。今陵土未干,使若辈败坏至此,臣死何面目见先帝!"于是健、迁声色俱厉,惟李东阳语少缓。王岳者,素刚直嫉邪,慨然曰:"阁议是!"具以健等言白上。

八人者乃大惧,以瑾尤巧佞很戾,敢于为恶,乃谋使瑾入司礼监执事权,以为脱祸固宠计。谋既定,会焦芳微闻阁中议,遣人驰告瑾,谓健将以明日约文及诸九卿伏阙面争,而岳从中应之。于是八人者夜伏上前环泣,以首触地曰:"微上恩,奴侪磔喂狗矣。"上色动。瑾进曰:"害奴侪者王岳也!"上曰:"何故?"瑾曰:"岳结阁臣,欲制上出入,故先去所忌耳。且鹰犬何损万几!若司礼监得人,左班官安敢如此!"上大怒,立命收岳。擢瑾掌司礼监,永成、大用掌东、西厂,各分据要地。诘朝,事遂中变。

⁵⁴ 戊午,大学士刘健、谢迁致仕。

是日韩文等方再请诛瑾等,忽有旨召诸大臣入。至左顺门,健迎谓曰:"事垂济,公等第坚持。"尚书许进曰:"过激恐生变。"健不应。有顷,李荣手诸大臣疏曰:"有旨问诸先生。诸先生言良是,第奴侪事上久,不忍遽置于理,幸少宽之,上当自处耳。"众相顾无言。韩文乃抗声数八人罪,侍郎王鏊助之,曰:"八人不去,乱本不除。"荣曰:"上非不知,第欲少宽之耳。"鏊直前曰:"设上不处,奈何?"荣曰:"荣头有铁裹邪,敢坏国事?"遂退。

于是健、迁即日求去,东阳亦继之。故事,辅臣乞休,必俟三四疏乃允。瑾等惟恐其去之不速,又见上屡以逆耳厌之,遂矫诏听健、迁致仕归,而独留东阳。岳谪充南京净军,瑾复遣人追杀之于途。于是中外大权悉归于瑾,文臣之祸自此始矣。【考异】据明史纪、传及峚峒集所记,皆丁巳、戊午连日事,丁巳则韩文等请诛刘瑾之日,戊午则刘健、谢迁致仕之日。中间擢刘瑾掌司礼监,马、谷二人分掌东、西厂,则在丁巳之夜、戊午之朝。盖处分既定,而后召诸大臣等示以自处之谕,故健等知事已变,乃请致仕。诸书所记,次序不明,

1382

今参<u>实录</u>书之。<u>健</u>等致仕即在是日，<u>纪</u>中特著之。证之<u>实录</u>，则<u>瑾</u>等矫诏许之，"故事辅臣乞休"以下数语，皆据<u>实录</u>增入。

55　己未，<u>李东阳</u>复请致仕，诏慰留之。

先是请诛<u>瑾</u>等疏，相传以为<u>东阳</u>秉笔，后以阁议少缓，故不及。<u>健</u>、<u>迁</u>濒行，<u>东阳</u>祖饯，泣下，<u>健</u>正色曰："何泣为！使当日多出一语，与我辈同去矣。"<u>东阳</u>嘿然。【考异】<u>健</u>等请诛<u>刘瑾</u>之疏，<u>明史稿</u>系之八月下，所谓"留中"者是也。十月丁巳之疏，则<u>韩文</u>率九卿请诛<u>瑾</u>，而阁臣力持之，<u>纪</u>中以为<u>刘健</u>等主之者是也。<u>健</u>等之劾，主稿者<u>东阳</u>，<u>文</u>等之劾，主稿者<u>李梦阳</u>，故"<u>东阳</u>秉笔"之语，明著之<u>实录</u>中，诸书不载，今据增。至于"<u>东阳</u>之留，人亦幸其留"，则似后修<u>实录</u>之曲笔也，今不取。

56　壬戌，以吏部尚书<u>焦芳</u>兼<u>文渊阁</u>大学士，吏部侍郎<u>王鏊</u>兼翰林学士，并入内阁预机务。

初，<u>许进</u>辈以年资推<u>芳</u>入吏部，<u>刘健</u>不悦，曰："老夫不久归田，此坐即<u>焦</u>有，恐诸公俱受其害耳。"及是果附<u>刘瑾</u>谋柄政，而廷议独推<u>鏊</u>。<u>瑾</u>迫公论，令<u>鏊</u>与<u>芳</u>同入阁。<u>芳</u>裁阅章奏，一阿<u>瑾</u>意；<u>鏊</u>虽持正，不能与之抗，享有不可，与<u>东阳</u>弥缝其间，多所补救。<u>东阳</u>虽居首辅，尝委蛇避祸，<u>芳</u>嫉其位己上，日夕构之于<u>瑾</u>。会<u>通鉴纂要</u>成，<u>瑾</u>以誊写不谨，欲因以为<u>东阳</u>罪。<u>东阳</u>大窘，<u>芳</u>为解，乃得无事。

57　戊辰，奉诏停免日讲。大学士<u>李东阳</u>等上言："先帝初年，日讲恒至岁暮，皇上去年亦至十二月十四日方止。况今冬节甚远，天未甚寒，停止讲读，似乎太早。伏乞收回成命，仍旧日讲。"不纳。

58　己巳，大学士<u>焦芳</u>辞吏部印，许之。

<u>芳</u>实欲兼掌部印，专进退百官之权，以<u>东阳</u>劝之，乃

辞。自是弥不悦。【考异】据<u>明史</u>七卿表,芳入阁,仍掌吏部印,此初命也。证之<u>实录</u>,则"芳辞吏部,听之",诸书不载,今据增。

59 癸酉,户科给事中<u>刘菣</u>、刑科给事中<u>吕翀</u>,抗疏请留<u>刘健</u>、<u>谢迁</u>。其略言:"二臣不可听去者有五:孔子称<u>孟庄子</u>之孝,以不改父之臣为难。二臣皆先帝所简以遗陛下,今陵土未干,无故罢遣,何以慰在天之灵!不可一也。二臣虽以老疾辞,实由言违计沮,不得其职而去。陛下听之,亦以其不善将顺,非实有意优老也。在二臣得去就之正,在陛下有弃老臣之嫌,不可二也。今民穷财尽,府藏空虚,水旱盗贼星象草木之变,迭见杂出,万一祸生不测,国无老成,谁与共事!不可三也。自古刚正者难容,柔顺者易合。二臣既去,则柔顺之人必进,将一听陛下所为,非国家之福,不可四也。书曰:'毋遗寿耇。'<u>健</u>等谙练有素,非新进可侔,今同日去国,天下将谓陛下喜新进而厌旧人,不可五也。"不听。

明通鉴 先是给事中<u>艾洪</u>劾中官<u>高凤</u>侄<u>得林</u>营掌锦衣卫,诸疏传至<u>南京</u>,为守备<u>武靖伯赵承庆</u>所得,应天尹<u>陆珩</u>录以示诸僚,兵部尚书<u>林瀚</u>闻而太息。于是给事中<u>戴铣</u>,御史<u>薄彦徽</u>,率<u>南京</u>科道官合疏,言"元老不可去,宦竖不可任。"

1384 <u>刘瑾</u>大怒,遂矫旨逮<u>铣</u>、<u>彦徽</u>等,并<u>菣</u>、<u>翀</u>、<u>洪</u>俱下诏狱。<u>南京</u>都御史<u>陈寿</u>抗章论救,勒致仕。【考异】事见<u>明史</u><u>刘菣</u>及<u>吕翀</u>传中。<u>实录</u>但载<u>翀</u>名,盖<u>翀</u>居首。又据<u>翀</u>传,为<u>翀</u>主稿,故五不可之疏列之<u>翀</u>传下,仍据实录也。<u>三编</u>亦据<u>明史</u>传并类记<u>南京</u>科、道疏,证之<u>实录</u>,皆在同时被逮中,今据书之。

60 是月,改<u>许进</u>为吏部尚书。逾月,以<u>阎仲宇</u>代为兵部尚书。【考异】许进改吏部,在丁巳、戊午之后数日,而崆峒秘录有"吏部尚书许进过激恐生变"之语。弇州考误,谓"彼时为吏部尚书者,焦芳也。进初拜兵部尚书,非本头也。空同身与此谋,误称焦为许,纪事之难如此。今谓焦芳已泄阁议,至此方欲藉以挤健等,必不肯作此缓颊语,盖梦阳偶误记兵部为吏部耳。宪章录记进语尤详,进言'此辈得疏斥足矣。若峻其事,恐有甘露之变。'既而果贻缙绅数年之祸"云云。据此,则"过激生变"之语实出进口,且宪章录明言"兵部尚书许进",不言吏部,其非专据秘录明矣。附只于此。

61　刘瑾之乱政也,时钦天监五官监候杨源,故御史瑄之子也,上言:"自今年八月初,大角及心宿中星动摇不止。大角,天王之坐;心宿中星,天王正位也;俱宜安静,今乃动摇。其占曰:'人主不安,国有忧。'意者陛下轻举逸游,弋猎无度,以致然也。又,北斗第二、第三、第四星,明不如常。二为天璇,后妃之象,后妃不得其宠则不明,广营宫室妄凿山陵则不明;三为天玑,不爱百姓骤兴征役则不明;四为天权,号令不当则不明。伏愿陛下祗畏天戒,安居深宫,绝嬉戏,禁游畋,罢骑射,停工作,申严号令,毋轻出入,抑远宠幸,裁节赐予,亲元老大臣,日事讲习,以修圣德而弭灾变。"疏下礼部,尚书张昇等称源忠爱。报闻。

62　十一月,癸卯,冬至节,以大丧未毕,免朝贺。

63　甲辰,户部尚书韩文罢。

时刘瑾恨文甚,日伺文过不得。及是有以伪银输内库者,遂以为文罪,诏镌一级致仕。给事中徐昂疏救,中旨责其党护,遂落文职,并除昂名,又谴及户部郎中陈仁,并坐文罪谪。文出都门,乘一骡,宿野店而去。

瑾又憾李梦阳代文草疏,逾月,亦谪山西布政司经历,勒致仕。

64 十二月，丁巳，太监李荣传内旨："六科给事中，俱令守科，日至酉乃出。仍令锦衣卫直指挥不时点阅，违者以名闻。其奉京差非远出者亦如之。"

65 乙丑，谪兵部主事王守仁为龙场驿驿丞。

时刘瑾矫旨逮南京给事中御史戴铣等二十余人，守仁抗章论救。瑾怒，廷杖四十，遂有是谪。

龙场居贵州万山中，苗、獠杂处。守仁因俗化导，夷人喜，相率伐木为屋以栖守仁。【考异】文成谪龙场驿丞，诸书多系之明年正月，证之实录，乃是年十二月乙丑也。刘健、谢迁之罢在十月，刘菠等论救即在其时，文成之得罪又因救刘菠等。而年谱乃作元年二月，恐传写者误脱"十"字耳。今据实录。

66 丁卯，景帝后汪妃薨。

礼部议，疑其礼，学士王鏊曰："妃废不以罪，宜复故号，葬以妃，祭以后。"乃命辍朝致祭如制。

67 癸酉，诏除曲阜孔氏田赋。

初，正统初，令访求孔氏后裔之在浙江者。洎弘治之末，衢州知府沈杰，始访得孔洙之六世孙彦绳，请授以官。至是授彦绳翰林五经博士，子孙世袭。杰亦言其"先世祭田，征税日重，请改轻则以供祀费"，于是并减衢州祭田之税。自是孔氏有南、北二宗云。

68 甲戌，罢工部尚书杨守随、左都御史张敷华。

韩文等之罢也，言官论救者皆得罪。守随愤甚，乃上疏极论之曰："陛下嗣位以来，左右近臣不能祗承德意，尽取先朝良法而更张之，尽诬先朝硕辅而划汰之，天下嗷嗷，莫措手足。内臣刘瑾等八人,奸险佞巧,诬罔恣肆,而瑾尤甚,日以荒纵导陛下。禁内鼓钲,震于远迩;宫中火炮,声彻昼夜;淆杂尊卑,凌夷贵贱;引车骑而供执鞭之役,列市肆而亲商贾之为。致陛下日高未朝,漏尽不寝。此数人者,方且窃弄威权,诈传诏旨;放逐大臣,刑诛台谏;邀阻封章,广纳货赂;传乞冗员,多至千百;招募武勇,收及孩童;紫绶金貂,尽予爪牙之士;蟒衣玉带,滥授心腹之人;附己者进官,忤意者褫职。内外臣僚,但知畏瑾,不知畏陛下。夫太阿之柄,不可授人,今陛下于兵刑财赋之区,机务根本之地,悉以委之,或掌团营,或主两厂,或典司礼,或督仓场,大权在手,彼复何惮!于是大行杀戮,广肆诛求;府库竭于上,财力殚于下,武勇疲于边;上下胥逸,神人共愤。伏望大奋乾纲,立置此曹重典,远鉴延、熹之失,毋使臣蹈蕃、武已覆之辙。"疏入,瑾衔之次骨。

先是,廷臣之论残盐也,中旨诘:"是何大事?"守随语韩文曰:"事诚有大于是者。"于是文遂偕九卿伏阙论八党,实自守随启之。及廷臣交论瑾等,内阁力主之,上犹豫未决。敷华乃上言:"陛下近日政令与诏旨相背,行事与成宪交乖,致天变上干,人心下拂。今给事中刘蒉、御史朱廷声、徐钰等连章论列,但付所司;英国公懋与臣等列名上请,但云'朕自处置',臣窃叹惑。请略言时政之弊:如四十万库藏已竭而取用不已;六七岁童子何知而招为勇士;织造已停,传奉已革,寻复如故;盐法、庄田,方遣官清核,而奏乞之疏随闻;监督京营、镇守四方者,一时屡有更易;政令纷挐,弊端滋蔓。夫国家大事,百人争之不足,数人坏之有余,愿陛下审察!"疏入,不报。

已而朝事大变,宦官势益张,至除夕,忽传旨敷华与守随俱致仕,然瑾等之憾犹未释云。【考异】事见明史杨守随、张敷华本传。三编,二人致仕,同列之十二月,据守随传,二人致仕同在除夕,今据之。是月三十日,盖甲戌也。

69 是月,以户部侍郎顾佐代韩文为本部尚书。

70 晋李东阳少师兼太子太师、吏部尚书、华盖殿大学士,焦芳太子太保、武英殿大学士,王鏊户部尚书、文渊阁大学士。

明通鉴卷四十二

江西永宁知县当涂 夏　燮 编辑

纪四十二 　起强圉单阏(丁卯),尽著雍执徐(戊辰),凡二年。

武宗毅皇帝

正德二年(丁卯、一五〇七)

1 春,正月,乙亥朔,日有食之。是日,不御殿,免文武群臣朝贺。

2 乙酉,大祀南郊。免庆成宴。

3 闰月,丙午,上始视朝。时上以疾传旨暂辍视朝者凡半月,至是始复常。

4 庚戌,杖给事中艾洪、吕翀、刘菠及南京给事中戴铣、御史薄彦徽等二十一人于阙下,刘瑾以其请留刘健、谢迁憾之也。

词连林瀚及府尹陆珩,俱勒致仕。赵承庆以传录诸弹章,削半禄,二十一人皆谪为民。铣受杖创甚,寻卒,其后仍列之奸党云。【考异】二十一人,据本纪所载,证之实录,则云杖洪、菠、翀等三人,铣等六人,彦徽等十二人。合之正二十一人,与纪合。又考宣宣传,则言"吕翀、刘菠及南京给事中戴铣等六人,御史薄彦徽等十五人"。证之实录及明史陆崑、戴铣传,六人者,铣及李光瀚、徐蕃、牧相、任惠、徐暹也。十五人者,崑及薄彦徽、葛浩、贡安甫、王蕃、史良佐、李熙、任诺、姚学礼、张鸣凤、蒋钦、曹闵、黄昭道、王弘、萧乾元也。其时所逮之十五人,昭道、弘、乾元三人未至,令于南京阙下杖之。据此,则本纪云"二十一人",盖杖之京师阙下者,彦徽等十二人,铣等六人,加以洪、翀、菠三人,本纪所云二十一人之数正合也。宪章录以为戴铣、薄彦徽等二十人又在翀、菠之外,似连昭道、弘、乾元数之,而与实录、本纪皆不合也。惟南京科、道之外,实有艾洪、刘菠、吕翀,而宦官传中无洪名,盖漏脱耳。今据本纪参实录书之,而并附记其姓名于此。

5 乙丑,下尚宝卿崔璇、湖广按察副使姚祥、工部郎中张玮于狱。

璇以册封还,祥以御史外(陆)〔任〕,玮以巡河,旧例,奉使远出者,率乘轿以为常。至是刘瑾秉政,欲厉法禁以示威,于是璇等皆以违例乘轿为东厂缉事者所发,下镇抚司。狱具,内批枷号两月。璇等不胜,几死。

大学士王鏊谓瑾曰:"士可杀不可辱。今辱且杀之,吾辈何颜居此!"于是李东阳复上言:"璇等罪犯,自有法司论拟。若枷号乃至重之典,死生系焉。由儒生而入官者,岂能忍死至一两月之久!命在旦夕,实可矜怜。况今枷号业已数日,亦足示惩。伏乞稍霁威严,曲赐矜宥。"诏始释之,仍发边卫充军。【考异】明史本纪不载。明书、宪章录皆系之正月,证之实录,盖闰月乙丑也,今据之。

1390

6 是月,礼部尚书张昇、刑部尚书闵珪、工部尚书曾鉴,皆乞致仕。鉴寻卒。

时秦府镇国将军诚漖请袭封保安王,昇执不可,遂忤刘瑾。珪久于法官,年逾七十,再疏求退。会刘瑾用事,九卿伏阙固谏,韩文既斥,珪复连章乞休,始许之。

鉴与韩文请诛宦官不胜,诸大臣留者率巽顺避祸,鉴独守故操。上欲拓皇亲夏儒第,鉴执不从。至是中官黄准守备凤阳,请赐旗牌,鉴言:"大将出征,诸边守备,乃有旗牌,内地守备无故事。"卒寝之。比见瑾势日横,力求致仕,许之。即以是月卒于官,赠太子太保。

7 以南吏部尚书李杰为礼部尚书,都御史屠勋为刑部尚书,工部侍郎李鐩为本部尚书,右都御史刘宇代勋为左都御史。

8 刘瑾用事,一月之间,中官传旨,几无虚日。瑾欲全窃大柄,乃日构杂艺,俟上玩弄,则多取各司章疏奏请省决,上每曰:"吾用尔何为,乃以此一一烦朕耶!"自是瑾不复奏,事无大小,任意剖断,悉传旨行之,上多不之知也。

9 二月,己卯,大学士李东阳等疏请早朝,谓"一则圣躬志气清明;二则朝廷气象严肃;三则侍从宿卫俾免守候,可以整饬朝仪;四则文武百官不至弛懈,可以理治政务;五则钟鼓有节,可以一都市之听闻;六则引奏有期,可以耸外夷之瞻仰;一举而众善咸具,只在圣心一转移顷耳。"上曰:"已知之矣。"

10 戊戌,杖江西清军御史王良臣于午门,巡按直隶御史王时中荷校于都察院门,皆刘瑾矫旨构之也。

良臣以戴铣等被逮,驰疏论救。瑾怒,逮付镇抚司,责其回护朋党,杖之三十,罢为民。

时中出按宣大,黜贪污者甚众。瑾谓其酷刻,命以重枷系之院门。满一月,时<u>中</u>病甚,其妻往省,遇都御史<u>刘</u><u>宇</u>,哭且诉。<u>宇</u>不得已为言于<u>瑾</u>,释之,谪戍铁岭卫。

11 三月,丙辰,封后父都督同知<u>夏儒</u>为<u>庆阳伯</u>。

12 己未,以詹事兼翰林院学士<u>杨廷和</u>为<u>南京</u>吏部左侍郎,翰林学士<u>刘忠</u>为<u>南京</u>礼部左侍郎。

时上御经筵,二人皆直讲。讲毕,因致讽谏语。上退,语<u>刘瑾</u>曰:"经筵讲书耳,何又添出许多话来!"<u>瑾</u>因奏曰:"二人可令<u>南京</u>去。"于是并迁南侍郎,外似升之,实远之也。

故事,<u>南京</u>六部,止设右侍郎一员。时<u>廷和</u>掌诰敕,且与<u>忠</u>俱日讲,当以次入阁矣。廷臣中有阴挤之者,会讲筵中有指斥佞幸语,<u>瑾</u>亦恶之,托言吏、礼左侍郎缺,遂有是命。【考异】讲筵中指斥佞幸语,见<u>明史廷和</u>本传。实录则谓"二人在詹事、翰林时,皆不私谒<u>瑾</u>"。宪章录乃谓"<u>廷和</u>见事势难处,亦欲改南官为自全计,尝善为辞以托于<u>瑾</u>,因得是擢"云云,此盖于<u>廷和</u>有微词,以其寻迁户尚入阁,疑其为<u>瑾</u>内援也。弇州考误谓"<u>廷和</u>党<u>瑾</u>诸事,皆出<u>双溪杂记</u>,而高氏鸿猷录、薛氏宪章录因之。不知<u>晋溪</u>与<u>杨</u>公交恶,其言岂足据耶?予谓二人之改南,以指斥佞幸,则其先之见恶于<u>瑾</u>可知。若后之党<u>瑾</u>,似亦疑案,<u>杂记</u>之语,不过诋其始终党<u>瑾</u>耳"。至<u>实录</u>所载,谓"二人改南,系<u>许进</u>为吏部尚书受<u>瑾</u>指推之,议者谓进素伉直,若此类,其阿<u>瑾</u>亦多矣"云云,此亦必修<u>实录</u>者诋进之语,今皆不取。

13 庚申,总制三边、右都御史<u>杨一清</u>,以疾乞退,许之。令"驰驿归,病痊之日,有司以闻,仍俟召用"。

14 <u>南京</u>国子祭酒<u>章懋</u>五疏乞休,皆不许。至是复引疾恳辞,许之。仍令"病痊之日,有司以闻"。

15 乙丑,户部郎中刘绎往辽东总理粮储,东厂校尉复发其违例乘轿事,下镇抚司狱。狱具,仍荷重校于户部门,满一月乃释。

16 辛未,刘瑾憾健、迁不已,又憾其朋党多人,次第论列,乃矫诏列健、迁及尚书韩文、杨守随、林瀚,都御史张敷华,郎中李梦阳,主事王守仁、王纶、孙磐、黄昭,检讨刘瑞,给事中汤礼敬、陈霆、徐昂、陶谐、刘菠、艾洪、吕翀、任惠、李光瀚、戴铣、徐蕃、牧相、涂暹、张良弼、葛嵩、赵士贤,御史陈琳、贡安甫、史良佐、曹闵、王弘、任诺、李熙、王蕃、葛浩、陆崑、张鸣凤、萧乾元、姚学礼、黄昭道、蒋钦、薄彦徽、潘镗、王良臣、赵佑、何天衢、徐珏、杨璋、熊卓、朱廷声、刘玉等凡五十三人,目为奸党,榜示朝堂。并朝罢传宣群臣跪于金水桥南,刘瑾以敕授鸿胪宣戒之。

先是鞫狱时,独任诺、王蕃抵不预知,然廷杖及奸党之数皆列焉,遂有耻道其姓名者。敕谕之文,乃瑾私人属草,或曰即焦芳为之。【考异】五十三人,具见明史宦宜传,三编并列之。"任诺",实录作"任讷",余皆同。至任诺、王蕃抵不与知,则实录已于廷杖二十一人中揭出之,即三编所本也。至疏出焦芳,亦见实录,今据增。

17 诸言官之劾瑾也,南御史蒋钦既下诏狱,廷杖为民。

居三日,钦独具疏曰:"刘瑾小竖耳,陛下乃以腹心股肱耳目视之;不知瑾悖逆之徒,蠹国之贼也。臣等待命衽席,目击时弊,有不忍不言者。昨瑾要索天下三司官贿,人千金,甚有至五千金者,不与则贬斥,与之则迁擢。通国寒心,而陛下置之左右,是不知左右有贼而以贼为腹心也。给事中刘菠,指陛下暗于用人,昏于行事,而瑾削其秩,挞辱之。矫旨禁诸言官无得妄生议论,不言则失于坐视,言之则虐以非法。通国皆寒心,而陛下独用之前后,是不知前后有贼而以贼为耳目股肱也。一贼弄权,万民失望。陛下懵然不闻,纵之使坏天下事,乱祖宗法,陛下尚何以自立乎!幸听臣言,亟诛瑾以谢天下,然后杀臣以谢瑾。使朝廷一正,万邪不能入,君心一正,万欲不能侵,臣之愿也。"疏入,命再杖三十,系狱。

越三日,复具疏曰:"臣与贼瑾,势不两立。贼瑾蓄恶已非一朝,乘间起衅,乃其本志。陛下日与嬉游,茫不知悟,内外臣庶,懔如冰渊。臣昨再疏受杖,血肉淋漓,伏枕狱中,终难自默,愿借上方剑斩之;朱云何人,臣肯稍让!臣骨肉都销,涕泗交作。七十二岁之老父,不复顾养,死何足惜!但陛下覆国丧家之祸,起于旦夕,是大可惜也。陛下诚杀瑾,枭之午门,使天下知臣钦有敢谏之直,陛下有诛贼之明。陛下不杀此贼,当先杀臣,使臣得与龙逢、比干同游地下。臣诚不愿与此贼并生。"疏入,复杖三十。

方钦属草时,灯下微闻鬼声。钦念"疏上且掇奇祸,此殆先人之灵欲吾寝此奏耳",既而叹曰:"业已委身,义不得顾私。使缄默负国,为先人羞,不孝孰甚!"复奋笔曰:"死即死,此稿不可易也。"杖后三日,竟卒于狱。

南京御史之劾八党也,陆崑为首;其请留健、迁也,薄彦徽为首;而彦徽公疏出自贡安甫属草,故诸人皆列之奸党,而安甫遂为南御史之首云。

18 是月,命"天下镇守太监悉如巡抚、都御史之制,干预刑名政事"。时刘瑾欲广布私人以分擅天下之柄,令内阁撰敕给之。

19 夏,四月,兵部尚书阎仲宇致仕,改左都御史刘宇代之。寻起致仕尚书屠滽掌都察院事。皆以媚瑾得迁擢者也。

是时瑾势倾中外,公侯勋戚,莫敢钧礼。诸司科、道以下,私谒皆相率跪拜。

批答章奏,瑾不学,辄持归私第,与妹婿礼部司务孙聪及松江市侩张文冕相参决,词率鄙冗,焦芳为润色之。凡内外所进章奏,先具红揭投瑾,号"红本",然后上通政司,号"白本",皆称"刘太监"而不名。

都察院奏谳误名瑾,瑾大怒,詈之。滽率十三道御史谢罪跪阶下,瑾数责之,皆以首触地,毋敢仰视。

宇介焦芳结瑾为都御史,承瑾指摧折台谏,御史有小过,辄加笞辱,瑾以为贤。瑾初通贿,望不过数百金,宇首以万金赆,瑾大喜曰:"刘先生何厚我!"寻擢是职。

20 五月,壬子,杖监察御史冯允中于午门。

时允中刷卷南京,参劾指挥张翰等罪。翰等瞰其复命时枉道还家,先发。奏闻,下狱拷讯,并坐参究不实,命司礼监杖之三十,寻褫职为民。而被参之翰等竟置不问。

21 戊午,度在京在外僧道四万人。

时僧录司左善世等谓:"已及十年给度之期,宜如例举行。"礼部侍郎张澯等覆奏,"请照缺度补,不可滥给,蠹耗民财",不省。

22 逮顺天府丞周玺于狱。

玺屡与中官牴牾,刘瑾等积不能堪。及是命玺与监丞张淮、侍郎张缙、都御史张鸾、锦衣都指挥杨玉勘近县皇庄。玉,瑾党也,淮等三人皆下之。玺词色无假,且公移与玉,止用牒文,玉奏"玺侮慢敕使",瑾矫旨执付镇抚司,榜掠死。

23 己巳,复宁王宸濠护卫。

初,宁靖王奠培,以有罪革护卫,归之地方,为南昌左卫。至是宸濠请仍改护卫赐府管辖,兵部执奏不从。盖刘瑾受宸濠重赂而阴主之也。

宸濠轻佻无威仪,而善以文行自饰。术士李自然、李日芳妄言其有异表,又谓城东南有天子气,宸濠益喜,时诇朝中事,而重赂瑾以为内援,上不知也。

24 六月,甲戌,奉孝宗神主祔太庙。

25 戊寅,罢修边墙之役。

时杨一清引疾去,兵部奏"请别简大臣往,督各镇、巡官将未完边墙乘时修筑,俾垂成之功不至废弛",因会推侍郎文贵、副都御史张鼏等以请。诏"且止之,令所余未用钱粮,巡抚等官核实输送京师。"

时刘瑾憾一清不附己,劾其破冒边费,故有是诏。未几,复逮一清下锦衣卫狱,大学士李东阳、王鏊论救,乃得释。未几,仍摭他事,先后罚米六百石。【考异】明史本纪但载罢边墙输费京师,三编则于六月载杨一清下狱事,证之明史本传,一清致仕在先,下狱在后耳。今据三编牵连记之。

26 戊子,赏大同等处军功,在京者一千五十二人,宣府六百十二人,大同一千六百十二人,山西四十四人,陕西三百人,计银四千四百余两,绢布有差。此外仍有"冲锋破敌"、"先入贼阵"及"三次当先"之名,边赏自此益滥矣。

27 秋,七月,癸卯,历代通鉴纂要成。刘瑾矫旨黜誊写不谨官二十余人。

28 乙丑,谪翰林院编修谢丕为民。丕,前大学士迁之子也。

　　刘瑾怒迁,焦芳既入阁,追憾迁去时曾荐王鏊自代,不及己。会丕请疾,乃取中旨罢之。寻又罢迁弟兵部主事迪。

29 戊辰,以灾免河南、开封等府、睢阳等卫、山西大同府并大同卫夏税。

30 是月,擢南侍郎杨廷和为南京户部尚书。

31 八月,丁丑,太监李荣传旨取太仓库银二十万两,太仆寺马价银十五万两,入内承运库。

32 己卯,工部以接济二程,奏请"令阴阳僧道医官有缺,许其生徒及仕宦子孙、农民纳银送部,免考授官,其等有四。军民客商人等纳银,许授七品以下散官,荣其终身,仍免杂徭,其等有三。民间子弟纳银,许授都、布、按、府、州、县诸司承差、知印吏役,其等有八"。诏皆从之。

　　时方修理南海子及制造明年元宵灯诸项工程,所费动以万计。自正月来已用银二十余万,因以此为权宜之计,前此纳粟输边之例,无此冗滥也。

33 丙戌,作豹房。

　　上为群奄蛊惑,乃于西华门别构院簖,筑宫殿,而造密室于两厢,勾连栉列,命曰豹房。

　　初,上令内侍仿设廛肆,身衣估人衣,与贸易,持簿握筹。喧诟不相下,更令作市正调和之,拥至廊下家。"廊下家"者,中官于永巷所张酒肆者也,坐当垆妇其中,上至,杂出,牵衣蜂簇而入,醉即宿其处——杨守随前疏所谓"亲商贾之为"者以此。

　　至是既作豹房,朝夕处其中,称之曰"新宅",日召教坊乐工入新宅承应。久之,乐工以承应不及,请檄取河南诸府乐户精技业者遣送入京,教坊人至者日以百计。群小见幸者,趋承自便,不复入大内矣。

　　34 是月,以通鉴纂要成,晋焦芳少傅兼太子太傅、谨身殿大学士,王鏊少傅兼太子太傅、武英殿大学士。东阳仅加俸一级,吏部尚书许进、兵部尚书刘宇俱太子少保。

　　35 九月,江西提学副使蔡清乞致仕,许之。

　　清刚正不与俗谐。时宁王宸濠骄恣,遇朔望,诸司先朝王,次日谒文庙,清不可,先庙而后王。王生辰,令诸司朝服贺,清曰:"非礼也。"去蔽膝而入。王积不悦。会王求复护卫,清有后言,王欲诬以诋毁诏旨,清遂乞休。王佯挽留,且许以女妻其子,清力辞,竟去。

　　明年三月,刘瑾知天下讥己,用蔡京召杨时故事,起清南京国子祭酒,命甫下而清已卒。

　　清之学,初主静,后主虚,故以"虚"名斋。平生饬躬砥行,所著易经、四书蒙引,后皆奉诏刊行。万历中,赠礼部侍郎,追谥文庄。【考异】事见明史本传。诸书皆系之是年,证之实录则九月也。刘瑾起清为南京祭酒,则传中特书云:"时正德三年三月也。"今类记之乞休下。

36　冬,十月,癸未,荧惑犯太微垣上将。

先是霾雾时作,钦天监监正杨源上言:"此众邪之气,阴冒于阳,臣欺其君,小人擅权,下将叛上。"引譬甚切。刘瑾怒,矫旨杖三十,释之。

至是源又言:"占得火星入太微帝座前,或东或西,往来不一。乞收揽政柄,思患预防。"盖专指刘瑾也。瑾大怒,召而叱之曰:"若何官,亦学为忠臣?"源厉声曰:"官大小异,忠则一也!"又矫旨杖六十,谪戍肃州。行至河阳驿,以创卒,其妻斩芦荻覆之,葬驿后。时谓杨氏父子以忠谏名天下,为士论重,而源小臣抗节,尤人所难云。天启初,赐谥忠怀。【考异】事见明史汤瑭传,诸书多类记于元年一月下,惟宪章录入之本年八月。然证之明史五行志及实录,则火星入太微在十月,故三编系之十月下,是也。惟十月霾雾事,明史源传书之元年十月下,恐上下文有漏脱也。二事实录俱不载,今据三编书之。

37　甲申,逮各边巡抚都御史及管粮郎中下狱。

时兵科给事中王玙等,查勘辽东每岁运送官银及关中征收粮料草束之等,还,奏所勘定辽等卫各仓场糠粃浥烂亏折之数,因劾知州章英等及管粮郎中王芑、刘绎,分守参政今升宁夏巡抚冒政,参议方矩,前巡抚今升南京右都御史张鼐,致仕侍郎马中锡,见任都御史邓璋,皆令锦衣卫逮至京师,下镇抚司,黜谪有差。

38　丙戌,召南京户部尚书杨廷和为户部尚书兼文渊阁大学士,预机务。

廷和改南,上不之知。一日,问:"杨学士何在?"瑾以南京户部对,乃召入阁。

39 己丑,免山东济南等府七十州县夏税。

40 辛卯,逮苏松巡抚都御史艾璞下狱。

初,魏国公徐俌,与无锡县民邹塾等及妙相院僧争田,巡按御史曾大有委苏、常二府推官往勘,以俌奏无实。复差兵科给事中徐忱、锦衣千户屠璋,往会巡抚璞同大有覆勘,忱等履亩查究,询之乡民,皆云"俌家初无田土",乃断给僧、民。俌复奏改大臣勘问,诏户部左侍郎王佐同大理少卿王鼎、锦衣指挥佥事周贤往勘。于是佐等奏:"查文案黄册,并无洪武初钦赐魏国公庄田之卷,仅有俌家所收无锡佃户勘合二纸可据。又据无锡乡民许禄等供称,'中山王以平吴、越有功,赐庄一所。其后子孙以永乐初发凤阳闲住,田遂荒芜。塾等以己业相邻,混收入册'。请断还魏国府。"于是上怒大有等扶同妄报,命锦衣卫差官械送京师,下璞于狱,杖之五十,全家迁南海为民。余俱谪降有差。

是役也,以重赂刘瑾,得之。许禄则罢黜之县吏,欲以媚俌,为作供证,故佐等所具狱词皆出禄口。因之连坐前后勘官,遂兴大狱,盖皆承瑾指也。【考异】据明史徐达传,言"俌尝与无锡民争田,贿刘瑾,为时所讥",即此事也。诸书不载,今月日皆据实录。

41 是月,礼部尚书李杰致仕,以礼部侍郎刘机代之。

42 十一月,丙辰,授三氏学生员孔闻礼为翰林院五经博士,主子思祀事。

时衍圣公孔闻韶奏称,"子思庙在邹县,主祀缺人,请择族中之贤者,授以博士世职,俾主其事",并以闻礼名上,从之。【考异】据明史儒林传,事在正德三年。今据实录改入是年十一月。

43 辛酉,诏宥田州土官岑猛。

濬之诛也,猛亦降千户,徙之福建平海卫,猛逗留不肯行。掌田州府事谢湖,为猛所拒,不即之任,旋纳猛赂;总督两广右都御史陈金劾湖旷职,而以猛悔罪,愿改附近卫所听征杀贼。是时猛纳贿刘瑾,求复故地,赐敕抚之。并遣官逮湖,械至京师。【考异】此即明年逮刘大夏之张本。三编系之三年九月,今据实录年月书之。

44 癸亥,升文华殿书办等官张骏等。

骏由光禄寺卿擢礼部尚书,其他升光禄、鸿胪、太常、尚宝卿及中书舍人者凡十余人。先是通鉴纂要成,刘瑾以誊写不谨,命右少监陶锠提调骏等改誊。至是誊毕,皆超进官秩,装潢匠役窦瑁等七人亦升文思院副使,更有不与誊写而厕名授卿授序班者,皆瑾矫旨为之。

45 十二月,壬辰,开浙江、福建、四川银矿。

时上以"库帑所入,国用不敷,令各镇、巡官查照先年事例开矿采办",户部奏请行查,不许。

时中官秦文等赂刘瑾,复兴是役。既而浙江守臣言矿脉已绝,乃令岁进银二万两,瑾诛,乃止。

三年(戊辰、一五〇八)

1 春,正月,丁未,大祀南郊。

2 己酉，以上元节，赐文武群臣假十日。

3 辛亥，吏部会都察院考察内外官吏，凡罢黜及降调者，方面官以上五十余人。忽附批："翰林（□）学士吴俨，帷幕不修，令致仕。引疾御史杨南金，无病欺诈，令为民。"

俨家多赀，刘瑾遣人求金，啖以美官；俨峻拒之，瑾怒。南金素清鲠，都御史刘宇恶其不阿己，笞辱之，南金恚甚，告疾归。宇遂谗于瑾，乃藉考察，并罢之。中外闻者莫不骇异。

4 是月，逮前郎中李梦阳，下锦衣卫狱。

刘瑾既谪梦阳，憾犹未已。至是复摭他事，械至京师，将置之死。时翰林修撰康海，与梦阳夙以诗文相倡和，梦阳在狱，书片纸出曰："对山救我。"对山者，海别号也。海与瑾同乡，瑾曾招致之，不肯往。及是因梦阳故，遂谒瑾，瑾大喜，为倒屣之迎。海因诡词说之，梦阳乃得释。

同时都御史张敷华致仕归，行至徐州洪，舟触石几死。瑾恨不已，欲藉湖广仓储湿烂，坐以赃罪。海复过瑾曰："吾秦人爱张公如父母，公忍相薄耶！"瑾意稍解。

然海竟以是坐瑾党。瑾败，遂落职。【考异】梦阳下狱，实录不载，事见明史本传。宪章录、明书及纪事本末皆系之是年之正月，今从之。并据张敷华传补入海救敷华，盖同时事也。

5 二月，己巳朔，光禄寺寺丞赵松，归省违限，刘瑾闻之曰："凡省亲丁忧养病，皆托故营私旷职者也。"乃定制，"违限三月者宥之，四五月者罚俸，六七月者逮问，八九月者致仕，十月以上削籍"。于是吏部查奏违限文武凡百四十六员，皆如新例处之。又定"养病一年以上者亦令致仕"。然松卒以厚赂瑾,逾月,仍擢本寺少卿。

6　是月,刑部尚书屠勋乞致仕,许之,加太子太保,赐敕驰驿归。

　　时廷推南京兵部尚书何鉴。鉴前抚江南,尝按千户张文冕罪,文冕亡去,投瑾构之,遂不用。会南京都御史王鉴之,甫授官未行,遂以内批擢是职。或言勋之去,即鉴之挤之以求代云。

7　三月,乙卯,赐吕楠等进士及第、出身有差。

　　时焦芳欲置其子黄中为一甲,黄中素无学,李东阳、王鏊,犹以芳故置之二甲首。芳不悦,言于刘瑾,遂以内批授黄中翰林检讨。芳以黄中故时时詈东阳,瑾闻之,曰:"黄中昨在我家试石榴诗甚拙,顾恨李耶?"芳始愧沮。

8　是月,召前南京右副都御史雍泰,仍起原职,提督操江。

　　上之即位也,给事中潘铎等荐"泰有敢死之节,戡乱之才",尚书马文升奏起之,固辞不赴。至是许进为吏部,复起泰前官。刘瑾,泰乡人也,实授进意。而泰之官,卒不谢,瑾遂衔之。

9　复起致仕尚书周经为礼部尚书。

　　时尚书刘机丁忧,经婿兵部侍郎曹元,方善刘瑾,因言经老可用,乃有是召。经固辞,不许,强起受事。

10　逮御史涂祯下狱。

　　祯自江阴知县行取御史,巡盐长芦。瑾纵私人中盐,又命其党毕真托取海物,侵夺商利,祯皆据法裁之。此还朝,遇瑾止长揖。瑾怒,矫旨下诏狱。江阴人在都下者,谋敛钱赂瑾解之,祯不可,喟然曰:"死耳,岂以污父老哉!"遂杖三十,论戍肃州,创重,竟死狱中。瑾怒未已,取其子朴补伍,瑾败,乃还。复祯官,赐祭。——祯,新淦人。【考异】

涂祯事见明史周玺传。实录不载,诸书皆系之是年三月,今从之。

11 夏,四月,乙亥,复以饷用不足,令军民输银者授指挥、佥事以下官。

12 己丑,逮致仕工部尚书杨守随下狱。

瑾憾守随不已,会谳河南民狱,以守随前在大理任内覆谳失出,遂有是逮,寻罚米千石输塞上赎罪。逾年,复以坐庇乡人重狱除名,追毁诰命,再罚米二百石,守随家立破,瑾诛,始复官。

13 是月,致仕吏部尚书、太子少保王恕卒。

恕扬历中外五十余年,刚正清严,始终一致。所引荐耿裕、彭韶、何乔新、周经、李敏、张悦、倪岳、刘大夏、戴珊等,皆一时名臣;他贤才久淹草泽者,拔擢之恐后。弘治十八年间,众正盈朝,职业修理,号为极盛者,恕之力为多。

至是卒,年九十三。讣闻,上辍朝,赠特进上柱国,晋太师,谥端毅。

14 五月,壬寅,下吏科给事中安奎、御史张彧于锦衣卫狱。

时奎等奉使核宁夏等处边饷还,奏劾文武一百三十余员,忤瑾意,以不分情罪轻重,下狱拷讯,枷东、西长安门外,又遣及户部尚书顾佐等。大学士李东阳力救,始释之。

奎、或俱黜为民。

15　六月，丁卯朔，工科都给事中许天锡暴卒。

天锡奉使安南还，见朝事大变，诸敢言者皆贬斥，大愤。会奉诏清核内库，得瑾侵匿数十事，知奏上必罹祸及，以是夜具登闻鼓状，将以尸谏，令家人于身后上之，遂自经。时妻子无从者，一童侍侧，匿其状而遁。或曰："瑾惧天锡发其罪，夜遣人缢杀之"，莫能明也。时有旨令锦衣卫点阅六科，以天锡三日不至，讯之，死矣。闻者哀之。——天锡，闽县人。【考异】事见明史本传，特书于六月之朔。证之实录，是月己巳，"锦衣卫点阅六科给事中，是日，该直指挥余寘奏工科给事中许天锡不至，询之，则初一日已死矣"。明史月朔及"三日不至"云云，盖皆据实录也。惟天锡上书，实录不具，但云："以朝廷耳目之官，畏中官之横，宁就死以免祸害，可哀也夫！"盖天锡既死，疏亦未上，诸书所记大略相同。今据本传书之。

瑾之用事也，尤恶谏官。一时惧祸者往往自尽，以求免下狱、廷杖之辱。

海阳周鑰，为兵科给事中，勘事淮安。时奉使还者，瑾皆索重贿。鑰至淮安，商于知府赵俊，许贷千金，既而不与；鑰计无所出，行至桃源自刭。从者救之，已不能言，取纸书"赵知府误我"，遂卒。事闻，系俊至京，责鑰死状，竟坐俊罪。

平定郄夔，官礼科给事中，奉使核延绥边功，瑾属其私人。夔念从之则违国典，不从则惧祸及，遂自经死。

琼山冯颙，初为主事，尚书刘大夏亟称之。上即位，偕中官高金勘泾王所乞庄田，清还二千七百余顷。后以事忤瑾，为瑾所诬，遂自经，人皆惜之。

瑾诛,始俱复官赐祭,且恤其家。【考异】事皆见<u>明史</u><u>天锡</u>传中。惟<u>郤𡙎</u>核<u>延绥</u>边功事在五年,今仍据本传类记之。

16　己巳,逮兵科给事中<u>潘希曾</u>、御史<u>刘子励</u>下狱。

二人奉敕核<u>湖广</u>、<u>贵州</u>边储,仅劾千户二人,未及经管文武,内旨责其回护欺罔,下镇抚司拷讯。

寻逮<u>湖广</u>巡抚<u>汤全</u>及管粮管屯之参议、副使等。时<u>全</u>已致仕,仍即其家捕之。于是人皆侧目而视,重足而立矣。

17　壬辰,午朝退,有遗匿名书于御道,历数<u>瑾</u>罪者。<u>瑾</u>(娇)〔矫〕旨召百官跪<u>奉天门</u>下。顷之,令堂上官起。<u>瑾</u>出立门左。翰林院跪白于<u>瑾</u>,亦令起。御史<u>宁杲</u>诉曰:"某等素知法度,岂敢为此! 此或新进士所为。"<u>瑾</u>曰:"与新进士何预! 由若辈坏朝廷事,吾整治之,遂怀怨望。若辈未闻<u>太祖</u>法耶?"是日酷暑,太监<u>李荣</u>乘<u>瑾</u>入,以冰瓜啖群臣,曰:"君等且起。"比<u>瑾</u>出,<u>荣</u>曰:"来矣,速就跪。"<u>瑾</u>瞥见之,怒。于是太监<u>黄伟</u>愤甚,谓诸臣曰:"书所言皆为国为民事,挺身自承,虽死不失为好男子,奈何枉累他人!"<u>瑾</u>愈怒,曰:"匿名书罪已当死,况置之御道,是何好男子耶!"即日,逐<u>伟</u><u>南京</u>,勒<u>荣</u>闲住。及日暮,悉收下锦衣狱,凡三百余人。明日,大学士<u>李东阳</u>等奏言:"匿名文字出于一人之阴谋,诸臣在朝,仓猝拜起,岂能知之! 况今天时炎热,狱气薰蒸,数日之间,人将不自保矣。"<u>瑾</u>亦廉知其同类所为,众获免。而刑部主事<u>何钑</u>、顺天推官<u>周臣</u>、礼部进士<u>陆伸</u>已暍死,其他因暍而病者无算。

<u>三编发明</u>曰:<u>瑾</u>因匿名书数己罪,敢于矫旨召百

官长跪,甚至有暑甚暍死者,瑾之横至此极矣! 向非廉知其同类所为,则此下狱之三百余人,遭其惨毒,当更有不可言者。观其书不出于外人而即出于其侪党,益信众怨所归,人心不昧,虽若辈亦知其为法所不容。而武宗乃恣其所为而不之觉,可谓好恶与人殊矣。至翰林官怵于凶焰,竟至跪白乞怜,而宁杲身为御史,脂韦其辞以诉,且欲嫁祸于新进士,尤为可鄙,转不若黄伟数言,犹能抗直,何士气之委靡一至于此哉!

18 甲午,大学士李东阳等上宽恤数事,末言:"各省查核粮储,有亏折浥烂者,罪坐所司,不宜逮及巡抚。盖职有大小,事有兼专。今责之管粮管屯等官,固难辞咎。若巡抚则觉察不严,如别无侵盗情节,请从轻减。"因及"近日官校真伪不分,假名挠法,适足为地方之害"。上是之,章下所司。

既而户部覆奏,言"粮草亏折,事有专司。巡抚官总揽大纲,失察自有明条,不宜一概逮问"。瑾大怒,矫旨诘责数百言,中外骇叹。

19 是夏,西厂太监谷大用遣逻卒四出,刺南康县民吴登显三家于端午竞渡,擅造龙舟,捕之,籍其家。自是偏州下邑,见华衣怒马,京师语音,辄相惊告,官司密赂之,人不贴席矣。

同时镇守河南太监廖堂,擅保奏司、府、州、县官员,且拟升调某职,吏部多所覆从。吏科给事中何绍正论驳,上是之,切责堂,令自陈;所奏官员令巡按官察实以闻。论者谓近日惟此一举尚近法耳。【考异】此二事见纪事本末,一系之五月,一系之六月。证之弇州中官考,载于六月匿名文书之前。今据之,统系于是年之夏。

20　秋,七月,己亥,平广西柳州叛獞。

先是柳州所属马平、洛容二县獞贼数万为患,总督两广都御史陈金偕总兵官毛锐发兵十三万讨之,俘斩七千余人。奉敕奖劳,进左都御史。

时断藤峡苗时出剽掠,金念苗嗜鱼盐,可以利縻也,乃立约,令民与苗市,改峡曰永通。苗性贪而黠,初阳受约,既乃不予直,杀掠益甚。浔州人为语曰:"永通不通,来葬江中。谁其作者? 噫嘻陈公!"盖咎金之失计云。

21　壬子,上谕钟鼓司太监,以"近来音乐废缺,非所以重观瞻",下礼部议,选三院乐工严督教习。又谕"该部移文各布政司,精选通艺业者送京师供应,以充三院乐工"。自是筋斗百戏之等,充杂禁廷矣。

22　是月,升操江副都御史雍泰为南京户部尚书。甫四日,即勒致仕,以其终不附刘瑾也。

23　八月,癸酉,吏部尚书许进罢。

时刘瑾欲去进,以刘宇代之;焦芳亦以干请不得,因挤进。会南京刑部郎中阙,适员外郎无实授者,进循故事以署主事二人上,瑾以为非,责令对状。进不引咎,三降严旨谯责,进不得已乃请致仕,遂以宇代之。又以进故谴及侍郎白钺及文选郎中、员外、主事等,皆罚俸。

24　辛巳,立内厂。

时东、西二厂横甚,道路以目。瑾犹未慊,复立内厂,自领之,尤为酷烈,中人以微法,无得全者。凡所逮捕,一家有犯,邻里皆坐,或瞰河居者,以河外居民坐之。屡起大狱,冤号相属。又矫旨悉逐京师客佣,命寡妇尽嫁,丧不葬者尽焚之。于是辇下益汹汹,瑾恐激变,罪其失业首倡言者一人以安众心。

25 庚寅,刘瑾憾前尚书韩文甚,掎摭万端。会户部偶遗故籍,欲以为文罪,属尚书顾佐上其事,委咎于文。佐不可,夺佐俸三月。寻逮文及侍郎张缙俱下锦衣狱,数月始释。诇知文廉,家素贫,因创罚米法以困之。罚文千石,输大同,缙五百石,输宣府。寻又假他故罚文米再,家业荡然。

佐以失瑾意,再疏乞病,始得归,以刘玑代之。瑾憾不置,三罚米输塞上,至千余石,家贫,称贷以偿。

自是忤瑾者悉诬以旧事,入之罚米例中,中外文武无宁日矣。

26 是月,山东盗起,时有曹州等处贼首赵实等劫掠乡镇,欲与归德已禽妖贼赵忠为乱。守臣以闻,诏"山东镇、巡、三司等官捕之,毋致滋蔓,并行河南、两直隶邻境集兵防守"。

27 以曹元代刘宇为兵部尚书。

元柔佞滑稽,不修士行,与刘瑾有连,自瑾侍东宫,即与相结。及瑾得志,遂夤缘躐进是职,兼督团营。逾月,又加太子少保。

28 晋杨廷和少保兼太子太保。

29 九月，癸卯，削致仕尚书雍泰、马文升、许进、刘大夏籍。

泰既罢，瑾憾不已，坐进私泰，又追论前荐泰者，遂及文升、大夏并给事中赵士贤、御史张津等，皆斥为民。

其他罚米者，吏科都给事中任良弼、御史陈顺等凡五十六人，人三百石。进二子诰、赞在翰林，俱输赎，调外任。

30 庚戌，刘瑾责令前后诸官罚米者皆定限完报。下户部议，"在京者，自今日始限一月；在外及去任者，俱自移文至日为始，依水程远近；定限赴仓输纳，违者听内外管粮官举劾"。一时列上前后罚米官员之数，自一千石韩文以下，凡罚米五百石至二百石者一百四十余人。惟南副都御史陈寿，坐延绥仓储亏损，罚米二千三百石，布千五百匹，贫不能偿，上章自诉。瑾知其贫，竟免之。

诸官之罚米也，多以公事及边储亏折而中伤之，往往鬻产陪纳，或称贷偿之，瑾实假此纳赂。后有因事迕误而罹其网者，往往赂瑾求免，虽平日号清谨者，惧遭械系之苦，亦迁就以为自全之计矣。【考异】罚米诸人，散见明史列传中。明史本纪系之八月，明史稿系之九月。证之实录，则八月创罚米例，九月定完限也。至罚米诸人，据实录九月所载一百四十余人，但就九月之前后言耳。若明史潘蕃传，"核广东库藏一狱，罚米者凡八百九十九人"，其他见于实录者几无虚月，皆瑾之藉以纳赂也。今据实录书之。

31 辛酉，逮致仕兵部尚书刘大夏于狱。

初，孝宗时，大夏在兵部，刘宇巡抚大同，私市善马赂遗权要，大夏于宴见时为帝言之，宇闻，深憾大夏。及是与焦芳谮于刘瑾曰："籍大夏家，可当边费十二。"会田州岑猛赂瑾求复故地，械谢湖至京。湖讼冤，以为"激猛叛者，由镇守太监韦经及总兵官毛锐、巡抚都御史潘蕃也"。经复讼冤，谓"猛之初叛，由大夏主兵部时，请与思恩俱改流官，降猛千户，徙之远卫，以致怨望"。瑾遂坐大夏激变，论死。阁臣王鏊曰："岑氏未叛，何名激变！"都御史屠滽，亦言"刘尚书无死法"。瑾谩骂曰："即不死，可无戍耶？"瑾亦诇大夏家实贫，乃坐戍极边。初拟广西，芳曰："是送之归也。"遂与蕃同论戍肃州。时大夏年已七十三，徒步荷戈至大明门下，叩首而去，观者叹息泣下。

　　大夏既遣戍，瑾犹摭他事构之不已。蕃与大夏前曾总督两广，既而瑾从户部郎中庄㺩言，遣太监韦霦核广东库藏，奏"应解赃罚诸物多朽敝，梧州贮盐利、军赏银六十余万两，不以时解"。复逮蕃、大夏及前左布政沈锐等八百九十九人，皆罚米输边。大夏又坐他事罚者再。

32　癸亥，振南京、凤阳等府饥。

33　是月，复逮前御史葛浩、陆崐下狱。

　　浩等前已杖谪为民，瑾憾不已。至是坐劾奏武昌知府陈晦不实，命南京锦衣官校执送内外守备官，杖之三十，仍为民。盖瑾受贿赂也。【考异】据明史陆崐传："崐以劾武昌知府陈晦不实，与葛浩、贡安甫、王蕃、李熙、姚学礼六人逮杖阙下。"证之实录，但书崐、浩二人，明史或别有所据，抑或安甫等四人逮而未至，故不书耳。今仍据实录而附识于此。

34　冬，十月，辛未，振湖广、河南饥，命南京工部右侍郎毕亨兼佥都御史往监振事。

35　是月，升南京右都御史张泰为南京户部尚书，寻勒致仕。

泰清谨,刘瑾专权,朝贵争赂遗,泰奏表至京,惟馈土葛。瑾憾之,乃藉升擢以罢之,如雍泰故事。

泰以明年七月卒,瑾复摭他事罚米数百石。瑾诛,赐祭葬如制。【考异】事见明史本传,特书于是年之十月,实录同。

36　罢送各边年例银两。

刘瑾因户部奏送各边年例,令尚书顾佐查天顺以前年例银数,佐曰:“天顺以前并无此例。”瑾怒曰:“此户部官通同边方巡抚共盗内帑之明验也。”奏请悉罢。

薛应旂曰:按自成化间开设榆林卫,巡抚余子俊增置城寨,陕西民供不继,奏送江南折粮银以补不足。然初亦依江南原折银例,每米一石折银二钱五分,放支军士。其后大同等边缺乏,亦暂送银补足,数皆不多,未有以万计送者。至弘治间,户部尚书叶淇奏改商人赴边纳粮中盐之法,令纳银运司解部,分送各边,自此始有年例银两,而盐法屯田一时俱坏。商人既不上纳本色,而边方米价涌贵,市籴艰难。盐课银两不敷支用,遂日渐增加,迨至数万,益以各钞关商税,犹且不足,而加赋于民,内帑渐虚,东南民力日竭。若盐法复国初之旧,则边境田地,皆为商人佃种以供本色,而年例银两可以尽革,惜顾佐不尽言于瑾而复正盐法。迨后边储告缺,而年例银两终不可罢。自兹辗转侵渔,其弊日滋,而边方屯田尽皆荒芜,国计民生将何底极!虽逆竖犹知年例之为害,边墙之无益,恐不可

明通鉴

1412

以人而废言也。

37　刘瑾矫旨出翰林修撰何瑭为开封府同知。

瑭，武陟人，在翰林为宿学所推，独伉直不附瑾。同官有入而拜见者，瑭独不往，见瑾但长揖而已，瑾怒。一日，瑾赠诸词林川扇，独不及瑭。诸受赠者复拜谢，瑭正色曰："何仆仆也！"瑾大怒，诘其姓名，瑭直应曰："修撰何某。"瑾益衔之，遂有是谪。瑭知必不为瑾所容，寻致仕去。

时有翰林学士张芮，亦以不附瑾，坐事谪为镇江府同知，闻者骇异。【考异】瑭事见明史本传。宪章录系出张芮于十月，纪事本末并载出何瑭事。惟瑭传但言致仕，不言出为开封同知。纪事本末必别有所据，盖论谪未之官而致仕，故史略之。今仍据纪事本末。

38　礼部尚书周经引疾致仕，许之。以吏部左侍郎白钺代。

39　户部侍郎佥都御史韩福，奉诏核理湖广缺饷，寻召还。

福前督苏松粮储，未几召入，为右副都御史。坐累下诏狱，刘瑾以同乡改立出之，自此遂为瑾效力。

福喜操切，务为严苛。湖广民租，自弘治改元后，逋六百余万石。福欲追征之，劾所司催科不力，自巡抚郑时以下凡千二百人。奏至，举朝骇愕。户部议从之，瑾忽大怒，取诏旨报曰："湖广军民困敝，朕甚怜之。福任意苛敛，甚不称朕意。"福引罪求罢，乃召还。

40　十一月，乙未朔，户部奏"凤阳、淮安、扬、庐等处灾荒重大，宜简命大臣往理振事"。诏"拨补未解事例银十五万两并南京各卫仓粮三十万石，敕南京户部侍郎王琼会同镇巡官分道振之"。

41 辛丑,给事中白思诚、御史储珊等,复参劾辽东仓库自弘治十五年至正德三年前后各任挪移亏折之数,遂及都御史王宗彝、陈瑶、张鼐、马中锡、韩重,原任兵部尚书马文升,侍郎熊绣,原任户部尚书佀钟、顾佐、韩文,侍郎王俨、李孟旸、王佐、张缙及郎中、给事中、御史等凡数十人。除病故者勿追,余俱各罚米输边,自一千石以下有差,其中所罚有至再至三者。

时刘瑾权倾中外,诸奉使者承望风旨。于是有行人张龙,以附瑾擢兵科给事中,出核辽东饷,至以腐豆四石逮问监守诸臣,罚郎中徐琏以下米三百石有差。瑾以为能,擢通政参议。

42 是月,工部尚书李鐩致仕,廷推户部侍郎吴文度及南京户部侍郎王珩。二人者皆瑾所不悦,而文度前巡抚云南,瑾以地产金宝屡责贿,文度无以应,瑾深衔之。及是内旨改文度为南京户部尚书,与珩俱致仕。命下,举朝骇异。逾月,乃以南京都御史洪钟为刑部尚书。

43 礼部侍郎掌国子祭酒事谢铎请致仕,许之。

铎经术浩深,为文章有体要。为国子师,严课程,杜请谒,增号舍,扩庙门,置公廨三十余,居其诸生,贫者周恤之,死者请官定制为之敛。家居好施与,自奉布衣蔬食而已。

后二年卒,赠礼部尚书,谥文肃。

44 是冬,无雪。遣英国公张懋祭告京都城隍之神。

45 是岁,刘瑾请于朝阳门外作宫,祀北极玄帝以延圣寿。至是宫成,赐名曰玄明宫,上亲书额,阁臣李东阳为之记。

明通鉴卷四十三

江西永宁知县当涂 夏　燮 编辑

纪四十三　起屠维大荒落(己巳)，尽上章敦牂(庚午)，凡二年。
武宗毅皇帝

1　春，正月，丙午，大祀南郊。

2　丁未，工科给事中吴义核宁夏、固原等处仓场粃烂亏折之数，劾历任巡抚都御史徐廷璋、贾俊、王珣、冒政、孙需、杨一清等十六人，侍郎顾佐及管粮郎中、副使、佥事徐键等十八人，又通判董全等一百八十八人，又以马价盐课劾巡抚宁夏佥都御史刘宪、巡抚陕西右副都御史杨一清及苑马寺卿、佥事、知府、同知及管屯卫官十余人，皆入罚米例，重者五百石，轻者三百石以下，致仕者半之。时宪已病故，仍罚米五百石，一清虽致仕，仍罚米三百石。

3　己酉，宪庙废后吴氏薨。刘瑾欲焚之，大学士王鏊持不可，曰："服可不成，葬不可薄也。"从之。

4　庚申，遣给事中张襘、段豸、御史房瀛等十四人盘察南、北直隶各行省钱粮。

先是诸司官朝觐至京，畏瑾虐焰，恐罹祸，各敛金赂之，每省至二万余两，往往贷于京师富豪，期回任后倍偿之，名曰"京债"。上下交征，恬不为异。

瑾私人侍郎张綵，以媚瑾擢佐吏部，考察内外官，纠摘严急，间示薄罚，诸司台谏不堪谪辱，因之贿赂肆行。已，见瑾急贿，天下怨次骨，因乘间说曰："公亦知贿入所自乎？非盗官帑，即剥小民。彼借公名自厚，入公者未十之一，而怨悉归公，何以谢天下？"瑾大然之，乃欲藉此自掩其迹，于是有襘等之遣。时有监察御史欧阳云、工科给事中吴仪，方奉差回，仍循故例厚赂瑾。适綵建是议，说瑾勿受官差馈遗，乃藉二人有贪迹，用考察黜为民。自此因贿得罪者甚众。【考异】遣张襘等事见明史张綵传，本纪不载。三编系之二月，盖因贿瑾者先后得罪，牵连并记也。证之实录，在正月庚申，欧阳云、吴仪二人适同时事，故归入正月考察中。今并据实录月日。惟"吴仪"弇州史考作"贝仪"。

5　是月，刑部尚书王鉴之致仕，改工部洪钟代之。以兵部侍郎才宽代为工部尚书。

6　二月，丙戌，黜前大学士刘健、谢迁为民。

初，健、迁在内阁时，诏天下举怀才抱德之士，至是浙江大吏以余姚周礼、徐子元、许龙、上虞徐文彪四人应诏。刘瑾、焦芳方日侦健、迁过，无所得，遂以礼等皆迁乡人而草诏由健，欲以此为二人罪，矫旨谓："天下至大，岂无应诏者，何余姚处士之多也！"乃下礼等镇抚司狱，属主者周内入健、迁，欲遂逮二人，籍其家。大学士李东阳为力解，焦芳从旁厉声曰："纵轻贳，亦当除名！"旨下，竟如芳言，礼等咸论戍边。刘宇复劾两司以下访举失实,皆入罚米例,且榜禁余姚人不得选京官。

7　三月,甲辰,振浙江饥,拨纳银事例及该解赃罚等款凡六万二千余两以备振用。又停止本年应解杂款银六万两以宽民力,仍俟丰稔征解偿之。

8　是日,上御经筵。

自正月以来,屡奉停免,至此始行。

9　己酉,诏"吏部考察京官不必以时",从侍郎张綵之请也。

綵初入吏部,一意事瑾,颠倒威柄,钳制百官,既创为非时之举,又增入旧例所未有者。首令堂上官四品以上皆自陈,于是自阁部以下无不先后乞休,皆得旨慰留,惟阁臣王鏊去志已决。

10　夏,四月,乙亥,大学士王鏊致仕,许之,赐玺书乘传归。

是时中外大权悉归于瑾,鏊初开诚与言,间有听纳。及焦芳专事婘阿,瑾横益甚,鏊自度不能抗,凡去疏三上,始得请。

李东阳在内阁,与鏊多所补救。刘健、谢迁、刘大夏、杨一清及见逮之平江伯陈熊辈皆几得危祸,东阳潜移默夺,善类赖以保全。而气节之士多非之,遂有湘江春草之谣,子规鷓鸪之讽。其后侍郎罗玘劝之早退,至上书请削门生之籍,东阳得书,俯首长叹而已。鏊既辞位,东阳复援杨廷和共事,而隮臣代者皆刘宇、曹元之等,于是东阳势益孤。

11 壬午，孝宗敬皇帝实录成，大学士李东阳等表上之。

初，修孝宗实录，焦芳为副总裁；刘健、谢迁去后，芳入内阁，遂操史笔，凡所褒贬，多挟恩怨。旧时大臣如何乔新、彭韶、谢迁，皆天下所推许以为端人正士，而芳辄肆诋诬，反自诩以为直，不恤人言。同官李东阳等畏避其恶，皆不敢为异同，故奏表中有"传疑传信，庶以备于将来"之语，盖为芳改窜实录之张本云。

先是，瑾以弘治间所修会典多糜费，又摘其小疵，降尚书梁储为侍郎，庶子毛澄、谕德傅珪等皆夺升职，东阳亦坐罚俸，至是以实录成，始复之。【考异】宪章、法传二录，皆系上孝宗实录于五月，证之实录，盖四月壬午也。诸书言降夺诸人，惟李东阳如故，明书则云"出自内旨"，今证之实录，并无此语。而东阳罚俸，实录犹云"瑾以为未能尽法"，其无内旨明矣。今据本传。

12 是月，命工部尚书才宽兼左都御史，总制延绥、宁夏、甘肃等处军务。

先是各镇、巡等官奏"三镇有警不相应援"，兵部乃请"仿王越、秦纮等故事，仍设文职大臣总制三边，镇、巡以下皆受节制"，遂有是命。

13 起山西按察副使王鸿儒为国子祭酒。

鸿儒先以病乞致仕，至是刘瑾欲以人望收之，遂有是命。

14 五月，壬子，吏部论升纂修实录翰林官，忽附内批："调侍讲吴一鹏于南京刑部，侍读徐穆于南京礼部，编修顾清于南京兵部，汪俊于南京工部，皆员外郎；编修贾咏、李廷相于兵部,温仁和于户部,刘龙于礼部,翟銮、董玘于刑部,崔铣于南京吏部,陆深于南京礼部,检讨王九思于吏部,汪伟、穆孔晖于南京礼部,易舒诰于南京户部,皆主事。”

初,瑾憾诸翰林不下己,欲尽出之外,为张綵劝沮,及是又持前议,綵复力沮。而焦芳父子与检讨段炅辈,谓可乘此以挤所不悦者,乃疏名上之瑾,怂恿成之,谓之“扩充政事”。玘始漏网,有语焦黄中者,明日附他批补出,与詹事主簿李继先同降知县。上自改之,乃降刑部。

15 丁巳,逮山东巡按御史胡节下狱。

节奉使将还,度无以藉手见瑾,微露意于布、按二司,因贷修曾子庙宇及香费等银三千两,至京,仍循故事馈瑾。而张襘奉使山东,已发其事,瑾遣官校立捕之下狱,并归其贿于官。

狱具,节谪戍肃州,布、按以下皆降罚有差。襘以发奸有功,令吏部记名候升。

16 是月,以实录戍,进焦芳少师兼太子太师、华盖殿大学士。东阳加正一品俸而已。

17 六月,甲子,免苏、松、常、镇四府被灾税粮。

18 戊子,以吏部尚书刘宇兼文渊阁大学士。

宇前在兵部,贿赂狼藉;及为吏部,权归张綵,而文吏赠遗不如债帅,尝悒悒叹曰:“兵部自佳,何必吏部也!”至是刘瑾欲用綵代宇,乃令宇以原官入阁。

宇宴瑾阁中极欢,大喜过望,明日,将入阁办事,瑾曰:“尔真欲相耶?此地岂可寻入!”宇不得已乃乞省墓归。

19 庚寅,以张綵代为吏部尚书。

綵由郎署三迁,遽长六卿。每瑾出休沐,公卿往候,自辰至晡未得见。綵故徐徐来,直入瑾小阁,欢饮而出,始揖众人。众以是益畏綵,见綵如瑾礼。綵与朝臣言,呼瑾为"老者",凡所言,瑾无不从,以此中外馈遗金帛相望于道。

性尤渔色。抚州知府刘介,其乡人也,娶妾美。綵特擢介太常少卿,盛服往贺,曰:"子何以报我?"介皇恐谢,曰:"一身外皆公物。"綵曰:"命之矣。"即使人直入内,牵其妾,舆载归。又闻平阳知府张恕妾美,索之不得,令张襘按致其罪,拟戍,恕献妾,始得论减。其横如此。

20 是月,江西乐平盗汪澄二、汪浩八等作乱,肆劫村落,知县汪和率民兵捕之,不克,和被虏,杀民兵三百余人。淮王以闻。未几,东乡、瑞州之贼并起。自是江西盗风日炽。【考异】三编作"姚源贼"。质实云:"在万年县东里许,深可十五里,盖与乐平连界也。"然正德七年,始分余干之万春乡置万年县,而据陈金传,则又以姚源为南昌所属。证之志,万年有桃源洞,桃源水出焉,亦别无姚源之名,疑皆传写之误。今仍据实录书乐平。

21 秋,七月,戊戌,刘瑾复矫旨遣御史乔岱等往核两浙盐课,追论历次巡盐御史及运司官陪偿商课,自数千两至数百两,按历年深浅及欠课多寡以定陪纳之数,皆令输京师内承运库。

遂有谪戍已故之御史彭程,家贫,止遗一孙女,罄产不足偿,并女鬻之,行道者皆为之流涕。【考异】事见明史彭程传。三编系之三年八月罚米目中,今据实录年月分书之。彭程,野史有误"程"为"韶"者,盖韶亦曾奉诏整理盐法,因之致误,今据明史本传。

22 癸丑,刑部侍郎张鸾、印绶监少监李宣、指挥同知赵良,"赵",三编作"张",今据实录。自江西勘事还,醵白金二万两循故事赂刘瑾。瑾纳其赂,输之内承运库,因请按三人罪。鸾致仕,宣、良俱发南京闲住。因及都御史林俊等三十一员,凡江西见任及致仕者,俱各罚米三百石。

23 是月,四川流贼刘烈等转掠汉中,聚众二千余人。守臣以闻,诏"四川、陕西、湖广三省镇、巡官随宜剿捕,毋致滋蔓"。

24 八月,辛酉,刘瑾以各边罢送年例银两,边储日匮,奏请遣御史等官清理屯田。

时副都御史韩福,方整理湖广军储还,命督理辽东屯田。福以征敛为能,所在惊扰。至是有义、锦等州戍卒高真等,胁众为乱,焚毁廨舍,驱逐委官。守臣惧激变,发银二千五百两抚谕之,乱者始息。事闻,刘瑾归罪于镇、巡官不能宣布威福,论巡抚都御史刘瓛以下罪。逾月,给事中徐仁劾福苛敛状,瑾不得已勒福致仕。

一时分遣清理屯田之胡汝砺、周东等,皆承望风旨,各边伪增屯田数百顷,悉令出租,人不聊生。东右宁夏,尤为苛刻,人心愤怨。指挥何锦等,遂与安化王置鐇谋起兵以诛瑾为名。瑾之祸自此始。【考异】福事见明史本传,据实录,激变在是月。明史本纪云是月"义州兵变"是也。福致仕在九月,今类书之。

25 九月,丙午,六科、十三道给事中、御史等奏:"两广、江西、湖广、四川、陕西等处,自本年正月以来,盗贼纵横,大肆焚掠。其余未经奏闻者,若蓟州大坝等处,被害颇多,请敕所在镇、巡三司、地方军、卫等官,随宜剿抚。"诏"下所司行文各省,斟酌行之"。

是时江西之贼,自乐平东乡外,则赣州之大帽山贼何积钦等,负峒四掠,蔓延福建、广东境上。而四川则保宁贼蓝廷瑞自称顺天王,鄢本恕自称刮地王,廖惠自称扫地王,拥众至数万。自是累年用兵,腹地骚然。

26 闰月,小王子犯延绥,围总兵官吴江于陇州。会参将王勋统兵来援,寇寻解围去。于是总制尚书才宽及太监刘保以捷闻,赐敕奖励。

已,巡按御史胡瓒,劾奏"江逗留无勇,总兵侯勋轻率寡谋。是役也,斩获九十余级,我军死者亦略相当,所丧马至二千七百余匹。"奉诏切责。兵部议,"临敌未可易将,仍令江等戴罪自赎"。从之。

27 巡按广东御史袁仕,劾奏广东所属府州县官周夔等四十余员,吏部覆议,"宜如朝觐考察例行"。制曰:"可。"

自张綵倡不时考察之议,御史杨武与瑾同乡,复附和之。其后段豸按陕西,亦劾其所属,且请行之各省,通行各抚、按随时考核。自此天下官以微罪而去者顾多于朝觐矣。

28 都察院左都御史屠滽致仕,改南京户部尚书陈金代之。

29 冬,十月,戊戌,太白昼见,凡八日。

30 是月,山东督漕运官奏黄河北徙,恐夺漕运,疏陈修筑事宜。"初,黄河水势,自弘治七年刘大夏修理后,由南清河口入淮。十八年北徙三百里,至宿迁县小河口。正德三年,又北徙三百里,至徐州小浮桥。本年六月,又北徙一百二十里,至沛县飞云桥,俱入漕河。自南河故道淤塞,水惟北趋,单、丰之间,河窄水溢,决黄陵冈、尚家等口,曹、单田庐多没,至围丰县城郭,两岸阔百余里。若不及早修治,恐经巨野、阳谷二县故道,则济宁安平运河,难保无虞。"诏下所司议。【考异】语见明史河渠志。志言河北徙在六月。实录载之是月,据奏至之日也,今从之。

31　十一月,甲子,寇入花马池,总制尚书才宽率兵御之,颇有斩获。敌伏兵沙窝,宽乘胜深入,中流矢卒。

　　总兵官曹雄,拥兵不救,逾月,始遣其子谧赍奏诣京师,佯引罪乞解兵柄,并自陈"闻败,统军与寇战于鼠湖,追数十里,斩获数倍,收宽尸还"。

　　雄,瑾党也,奏至,瑾伟谧貌,妻以从女,优诏褒雄,令居职如故,劾雄者反被责云。【考异】明史本纪系才宽战没于是月甲子,据曹雄原奏也。证之实录,是月甲子不载宽战没事,直至十二月曹雄令其子赍奏至,奏称:"宽于十一月初五日御寇于花马池,两战皆捷,明日,遇沙窝伏寇,中流矢死。"按十一月己未朔,宽战没于初六日,正甲子也。惟宽以尚书总制三边,战死沙场,陕西去京二千余里,逾月之久始行奏闻,其恃刘瑾为护符可知。雄之子缔婚于瑾,亦必先有成约,始遣赍奏也。今参实录书之。

32　是月,尚书张綵、洪钟皆加太子太保。钟寻改都察院左都御史,以刑部侍郎刘璟为本部尚书。

33　十二月,戊戌,平江伯陈熊以罪削爵,谪戍海南。

　　熊督漕运,有同宗陈俊,欲以湿润官米贸银输京,熊许之,为缉事者所发。熊素忤瑾,瑾遂摭其事,下诏狱,论赃私,欲置之死。<u>李东阳</u>力争,乃解,然犹谪戍,追夺诰券。

同时总督漕运副都御史<u>邵宝</u>,素不与<u>瑾</u>通,<u>瑾</u>以危言撼之,不为动。至是,遂坐<u>熊</u>,勒致仕去。【考异】<u>纪事本末</u>系<u>陈熊</u>事于正月。<u>宪章录</u>系<u>邵宝</u>致仕于正月,而<u>陈熊</u>夺爵又别系之九月,皆误也。<u>宝</u>以正月方授副都御史督漕运,见之<u>实录</u>中。其坐<u>熊</u>致仕,<u>纪事</u>殆因其授官之日牵连并记耳。若<u>熊</u>之夺爵,功臣表书于是年十二月戊戌,与<u>实录</u>合。<u>宪章录</u>、<u>法传录</u>系之九月,<u>明书</u>系之十月,盖据其事发逮问之月日耳。今据<u>明史功臣表</u>书之。

34 庚戌,追夺前致仕大学士<u>刘健</u>、<u>谢迁</u>及尚书<u>马文升</u>、<u>刘大夏</u>,<u>韩文</u>、<u>许进</u>等诰命。

时<u>健</u>、<u>迁</u>等已罢为民,<u>瑾</u>、<u>芳</u>二人憾未已,于是都给事中<u>李宪</u>复追论之,诏并追还所赐玉带服物。同时夺诰命者凡六百七十五人,皆希<u>瑾</u>、<u>芳</u>指也。

35 是月,以<u>毕亨</u>为工部尚书,代<u>才宽</u>也。

五年(庚午、一五一〇)

1 春,正月,丁卯,大祀南郊。

2 己卯,<u>刘瑾</u>、<u>焦芳</u>矫旨"裁革<u>江西</u>乡试解额,并仕者不得选除京职,著为令"。

初,<u>成化</u>末,<u>芳</u>坐<u>尹旻</u>党被谪,疑出<u>万安</u>、<u>彭华</u>意。<u>华</u>,<u>安福</u>人,屡诮<u>芳</u>无学,<u>芳</u>以此衔<u>江西</u>人次骨。去年,<u>满剌加</u>国遣使朝贡,有使臣<u>亚刘</u>者,本<u>江西万安</u>人,曰<u>萧明举</u>,先以罪逃入海外,至<u>满剌加</u>,至是与其国人端<u>亚智</u>等同来,【考异】事见<u>明史焦芳</u>及<u>外国传</u>,书曰:"<u>亚刘本</u>,<u>江西</u>人。"证之<u>实录</u>,则云:"<u>亚刘</u>者,本<u>江西</u>人。"据此,则"刘"字绝句,"本"字属下读。<u>三编书</u>之四年且中,云

"亚刘本者，故江西万安人"。既以"本"字属上读，又易下"亠"字为"故"，未知何据。今从实录。中途，谋入浡泥国索宝物，且杀亚智等。事闻，方下所司劾奏，芳在内阁，即署其尾曰："江西土俗，故多玩法，如李孜省、彭华、尹直等，素干物议。且其地乡试解额过多。"于是请裁五十名及停授京职例。芳又言："王安石祸宋，吴澄仕元，皆宜榜其罪，戒他日毋滥用江西人。"杨廷和解之曰："以一奸民，波及一方。既裁解额矣，宋、元人物亦欲并按邪？"乃止。

芳深恶南人，虽论古人，亦必诋南而誉北，尝作南人不可为相图进瑾。又欲自私其乡，以瑾乃陕西人，讽给事中赵铎奏言"乡试额不均"，遂票旨增陕西额为百以媚瑾，自增其乡河南为九十五，并及山东、山西俱增至九十。其徇私变法，大率类此。瑾、芳败，皆复旧。【考异】裁江西解额，语见明史芳传。证之实录，大略相同，惟"五十人"，重修三编作"十五人"。考明史选举志，正统间江西解额定为六十五人，其后渐增，然无出百名外者。成、弘间，江西官于朝者最多，而据高氏鸿猷录，言"礼部以瑾故，议增陕西九十五名，与江西等"，然则江西之额已近百名可知，今减去五十名，则四十五名也。三编"十五人"之语，惟见王弇州二史考，而证之实录上下文，皆作"减江西额五十人"，未知三编别有所据否？附识于此。

3　庚辰，籍故尚书兼都御史秦纮家。

纮致仕归，卒，其妇弟杨瑾为经纪其家。家奴憾之，乃以纮所遗火炮投缉事校尉，诬瑾蓄违禁军器。刘瑾怒，归罪于纮，籍其家，无所得。言官张九叙、涂敬等复希瑾意劾纮，士类嗤之。

4　是月，兵科给事中高涝奉使核沧州地，劾前任都御史及历年巡按御史以下凡六十一人,皆逮问。

泽父铨,尝巡抚保定,沧州其所隶也。泽欲媚瑾,遂并诬劾其父,以此不齿于人云。【考异】泽劾其父事见明史,三编系之四年二月目中。今据实录,在是年之正月。

5 二月,癸巳,以曹元为吏部尚书兼文渊阁大学士。

元代刘宇入阁,琐琐无能,在阁中,日饮酒谐谑,道里巷鄙语而已。

6 辛丑,兵科给事中屈铨,请颁行刘瑾所定见行事例,按六部为序,编集成书,颁布中外,以昭法守。诏“下廷臣议行”。

时瑾所创新例,变乱成宪,擅作威福,天下侧目重足,朝不谋夕。铨乃承望风旨,助瑾为虐,廷臣鄙之,共欲缓其事。国子祭酒王云凤复以为请,将刊行而瑾败。【考异】三编系之三月,今据实录为二月辛丑。

三编发明曰:瑾以私智,擅威福之权,紊典章之旧,其所施行,一时已为侧目,又岂可垂诸久远,贻毒将来!且令者,人君所自操,涣大号而昭示中外,海宇共之,子孙守之,尤非阉宦所得假窃者。屈铨恬不知耻,请将瑾所创例编集颁行以献媚于逆珰,可谓小人之尤者矣。乃武宗亦竟诏下廷议,廷臣虽明知其不可而亦竟议行,但欲姑缓其事。向令逆瑾不败,则其事能终缓乎?武宗之深信不疑若是,诸臣之依违迁就又若是,何怪乎王云凤之复请乎!云凤在孝宗时,尝以劾宦官得罪,而一旦易节,尽反所为,憸人矫饰一时,末节尽露，良足哂矣。

7　是月，晋杨廷和吏部尚书、武英殿大学士。

8　以兵部左侍郎胡汝砺为本部尚书，代曹元也。

汝砺以同乡党于瑾，奉使清理宣府屯田，至是召还，遂有是擢。未至任而卒，逾数月，瑾始诛，遂弗及于罚。

9　太监张永，总神机营，初党于瑾，已而恶其所为。瑾亦觉其不附己也，言于上，将黜之南京。永知之，直趋上前，诉瑾陷己。上召瑾与质，方争辨，永辄奋击瑾，上令谷大用等置酒为解，由是二人益不协。然是时上方向用永，故瑾之间卒不行。【考异】事见宦官传，实录不载，宪章录、纪事本末皆系之是年之二月。证之永、瑾二人传，皆叙于讨置鐇之前，上方向用永，则其事盖相去不远也，今据系之二月。

10　三月，甲子，黄雾四塞，大风霾，天色晦冥者数日。

11　镇守湖广总兵官毛伦，奏"安陆、汉、襄、沔阳地方，连年凶荒，寇盗蜂起"，因劾"昔年整理粮储之侍郎韩福，追征失宜"。诏："截留湖广今年起运米十万石，仍取贵州布政司银十万两及前此侍郎毕亨奏留余银八万四千余两，易谷借振。"

伦亦瑾党，故敢劾福。然福时已闲住，竟宥不问。

12　辛未，以天时亢旱，风霾累作，遣官祭告祷雨，并省释狱囚。大学士李东阳等复陈宽恤数事，从之。

13　以水旱，免湖广、河南、山东、贵州、浙江、江西、陕西、山西、四川、广西及南、北直隶被灾州县正德三年逋赋。

14　乙酉，以江西贼炽，御史沙鹏奏言："南、赣地远，界连湖广、广东、福建三省，不相统属，乞专遣大臣一人总其事。"吏部议:"南、赣旧有巡抚,近年裁革,宜如鹏言添设巡视。"乃以南京右佥都御史王哲巡视江西南、赣等处。

15　以都御史洪钟总制川、陕、河南、郧阳军务,兼振湖广饥。

16　是月,擢兵部侍郎王敞为本部尚书,代胡汝砺也。

17　是春,日本国王源义澄遣使宋素卿来贡。时刘瑾窃枋,纳其黄金千两,赐飞鱼服,前所未有也。

素卿本鄞县朱氏子,名缟,幼习歌唱,倭使见,悦之。而缟叔澄负其直,因以缟偿。至是充正使,至苏州,澄与相见。寻以通番事发,当死,瑾庇之,谓澄已自首,并获免。
【考异】事见明史日本传,书于是年之春,今从之。

18　夏,四月,庚寅,录囚。

先是大学士李东阳等因风霾请宽恤,而是时三法司会审,仅二人得减死论成,皆承刘瑾指也。

19　安化王寘鐇反。

寘鐇者,庆靖王之裔孙,分封安化。性素狂诞,术者言其当大贵,遂觊觎非分,与其党指挥周昂、千户何锦、丁广、卫学生孙景文辈,潜蓄异谋。会周东方以伪增屯田为瑾赂,何锦、周东等事,见四年。戍卒皆愤怨。而巡按御史安惟学,数杖辱将士妻,将士衔刺骨。寘鐇知众怒,令景文饮诸武臣酒,以言激之,多愿从者。

会有边警,游击将军仇钺与副总兵杨英,率兵出防御。总兵官姜汉,简锐卒六十人为牙兵,令周昂领之。昂遂与何锦为寘鐇定计,设宴招镇、巡官饮于第,惟学、东不至。

锦、昂率牙兵直入，杀汉及太监李增、邓广于坐，分遣丁广等杀惟学、东于公署。遂焚官府，释囚系，撤黄河渡船于西岸以绝渡者。即使人招杨英、仇钺降。英众溃，单骑奔灵州。钺时驻玉泉营，佯许之，引兵入城，置镭夺其军分隶群贼，出金帛犒将士，伪署昂等官有差。

令景文作檄，以讨刘瑾为名。檄至，诸镇皆畏瑾，不敢以闻。延绥巡抚黄珂封上之，因陈讨贼便宜八事。

20 癸巳，巡抚陕西都御史黄宝，奏"四川贼流入陕西、湖广，三省大扰"。时已命洪钟总制三省，诏更于陕西、湖广各增设副总兵一人，以庄浪右参将吴铉及致仕都指挥同知康泰充之。

21 庚子，封左军都督府致仕署右都督神英为泾阳伯，赐诰券，岁禄米八百石。

英以媚刘瑾，自陈在边镇旧功，遂有是封。

22 丙午，起右都御史杨一清总制宁夏、延绥、甘凉军务，泾阳伯神英充总兵官，游击将军仇钺副之，讨置镭。又升协守延绥副总兵侯勋充总兵官，镇守延绥。

23 戊申，游击将军仇钺袭执置镭，遂平宁夏。

先是钺解兵隶置镭，归，卧家称病。何锦等信之，时时就问计，钺亦谬输心腹，而阴结壮士，遣人潜出城，令还报"官军旦夕至"。钺因绐锦等，"宜亟出兵守渡口，遏东岸兵，勿使渡河"，于是锦及丁广等悉倾营而出。

是时副总兵侯勋、参将时源，分兵扼河东。陕西总兵曹雄闻变，遣指挥黄正以兵三千驻灵州，檄杨英督灵州兵防黄河,而指挥韩斌亦以兵来会。雄更遣灵州守备史镛浮渡,夺西岸船营河东,焚大小二坝积草,贼大惧。镛潜遣人通钺书,约为内应。

锦等既出,独留周昂守城,会置鐇以祃牙召钺,闻钺病,亟遣昂来视。钺方坚卧呻吟,伏卒猝起,捶杀昂。钺乃被甲横刀,提昂首跃马大呼,壮士皆集,径驰诣置鐇第,缚之,传置鐇令,召锦、广还,而密谕其部曲以禽置鐇状,众遂大溃。锦、广单骑走贺兰山,皆获之,械送伏诛。置鐇自举事至是凡十九日而败。【考异】置鐇以是月庚寅举事,明史本纪月日与实录同。是月丙戌朔,故诸王传及纪事本末皆云四月五日。惟实录不载禽置鐇及命太监张永监军日分,而明史本纪于四月辛亥,"命张永督宁夏军务。是日,游击将军仇钺袭执置鐇"。据此,则禽置鐇在辛亥,为四月二十六日。而证之明史传中,则云"置鐇举事凡十八日而败"。重修三编多据列传,而改"十八日"为"十九日"。今考置鐇以庚寅举事,十九日而败,则四月二十三日也。纪事本末书禽置鐇,直云"四月二十三日"。以庚寅举事计之,至戊申正十九日,或三编据而改之,抑明史数庚寅之越日为十八日,故三编明书"十九日",以与举事之庚寅相应。不然,何以上下文皆据列传,独改"十八日"为"十九日",其为据纪事本末之日分可知也。至明史本纪书禽置鐇于辛亥,则距庚寅二十二日,盖据奏至京师之日分耳。今仍据三编"十九日"语,系之戊申,为得其实。

先是杨一清奉命将行,俄传钺降于贼,廷议欲追敕还。阁臣杨廷和曰:"钺必不从贼。今知朝廷擢用,志当益坚。不然,弃良将资敌人耳。"乃寝之。已而事果定,一清及监军之张永等未至,钺之捷奏已闻。

24 辛亥,命太监张永提督宁夏军务,诏赦天下。【考异】武宗实录不载命永监军月日,而于五月突书"张永请赏功银牌"。又禽置鐇亦不载,而于五月书曹雄奏逮,亦第以"置鐇已禽,宁夏平"七字了之,疑钞本转写四月之事,必有漏脱。而张永监军,明史本纪之辛亥,必有所据,今从之。至宪章录载禽置鐇于王月,法传录又系之六月,皆误也。

25 是月,大理寺评事罗侨,以京师旱霾,上疏请"慎逸游,屏玩好,放弃小人,召还旧德"。又请"敕法司慎守成律,毋妄有轻重"。

时朝士久以言为讳,侨自揣必死,舁榇待命。刘瑾大怒,矫中旨诘责,令廷臣议罪。大学士李东阳力救,得改原籍教职。其秋,瑾败。寻召侨复官,卒引病去。

26 五月,丙辰,胡广盗刘惟华、洪景清等掠桂阳,指挥邓旻御之。遣千户杨泰先往,未至而遁。旻驰进,力战死。贼杀指挥翟翱、刘怀。百户朱铺趋樟桥。百户于江率所部力战,杀惟华、景清,余党并力刺江,死焉。

事闻,赐赠恤,并逮杨泰论罪。

27 壬申,以宁夏平,召总兵官神英班师还。张永、杨一清仍往宁夏安抚地方,及槛送置鐇于京师。

28 癸未,焦芳罢。

芳居内阁五年,凡刘瑾浊乱朝政,荼毒缙绅,流恶海内,皆芳导之。谄事瑾,至称"千岁",自称"门下士",四方赂瑾者必先赂芳。洎芳以子黄中不得一甲罯读卷官,瑾亦渐厌之。会张綵以媚瑾荐擢吏部尚书,芳父子鬻爵荐人无虚日,綵构之于瑾,遂疏芳。而段旻见芳势稍衰,转附綵,因尽发芳阴事于瑾。瑾大怒,于众中斥责之,芳不得已乃乞归。黄中丐阁荫以侍读随父还,皆许之。

29 六月,癸巳,巡抚四川副都御史林俊,奏"刘烈之乱,自眉州逃匿保宁山中,诸不逞者,率假其名四出剽掠"。诏洪钟自湖广移师讨之。

时俊悬二千金之赏购禽烈者,至图形以捕之,不能得。而蓝廷瑞、鄢本恕、廖惠势益张,聚众十万余,伪署四十八总管,延蔓秦、楚间。廷瑞与惠谋据保宁,本恕谋据汉中,取郧阳,由荆襄东下,三省大震。【考异】纪事本末系之四月,今据实录林俊原奏,在是月。

30 巡按御史周廷徵,勘报"延、宁二镇功次,推宁夏总兵杨英所部斩获最多,宜优升赏"。内批谓:"此功本曹雄奏报,乃独归之宁夏,且混入延绥职名,兵部失于查参。"于是尚书王敞等亦以为言。因自引咎,诏各夺俸两月。是时,刘瑾方结婚于雄,故以宁夏功尽归之雄,廷议不敢难也。

31 庚子,上自称"大庆法王西天觉道圆明自在大定慧佛",命所司铸印上之。

上于佛经梵语,无不通晓,内臣诱以事佛,遂有是命。

于是番僧乞田百顷为法王下院,中旨下礼部,称大庆法王与圣旨并。礼部侍郎傅珪,佯为不知,执奏:"大庆法王何人,敢与至尊并书! 大不敬。"诏"勿问",然所乞田亦竟止。

32 是月,致仕吏部尚书马文升卒。

文升有文武才,朝端大议,待以参决。功在边镇,外国皆闻其名。致仕归,后坐朋党除名。及是卒,年八十五。瑾诛后始复官,赠特进光禄大夫、太傅,赐谥端肃。

33 刘宇请致仕,许之。

宇以展墓还,知刘瑾不相容,乃有是请。仍赐之敕遣之。

34 秋,七月,丁巳,降副使宁杲为山西参议。先是杲以金都御史抚治真定,有盗于内丘县劫修撰康海财物,海贻书于瑾,瑾责令有司捕贼。遂论顺德知府郭纮及捕盗官,坐夺俸,又以杲勘报稽迟,遂降官。海言于纮曰:"所失非吾财,皆瑾寄橐也。"纮不得已敛诸州县民财至数千两偿海,其事始寝。【考异】明史海传不见,此据实录书之。海坐瑾党,不得以李梦阳事藉口,而明人以名士故讳之,今据增。

35 壬申,总制川陕、湖广等处洪钟,平湖广沔阳州之贼。

时贼首杨清、丘仁等僭号天王、将军,往来洞庭上下,遂攻破临湘,围岳州。钟与总兵官毛伦调土汉官兵,檄布政使陈镐、副使蒋昇及都指挥潘勋、柴奎等击破之,湖湘底定。诏钟移师入蜀。

36 八月,乙酉,免福建银课一年。

时矿脉微细,得不偿费。守臣复以地方旱灾为请,故有是命。

37 癸巳,总制杨一清奏请蠲宁夏被兵税一年,从之。

38 甲午,张永自宁夏还,俘置鐇及其亲属十八人,上御东安门受之。何锦及诸从逆者数百人,皆反接由东华门入。献俘既毕,金鼓之声彻于大内。

39 是日,刘瑾谋反事发。

初,瑾在八党中尤狡悍,为七人所推。及专政,七人有所请,瑾俱不应,咸怨之。及张永方向用,奉诏西征,上戎服送之<u>东华门</u>，宠遇甚盛，<u>瑾</u>愈忌之。

　　<u>永</u>至<u>宁夏</u>，<u>杨一清</u>与之结纳，相得甚欢，知<u>永</u>与<u>瑾</u>有隙，乘间扼腕言曰："赖公力定反侧，然此易除也，如国家内患何？"遂促席画掌作"瑾"字。<u>永</u>难之，<u>一清</u>慨然曰："公亦上信臣；今讨贼不付他人而付公，上意可知。曷以此时功成奏捷，请间论军事，因发<u>瑾</u>奸，极陈海内愁怨，恐变生心腹。上英武，必听公诛<u>瑾</u>。<u>瑾</u>诛，公益柄用，悉矫弊政，安天下心。<u>吕强</u>、<u>张承业</u>暨公，千载三人耳。"<u>永</u>曰："脱不济，奈何？"<u>一清</u>曰："言出于公，必济。万一不信，公顿首据地泣，请死上前，剖心以明不妄，上必为公动。苟得请即行事，毋须臾缓。<u>永</u>勃然起曰："老奴何惜余年不以报主哉！"意遂决。

　　时<u>瑾</u>信术士<u>俞日明</u>言，谓其从孙<u>二汉</u>当大贵，遂谋不轨。会<u>瑾</u>兄都督同知<u>景祥</u>死，将以八月十五日俟百官送葬，因作乱。及<u>永</u>捷奏至，请以是日献俘。<u>瑾</u>使缓其期，欲事成并禽<u>永</u>。或驰告<u>永</u>，<u>永</u>先期入。献俘毕，上置酒劳<u>永</u>，<u>瑾</u>及<u>马永成</u>等皆侍。比夜，<u>瑾</u>退，<u>永</u>密白<u>瑾</u>反状，且出袖中奏，数其不法十七事。上已被酒，俯首曰："奴负我。"<u>永</u>曰："此不可缓，缓则奴辈当齑粉，陛下安所归乎？"<u>永成</u>等亦助之，乃命执<u>瑾</u>。

　　<u>瑾</u>宿于内直房，闻喧声，问曰："谁？"应曰："有旨。"<u>瑾</u>披青蟒衣出，就缚之。夜，启<u>东华门</u>，系之菜厂。【考异】据<u>实录</u>，是月甲申朔，甲午乃八月十一日也。十五日系戊戌，所谓"先期"者，在十五之前四日，故<u>实录</u>书献俘与禽<u>瑾</u>同日，盖即以甲午之夜禽之也。纪事本末乃误以甲午为望日，又云"<u>刘景祥</u>死，将以八月甲午葬"，不特与史所云"先期"之

1434

语不合，而甲午乃是月之十一日，并非望日也，盖由不推历而致误，今据<u>明史</u><u>本纪</u>及<u>实录</u>书之。

40 乙未，上出<u>张永</u>奏示内阁，谪<u>瑾</u>奉御，<u>凤阳</u>闲住。

《三编》御批曰：<u>刘瑾</u>罪恶贯盈，擢发难数，固神人所共愤。然<u>张永</u>本其党与，即稍有猜嫌，亦未必遽肯自伤同类。<u>杨一清</u>乘机怂恿，而<u>永</u>尚怀疑虑，知非复可以大义相规，因以"董诛，公益柄用"一语中其所欲，遂慨然直任不辞。<u>一清</u>盖能洞见小人腑鬲，而谲以行其正者。

41 丁酉，籍<u>刘瑾</u>家。

上既谪<u>瑾</u>，意犹不欲诛之。及是籍其家，得金银累数百万，【考异】<u>王弇州</u>引<u>震泽长语</u>："诏籍没<u>刘瑾</u>家，黄金一千二百五万七千八百两，白金二万五千九百五十八万三千六百两。"而<u>宪章录</u>、<u>皇明通纪</u>因之致误。<u>王莽</u>时，黄金尚余六十万斤，<u>梁孝王</u>没，黄金四十万斤。以十六两为一斤计之，则<u>莽</u>之金尚不及一千万。而<u>孝王</u>亦不及七百万。至于<u>汉</u>盛时，大司农钱四十余万万，水衡钱十八万万而已。<u>董贤</u>产直钱四十二万万，<u>梁冀</u>产直钱三十万万。其时钱最贵，止于万钱为一金，大概俱不能当<u>瑾</u>二十之一。恐当时传闻如此，未必真有此数。证之正史，则但云"累数百万"，此得其实。今附识于此。珠玉宝玩无算，及衮衣、玉带、甲仗、弓弩诸违禁物，又所尝持扇内藏利匕首二，上大怒曰："奴果反，趣付狱！"

于是六科给事中<u>谢讷</u>、十三道御史<u>贺泰</u>等列奏<u>瑾</u>罪凡十九事，请亟赐诛戮。上是之，令法司锦衣卫会百官鞫讯于午门外。

都给事中<u>李宪</u>，<u>瑾</u>私人也，至是亦劾<u>瑾</u>，<u>瑾</u>闻之，笑曰："<u>宪</u>亦劾我邪？"

鞫之日,刑部尚书刘璟,嚇不敢发声。瑾大言曰:"公卿多出我门,谁敢问我者!"皆稍稍却避。驸马都尉蔡震曰:"我国戚,得问汝。"即使人批瑾颊曰:"公卿皆朝廷用,云何由汝?抑汝何藏甲也?"曰:"以卫上。"震曰:"何藏之私室?"瑾语塞,狱乃具。

即日有旨:"巡抚、兵备官裁革者及乡、会试中额增减者,俱如旧制。考察京官仍依朝觐例。江西之万安、南城,浙江之余姚,仍选京官。其翰林院调外任者,具名以闻。文武官诰俱免追,已追者仍给之。追赔浥烂粮米并以事罚米者皆免之。职官籍没家产不在叛逆律者仍还之。其余应改正者,令所司详拟以闻。"【考异】据实录,更正刘瑾所定之新例,此数事皆见之同日诏中者。而据明史列传所载,瑾定江西人不得除京职。惟实录所载,则但万安、南城两县,万安以萧明举故,而南城无所考。又,是时瑾所最恨者惟彭华,何以不及安福?疑转写有误字也。至科道等劾瑾十九罪,瑾之恶散著于明史本传者皆入焉。今并录于注中。○武宗实录:"八月,六科给事中谢讷、十三道御史贺泰等列奏瑾罪曰:'近者置鐇谋反,由瑾差官丈量田地,克害军民,故彼得借以为名,几危宗社,罪一。私藏军器,伪造御玺,扇中藏刀,出入禁闼,阴谋不轨,罪二。掘郊坛后土以营私室,罪三。今春下赦,瑾以恩不已出,复矫诏沮格,充军者仍解原卫,罚米者仍令追纳,冠带闲住者仍令革去,逻卒取回者仍遣四出,新例病民者仍复引用。播弄威权,违背诏旨,罪四。宁府已革护卫,瑾受赂准复,罪五。诸司章奏,皆关白而后行,在外镇巡官奏事,皆先以揭帖取进止于私宅,或奏未进,先授以旨,中外传播,及次日奏下,无一字异者。人呼瑾为"立地皇帝",罪六。罗致占候者,日与私语,及天象有变,奏闻者辄加罪责,四方灾异,阻令弗奏,罪七。非罪滥及良善,三四年来,枷号死者何止数千人,罪八。受神英赂,封泾阳伯,陈熊谢薄,革爵没产,罪九。以焦芳、刘宇、张綵、曹元为心腹,杨玉、石文义为爪牙,孙聪、张文冕为刀笔。宇初任巡抚,瑾受赂数万,得入掌院,旋迁尚书入阁。其子偉拜瑾为父,滥受指挥,次子仁传奉为庶吉士,寻授编修。焦芳朋比党恶,其子黄中及乡人胡缵宗俱传奉检讨,又变成法,多刊制策二道,未及一年,黄中传授编修,又升侍读。内外官不时访察,任意黜陟,罪十。用侍郎韩福,肆虐湖广,馈银至十余万两,盗贼缘此蜂起。又革四川、江西兵备、郧阳巡抚,无以制盗,罪十一。都御史刘宪、刘孟,以小过械系,宪死狱中,孟枷部门。顺天府丞周玺与杨玉有隙,文致其罪,死于杖下。故都御史钱钺、王嵩、尚书秦纮、侍郎黄景、通政强珍,皆以私怨籍没其家,罪十二。升迁官员,拜谒门下,仍致赂遗,谓之谢礼,否则辄加罪谴。朝觐官至京,索赂动以千数,谓之"拜见礼"。各官回任,倍取之民,以致民穷盗起,罪十三。内外官不分公私过名,皆追夺诰敕,罪十四。官员罚米动至数千,少亦不下数百,虽年远身故者不免。又各仓粮草有湆烂亏折者,械系历年巡抚、都御史,加倍责偿,罪十五。以严刑峻法钳天下之口,台、省、科、道皆不敢言,罪十六。缉事校尉分道四出,所过有司莫不郊迎厚赂,贤否祸福,系其一言,天下骚动,罪十七。增陕西等处解额,改会试南北中卷。又因私忿令余姚、万安、南城三县不选京职。巧立"扩充政事"名目,改调翰林院官,罪十八。曹雄子遹为瑾佞婿,先已输粟入监,辄立改文就武名目、升千户,罪十九。请亟赐诛戮,上以慰祖宗之灵,下以雪臣民之愤。'奏入,上是之。"

42 戊戌,下吏部尚书张綵都察院狱。

　　时追治瑾党,并掌锦衣卫事、都指挥杨玉、掌镇抚司事、指挥使石文义同下狱。

　　綵既罢,起前礼部尚书刘机为吏部尚书。

43 己亥,曹元罢。

　　元闻瑾败,上疏自陈不职罪,"请开更生之门,归守先人墓"。词哀而鄙,诏许致仕。既而言官交劾,黜为民。

44 辛丑,科、道官奏劾内、外官为瑾奸党者,内阁则焦芳、刘宇、曹元,尚书则吏部张綵、户部刘玑、兵部王敞、刑部刘璟、工部毕亨、南京户部张澯、礼部朱恩、刑部刘缨、工部李善,侍郎则吏部柴昇、李瀚、前户部韩福、礼部李逊学、兵部陆完、陈震、刑部张子麟、工部崔岩、夏昂、胡谅、南京礼部常麟、工部张志淳,都察院则副都御史杨纶、佥都御史萧选,巡抚则顺天刘聪、应天魏讷、宣府杨武、保定徐以贞、大同张禴、淮扬屈直、两广林廷选、操江王彦奇、前总督文贵、马炳然,大理寺卿则张纶、少卿董恬、丞蔡中孚、张禬,通政司则通政吴钺、王云凤、参议张龙,太常则少卿杨廷仪、刘介,尚宝卿则吴世忠、丞屈铨,府尹则陈良器,府丞则石禄,翰林则侍读焦黄中、修撰康海、编修刘仁、检讨段炅,吏部郎则王九思、王纳诲,给事中则李宪、段豸,御史则薛凤鸣、朱衮、秦昂、宇文钟、崔哲、李纪、周琳,其他郎署监司又十余人。于是綵论死,福以在湖广所馈白金数十万两,封识宛然,遂谪戍。余或谪外,或闲住,或除名,一时朝署为清。又并及与焦黄中同传奉之检讨胡缵宗,与刘仁同传奉之编修邵锐、黄芳、主事李志学、韩守愚,俱调外。【考异】此所劾瑾党姓名,皆据明史焦芳传,三编所谓"六十余人"者是也。证之实录,先劾者二十六人,亦有不在此六十余人之数者。如河南佥事白思诚、参议王钦、去任司务孙聪、掌真定府事参政杨仪、顺庆知府庄襗、徽州知府柯瑛、杭州知府杨孟瑛。盖传中所列皆京官,外官则但有巡抚,故白思诚等七人皆不著,非漏脱也。若武官、内臣,皆不在此数。今随事书之,而附录于此。

45 给事中张瓒等,劾奏:"陕西总兵官曹雄,与刘瑾交通贿赂,结为婚姻;并都督毛伦,纳贿冒升,并及家人陈鉴亦传升指挥使;伏羌伯毛锐,求管漕运,纳赂不赀;浙江都指挥佥事刘昶、备倭佥事魏文礼、前任扬州备倭官袁杰、凉州副总兵徐谦,俱以赂进,内外交通;乞执送法司明正其罪。"时雄、伦方有功,别有旨"锐著回京"。自昶以下,或闲住,或为民。

46 甲辰,<u>浙江</u>道监察徊史<u>舒晟</u>,奏劾<u>刘瑾</u>之党。除已劾处分之<u>焦芳</u>、<u>刘宇</u>等,又称"<u>赵松</u>之违限赂免_{松事见三年}。而反得美官,左布政使<u>潘楷</u>、按察使<u>张祯</u>贪滥幸进,按察使<u>仲本</u>奔竞取容,主事<u>侯自明</u>之轻浮,员外郎<u>徐瑢</u>、寺丞<u>纪世梁</u>之贪财怙势,皆请按治"。会礼科给事中<u>李贯</u>等亦以为言,且及"副使<u>闾洁</u>、郎中<u>高选</u>,夤缘升迁,均乞罢黜"。然上以科道官职居言路,不能先事发奸,故凡论劾者皆从轻典云。

47 丙午,诏:"前调之翰林<u>吴一鹏</u>等十六人,除<u>王九思</u>入<u>刘瑾</u>党外,余皆复职。"

48 丁未,复革<u>宁府</u>护卫。以科、道官劾其赂<u>瑾</u>,奏请更正,从之。

49 戊申,<u>刘瑾</u>伏诛。

时法司上<u>瑾</u>狱,令"毋覆奏,即依凌迟律,磔之市三日。"怨家争购其肉生啖之。<u>瑾</u>从孙<u>二汉</u>及<u>张文冕</u>等俱坐反逆,并<u>瑾</u>亲属<u>刘杰</u>等十五人皆论斩。妇女送浣衣局。

50 己酉,释<u>刘瑾</u>所谪戍诸臣。

51 是月,进<u>杨一清</u>为户部尚书,代<u>刘玑</u>也。

52 前吏部尚书<u>许进</u>卒。

<u>进</u>以忤<u>刘瑾</u>致仕归,又坐荐<u>雍泰</u>削籍,追夺诰命。未几,<u>瑾</u>又摘<u>进</u>在<u>大同</u>时籍军出雇役钱失勾校,欲籍其家。会<u>瑾</u>诛得解,复官,致仕,未闻命卒。【考异】<u>许进</u>忤<u>瑾</u>事,见<u>明史</u>本传。<u>宪章录</u>于<u>进</u>有微词,谓"虽不媚<u>瑾</u>,亦不与抗。事多调停。<u>朱瀚</u>欲倾<u>进</u>,乃言于<u>瑾</u>,谓'<u>许尚书</u>佯为恭<u>瑾</u>而外示忼直',会<u>瑾</u>以怒<u>雍泰</u>,因及<u>进</u>"云云。按此殆沿实录之诬也。实录言"<u>进</u>素悻直,敢于犯权贵。以此屡遭挫抑,

1439

而名辄随之,然亦多权术,人不能测。其为吏部,瑾所用书办官刘遐、刘淮常出入其门,进退百官,多徇瑾意。凡所升用,能赂瑾者,辄听瑾属与善地以悦瑾。其得罪也,盖焦芳、刘宇阴中之"。又言"进将行,以金银赂瑾,觊免后祸,反为瑾所薄,曰:'进银或取之俸薪,金则何自得之'云云"。按进果有临行赂瑾之事,何至归后削籍,夺诰命不已,又欲藉大同籍军事籍其家?是进之终不附瑾可知。此与双溪杂记所载杨廷和赂瑾事大略相同,疑亦修实录者有憾于进而为之词耳,今皆不取。

53 复给前兵部尚书刘大夏、左都御史潘蕃诰命,吏部以刘瑾诛,请更正也。

是时廷臣奏瑾所变法请更正者,吏部二十四事,户部三十余事,兵部十八事,工部十三事,诏皆如旧制。

54 九月,乙卯,以旱灾,免山东济南等府五十四州县税粮。应天之太平、宁国、安庆等府大水,溺死者二万三千余人,户部奏"请核实蠲税,仍以所在公钱振济",从之。

55 斩逆贼何锦等于市。

56 丙辰,以平置鐇功,封仇钺咸宁伯。

刘瑾以昵曹雄,尽归其功而抑钺,钺竟无殊擢。巡按御史阎睿讼其功,坐夺俸三月。及是瑾诛,始进署都督金事,充宁夏总兵官。寻论功封,给世券。

57 初,宁夏之变,都指挥金事杨忠在巡抚公署,适贼众冲入,杀都御史安惟学。忠骂曰:"贼狗!何敢犯上反耶?"遂遇害。都指挥金事李睿,闻变驰至置鐇府,门闭不得入,因大骂,遂为乱兵所杀。置鐇胁百户张钦,不从,夜,遁至雷福堡,遇贼,不屈死。杨一清总制宁夏,始具其事以闻。

丁巳,谕曰:"朝廷养兵,本以御患也。临难守义,每难其人,深可慨叹! 今忠等守义不屈,亟宜旌之以励臣节。”
于是三人皆赠官予荫,表忠、睿曰“忠烈之门”,钦曰“忠节
之门”。

58 戊午,以吏部尚书刘忠、梁储并兼文渊阁大学士,预
机务。

　　忠先以忤刘瑾改南礼部侍郎,寻进尚书,改吏部。焦
芳荐之,召还。瑾见忠颇负气岸,甚悔,乃传旨以吏部尚书
兼翰林学士,专典诰敕。储以修会典为瑾摘其小疵,降左
侍郎。寻复尚书,调南京吏部。至是瑾败,二人遂同召
入阁。

59 己未,以平置鐇、刘瑾功,封太监张永兄富泰安伯,弟
容安定伯。

　　是时永两建奇勋,自阁臣李东阳以下交请之。会有涿
州男子王豸,尝刺龙形及“人王”字于足。永以为妖人,禽
之。兵部尚书何鉴乞加永封,下廷臣议。永欲身自封侯,
引刘永诚、郑和故事风廷臣。内阁以为非制,永意沮,乃辞
免恩泽;尚书杨一清言“宜听永让以成其贤”,事竟已。

60 癸酉,封义子朱德、太监谷大用兄大宽、马永成兄山、
魏彬弟英皆为伯。【考异】朱德,实录言其“不知所自出,初为裴太监厮
养,冒裴姓,后赐姓朱。能造西域食饵,有宠,赐姓朱”云云,然则盖上之义子
也。弇州史考:“时上义子少,故崇封之。其后世宗时下狱,始知其为山西人,
又名皮德。盖北音‘裴’‘皮’同称也。英亦非魏彬之弟,冒魏姓耳。”

　　寻又以平宁夏叛逆功,晋东阳左柱国,杨廷和少傅兼
太子太傅、谨身殿大学士,刘忠少傅兼太子太傅、武英殿大
学士,梁储少保兼太子太保、武英殿大学士。六部尚书皆

有升赏。

御史张芹奏称:“刘瑾乱政之时,阁臣李东阳阿谀承顺,不能力争。及陛下任用得人,潜消内变,又攘以为功,冒膺恩荫,乞赐罢斥。”疏入,不报。

时瑾虽诛而张永用事,政仍在内,魏彬、马永成等擅窃威柄,阁部仍敛手而已。

61 庚辰,南京十三道御史张俅等劾奏:“刘瑾党除张綸、张龙等已处外,有南京鸿胪寺卿赵履祥、湖广参政尹灏、山西参议宁杲、原任荆州知府王绶,俱交结刘瑾,纳贿转迁者。”得旨,黜绶为民,余降调有差。

62 辛巳,斩张文冕于市,妻妾悉送浣衣局。

63 是月,礼部尚书白钺改内阁管诰敕,以礼部侍郎费宏为本部尚书。工部尚书毕亨坐瑾党改南京,复召李鐩代之。

64 国子祭酒王云凤请休致,不许,改南京右通政。

初,云凤为陕西提学副使,笞辱生徒,同于拷讯,有至死者,瑾闻而喜之;复以张綵荐,遂擢祭酒。及进谒瑾,瑾笑其多髭,云凤皇恐跪谢。后既上章请颁瑾新例,又欲请瑾临太学如唐鱼朝恩故事,士论鄙之。及是,为科道所劾,内不自安,乃有是请。然犹以平日虚名,终得免于罪云。

65 礼部请给还前大学士刘健、尚书许进、马文升原赐玉带衣物,内批已之。盖是时刘瑾虽败,中官之党犹憾健等未已也。

66 是秋,河复冲黄陵冈,入贾鲁河,泛溢横流,直抵丰、沛。御史林茂达,亦以北决安平镇为虞,而"请浚仪封、考城上流故道,引河南流以分其势,然后塞决口,筑故堤"。

工部侍郎崔岩,奉命修理黄河,浚祥符董盆口、荥泽孙家渡。又浚贾鲁河及亳州故河各数十里,且筑长垣诸县决口及曹县外堤梁靖决口。功未就而骤雨,堤溃。岩上疏言:"河势冲荡益甚,且流入王子河,亦河故道,若非上流多杀水势,决口恐难卒塞。莫若于曹、单、丰、沛增筑堤防,毋令北徙,庶可护漕,且请别命大臣知水利者共议。"于是上责岩治河无方,而以侍郎李镗代之。

镗言:"兰阳、仪封、考城故道淤塞,故河流俱入贾鲁河,经黄陵冈,至曹县,决梁靖、杨家二口。侍郎岩亦尝修浚,缘地高河淀,随浚随淤,水势不多而决口又难筑塞。今观梁靖以下,地势最卑,故众流奔注成河,直抵沛县。藉令其口筑成而容受全流无地,必致回激黄陵冈堤岸而运道妨矣。至河流故道,埋者不可复疏,请起大名三春柳至沛县飞云桥,筑堤三百余里,以障河北徙。"从之。【考异】据明史河渠志,河决在九月。实录系之十月者,盖奏报在先,修治在后也,今据志系之是秋。

67 冬,十月,己丑,斩刘二汉及刘瑾亲属十五人于市。

68 己亥,磔张綵尸于市。

綵初以交结刘瑾论死,遇赦当免,法司因改拟与瑾谋反,遂瘐死狱中。诏仍戮其尸,籍其家,妻子徙之海南。

方刘二汉临刑,曰:"吾固当死。第吾家所为,皆焦芳与张綵耳。我处极刑,綵下狱论死,而芳独宴然,岂非冤哉!"

瑾之败也,芳子黄中,坐党黜为民。久之,芳使黄中赍金宝遗权贵,上章求湔雪复官,为吏科所驳。于是吏部覆奏,"请械系黄中法司,以彰天讨",黄中狼狈遁走。芳居第宏丽。其后大盗赵鐩入泌阳,火之。发窖,多得其藏金,乃尽掘其先人冢墓,杂牛马骨焚之。求芳父子不得,取芳衣冠被庭树,拔剑斫其首,曰:"吾为天子诛此贼。"鐩后被获,临刑叹曰:"吾不能手刃焦芳父子以谢天下,死有余恨!"芳父子竟良死。【考异】张绿、焦芳事见明史本传。惟据实录,斩刘二汉等在己丑,磔绿尸在己亥,相距十日。而芳传谓二汉临刑有"我与绿俱处极刑"之语,三编则直云"我处极刑,绿剉尸"。其实绿之剉尸在二汉死后,而绿瘐死狱中,二汉又何从而知其处极刑耶?盖绿时已改拟谋反不赦之死罪,二汉知其必不免,故以焦芳之不预为冤。明史本纪但书戮张绿尸于己亥,而证之实录,在斩刘二汉后之十日。今但书"下狱论死"云云。

69 乙巳,霸州盗起。

初,畿辅多盗,驰马鸣箭,号曰"响马"。有司患之,募捕盗者,有霸州文安人刘六名宠、其弟刘七名宸应募。至,与其党杨虎、齐彦名等协捕,数有功。会刘瑾家人梁洪征贿于宠等不得,诬为盗,令捕之。宠急,乃投大盗张茂。

茂素招纳亡命,为逋逃主,家与太监张忠邻,结为兄弟,夤缘马永成、谷大用辈,出入豹房,侍上蹴踘,而乘间为盗如故。后数为河间参将袁彪所败,茂窘,求救于忠。忠置酒私第,招茂、彪东西坐;酒酣,举觞属彪,字茂曰:"彦实,吾弟也,自今毋相厄。"又举觞属茂曰:"袁公善尔,尔慎毋犯河间。"彪畏忠,唯唯而已。

既而茂为御史宁杲所禽斩,宠、宸等相率诣京师谋自

首。忠与永成为请于上，且曰："必献万金乃赦。"宠、宸无
以应，逃去。及瑾诛，有诏许自首，宠等乃出诣官。兵部奏
赦凡三十四人，令捕他盗自效。宠等惮要束，未几复叛。

70　庚戌，以水灾减浙江湖州、嘉兴、宁波三府夏税。

71　十一月，戊辰，谪曹雄戍海南。

雄以党刘瑾结婚，瑾败，降指挥佥事。寻言官交劾之，
逮系都察院狱论死，至是念其平置鏖功，赦之。

置鏖之平也，仇钺为首功，雄既至，则就禽已二日矣。
一时刘瑾以其功尽归之雄，人皆不服。然雄闻变即统兵压
境上，而贼之不得渡河者，雄遣史镛夺船之力为多，又令镛
潜通书于钺，俾从中举事。论者以为是役也，功虽成于钺，
而居外布置，贼不内顾，雄有劳焉。既以平贼功受上赏，不
自安，乃引咎自劾，推功诸将。故虽以党逆被劾，而宽政之
及，盖有由也。

72　是月，巡抚四川右副都御史林俊言："刘瑾谋逆未觉之
先，臣尝草一疏，俟贼平随上。幸天假手张永，先发其奸，
陛下神武英断，立决此狱，诚国家之大幸！然臣徐思之，昔
夙沙卫殿师、杨思勖平乱，前史书之，谓'政出阉寺，国为无
人。'今贼瑾谋逆，举朝文武无一人言之，独幸一内臣永也，
幸一永，伤文武之无人，亦以见陛下信文武臣之不如永也。
臣又闻近日大臣有缺，与二三内臣会推。夫百官统于冢
宰，九伐掌于司马，今吏、兵二部是也，使内臣应预，周制之
矣，我太祖稽古建官，又制之矣，弊端未可自今日始也。夫
为户部莫如韩文、许进，为内阁莫如刘健、林瀚、谢迁、王

鉴,方拨乱反正之始,而不引忠良端谨不可屈之人,治未可望也。伏望虑远慎微,时时以专任贼瑾之误为戒。循用先朝旧人,修复旧治,则圣政日清,盛业允昌矣。谨录前稿附进。"上以瑾已正典刑,俊乃不陈之于乱政之时而追论于既诛之后,有旨诘责。【考异】林俊此疏,明史本传不载,今据实录增。惟实录于俊有贬词,言"当瑾用事,出为巡抚,俊欲避祸以全身耳。及瑾既败,又觊保完名,故上此奏。然为计已拙,士类笑之"。予谓此亦必恶俊者为之词耳。史称"俊历事四朝,抗词敢谏。以礼进退,始终一节"。即以此奏而论,刘瑾虽败,张永、马永成之等复起,而俊仍指斥内臣不宜预吏、兵二部之柄,故奉旨诘责,亦必出自内批,未可以其追论刘瑾而疑之也。

73 十二月,乙酉,以霜灾,免山西浑源、蔚、朔等州、山阴、马邑等县秋粮。

74 己丑,四川贼破江津,佥事吴景、典史张俊死之。

先是蓝、廖、鄢三贼谋取荆、襄东下,巡抚林俊议遏通江,而廖惠已至,陷其城,杀参议黄瓒、佥事钱朝凤等。适官军自他郡还,贼疑援兵至,遁去。俊发土兵蹴之龙滩河,贼坠崖溺水死者无算,遂禽惠。蓝、鄢二贼奔陕西西乡,越汉中三十六盘,至大巴山,官军追及,复大破之。而泸州贼曹甫复纠众寇川南、綦江等县,大肆劫掠,杀照磨漆坚等,遂犯江津。俊闻乱,自率兵驰救,而廷瑞等因乘间招集散亡,势复炽。

75 是月,吏部尚书刘机、刑部尚书刘璟,皆以瑾党被劾致仕。

76 诏发太仓库银三十万两入宝藏库应用。户部尚书杨一清言:"太仓银专备三边军饷。弘治间,各边皆有积饷,

1446

自<u>刘瑾</u>括天下之财,敛之京师,半入公帑,半归私橐,故太仓虽稍有蓄积而四方库<u>藏</u>为之一空。即今<u>大同</u>边警,各省灾伤,乞省无益之费,为天下惜财。"诏以十万两送库。

77 是岁,下礼科给事中<u>陈鼎</u>于狱。

初,镇守<u>河南</u>中官<u>廖堂</u>,<u>福建</u>人,其弟<u>鹏</u>之子<u>铠</u>,冒中<u>河南</u>乡试籍,物议沸腾,畏<u>堂</u>不敢难。<u>鼎</u>上章发其事,遂除名,<u>堂</u>、<u>鹏</u>大恨。会<u>霸州</u>盗起,<u>鼎</u>陈弭盗机宜,<u>堂</u>属权幸摘其语激上怒,下诏狱掠治。坐前籍<u>平江伯</u>赀产,附<u>刘瑾</u>增估物价,疑有侵盗。尚书<u>杨一清</u>力救之,乃释为民。

78 方<u>刘瑾</u>之败也,刑部员外郎<u>夹江</u> <u>宿进</u>疏陈六事,言:"忤逆<u>瑾</u>死者,内臣如<u>王岳</u>、<u>范亨</u>,言官如<u>许天锡</u>、<u>周鑰</u>,并宜恤赠。又,附<u>瑾</u>大臣如兵部尚书<u>王敞</u>等及内侍余党俱宜斥。"疏入,上怒,将亲鞫之,命<u>张永</u>召阁臣<u>李东阳</u>。<u>东阳</u>语<u>永</u>曰:"后生狂妄。且日暮非见君时,幸少宽之。"<u>永</u>入少顷,执<u>进</u>至午门,杖五十,削籍归。未几卒。<u>嘉靖</u>初,赠光禄少卿。

79 <u>刘宇</u>、<u>曹元</u>既罢,<u>刘忠</u>、<u>梁储</u>入阁,政事一新,而内臣犹用事,导上嬉游如故。皇子未生,多居宿于外,又大兴<u>豹房</u>之役。阁臣<u>李东阳</u>忧之,累疏切谏,不报,连乞致仕,亦不许。

明通鉴卷四十四

江西永宁知县当涂 夏　燮 编辑

纪四十四　起重光协洽(辛未),尽玄黓涒滩(壬申),凡二年。
武宗毅皇帝

正德六年(辛未、一五一一)

1　春,正月,壬子朔,巡抚林俊大破泸州之贼于江津。

俊以蓝、鄢二贼未灭,遣人招谕曹甫,甫佯听命,而令其弟瑄劫掠如故。指挥李荫斩瑄首,贼遂移江津,分七营,将攻重庆。俊发酉阳、播州土兵助荫,遂以元旦掩破其四营,贼遁入民家,焚之,尽毙。乘胜捣老营,指挥汪洋中伏死。荫复进,去贼十五里而军,甫以数十骑突出,遇荫兵,败走。官军乘胜进围之,俘及焚死者二千有奇。【考异】纪事本末、宪章录俱系破江津贼于是年正月之朔,中有"元旦夜半"语,盖据奏报之文也。实录中载之二月,据其奏至之月日也。今据纪事,参明史俊传书之。

2　甲子,大祀南郊。

3　戊辰,林俊奏报吴景死事状,言:"贼至江津,御史俞缁避入重庆,委景及都指挥庞凤御之。凤要景与俱走,景不可,率典史张俊迎敌,手杀三贼,矢被面,亟收兵入保,而城已陷。乃大呼曰:'宁杀我,毋杀百姓。'贼强之跪,不屈,遂与俊俱死。"诏赠恤,赐祭葬,仍立祠江津祀之。【考异】吴景死事在去年十二月,实录所记正月,盖奏报之月日也。惟陷江津之贼,明史林俊传作"泸州贼曹甫",据实录则云"重庆人曹甫",附识于此。

　癸酉,四川贼陷营山,分巡佥事王源死之。

　　源行部川北,会蓝、鄢诸贼自大宁竹山转掠通、巴,至营山,源率典史邓俊御之。贼纵火焚门,源开门力战,遂与俊同遇害。

　　维时总制洪钟已至蜀,檄陕西、湖广、河南兵分道进剿。而林俊方破江津之贼,不遑顾,曹甫众溃遁,俊乃还兵与钟会。而钟与俊议不合,军机牵制,盗卒不戢。

　乙亥,以四川布政使高崇熙为右副都御史,巡视四川,会洪钟等讨贼。

　丁丑,南京御史周期雍、王佩奏:"前忤瑾建言诸臣牧相、任惠、贡安甫等,及以事获罪于瑾之赵士贤、李梦阳等,如其年力才识可用者,乞复其原职。"吏部覆以为请,从之。

　是月,改杨一清为吏部尚书,以孙交掌户部。又以南京兵尚何鉴为刑部尚书。

　以王守仁为吏部主事。

　　守仁以五年升庐陵知县,其年冬,闻瑾败,始入觐,授刑部主事,至是改吏部。又起李梦阳为江西提学副使。【考异】守仁升庐陵知县在五年,寻升刑部主事在五年十二月。证之文成年谱,其年冬入觐,改授刑部,是年复改吏部,今据之。

　二月,丙申,置鐇伏诛。锢其子孙五人于西内。

10 壬寅,巡视四川高崇熙,奏"播州杨友之乱,请抚之,责令立功赎罪"。

初,友编置保宁,与其弟爱不相能。诸苗构煽,挟友纠众攻播州,焚爱居第及公私廨宇略尽,爱屡奏于朝。至是四川盗炽,恐友乘衅而起,故崇熙以其与江津不同,因以抚请。兵部议:"友叛逆已著,若复柔之以德,虑诸蛮效尤。宜调土人及四川兵征之,俟其悔过归诚,抚之未晚。"从之。

11 停江西征派物料及烧造瓷器,以地方灾故也。

12 己酉,起左都御史陈金总制江西等处军务。

时乐平姚源峒贼汪澄二等攻安仁县,陷之。巡视御史王哲及镇守太监王嵩会兵讨之,不克,指挥秦勋、通判梁奎等死焉。而东乡贼王钰五、徐仰三等,瑞州贼罗光权、陈福一等及赣州大帽山之贼何积钦等方炽。廷议以"江西盗贼蜂起,官军屡失利,宜简大臣一人总制军事"。时金守制家居,遂起之,南直隶、浙江、福建、广东、湖广文武将吏,俱听节制。都指挥以下不用命者,得专刑戮。嵩等请调广西狼、土兵为助,金亦以属郡兵不足奏请,从之。尚书杨一清,复荐云南按察副使吴廷举、苏州同知李嘉言俱有才略,乃授为江西参政佥事,俾统领土兵佐金等平贼。

13 是月,召工部侍郎李镗还。

镗筑大名堤,工未竣,又请增筑陈桥集、铜瓦厢,设副使一人专理。会河南盗起,命姑已其不急者,乃召镗,而委其事于副使。堤役自此复罢。【考异】据明史河渠志,李镗召还在是月。今从之。

14 三月,甲寅,山东贼四十余骑,劫掠彰德府回龙驿,入延津,转封丘、长垣、东明、曹等县,百户张世禄死之。诏山东、河南、南北直隶巡抚、都御史防守要害。

15 丁巳,巡抚蓟州、都御史李贡等奏:"霸州刘六、刘七、齐彦名等流劫山东,杀毙京营指挥张英等六人。"诏"巡抚都御史萧翀会贡分督副总兵、守备统领官军,随贼所在讨之"。

16 戊辰,赐杨慎等进士及第、出身有差。——慎,大学士廷和子也。

17 庚午,小王子诸部入河套,寇掠沿边诸堡,巡抚延绥都御史黄珂会同镇、巡官击却之,斩首六十四级,获马九十三匹。捷闻,赐敕奖励。

18 命惠安伯张伟充总兵官,右都御史马中锡提督军务,率京营锐卒讨畿辅、山东、河南之贼。

先是刘六等既叛,复四出劫掠,部檄下有司缉捕。安肃知县获齐彦名,系之狱,六等率众劫去,旬日间号召至数千,畿南大震。

有赵风子鐩者,故文安诸生,闻刘六等之乱,挈家匿渚中。贼得之,驱之登陆,将污其妻女,鐩素骁健,有膂力,手格杀二贼。贼聚执之,遂入其党为渠魁。自是贼势益横,延蔓山东、河南界上,连攻滨州、临朐、临淄、昌乐、日照、蒲台、武城、阳信、曲阜等县及泰安州,皆破之。日照典史余清、巡官司福御之,皆被杀。尚书杨一清建言推用大将及文臣有才望者提督军务。遂有是命。

¹⁹ 丙子,太监张永传旨:"近来各处盗贼纵横,多因水旱,衣食维艰,有司不能振恤。遇朝廷下诏蠲免,视为具文,征解重复,以致小民冤抑无伸,流离失业,相诱为非,苟延性命,日复一日,实可矜怜! 其令都察院出榜分给<u>直隶</u>、<u>山东</u>、<u>河南</u>、<u>四川</u>、<u>江西</u>、<u>湖广</u>、<u>陕西</u>、<u>福建</u>、<u>两广</u>用兵地方,凡被寇之府州县,概免税粮一年。"

²⁰ 己卯,贼犯<u>信阳州</u>,指挥佥事<u>马振</u>等督兵城守。贼解去,追击至<u>湖广应山县</u>境,官军失利,振及<u>信阳卫</u>指挥陈镇皆死焉。诏参将宋振分兵千人,赴<u>河南</u>会守臣协剿。

²¹ 夏,四月,癸未,大学士刘忠致仕。

忠累疏乞休,不许,至是复以省墓为请,赐敕给驿归。

是年,<u>忠</u>典会试甫毕,上以试录文义多舛,召<u>李东阳</u>示之,<u>忠</u>知为中官所龁,遂有是请。抵家,再上章乞致仕,许之。【考异】据薛氏<u>宪章录</u>言忠致仕之由,谓"礼部费宏摘其会试录中疵谬语,粘贴文字旁,托中官入奏,<u>张永</u>进之于帝,遂有致仕之请"。<u>王弇州</u>史乘考误辨其必无此事。今按<u>明史忠传</u>,但言"<u>忠</u>为中官所龁"。三编目中并言"<u>张永</u>尝遣<u>廖鹏</u>谒<u>忠</u>,忠仆隶遇之,又却其馈,<u>永</u>大恨"云云,然则<u>忠</u>之以会录得谴,即<u>永</u>所构也。证之<u>实录</u>,但云"上摘其文字之疵",不言中官,亦无一语及<u>费宏</u>,是<u>宪章录</u>之不足信明矣。且据<u>实录</u>,<u>忠</u>省墓之请在会录未进之先,而以此谓为<u>宏</u>所构,是诬<u>宏</u>也。今第据<u>明史</u>书之,余详考证中。

²² 癸卯,总督漕运兼巡抚凤阳都御史<u>陶琰</u>等,奏"<u>淮安赣榆</u>等处盗贼蜂起,乞处置兵食"。下户部议,"请以运司盐课银十万两及截留本年钞关所入给之",因言"<u>淮</u>民造曲者岁糜麦数十万石,请权时禁之"。不许。

²³ <u>霸州</u>贼五六百骑,自<u>青城</u>过<u>寿光</u>,攻<u>潍县</u>,知县张志皋

先期遁去,防守指挥张陞、知事杜德铭死之。

24　五月,甲寅,四川盗蓝廷瑞,自盐亭县焚劫富村及柳边驿,杀百户贾雄,茂州知州汪凤朝与战,马蹶而死。盗遂攻破梓潼,掠蓬、剑二州,剑州判官罗明及其子介、义官王思政、郑廷禄等御之,不克,明父子骂贼死,思政、廷禄并遇害。诏赠恤死事者,而令洪钟会林俊合兵讨之。

25　庚申,以蝗灾,免陕西华州、渭南十一州县去年税粮。

26　己巳,河南盗由湖广应山县破云梦,掠黄州,官兵追败之,乃趋江西,掠星子县,都指挥赵钺败之于左蠡,复还湖广。

27　丙子,命太监张永会兵部尚书何鉴及科、道官各一员选京营军,南京太监黄伟会科、道官各一员选南京军,备讨贼也。

28　是月,以提督军务、右都御史马中锡为左都御史,右副都御史王鼎为右都御史。中锡俟贼平回掌院事。

　　兵部尚书王敞,坐瑾党乞致仕,改何鉴为兵部尚书。明年,始以刑部侍郎张子麟进尚书代鉴。

29　四川松潘之贼复起,有绰岭寺僧倡之,遂聚众焚红花屯,指挥胡宁与战,被执。复据黄土坡山,杀千户史宽。总制洪钟请改巡视都御史高崇熙提督松潘军务,兼理巡抚,从之。

30　六月,癸未,山西盗李华等起,逆瑾党亡命者多从之,众至千人,衣帜皆赤。与刘六等合,掠壶关县之赵村,大肆焚戮。沈王乞师,诏切责镇、巡官,令军、卫有司失事者,俱停俸带罪杀贼。【考异】明史本纪，是月山西盗起，证之实录、在是月癸未。诸书以其与刘六等合，不备载，今据实录增。

31 南京十三道御史周朝佐等上言三事：一重操江，谓"长江之险，武事日弛。若徐、凤之盗奔突而南，九江之盗顺流而东，何以备之？请敕操江都御史及总兵官，慎选久任之士卒，俾练习舟师"。一选官军，谓"南京操备军士，壮者占役私门，老弱滥充行伍，其把总管队官又皆非将材。乞令南京兵部会科、道官阅选，有例外多占军伍投充势要者，太监、总兵而下悉令指实劾奏"。一严守备，谓"南京城中盗出入自如，往岁有盗洪武门金兽环者，守卫之疏可知矣。乞令各城门守臣严加戒备，有私役卖放者，据实重处"。诏下所司依议行之。

32 己丑，江津贼曹甫余党方四等，以正月之败遁走綦江，旋流入贵州之思南、石阡等府，不受抚，与花水盗任俸舟合，聚众至二千人，号万人，势复振，官军与战不利。逾月，遂陷婺川、龙泉坪，焚乌江屯寨四十。巡抚湖广都御史陈镐奏调永顺、保靖土兵征之。

33 甲午，霸州贼杨虎等自河南至山西，由山西十八盘山还破武安县，毁临洺关，掠威、曲周、武城、清河、故城等县及景州东、西关，由淮镇店渡河，直入文安，与刘六等合。六、七等自湖广、江西仍由故道入长清、齐河等县，直抵霸州，所至纵横，如蹈无人之境。

时都指挥桑玉迎剿，与刘六、刘七遇于文安村中。六、七匿民家楼上，欲自刭，玉素受贼赂，故缓之。有顷，齐彦名持大刀杀伤官军数十人,直至楼下,大呼救兵至。六、七遂弯弓注矢出,射杀数人去。

守臣请益兵,诏署都督同知张俊充副总兵,率京营兵千人援之。

34 乙未,江西华林山盗陈福一等攻陷瑞州府,指挥、通判皆先期遁,诏陈金分兵捕之。

35 戊戌,巡抚陕西都御史蓝章奏请抚四川贼。

先是湖广永顺土兵败贼于陕西之石泉,蓝廷瑞遂走汉中,都指挥金冕围之,食竭力尽。时章统兵驻汉中,廷瑞遣其党何虎等诣章,乞还川就抚。章以廷瑞本川贼,恐急之必致死,陕且受患,遂令冕护之出境。至是以闻,兵部以为非策,且令总制、镇、巡官会议,便宜行之。【考异】明史纪事本末,蓝贼请抚在六月,与实录合,而所载六月十四、十五、十六日之事,皆误也。实录据蓝章奏至之日系之戊戌,而贼之请抚又在其前。今以为蓝贼约期出降,延至六月十四日始至信地,固已舛误,而至谓"十五日廷瑞结婚于永顺土舍彭世麟,冀得间逸去。世麟佯受之,密以白钟。钟授方略使图之,遂以十六日禽蓝、鄂等",此尤误也。钟等之禽二贼,事在八月,明史本纪及实录皆同。而实录记其请降以后之事,皆在七、八月间,则纪事之明著日分,必有脱误。所谓六月十五、十六等日者,恐即八月,误"八"为"六"耳。今据正史。

36 是月,起右副都御史周南巡抚南、赣、汀、漳等处。

先是守臣奏"其地四省接境,盗贼出没,宜仍设巡抚官以统治之",故有是命。【考异】明史周南本传言"巡抚之设自南始",误也。南赣设巡抚,始于弘治十年,见职官志中。后复裁之,至是又请设,实录所载甚明,今据之。

37 秋,七月,丁巳,贼陷枣强县,知县段豸死之。

先是贼薄城,豸率众捍御,斩贼二百余人,贼首一人。

贼怒，攻围益急。越三日，城陷，豸身中数矢一枪，犹瞋目奋呼曰："杀贼杀贼！"知不可为，乃赴水死。贼怒，杀其为首者，遂屠其城，死者四千八百余人，绝者五十余家。时参将宋振驻兵县东门，与贼对语，不发一矢，贼寻引去。

事闻，赠豸太仆少卿，录其子。科、道交劾振，诏令戴罪自赎。

38 壬申，刘六、刘七、杨虎等合犯文安，密迩近郊，京师戒严。癸酉，兵部尚书何鉴，以"盗贼纵横，非京营军所能制。延、绥二镇，游奇兵多，迩来边警稍缓，请调副总兵许泰、冯祯、游击将军郤永各领所部，泰、永千人，由居庸关至涿州，祯千五百人，由紫荆关至保定，听提督官调遣"。从之。——调边兵讨贼自此始。

是时又有贼二三千人，自称刘六，攻破南宫县，执知县孙承祖，毁县治，放狱囚，又掠宁晋皇庄。事闻，兵部请"停二县掌印巡捕官俸，责限灭贼，且许招募土兵，立功升赏，毋为贼用"，从之。

39 是日，太白昼见，逾月方止，凡十二日。

40 乙亥，盗攻江西临江府，破之。总制副都御史陈金，前请调两广土兵未至，诏复趣之。

41 八月，己卯，命兵部侍郎陆完兼右佥都御史，提督军务，统宣府、延绥及京营官军剿直隶、山东、河南之贼。

时马中锡师久无功，兵部尚书何鉴劾其玩寇，奏遣完代之，故有是命。

42 总制都御史洪钟、巡抚四川都御史林俊，禽斩四川盗首<u>蓝廷瑞</u>、<u>鄢本恕</u>及其党二十八人。

初,<u>廷瑞</u>等倡乱<u>蜀</u>中,二三年间乌合十余万人,僭号称王,置四十八营,攻城杀长吏,流毒三省,<u>俊</u>及<u>钟</u>连年征讨,不克。及贼为<u>湖南</u>土兵所败,走<u>汉中</u>求抚,巡抚<u>蓝章</u>遣人护之还<u>蜀</u>,<u>钟</u>传令至<u>东乡</u>听抚。而贼意在缓师,迁延累月,依山结营,要求营<u>山县</u>或<u>临江市</u>屯其众,要官为质,<u>钟</u>令<u>汉中</u>通判<u>罗贤</u>入其营,<u>本恕</u>来谒。约既定,会官军有杀其樵采者,贼复疑惧,遂杀<u>贤</u>,剽如故,欲乘间脱走,官军为七垒守之,不得逸。<u>廷瑞</u>乃以所掠子女诈为己女,结婚于<u>永顺</u>土舍<u>彭世麟</u>,<u>世麟</u>佯诺之,密白<u>钟</u>,<u>钟</u>授方略使图之。及期,<u>廷瑞</u>、<u>本恕</u>暨其党<u>王金珠</u>等二十八人皆来会,伏发,悉就禽,惟<u>廖麻子</u>得脱。其众闻变,惊溃渡河,<u>钟</u>遣兵追击,俘斩七百余人。

于是<u>钟</u>、<u>俊</u>及<u>蓝章</u>各以捷闻,得旨升赏,赐敕奖励。【考异】禽斩<u>蓝</u>、<u>鄢</u>二贼,<u>明史本纪</u>系之八月己卯,<u>实录</u>同。是月戊寅朔,己卯乃八月二日也。<u>纪事本末</u>以为六月十五、六等日者,不特月分相差,即干支亦全不合,今悉据本传。

43 甲申,<u>陆完</u>出师至<u>涿州</u>,忽报贼犯<u>固安</u>。上召<u>李东阳</u>、<u>杨廷和</u>、<u>梁储</u>至<u>左顺门</u>,问曰:"贼在东,师乃西出,恐缓不及事。宜令兵部追还<u>陆完</u>使东出。"<u>东阳</u>等曰:"甚当。但恐官军在北,贼若南奔,益不可制。"上曰:"<u>张俊</u>等皆在南,料亦无害。"<u>东阳</u>复奏曰:"愿朝廷赏罚严明,诸将效力,必有成功。"上颔之。

44 丙戌,召总兵官<u>张伟</u>、都御史<u>马中锡</u>还。

<u>中锡</u>书生,不习兵事,<u>伟</u>亦纨绔子,见贼强诸将怯,度

不能破贼，乃议招抚，谓"盗本良民，由中官贪黩所激。若推诚待之，可不战降"。遂下令："贼所在勿捐，过勿邀击，饥渴则食饮之。降者待以不死。"贼闻，欲就抚，相戒毋焚掠，犹豫未定。

寻朝议调宣府、延绥兵，中锡欲战则兵未集，欲抚则贼时反覆，终不得要领，既建议主抚，不能变。会刘六等闻边兵且至，退屯德州桑园，中锡舆入其营，开诚予之酒食，慰谕之。众拜且泣，送马为寿，六慷慨请降。七乃仰天咨嗟曰："骑虎不得下。今奄臣柄国，人所知也，马都堂能自主乎？"遂罢会。

而是时，方诏悬赏格购贼，六等侦知之，益疑惧，径去，焚掠如故，独至故城，戒"毋犯马都堂家"。

由是中锡谤大起，谓其以家故纵贼，言官交劾之，下诏切责。中锡犹坚持其说以请，兵部尚书何鉴，谓"贼诚解甲则贳死，即不然，毋为所诳"。既而六等终不降，乃遣陆完代之。

45 乙巳，下都御史马中锡、惠安伯张伟于狱，以六科、十三道先后劾之也。下法司鞫问，皆论死。中锡死狱中，伟革爵。

初，中锡受命讨贼，大学士杨一清曰："彼文士耳，不足任也。"竟无功。【考异】明史恩泽表，伟无革爵事，以嘉靖十四年卒，赠太师，谥康靖，或以外戚故，旋革旋复耳。实录亦云"革太保禄米，闲住"。今据明史中锡传书之。

46 九月，己酉，流贼杨虎等二千余人攻沧州，夺船为浮桥，列兵围之数重。知州张奇、盐运使杨遂等分城守御，焚其桥,围三日不克。会浙江解兵器至,以弓弩药矢焚贼攻城梯具,刘六、刘七中流矢走。

先是六等倡乱,官兵望风先遁,至是副总兵许泰、游击将军郤永等兵出霸州、平口迎战,斩数百人,贼始惧,南奔。于是天津指挥贺勇等遏之于信安镇,又败之。泰复追击于东光半壁店,禽斩二百七十余人,永再破之景州鉴桥集。未几,冯祯破之于阜城,郤永破之于枣强,永又会泰败之于三老集及薛官屯,皆杨虎党也。余贼东奔,皆从刘六,于是势复炽。

47 庚申,四川贼蓝、鄢余党复自陕西汉中流入宁羌州、沔县等处,遂及略阳、徽州、成县,皆破之。指挥王韶,屯沔不敢出,徽州知州、成县知县皆不战而遁,略阳、扶风知县败而遁,千户侯爵、百户瓦刓、舍人郭玘等皆死焉。

先是任扶风知县者为孙玺,巡抚蓝章以略阳为汉中要地,旧无城,檄玺往城之。工未竣,贼至,县令严顺欲遁,玺拔刀斫坐几曰:“欲去者视此。”乃率僚属坚守数日,城陷,玺被执,大骂不屈,贼脔杀之。

顺遁去,诬玺俱逃,溺于江,以他人尸敛。玺子绍相讼于朝,称其父“拒守凡五日,力屈而死,盗投之江中”。下巡按核实,如绍相言,逾年,方赐赠恤。【考异】事见明史忠义传,在是年,今汇记于扶风、略阳被陷之下。

48 癸亥,命都指挥张勇充副总兵官,赴江西剿贼。

先是陈金以两广土兵将至,议调参将金堂及勇统之。至是以两广多贼,堂分守浔、梧不可去,乃以勇统兵,别设把总二人。

49 丙寅，陆完请益兵，诏再调宣府及辽东兵给之。

50 己巳，广东流贼三千余人，入江西永丰县，此吉安府所属县。知县朱琏逃云，遂破乐安、新淦，参政赵士贤及知县皆被执。士贤吏走临江，索银赎之。仍敕陈金趣调两广土兵分道剿捕。

51 是月，四川贼方四等复攻江津，林俊督酉阳、播州、石砫等兵分三道击破之。寻遣人招抚，不从。翌日，副使李铖分兵为六哨，四面蹙之，破其中坚，禽贼首任胡子等。贼大败，追杀三十余里，斩首一千八百余级，生禽方四妻妾。未几，贼见官兵少，还击，杀千户田宣、冉廷质等，方四妻妾复逸去，遂率余贼二千余人遁入思南境内。

52 冬，十月，癸未，流贼入山东长山县，典史李暹与战，杀数十人，中流矢卒。

53 甲申，贼刘六等攻济宁州，不克，焚粮艘千二百有奇。陆完遣张俊往援，运船不及，遂与漕运总兵镇远侯顾仕隆、都御史张缙及济宁州卫官俱被劾，诏俱停俸带罪自赎。

54 丙戌，刘六寇曹州屯、裴子岩，冯祯、邰永等迎战，斩首三百余级。又追至集北，禽斩千八百余人，又获贼首朱千户。余党遂遁。

55 丁酉，小王子犯陕百山丹境，都指挥张鹏击却之。寻犯甘州，副总兵白琮与战于黑柴沟，斩首百六十三级，获马驼牛骡甚众。赐敕奖励。

56 戊戌，贼方四等四千余人，自贵州石阡逾马脑关，复入四川綦江县,陷之,百户柳芳、义官曹腾皆战没。巡抚林俊奏调总兵杨弘、都御史高崇熙会剿,从之。

57 是月,太监张永奉敕拣选团营官军,得十二万三千七百有奇。永请于将台下精选六十万为正兵,又每营各选三千为奇兵,共四万二千人,随时操练以备调遣。

58 提督军务、侍郎陆完奏:"贼千余人自宿迁渡河,攻虹县,去凤阳皇陵不远,而贼刘六等在沂、莒间,京边兵少,不能两援。请敕河南都御史邓璋、直隶都御史张缙会兵防御,南直隶京操班军亦宜留守。"(诸)〔诏〕从之,仍令完度贼势缓急,别议调军。

59 十一月,庚戌,命太监谷大用提督军务,伏羌伯毛锐充总兵官,统领京军五千人会陆完讨贼。时完奏边兵屡捷,大用谓贼可即平,故谋督军以出,冀亦如宁夏论功也。【考异】谷大用、毛锐领京军,明史本纪所载月日,与实录合。明史纪事本末系之八月,误也,宪章录系之十月亦非,今据本纪、实录。至大用之出,诸书皆以此事非书生所能办。惟实录谓"完讨贼屡捷,大用等亦欲如宁夏论功,故有是请"。此得其实,今据之。

60 丙辰,命户部侍郎丛兰振济南直隶及河南,南京户部侍郎王琼振济北直隶及山东。

时各省灾祲、被寇,给事中张润等奏请发帑分振。户部覆奏:"四川、江西等处,令巡抚督有司振之,南北直隶、山东、河南特遣二人。"遂有是命。

兰奉使未至,而河北贼自宿迁渡河,将逼凤阳,乃命兰以本官巡视庐、凤、滁、和,兼理振事。

61 巡抚四川、右都御史林俊致仕。

俊在军,与总制洪钟议多左,而中贵子弟欲冒军功者辄为所格。御史俞缁走避贼,而金事吴景战没,缁惭,欲委罪于俊,遂劾"俊累报首功,贼终不灭。加以凿井毁寺,逐僧徒,迫为贼"。于是俊前后被切责。

会蓝、鄢二贼就禽,方四屡败,俊辞加秩及赏,乞以旧职归田,诏不许辞秩,仍听致仕,言官交请留,不报。俊归,士民号哭追送。【考异】事见明史俊传,特书云"时正德六年十一月也"。证之实录,在十一月丙辰。宪章录系之八月,乃平蓝、鄢二贼之月,俊之加秩盖在其后,纪事本末系之九月,亦误也。今据本传及实录。

62　戊午,京师地震,保定、河间二府、蓟州及畿南八县、三卫同日震,皆有声如雷,动摇居民房屋。霸州尤甚,三日中十有九震。又山东武定州亦同日震。【考异】明史五行志但言"八县、三卫"。证之实录,八县则良乡、房山、固安、东安、宝坻、永清、文安、大城也,三卫则万全、怀来、隆庆也。"十九次",实录作"十次"。又,志言"山东武定州亦同日震",盖实录所书,旨畿辅也。今仍据明史志书之。

63　辛酉,诏百官修省。

64　乙亥,命用兵所在瘗暴骸。

65　十二月,丁丑,小王子犯宣府龙门所,守备赵瑛、都指挥王继死之。

66　己丑,以旱灾,免浙江长兴、天台等六县暨昌国卫税粮。

67　癸巳,以礼部尚书费宏兼文渊阁大学士,预机务。

是秋,宏自侍郎进尚书。上耽于逸乐,早朝日讲俱罢,宏上疏切谏,报闻而已。及是刘忠致仕,遂以宏代。

宏既入阁,以礼部侍郎傅珪为本部尚书。寻进杨一清少保兼太子太保。一清固辞，不许。

68　甲午，黄河清，自清河口至柳铺九十余里，自是至丙申凡三日。

69　辛丑，四川贼麻六儿等自陕复入川劫掠，兵备副使冯杰，率兵追击于苍溪县之铁山关，败绩，死之。【考异】冯杰战没于铁山关，据实录在是年十二月辛丑，又系之于七年正月癸亥，盖因奏报至而复记也。今据实录六年月日。

70　是月，以总理河道、右副都御史张凤巡抚山东，仍兼河道右副都御史。彭泽巡抚直隶保定等府。

71　以旱雹灾，免陕西庆阳、西安等府税粮。

72　是冬，谷大用等出师，见贼势方炽，驻临清不敢进。

刘六尚在山东，而杨虎陷宿迁，执淮安知府刘祥，灵璧知县陈伯安，连陷虹、永城、虞城、夏邑及归德州。边兵追及，贼退至小黄河口，百户夏时设伏蹴之，虎溺死。余贼奔河南，复推刘三名惠者为首，大败副总兵白玉军，攻陷沈丘，县丞杜斌死之，杀都指挥王保，执都指挥潘翀，射杀河南布政司经历任杰，北陷鹿邑。

有党陈翰者，与宁龙谋奉惠为奉天征讨大元帅，赵鐩副之，翰自为侍谋军国元帅府长史，与龙立东西二厂治事。分其军为二十八营以应列宿，各置都督，聚众至十三万，欲歧出以牵制官军。于是惠、鐩扰河南，刘六兄弟及齐彦名等扰山东，党分为二。已而刘六复转而北，郤永败之潍县，还走霸州。

会上以明年正月有事南郊，旧制以十二月朔省牲，于是贼谋以是日乘间犯驾。尚书何鉴奏闻，亟召陆完赴援，即夜严设守备,厥明,鉴<u>责</u>上早出安人心,遂成礼退。贼知有备,西掠<u>保定</u>诸州县以去,<u>完</u>击破之<u>文安</u>。贼南至<u>汤阴</u>,<u>完</u>又督诸将追败之,先后俘斩千人。

73 <u>刘七</u>之入<u>山东</u>也,所过州县率闭城守,或弃城遁,或遗之刍粟弓马,乞贼勿攻,先后破者九十余城。

惟<u>乐陵</u>知县<u>许逵</u>,慨然为战守计。县初无城,督民版筑,不逾月城成。令民厱外筑墙,墙高逾檐,启圭窦才容人,家选一壮者,执刃伺窦内。余皆入队伍,日视旗为号,违者军法从事。又募死士伏巷中,洞开城门。贼果至,旗举伏发,窦中人皆出,贼大惊扰,斩获无遗。后数犯,数却之,遂相戒不敢近。事闻,进秩二等。

同时知县能抗贼者,<u>益都</u>则<u>牛鸾</u>,<u>郯城</u>则<u>唐龙</u>,<u>汶上</u>则<u>左经</u>,<u>浚县</u>则<u>陈滞</u>,然所当贼少。而<u>逵</u>屡御大贼有功,遂与<u>鸾</u>俱超擢兵备佥事。

其抗节不屈而死者,则<u>登州</u>通判<u>邵章</u>,<u>莱阳</u>县丞<u>陈韬</u>,<u>莱芜</u>知县<u>熊骢</u>、主簿<u>韩瑭</u>也。【考异】<u>熊骢</u>、<u>韩瑭</u>,见<u>明史忠义传</u>。据实录:"七年正月赠<u>登州府</u>通判<u>邵章</u>为知府,<u>莱阳</u>县丞<u>陈韬</u>为州判,各赐祭一坛。"二人当亦在是年死事之列,并据增。

74 贼之扰<u>河南</u>也,<u>上蔡</u>知县<u>霍恩</u>与典史<u>梁逵</u>共守。贼至,<u>恩</u>语妻<u>刘</u>曰:"脱有急,汝若何?"<u>刘</u>誓同死。乃筑台廨后,约曰:"见我下城,即贼入矣。"及城陷,<u>恩</u>拔刀下城,<u>刘</u>台上见之即缢,未绝,以簪刺心死。<u>恩</u>被执,贼胁之跪,骂曰:"吾此膝岂为贼屈乎!"贼日杀人以慑之,骂益厉。贼以刀抉其口,支解之。<u>逵</u>自缢死。

<u>西平</u>知县<u>王佐</u>,闻贼至,练民兵为守具,拒贼于城上,

手杀数十人，矢毙其渠帅。贼忿，急攻三日，<u>佐</u>力竭被执，骂不绝口。贼悬诸竿，杀而支解之。县丞<u>毛绣</u>亦遇害。

叶县知县<u>唐天恩</u>，贼至，与其父<u>政</u>等七人俱死。

<u>永城</u>知县<u>王鼎</u>，城陷，系印于肘端，坐待贼，不屈死。

<u>裕州</u>同知<u>郁采</u>，与都指挥<u>詹济</u>、乡官<u>任贤</u>共坚守，斩获多。城陷，被执，<u>采</u>骂不辍，贼碎其辅颊而死。<u>济</u>亦不屈死。<u>贤</u>尝为御史，方里居，招邑子三千人拒守，骂贼死。一家死者十三人。

<u>西华</u>知县<u>李景</u>拒贼死。教谕<u>孔环</u>，自<u>来安</u>知县为<u>刘瑾</u>党所陷，左迁是职。贼陷<u>西华</u>，<u>环</u>被执。贼曰："呼我王即释。"<u>环</u>厉声曰："我恨不得碎汝万段，肯媚汝求活耶！"遂被杀。

<u>固始</u>丞<u>曾基</u>被执，使驭马，不从，遇害。

<u>夏邑</u>丞<u>安宣</u>，方之官，闻贼至，或劝勿往。<u>宣</u>兼程进，抵任七日，贼大至，拒守有功。城陷，死之。

<u>息县</u>主簿<u>邢祥</u>，已致仕，城陷，骂贼死。

时又有盐运使同知<u>徐天英</u>、封御史<u>朱纪</u>，皆以守城被害。又，阵亡指挥<u>景瑞</u>等三十三人，皆不得其月日。

其贼扰<u>南畿</u>，抗节而死者，则<u>灵璧</u>主簿<u>蒋贤</u>、指挥同知<u>梁文</u>也。【考异】此所载死事诸人，皆是年<u>河南</u>、<u>山东</u>被扰前后事，并据<u>明史</u><u>忠义传</u>。又，<u>西华</u>知县<u>李景</u>及<u>徐天英</u>以下三人，皆据三编补入。

七年(壬申、一五一二)

1 春，正月，甲寅，贼复犯<u>霸州</u>，京师戒严。

兵部尚书何鉴，"请敕陆完及谷大用、毛锐还御近畿；其分扰山东之贼，责之边将许泰、邵永、刘晖、李鋐；河南之贼，责之边将冯顺、时源、神周、金辅"。——周，英子也。

2 丁巳，贼入大城县，知县张汝舟与主簿李铨迎战不克，皆死之，汝舟子箓与故典史张俊之子信、生员杨思恭、医士孙堂同遇害。诏分别赐赠恤。【考异】据明史本纪及忠义传，惟载主簿李铨与汝舟同战死，其汝舟子箓以下四人，皆据实录增。

3 己未，大祀南郊。

是时贼方败于汤阴，北走交河，遣京师团营分布近畿，又调辽东兵至。届期，成礼而还。

4 癸亥，贼自安肃博野攻蠡县，遂至临城。主簿张俊率兵拒之，斩其酋一人，遂遇害。诏从重褒恤。【考异】张俊死事，明史不载，此亦据实录增。此与大城典史之张俊，似非一人，盖姓名偶同耳。

5 是月，兵部奏议平贼赏格："各官军能用命禽斩贼三名，赏加一级。获贼首一人者，授世袭正千户，赏银千两。其将领亦升三级，赏如之。有能禽灭刘六、杨虎之等者，如宁夏例，待以封爵，无所吝。"报可。

是时贼党虽众，多胁从者，其精锐不过千余人。自兵部首功令下，官军追贼，贼辄驱良民当之，急则弃所掠逸去。官兵所杀皆良民，故捷书屡奏而贼势不衰。

6 伏羌伯毛锐剿近畿之贼，会贼自临城出，遇于长垣，锐与战大败，谷大用拥众观望不敢进。锐率师至真定，复大败，身被伤，失将印，会许泰援兵至，锐仅以身免。言官交章劾，乃与谷大用并召还。【考异】事见明史毛忠传，特书于是年之正月，而实录不载。诸书亦系之正月，今从之。

7 二月，丁丑，以咸宁伯仇钺为平贼将军，偕副都御史彭泽提督军务，讨河南贼，太监陆訚监军。

时河南贼刘惠、赵鐩等连破州县，亲王、守臣告急日至，乃以命钺。兵部会议，"请以文臣一人提督讨贼事"。泽方擢右副都御史，巡抚保定，未行，复有是命。泽陈便宜十一事，"厚赏峻罚以激劝将吏"，从之。

8 己卯，贼陷利津。

9 山东贼犯莱州界，指挥佥事蔡显率兵御之，不克，与其三子淇、英、顺同力战死，舍人刘勋、刘仲、武臣等皆殉焉。诏赠显父子官，恤其家。【考异】事见明史忠义传。惟据实录，有舍人刘勋以下三人，今据增。

10 丙申，副总兵时源败河南之贼于阳武，斩首三百七十余级。

11 是月，四川贼方四等复入川南，陈金以两广土兵至，先议剿东乡之贼，遣参议徐蕃等分屯要害。

12 三月，丙午朔，巡按山东、御史张璇言："山东生民，被害已极。贼之自北而东也，则由乐陵、海丰、寿光、安丘以入青州，其自南而西也，则由莒、沂、滕、峄以趋东、兖，纵横荼毒。朝廷命将出师，宵旰不遑，而渠魁未歼，徒党愈炽，一月而两趋霸州，震动畿辅者，其害有三：一曰蠲征无实。今贼徒被胁自首者，得免粮税三年，而疮夷沟壑之民，迫于官司以办公家之税，不早停免，是为盗驱民也。一曰冗兵太多。今奏带将士，皆膏粱游子，未经战阵，遇贼辄藉边兵以自卫，而边兵有功，辄怙势而夺之，何以服人心而一军令？一曰事权不一。今总督、提督，互相是非，发谋命将，经宿而后定，故机事泄而功不成。"其言皆切中时弊，诏"下所司议行"。

13 己未，贼陷砀山、萧、睢宁等县，睢宁主簿金声、丘绅，义士朱用之，皆力战死之。

14 辛未，副总兵时源败绩于河南，都督佥事冯祯死之。

先是刘惠、赵鐩连陷河南州县，驻师西平。会诏仇钺、彭泽出师，又以河南之贼专责之祯、源等，于是祯、源会参将神周、金辅败惠、鐩于西平。贼奔入城，官军塞其门，乘夜焚死千余人，斩馘甚众，余贼溃而西。

时仇钺、彭泽等尚未至，巡抚邓璋等以为贼不足患，朝崇王于汝宁，宴饮连日。贼招散亡，陷鄢陵、荥阳、氾水、巩，遂围河南府三日，诸军始集。

贼屯洛南，觇官军饥疲，迎战，右哨金辅，不敢渡洛。祯及源、周方阵，而后哨参将姚信所部京军，先驰失利，遽遁还，阵乱，贼乘之，祯下马殊死战，援绝，死焉。由是贼势复张。

祯殉难之地，明年是日，风霾大作，又明年，亦如之，敕有司建祠，岁以死日致祭。

15 夏，四月，丙子，太监谷大用奏请升赏陆完、许泰等。下兵部议，以"四方盗贼蜂起，虽捷书屡奏而贼首未禽。宜通俟功成之日，奏请定夺。其有功者，且令纪功官勘实以闻"。于是仅赐大用敕奖励。时大用召还，惭于无功，故有此奏。

16 甲申，以水灾，免淮安府税粮十六万石。

17 戊子，振畿内、山东饥。又发通州、天津、德州、临清四仓米二十万石，遣侍郎王琼会各巡抚官振之。

18 是月，副都御史彭泽至军，引见诸将校，责以畏缩当死。诸将校股栗伏罪，久乃释之，遂下令鼓行薄贼。

是时贼闻泽至，乘夜奔汝州，官军扼之于要害。贼乃走宝丰，复由舞阳、遂平转掠汝州东南，败奔固始，屯朱皋镇。

19 五月，丙午，刘六等自山东败于滕、峄，乃奔东莱。总制陆完，师次平度州，令游击邵永、参将温恭等迎剿，副总兵许泰军莱阳策应，败贼于古城集东。复令指挥傅镗、张椿夹攻其左右，贼大败，山东遂平。

是时贼分为二：一西走，骑兵追及之于淮河，易服而遁。一复北走霸州，犯香河、宝坻、玉田等县，杀参将王杲于武清，畿辅复震。而贼复转南至冠县，副总兵刘晖连败之，遂奔邳州。

20 戊申，湖广永顺宣慰使彭明辅及都指挥曹鹏等败河南之贼于朱皋镇。贼仓猝渡河，溺死者二千人，斩首八十余级，余众悉走光山。

21 甲寅，陈金剿东乡之贼，令副总兵张勇、土官岑猛等并进，连败之于赤岸、荫岭等处，禽徐仰三，馘王钰五等，克栅二百六十五，斩首万一千六百余级，俘七百五十余人。抚州遂平，移师姚源。【考异】明史本纪系平东乡贼于是月，陈金传则书二月，盖以二月进兵，五月始平，故传记移师姚源于五月，是抚州之平在五月也。

今分书之。

22　丁巳，巡抚南赣、都御史周南讨赣州大帽山贼，平之。

先是南之任，征集江西、福建、广东三省兵，督副使杨璋、佥事凌相、指挥孙堂、义民林富等分道进剿，江西总制陈金亦遣兵来助。至是江西兵自安远入，克其寨七，广东兵自程乡入，亦克七寨，福建兵自武平入，克其寨八，禽斩贼渠何积钦、刘隆、李四子、张时旺等，先后斩获五千人，遂平赣州。南乃移师会金讨贼于抚州。【考异】诸书皆系平大帽山贼于正月，而三编目中则云平东乡之前一日，是四月也。明书本纪据实录，而实录多据奏报之月日。且抚州贼平在前，而此言周南移师会(订)〔讨〕抚州之贼，是平大帽山之贼又当在前，三编所记，未为误也。今仍据实录书之，而附识于此。

23　丙寅，盗杀总督南京粮储都御史马炳然于武昌江中。

时刘七等五百余人自邳州南渡，抵固始，闻刘六等败于河南，遂走湖广，由团风镇夺船十三艘，溯流至夏口。炳然自蜀携家赴南京，道遇贼诈称胥吏来迎，遂登舟，杀炳然，投之于江，其妾吴氏亦自沉死。

已，贼焚劫汉口，指挥满弼等追及之，禽斩六十余人。其一中箭溺水死，获其尸，即刘六及其子仲淮也。

24　闰月，戊寅，山东余贼陷潍县。

时杨虎已死，其妻崔氏曰"杨寡妇"者，率千骑犯境，指挥乔刚御之，贼少却。佥事许逵复追败之于高苑，令指挥张勋邀之于沧州米家屯，凡俘斩二百七十余人。【考异】明史纪事本末作陷利津，今据实录，系潍县，从之。

25　己卯，获四川贼方四，磔于市。

四破綦江,佥事马昊率土兵败之,奔婺川,复劫梁山县。与曹甫不协相攻,众遂散。四变姓名,潜逃开县,义官李清获之,遂伏诛。

四之略梁山也,时梁山主簿时植摄县事,贼至,拒却之,斩获数十级。逾月复至,相拒数日,城陷。贼说之降,不屈,胁取其印,不予。大骂,被杀。妻贾,闻变即自缢,女九岁,赴火死。诏赠植,表其妻女曰贞烈。

26 方四之乱,士民之冒死杀贼者,有梁山诸生赵趣,同友人黄甲、李凤、何璟、萧锐、徐宣、杨茂宽、赵采,誓死拒守,城陷皆死。都御史林俊嘉其义,立祠祀之。

又有徐敬之者,亦梁山人,众推为部长,以拒贼陷阵死。

雷应通,嘉州人,与贼战于百丈关,父子七人倡义死战,被执,俱慷慨就杀。

袁璋,江南人,素以勇侠闻。林俊委剿贼,所在有功,后为贼执。其子袭挺身救之,连杀七贼,亦被执俱死。袭死三日,两目犹瞪视其父。俊表其门曰"父子忠烈"。

27 甲申,咸宁伯仇钺追击河南之贼于光山,遣诸将神周、姚信、时源、金辅左右夹击,大败之,斩首千四百有奇。盗众溃,奔六安。

28 己丑,北部伊毕喇伊木等寇甘肃,指挥王杲等击却之。

29 壬辰,仇钺、彭泽等讨河南贼,平之。

先是贼败于光山,会湖广军亦败其别部贾勉儿于罗田,贼沿途溃散,自六安陷舒城,复还光山。至商城,官军追之急,贼复南攻六安,将陷,时源等涉河进,败之七里冈。

贼趋庐州,至定远西,又败。还至六安,分其众为二,刘惠与赵鐩二弟鐇、镐,率万余人北走商城。而鐩道遇其徒张通及杨虎遗党数千人,势复振,掠凤阳,陷泗、宿、睢宁、定远。

于是泽与钺计,使神周追鐩,时源、金辅追惠,姚信追勉儿。勉儿复与鐩合,信连败之宿州,追奔至应山,其众略尽。鐩剃发怀度牒,潜至江夏,饭村店,军士赵成执送京师,伏诛。辅追刘惠,连戕皆捷。惠窘,走南召,指挥王谨追及于土地岭,射中惠左目,自缢死。勉儿亦为都指挥夏广所败,获之项城。余党皆先后被禽。凡出师四月而河南贼悉平。

30 赵鐩之起也,稍有智计,定为部伍,劝其党无妄杀。移檄府县,约官吏师儒毋亟避,迎者安堵,由是以"风子"名,横行中原,势出刘六等上。尝攻钧州五日,以马文升家在州中,舍之去。

有司遣人赍招抚榜至,鐩具疏附奏,言:"今权奸在朝,舞弄神器,浊乱海内,诛戮谏臣,屏弃元老。举动若此,未有不亡国者。乞陛下睿谋独断,枭群奸之首以谢天下,即枭臣之首以谢群奸。"盖其桀黠如此。【考异】河南贼平,明史本纪系之是月甲申,据实录。赵鐩之入钧州,诸书或系之去年之冬,或系之今年之春,盖与入泌阳焦芳家皆同时事。而明史仇钺传,谓"鐩攻钧州,以马文升方家居,舍之去"。此沿野史之误也。野史皆云马文升卒于七年,正赵鐩入钧州,传闻以为是时文升尚在。不知文升卒于五年六月,霸州盗起于十月,故王弇州考定国史以纠皇明通纪、冠章录诸书之误。明史马文升传亦记其卒于

1473

五年，是与<u>仇钺</u>传中"<u>文升</u>方家居"之说自相矛盾，盖沿野史书之，未及更正耳。今但云"<u>文升</u>家在<u>钧州</u>"，为得其实。

31 六月，癸卯，<u>四川</u>贼<u>方四</u>余党奔<u>宁羌</u>，遂犯<u>沔县</u>，官兵击败之。追至<u>老马山</u>，贼与<u>苗</u>、<u>蛮</u>合，千户<u>黄虎</u>死之。

32 丁巳，<u>刘七</u>等自<u>武昌</u>、<u>黄州</u>下<u>九江</u>，经<u>安庆</u>、<u>太平</u>、<u>仪真</u>以达<u>镇江</u>，所过残掠。<u>南京</u>守臣奏乞增兵防御，廷议："<u>镇江</u>四达之地，东南抵<u>浙江</u>，西北抵<u>山东</u>，逆流而上抵<u>湖广</u>，沿江而下则滨海傍<u>江</u>，均宜防守。请敕<u>彭泽</u>、<u>仇钺</u>统兵自<u>湖广</u>而下，驻<u>南京</u>以东，<u>陆完</u>自<u>山东</u>、<u>淮</u>、<u>扬</u>而南，驻<u>苏</u>、<u>常</u>、<u>浙江</u>便地，督操<u>江</u>坐营、镇、巡及备倭、巡海、兵备三司府卫等官，水陆巡防，分守要害，以防穷寇北溃。"从之。

33 壬戌，黑眚见。初自<u>河间</u>、<u>顺德</u>二府及<u>涿州</u>夜出伤人，有至死者；寻见于京师，形兼赤黑，大者如犬，小者如猫，若风行有声。居民夜持刁斗相警，达旦不敢寝。逾月乃息。后又见于<u>河南封丘县</u>。

34 乙丑，户部侍郎<u>王琼</u>奉命振<u>北直隶</u>、<u>山东</u>被寇者。

时<u>顺天</u>、<u>河间</u>、<u>保定</u>、<u>真定</u>、<u>大名</u>、<u>广平</u>六府及<u>山东济南</u>、<u>青</u>、<u>兖</u>、<u>登</u>、<u>莱</u>、<u>东昌</u>，被贼杀毙男妇六万五千有奇，阵亡官军民快人等一千五百有奇。诏俱恤其家。

35 丁卯，<u>南京</u>御史<u>周朝佐</u>等奏，"贼以奔败余孽，自<u>湖广</u>越<u>黄州</u>，下<u>九江</u>，抵<u>镇江</u>，其舟不过十三，众不过五百，而豕突纵横，如入无人之境。操<u>江</u>都御史<u>陈世良</u>、<u>武靖伯赵弘泽</u>，宜如<u>马中锡</u>、<u>张伟</u>例，械系京师，别简才能大臣代之"。兵部亦请如奏，上不许，仍令<u>世良</u>等戴罪自效。

36 秋，七月，丁丑，<u>四川</u>贼<u>陈二</u>等降。——<u>陈二</u>，即<u>曹</u>

甫也。

时副使马昊，偕总兵官杨弘、副使张敏等分击贼于营山、蓬州等处，斩千三百余人，贼势大蹙。总制尚书洪钟乃遣人分诣贼营抚谕。敏单骑入甫营，甫听命。而廖麻子忿甫背己，杀之，并其众。敏被拘留，既而送还。然是役也，甫党散者几二万人。

廖麻子收甫余众，复转掠川东，官兵仍不敢击，潜蹑贼后，馘良民为功，土兵虐尤甚。民间谣曰："贼如梳，官军如篦，土兵如鬎。"言愈搜愈密也。论者咸归咎钟之不能戢下云。

37 赠恤四川阵亡官军，其死事之都指挥樊煜、推官吴伯钧，各赠二级，赐祭一坛。

38 初，河南虞城训导圻琼，以守城御贼被害，至是其子自胜陈奏，令赠恤如例。

39 戊寅，以副总兵刘晖、时源、郧永、李鋐俱充总兵官，分守山东、河南、南、北直隶。时河南、山东已平，令"各率所部千人，仍于各部选留五千人属之，假以总兵名目，暂留镇守，仍听提督官征调"。

40 壬午，罢陈世良、赵弘泽，以副都御史俞谏、陵宁侯孙应爵代督操江事。

41 癸未，吏部奏"请起致仕尚书刘大夏、韩文等"，诏："大夏等已复职致仕，勿复言。"

42 癸巳，江西按察司副使周宪讨贼于华林，败绩，死之。

初，贼累败食尽，宪连破贼于仙女鸡公岭，斩获千余人。乘胜进攻北门,三战,贼少却。宪与子幹先登蹴之,贼下木石如雨,宪中枪颠,幹前救父,力战,坠崖死。宪创重被执,骂不绝口,贼怒,支解之。

事闻,赠宪按察使,幹升二级,令有司旌其门曰"孝烈"。

₄₃ 丁酉,振四川饥。

₄₄ 是月,山东残贼自冠县劫朝城,大同指挥谢琴率兵追之,斩首七级,力战而死。

时流贼虽已败奔,间复啸聚,少者百人,多或千人。宁阳、邹、费、临邑、高唐诸州县复遭蹂躏,巡检刘斌、潘佑皆死之。诏分别赠恤。

₄₅ 上以黑眚之异,京城内外讹言迭起,欲命谷大用仍旧提督官校内外缉访,大学士李东阳力谏,不纳。

₄₆ 八月,己酉,总制、都御史陈金剿姚源峒贼,平之。

初,姚源贼殷勇十、洪瑞七、邹成七等复先后起,积年猖獗。金受总制之命,募乡兵得五六万人,令参政董朴、吴廷举等分营余干、贵溪、安仁、鄱阳、乐平,遏其要害,金亲统军捣其巢,勇十创重死。会副总兵张勇以土兵至,毒弩射杀瑞七等,俘斩五千余人。金以捷闻。

时贼闻败,沿途溃散,而土兵虐而贪,姚源败贼赂之,乘夜遁,走贵溪。廷举以土兵追及于弋阳,贼复转掠徽、衢间。金更假作贼僭号以张其功,朝廷不知,贼首王浩八乞降,竟许之。【考异】金平姚源贼事,见明史本传,而土兵受贿,贼复逸去,转掠徽、衢间,皆见实录,今参书之。

47 初,刘七等贼在长江一带,乘潮上下,官兵所遇辄败。已而贼治舟孟渎。陆完等至镇江,留仇钺防守,令温恭以骑兵驻江北,自督刘晖、邵永等以舟师趋江阴福山港。七月十八日,贼至通州,其夜,飓风大作,舟坏,乃奔狼山。二十一日,完遣同知罗玮等为向导,率诸将登狼山,列阵以战。贼败,奔山顶,矢石交下,晖自山北,永自山南,皆蒙盾自蔽,挥刃而上。齐彦名中枪死。刘七率其亲信数十人下山,谋夺小舟逸,官兵列岸,攒矢射之,七中矢溺水死,余党歼焉。霸州之贼至是遂平。【考异】实录,七月壬申朔,八月壬寅朔,而皇明通纪、纪事本末所叙日分,皆系七月干支而系之八月中。及考之实录,则破狼山之贼实在七月,而书八月癸亥者,据奏至之月日也。实录所记"七月十八日贼至通州遇飓风"及"二十八日破贼狼山"事,皆原奏月日,至八月癸亥始奏至京师,故据书之。大抵实录所载多据奏报月日,而破贼必在前一月、两月不等。诸书系之八月,亦自不误,而所书丁丑、壬辰等日,丁丑则七月初六日,壬辰则七月二十一日,是误以七月之干支系之八月下,此则其推历之失详也。今仍据实录书八月癸亥,而别系破贼月日于癸亥报捷之前。

癸亥,陆完等以捷闻,赐敕奖励。

是役也,以数盗横行中原,杀人满野,村市为墟,丧乱之惨,百数十年所未有。京军再出无功,乃调诸边之兵,竭天下之力,经三载。贼以舍陆从舟,困于暴风,实天厌其虐,非专恃兵力所致云。

48 是月,江西增设东乡县于抚州府,以临川县之孝冈,又析金溪、进贤、余干、安仁四县地置焉。又增设万年县于饶州府,以余干县之万春乡,又析鄱阳、乐平及贵溪三县地置焉。从总制都御史陈金请也。【考异】诸书或以为陈金,或以为俞

谏,惟三编目中系之九月平华林贼下。明史地理志七年八月置,则陈金任内
事也。实录系之八月庚午下,今据书于八月之末。

49　九月,乙酉,陈金讨华林贼,平之。

　　先是副使周宪遇害于华林,军溃,南昌知府李承勋单
骑入宪营,众乃复集,金即檄承勋代之。贼党王奇听抚,搜
其衷刃,释之,置麾下,奇感激誓死。承勋遣奇密入寨说降
其党,约期为内应。至期,承勋率锐卒五百人,夜衔枚登
山,令奇前导,历重险,抵贼垒。群贼方酣寝,奇拔栅率众
入。五百人大呼奋击,内应者起夹攻,贼仓猝不知所为,四
奔山谷。寻斩贼渠罗光权及其党胡雪二等,华林遂平。

　　自金出兵剿东乡,甫八阅月,破剧贼几尽。惟所用土
兵,贪残嗜杀,剽掠甚于贼,有巨族数百口阖门罹害者,所
获妇女率指为贼属,载数千艘去。民间谣曰:"土贼犹可,
土兵杀我。"金亦知民患之,方倚以讨贼,不为禁,又不能持
廉,军资颇私入,士民皆深怨焉。

50　戊子,召总制四川军务洪钟还。以彭泽在河南有平贼
功,擢右都御史,总制四川军务,代之。

　　钟以不能戢下,为巡按御史王纶、纪功御史汪景芳所
劾。寻四川贼自合州渡江,陷铜梁、荣昌等县,杀驿丞侯忠
等,直趋内江、遂宁诸州县。纶再劾之,遂有是命,钟既召
还,寻乞归。

51　丙申,赐义子一百二十七人皆国姓。

　　初,中官奴卒及市井桀黠,偶为上所悦者,辄收为义
子,永寿伯朱德及都督朱宁、朱安为首,其次朱国、朱福、朱
刚,皆至都督,余则授都指挥、指挥、千、百户、镇抚、旗舍之

等。时有<u>朱静</u>等五人皆亡<u>虏</u>,亦至千户。自后赐姓者日益多云。

52 是月,<u>狼山</u>余贼十二人奔入<u>泰兴</u>,主簿<u>黄琏</u>率兵追之,为贼所杀。赠知县。

53 冬,十月,戊申,旌表<u>直隶沙河县</u>生员<u>王得时</u>等,女<u>玉梅</u>等十人。

<u>玉梅</u>为贼所夺,欲污之,不从,遂支解之。其九人则<u>大名县</u>民<u>李钦</u>女、<u>王得山</u>女、<u>钱雄</u>女、<u>骈珩</u>妻<u>王氏</u>、<u>王表</u>妻<u>张氏</u>、<u>黄县</u>民<u>冯茂</u>女、<u>李瓒</u>妻<u>冯氏</u>、<u>魏县</u>民<u>杨善</u>妻<u>刘氏</u>及其女,皆死于贼者也。

54 甲子,增建<u>豹房</u>。

工部上言:"<u>豹房</u>之造,迄今五年,所费白金二十四万余两。今又增修房屋二百余间,国乏民贫,何以为继!乞即停止或量减其半。"不听。

55 是月,免<u>河南</u>、<u>江西</u>、<u>浙江</u>被灾及被寇者税粮。

56 以平贼功,加<u>陆完</u>太子太保。

时<u>王鼎</u>罢,遂擢<u>完</u>都察院左都御史,侍郎<u>李士实</u>为右都御史。

57 十一月,壬申,命镇守<u>河南</u>总兵官<u>时源</u>佩平贼将军印,充总兵官,会总制<u>彭泽</u>讨<u>四川</u>贼,<u>泽</u>请之也。

58 丁亥,留<u>宣府</u>、<u>大同</u>、<u>辽东</u>兵于京营。

先是,<u>河南</u>贼平,兵部议:"以<u>仇钺</u>所部边军,酌留三之一备贼,余悉遣还。其<u>刘晖</u>、<u>时源</u>、<u>邰永</u>、<u>李鋐</u>,分镇<u>山东</u>、<u>河南</u>等处,亦令各留千人,余亦遣还。"

至是辽东、宣府、大同军过阙赏劳，上方好弄兵，时大同游击江彬，隶总兵官张俊，赴调过蓟州，杀一家二十余人，诬为贼，得赏。尝与贼战于淮上，被三矢，其一着面，镞出于耳，拔之再战，上闻而壮之。及还军，过京师，彬因钱宁得召。上见其矢痕，曰："彬健乃尔邪！"彬狡黠有力，善骑射，谈兵上前，上大悦，遂与宣府守将许泰皆留不遣。擢彬都督佥事，出入豹房，同卧起，宠在宁上，宁心忌之。

彬知宁不相容，顾左右皆宁党，欲藉边兵自固，因盛称："边军骁悍胜京军，请互调操练。"言官交章谏，阁臣李东阳疏陈十不便，皆不省。

59 是月，太监张永罢。

初，永在御用监，托以稽查，令库官吴纪等窃出银七千余两，异归私宅。至是御用监太监丘聚发其事，执纪等下镇抚司鞫治，具得其实。永多方营救，乃调御用监闲住。

60 十二月，丁卯，大学士李东阳致仕。

东阳乞休，前后章数上。至是因调边兵，力持不可，上坐乾清门趣之，东阳卒不奉诏。翌日，复以老病请，许之，赐敕给廪隶如故事。

61 己巳，巡按御史王纶等奏："四川流贼廖麻子攻破绵竹、乐至、金堂等县，都指挥许凤、西安卫指挥殷辅、千户伊佐等十四人力战死。"

时洪钟方召还，彭泽未至。巡抚高崇熙恇怯，主招抚，麻子等阳受约。崇熙遽许罢诸军，令副使张敏徙开县、临江市民，空其地处之，许给复三年，为请于朝。副使马昊力争,谓:"临江市上达重、叙,下连湖、湘,地土饶衍,奈何弃以资贼,自贻患?"崇熙不从,昊乃益治兵以防其变。

62 是月,免南畿、山东、山西、陕西被灾寇者税粮。

63 是冬,祈雪。

明通鉴卷四十五

江西永宁知县当涂 夏　燮 编辑

纪四十五 起旃阳作噩（癸酉），尽阏逢阉茂（甲戌），凡二年。
武宗毅皇帝

正德八年（癸酉、一五一三）

1 春，正月，癸酉，以右副都御史俞谏代陈金讨江西贼。

初，金及张勇讨姚源之贼，狼兵受赂纵贼，复主招抚。贼渠王浩八阳听约，未几复叛，率五峒蛮兵与东乡贼分劫州县。言官交章劾金，乃召金还。

2 辛巳，宣府守臣奏送降虏托克托泰旧作脱脱太。等至京，命充御马监勇士。

尚书何鉴等言："汉、魏徙氐、羌于关中，郭钦、江统皆劝晋武以早绝乱阶；苻坚处鲜卑于塞南，苻融亦虑其窥伺虚实以生边患；此既往之明验也。今使降虏出入禁闼，万一结外寇以为内奸，将来之患，可勿深虑！仍乞徙之远方以杜后患。"不听。

3 鞑靼小王子犯大同，命宣府、延绥及山西诸镇兵御之。

4 壬午,大祀南郊。

5 乙酉,以边将江彬、许泰分领京营,皆赐国姓。

是时边军调集京师,而神周坐罪谪,夤缘入豹房复官,已而复召刘晖。寻设勇士营,周、晖分领之,又立东、西两官厅军,彬、泰分领之,名"四镇兵",又名"外四家"云。

6 癸巳,命户部右侍郎丛兰以右佥都御史巡视西路,自居庸关至龙泉;右佥都御史陈玉巡视东路,自山海关至古北口;以大同之警故也。

7 是月,以旱灾,免陕西西安、延安等府、南直隶凤阳等府被灾州县税粮。

8 追恤狼山阵亡之石头港巡检温聪等三百九十二人。

9 二月,辛丑,以四川贼复炽,罢总兵官杨弘。时弘为言官所劾,遂继洪钟召还。

弘怯懦寡谋,数为贼败。或传其在德阳,贼缚之树而殴之,弘急示以印,乃引去,弘仅以身免。士民多怨之,竟免于罪云。

10 甲辰,赠西安后卫指挥使云海为都指挥同知。

初,蓝廷瑞等劫掠川、陕,海领兵与战,身先赴敌,射杀数十人。贼围之数重,海提刀力战而死。至是奏闻,始赐赠恤。

11 乙巳,以浙江水灾,灶丁多溺死者,巡盐御史林季琼,奏"请免岁办盐课八千九百余引,仍令巡视都御史量为振济",从之。

12 丙午,以平贼功,封太监谷大用弟大亮、陆訚侄永皆为伯。

时大用等欲如宁夏例求封,兵部执不可,谓:"仇钺独建奇谋,削平祸乱。今群贼殄灭,乃诸将并力,非一人之功。且诸将如刘晖、郤永、时源,皆出万死一生。而大亮、永藉父兄之势,坐而得之,其谁不解体!"上令再议,兵部复请"比朱宁例,加升至右都督而止"。仍不许。寻内批竟封之,赐诰券,岁食禄千石。

13 癸亥,江西纪功给事中黎奭奏,"姚源贼王浩八等劫弋阳、上饶等县,寻入浙江开化境上"。时上命镇守徐、邳总兵官李鋐协同俞谏提督江西军务,令统所部大同官军一千人,副总兵李瑾统湖广官军二千人会剿。诏"俟俞谏及鋐等至,分道讨之"。

14 三月,戊子,置镇国府,处宣府官军。

15 癸巳,逮四川巡抚高崇熙至京师,以廖麻子复叛也。

崇熙既主抚,遣张敏处贼于临江市,买田安置。比敏至新宁,贼以为诱己,执之,屠杀数百人。言官劾"崇熙不俟命罢兵",遂就逮。

寻调延绥兵千八百人,以指挥同知杭雄统之;宁夏、庆阳、固靖三镇兵共千五百人,以署都指挥金事杨义统之;仍听彭泽、时源节制。擢马昊四川巡抚,代崇熙。

16 甲午,以今春少雨,风霾屡作,令英国公张懋祭告天地社稷。敕百官修省。

17 夏,四月,壬寅,平镇篁叛苗。

初,镇篁、五寨、平头、乌罗等处苗贼龙童保、龙麻阳等,连年构乱,湖广、贵州镇、巡官调土、汉各军攻之,禽麻阳以归。至是都御史沈林、总兵李昊,率都指挥张泰等分四路攻之,破其寨,禽童保等六十余人,平九十七寨。

捷闻,赐敕奖励。守臣请增设镇箄守备一人,从之。

18 癸丑,姚源贼首王浩八等,聚众万余屯开化,分掠婺源、休宁诸县。有章仁者,故石埭诸生也,少习妖书,为群盗亡命,与浩八合。诏"巡按、御史张缙购悬赏格,有能禽斩浩八、仁及贼徒自禽斩以献者,俱授正千户,赏银千两"。

19 庚申,上御经筵。以讲官修撰何瑭语触忌讳,传谕内阁,欲挞之,阁臣杨廷和等委曲申救,乃以举止不恭谪为开州同知。【考异】事具明史瑭传。而实录谓其"敝衣垢面,言词謇涩,几不能终篇",盖修实录者误信中官传谕之词。而是时江彬被宠,瑭进讲时必有指摘,故史以为"触忌讳"者,此实录也。今仍据本传书之。

20 乙丑,总制四川军务彭泽等败贼于剑州。

廖麻子之叛也,泽尚未至,至是与总兵时源屡战败之。麻子众溃,奔罗江,马昊以五千骑与泽败之。游击将军阎勋追及于剑州之青林口,贼弃马登山拒战。勋射而颠,边军黄回儿等争扑之,斩麻子首,以捷闻。

既而纪功给事中王萱言:"勋之禽贼,由龙州土官把事王臣实为向导,且用铁爬击仆之,回儿等始争取首级以去。"兵部请覆勘,不许。

21 是月,副都御史俞谏,督江西、浙江、福建诸军讨贼。

先是右参政吴廷举,从陈金破贼于姚源,王浩八乞抚,许之,既而复叛。又有胡浩三者,亦降而复叛,廷举乃以单骑入浩三营抚谕之,为所执。廷举居三月,尽得其要领,因识其左右有谋勇者,阴结之使为内应,竟送廷举归。

贼之入开化也,副使胡世宁、佥事高宾,以听抚贼艾茹七等二百人为新兵,而茹七所过,纵兵虏掠,执安仁县官氏二女,欲污之,不屈,俱赴水死。

给事中黎奭劾世宁等,并及廷举,诏以"廷举方被拘执,世宁亦讨贼有劳,令停俸戴罪自赎"。

会谏至,与世宁画讨贼之策,乃檄都指挥白弘、参将李隆与嘉兴同知伍文定等分道进兵。

22 五月,辛巳,小王子犯大同,由白羊口入,掠平虏、井坪、乾河等处,官军败绩于黄土岭。寇解去,遂趋朔州,犯马邑。

巡抚都御史高友等,乞命将出师以彰天讨,诏"咸宁侯仇钺充总兵官,统京营军六千人,会镇、巡官御之"。

23 癸巳,都御史俞谏等破姚源之贼。

先是贼屯开化,谏檄白弘与湖州知府黄衷军马金镇,李隆、伍文定与佥事储珊、都指挥江洪军华埠。贼党刘昌三等冲入马金,破之,执弘,军士死者十余人。王浩八突华埠,文定击败之,斩汪十二及其党二十人。隆、珊追至池淮,捣其巢,斩首百七十二级。而江洪以奇兵深入,贼佯败走,以金帛掷地,众兵竞取之,贼遂反攻,执洪及指挥张琳等。文定等殿后得还,暮抵华埠。

而是时贼势亦衰,遁归江西德兴,以所执弘、洪等为质,求抚于按察使王秩,秩受之,为传送姚源,浩八等卒不降。【考异】姚源之贼,王浩八为首。而吴廷举被执之贼为胡浩三,明史廷举传可证。而三编目中则云："有贼渠胡浩三者，廷举往谕，为所执。"是胡浩三亦浩八之党，而实二人。纪事本末以为廷举被执之贼即王浩八固误，野史又有以为胡浩八者亦误也。"池淮"，明史伍文定传作"地淮"，误也，实录作"池淮"。三编质实云："池淮，溪名。有二源，一出歙岭，一出开化。县西百里大榕岭合流至县西三十里滕岩下之池淮畈曰池淮溪。"皆本之一统志，今据之。

24 六月，戊戌朔，河决黄陵冈。廷议以"其地界大名、山东、河南，守土官事权不一，请专遣重臣"，乃命管河副都御史刘恺兼理其事。恺奏："率众祭告河神，越二日，河已南徙"，尚书李鐩因请祭河，且赐恺羊酒。恺于治水束手无策，特归功于神，曹、单间被害日甚。

25 庚子，巡抚山东、都御史赵璜奏："霸州贼之乱，曲阜县治被贼残破，而阙里庙廷又在旷野。请移县治就阙里，并为一城，庶易守。"从之。

26 丙午，给事中潘埙等复劾奏："游击江彬讨流贼，次新河县苏添村不进，乃杀其居民康强等四十一人；阚学等九人耦而耕，又召而杀之。都指挥张铭，亦于巨鹿韩家塞杀耕夫赵五汉等二十八人，至隆平又杀六人，以冒首功。请行勘按治。"诏令彬等停俸，竟不之罪也。

27 乙卯，俞谏破贼于贵溪。

时王浩八等至姚源，仍不受抚，复奔据贵溪之裴源山，余众复集，连营十里。谏檄按察使王秩、副使胡世宁、参政吴廷举等列屯要害，断其归路，躬与都督李鋐乘夜冒雨潜进，大破之，俘斩数千人，遂禽浩八。

捷闻，赐敕奖励。

然是时贼党溃走玉山，而有司急于报功，仍议招抚，越两月而势复炽。

28 辛酉，<u>江西丰城县西南</u>陨火星如斗，光赤。明日火起，既灭复作者累日，焚官民庐舍二万余间，死于火者三十余人。户部以"火灾异常，请敕巡抚官查勘被火之家，分别振之"。

29 是月，户部尚书<u>孙交</u>、礼部尚书<u>傅珪</u>皆致仕，二人均以忤中官罢之也。

时征讨流寇，调度烦急，加以岁凶，正用不足，<u>交</u>区画必先其急者。四方告饥，辄请蠲振，以故民不至甚敝，而小人用事者皆不便之。<u>云南</u>镇守中官<u>张伦</u>请采银矿，<u>南京</u>织造中官<u>吴经</u>奏费乏，<u>交</u>皆力争。

流寇之扰<u>河南</u>也，太监<u>陆訚</u>谋督师监神枪军，廷议莫敢先发，<u>珪</u>厉声曰："师老民疲而贼日炽，以冒功者多，偾事者漏罚，失将士心。今贼横行肘腋间，民嚣然思乱，祸旦夕及宗社。吾侪死不偿责，诸公安得首鼠两端！"由是议罢。疏上，竟遣<u>訚</u>，而中官皆憾<u>珪</u>。<u>珪</u>奏灾异，言："春秋二百四十二年，灾变六十九事。今自去秋来，地震天鸣，雹降星陨，龙虎出见，地裂山崩，凡四十有二，而水旱不预焉。灾未有若是甚者。"极陈时弊十事，语多侵权幸，权幸益深嫉之。至是遂传中旨，与<u>交</u>同罢。两京言官交章请留，不省。

以户部侍郎<u>王琼</u>为本部尚书，吏部左侍郎<u>刘春</u>为礼部尚书。

30 是夏，北部<u>额布勒</u>旧作亦卜剌。与<u>小王子</u>仇杀。

初，<u>额布勒</u>窜<u>西海</u>，<u>阿尔托苏</u>旧作秃厮。与之合，逼胁洮、西属番,屡入寇,巡抚张翼不能制,渐深入。至是拥众来川,遣使诣翼所,乞边地驻牧修贡。翼啖以金帛,令远徙,额布勒遂西掠乌斯藏,据之。自是洮、岷、松潘无宁岁。

31 秋,七月,总制四川彭泽奏:"廖麻子之党有喻老人、王长子等二百余人,自昭化渡江,袭杀都指挥姚震,百户周增。转入通、巴,利州判官曾琏、井研主簿张岐,力战遏贼,死之。贼复谋趋陕,越宁羌,犯略阳,夜走,度广元,为官军所遏,还趋通、巴招余党,总兵官陈珣不敢击。"诏逮珣,且责马昊刻期灭贼。

32 八月,丁酉,免南畿水灾税粮。

33 戊戌,总兵官仇钺,奏"小王子等寇万全卫沙河境,督参将昌佐等与战,斩首三级",以捷闻。

时阵亡官员二十余人,马百四十余匹。论者谓是役也,所失十倍所获,钺威名以是顿减。

34 庚子,王浩八之党刘昌三、蔡六二、柳三十等,奔据玉山县之怀玉山寺,列险屯栅,俞谏会巡抚南赣周南、江西巡抚任汉、都督李鋐等,集三省兵四路邀击,前后斩首二百余级,生禽五百余人。昌三等走匿西源,为知县陈揽所获,余贼千余复奔姚源。

35 壬寅,追赠江西瑞金知县万琛为光禄寺少卿。

初,琛知瑞金,剧盗大至,县人汹汹逃窜。有劝琛亟走者,琛斥之,率民兵数十人相持至明日,力屈被执,骂不绝口,贼攒刺之,乃死。

同时有广昌知县王祐者,贼至,民尽逃,援兵又不至。

祐拔刀自刲其腹曰："有城不能守，何生为！"左右奔夺其刀。后援兵集，贼稍退，越七日，复突至，祐仓皇赴敌，死之。

事在弘治之末，至是始得旨赠恤。【考异】事见明史忠义传。琛死事特书于弘治十八年之正月，实录纪于是年之八月，据请赠恤之年月书之也。今据实录，仍追记其死事于弘治之末。

36　是月，东乡、万年之贼复起。

先是陈金所抚东乡贼，隶胡世宁部下为新兵，以所过残掠，为言官所奏，乃下令散遣。于是贼艾茹七、乐庚三等惧罪复叛，众至二千余，入万年界。

万年虽立县，贼尚众，吏胥多贼党，官府动息必知。副使李情，治峻急，众欲叛，畏都督李铉在余干，不敢发。会是月十六日，（宏）〔铉〕疽发背卒，于是万年县贼王垂七、胡念二等乘间起，杀县丞马环、主簿冬祯、典史孔卓于菱塘，纵火毁公私廨宇殆尽，遂杀情及浙江督捕指挥邢世臣、饶州通判陈达、秦碧、千户许政，隶卒死者甚众。

事闻，命镇守山东右都督刘晖往代铉。【考异】实录记李铉卒于十月乙巳，据奏报之月日也。其奏称"铉以八月十六日疽发背卒，于是万年贼起"云云。又据六月所载，"俞谏破贵溪之贼，有司仍议招抚。越两月而变复作"，即指是月玉山、东乡、万年之役也。又据明史本纪，"十月丁未，俞谏破贼于东乡"，是实录据其奏捷之日追书之明矣。今仍据奏报中语，系之八月下。

37　土尔番复据哈密。

初，哈密巴尔济之立也，部人不顺。会土尔番莽苏尔嗣，其弟展特穆尔尚在甘州。弘治之末，莽苏尔遣使求展特穆尔,廷议持不可,以甘州守臣言送之还,遂输边情于莽苏尔,于是莽苏尔复有吞并哈密之志。而哈密巴尔济,心怵国人害己,莽苏尔因数以甘言诱之。至是巴尔济竟弃其国奔土尔番,莽苏尔夺其印,遂遣和卓塔实鼎^{旧作火者他只丁}据哈密。【考异】哈密土尔番事,见弘治十七、十八两年。旧译俱见二十五卷,巴尔济即拜牙即,莽苏尔即满速儿,展特穆尔即真帖木儿也。今悉据三编目中书之。

38 九月,甲戌,俞谏破贼于姚源。【考异】此据明史稿,在是月。按史稿前作"姚源",此作"桃源",与地里志合。

先是姚源贼胡浩三送吴廷举还,其党不协,浩三遂杀其兄浩二,官军乘间攻之。谏遂会李鋐督廷举及参政王子言、副使李情、佥事李嘉言等合剿,禽浩三等,俘斩四百余人。会徽州知府熊桂等亦破贼于休宁、婺源,遂以捷闻。

39 癸未,以旱灾,免大同州、县、卫、所夏税之半,又免河南开封等府、睢阳等卫夏税有差。

40 乙酉,巡视江西右佥都御史王哲卒。

哲为御史有风裁,巡按江西,劾"镇守太监董让,怙势骄纵,讳盗不闻"。擢临清副使,外夷来朝贡者私市盐事发,哲请没入之而返其直,人称得柔远体。

1492

及巡视江西,病不能事事,而宁王宸濠屡以计去守臣不附己者。哲自濠所宴饮归,以病暴卒,时以为濠毒之云。【考异】明所设巡按、巡抚外仍有抚治、巡视名目,但不常设耳。哲以正德五年三月巡视南赣,而是时南赣巡抚则周南,江西巡抚则任汉。似是时哲仍系巡视,而诸书及实录皆作"巡抚",今仍据本纪五年所命巡视之官书之。再,哲以宴归暴卒,实录系之是年九月乙酉,而据明史孙燧传,言"宁王恶哲不附己,毒之,得疾,逾年死",与实录小异。附识于此。

41 冬,十月,丁未,俞谏讨东乡贼,平之。

先是艾茹七等之叛,守臣匿不以闻。临川县民陈琦等连章上诉,且言:"茹七等各有窝主,潜为间谍,不尽诛之,乱无已时。"诏"俞谏等相机抚剿"。至是谏遣参将桂勇、李隆等分道进兵,大败之。遂禽茹七、庚三等及其家属、窝主十九人,俘斩三百余人,又禽万年贼首王垂七等送京师伏诛。江西遂平。

方事之殷也,谏惩抹金失,一意用兵。而巡抚任汉巽懦,先为布政使,尝赞金主抚,亟上首功,追贼遂缓,以致余党复炽。至是言官劾汉,并及谏、南赣巡抚周南。兵部请"召汉还,命谏兼领巡抚"。

42 甲子,江西新淦县贼张元二等作乱,知县刘天锡、县丞朱公俶等率兵剿之。而公俶通贿于贼,弃兵逃去,天锡伤于贼,几死。寻获公俶,巡抚任汉请治其罪。诏逮公俶,仍令都御史俞谏会镇、巡官克期剿灭,以靖地方。

43 十一月,己巳,江西纪功给事中黎奭奏,"姚源之贼尚有数千,时怀反侧,东乡诸处仍宜防御。而温、处、南赣之兵多病死逃回,所恃者惟边军,然止长于骑射,未能舍马而战。请增调附近永顺、保靖等处精锐土兵三千人,相为犄角以殄残贼兵"。部议以"苗、蛮反覆,征调非宜,必不得已,则福建浦城县民快亦骁勇可用"。从之。诏"选浦城土兵一千,选二司官一人统领,仍听俞谏等调遣"。

薛应旂曰:正德间,平中原盗用边兵,平蜀盗用苗兵,平江西盗用狼兵,而两京、十三省之兵举无一可恃。自是以后,不但边兵日益骄悍,而福建省城之兵亦效尤矣。

44 癸未,以灾伤,免浙江宁波府五县、衢州府四县及衢州守御千户所秋粮十八万石有奇。

45 是月,兵部尚书何鉴致仕。

鉴以谏召边兵、设勇士忤上意,中官尤忌之。宁王宸濠谋复护卫,鉴力遏之。都督白玉以失事罢,厚贿豹房诸幸臣求复,鉴执不从。至是幸臣嗾诃事者发鉴家僮取将校金钱,言官交章劾鉴,遂罢归。以左都御史陆完代之。

完有才智,急功名,善交权势。刘晖、许泰、江彬,皆其部将,后并宠幸用事,完遂得其力。又与宸濠素善,濠久萌异志,至是闻完掌本兵,致书盛陈旧好,逾年,遂请复护卫。宸濠乱阶始此。

都御史李士实致仕,以侍郎石玠代之。

46 十二月,辛丑,吏部尚书杨一清论救逮问下狱之巡按陕西御史刘天和、王廷相。——二人者,太监廖镗构之也。

初,镗镇守陕西,诛求无厌,天和、廷相相继按其地,稍裁抑之,遂致怨。镗之弟指挥使鹏,时谄事中官钱宁,拜为恩父,宁每自豹房归,辄过鹏家止宿。会镗以事谪南京闲住,因鹏求解于宁,遂复职。未几,镗奉旨兰州采办,宜关白巡按,天和以兰州为马溥然所辖,辞不往。洛川妖民邵进禄谋为乱,事觉,自首于官,廷相释之。镗遂摭奏天和违命,并及廷相释贼事,诏遣官校械系二人至京师,下镇抚司拷讯，狱久不释。

先是有巡按云南御史张璞，为镇守云南太监梁裕所构，逮问，死狱中。一清等因言："巡按御史，责在振风纪，禁奸贪，否则人将指而议之。且镇守内臣纵皆安静，其随从官舍头目人等，岂能尽循礼法！今以小加裁抑，即成大隙，信口摭拾，何患无词！迩闻璞已死狱中，天和等或疾疫相染，或惊忧不测，传之中外，未免骇动人心。又恐此后巡按官相率隐忍，因之风纪扫地，奸贪肆行，其所关系，实非浅鲜。伏望特敕有司，将天和等早具罪状，奏请发落，以全大体而安人心。"疏入，诏"即鞫实、勘处以闻。"久之，狱乃具，降天和为金坛县丞，廷相赣榆县丞。【考异】天和、廷相事，弇州中官考系之九年，据其谪降之年月也。证之实录，一清等论救在是年十二月辛丑，今据之。（"镗"明史作"宝"。）

47 总制四川都御史彭泽奏："廖麻子之党喻老人等为官军所败，率数十人走匿大巴山，川、陕之兵已足搜捕，请罢边兵还。"从之。

48 甲辰，遣南京刑部侍郎邓璋振江西。

先是巡抚任汉奏："江西自夏徂冬不雨，省城内外并各府县火灾屡发，延毁民居不可胜计。加以温疫流行，寇盗为害，乞蠲粮税，仍振之。"乃命璋发本处预备仓及两淮、浙盐课银十万两备振。

49 辛亥，追赠诚意伯刘基太师，始赐谥曰文成。

礼部议并及翰林学士承旨宋濂、国子祭酒宋讷，皆赐谥。于是谥濂曰文宪，讷曰文恪。【考异】明史基传，赐谥在正德九年，盖以八年之冬议赐谥，九年始奉旨得之。今据实录书于是月辛亥。

50 癸丑,以水灾,免<u>陕西平凉</u>等六州县夏税一万六千三百石有奇。

51 是冬,祈雪。

九年(甲戌、一五一四)

1 春,正月,乙丑朔,进右副都御史<u>周南</u>为右都御史,总督<u>两广</u>军务兼巡抚。

2 丁卯,<u>南京</u>十三道御史<u>罗凤</u>等上言:"<u>宁王</u>自交通<u>刘瑾</u>,陈乞护卫,愈生骄恣,侵夺腴田,掊克富室。自省城以至乡境,利之所在,百计牢笼,商旅不敢出入,舟楫不敢停泊,民之受害,何可胜言!抚、按、三司为其所饵,莫敢喙息,宁负君恩,不敢贾奇祸以忤宗室。<u>高煦</u>、<u>宸濠</u>,可深鉴也。伏望谕令<u>宁王</u>改过自新,无预有司之事。仍榜谕<u>江西</u>百姓,凡被王府侵占田产房舍者,俱准诉复。及令本省镇、巡、三司各官,谒见有时,宴饮有节,非礼馈送,不许接受。王府人役有生事扰民者,执治其罪,以消祸患之萌。"疏入,不报。

3 丁丑,大祀南郊。

4 庚辰,乾清宫灾。

上每岁张灯,费浮数万。及是,<u>宁王宸濠</u>别为奇巧以献,令所遣人入宫悬挂,多著柱附壁以取新异。上复于庭轩间依栏设毡幕,贮火药其中,偶不戒,延烧宫殿,<u>乾清</u>以内皆烬焉。上往<u>豹房</u>临视,回顾光焰烛天,犹笑语左右曰:"是一棚大烟火也。"

壬午，以灾御奉天门视朝，撤宝座不设。遂下诏罪己，并谕文武百官同加修省。

5　癸未，大学士杨廷和等以宫灾自劾，奏"请援汉廷策免例，各赐罢归，别简贤能以充委任。并请陛下念皇天付托之重，祖宗创业之艰，天下生民仰戴之切，早朝宴罢以延接群臣，深居简出以颐养圣体。九庙之蒸尝必亲其事，两宫之孝养必致其诚；经筵勤日讲之御，殿廷复面奏之规；大开言路以达下情，遣还边兵以防外患；革禁中市肆以肃内令，出西僧于外以绝异端；罢皇店之设以通商贾，停不急之工以纾民力，减免各处织造以节民财。任用正直忠良之士，亲信老成持重之人，夙夜孜孜，勤求治理。将见人心感悦，天意可回"。疏入，上优诏褒答，谕令仍旧供职。而疏中所陈，惟"皇店欲严禁下人，工作织造令所司条陈缓急来奏"，姑取一二事勉徇所请而已。

6　户科给事中吕经言："乾清宫者，陛下之正寝，祖宗之意，欲万世圣子神孙法天之行而永清海内也。陛下舍乾清宫而远处豹房，忽储贰而广蓄义子，疏儒臣而昵近番僧，弃文德而宠用边戍，轻朝政而创开酒店，信童竖而日事宴游。君臣暌隔，纪纲废弛，是以天心赫怒，显示谴告。陛下震惊不安，悔悟求言，臣望乘此悔悟之机，痛惩往日之弊。数诏儒臣，讲求消复之道；退朝之暇，端处寝宫；四时庙享，必亲其事；义子番僧，边戍童竖，俱宜罢遣；豹房酒店，俱宜拆毁。政事委诸六部；各省委诸抚按；谗谀贿赂，奸贪不法，委诸科、道、法司；仍令各以职掌详陈利病之源，且以考验各官忠佞而进退之。将见元首既明,股肱自良,庶事皆康而灾变自可弭矣。"

河东巡盐御史张士隆上疏曰:"陛下前有逆瑾之变,后遭蓟盗之乱,犹不知警。方且兴居无度,狎昵匪人;积戎丑于禁中,戏干戈于卧内;彻旦燕游,万几不理;宠信内侍,浊乱朝纲。致民困盗起,财尽兵疲,祸机潜蓄,恐大命难保。惟陛下深鉴之!"

工科给事中潘埙上疏曰:"陛下莅阼九年,治效未臻,灾祥迭见。臣愿非安宅不居,非大道不由;非正人不亲,非儒术不崇;非大阅不观兵,非执法不成狱;非骨肉之亲不干政,非汗马之劳不滥赏。臣闻陛下好戏谑矣,臣以为入而内廷,琴瑟钟鼓,人伦之乐,不必游离宫以为欢,狎群小以为快也;出而外廷,华裔一统,莫非臣妾,不必收朝官为私人,集远人为勇士也。闻陛下好佛矣,臣以为南郊有天地,太庙有祖宗,锡祉迎庥,佛于何有! 番僧可逐而度僧可止也;闻陛下好勇,好货,好土木矣,臣以为诛奸遏乱,大勇也,不须驰马试剑以自劳;三军六师,大武也,不须边将戍军以自拥。任土作贡,皇店奚为! 阛阓骈闻,内市安用! 阿房壮丽,古以为金块珠砾也,况养豹乎! 金碧荧煌,古以为涂膏衅血也,况供佛乎! 是数者之好,岂非可已而不已哉!"

是时先后应诏陈言者,部臣则杨一清、刘春等,翰林则修撰吕楠上言六事,编修王思言三事,科道则十三道御史罗缙等言六事,监察御史施儒等言八事。户科给事中石天柱、雷雯及户部主事冯驯、中书舍人何景明等,语皆切至。

而天柱则以"前星未曜,储位久虚,陛下既不常御宫中,又不预选宗室,何以消祸本而永灵长?"景明亦言:"圣躬单立,皇储未建,内无手足相倚之亲,外无肺腑可托之戚。"上不怿,悉以烦渎置之,皆不报。

7 是月,起致仕南京右副都御史陈寿为右都御史,巡抚陕西。

时太监廖堂(校者按:前八年十二月辛丑记太监廖堂事作"镗",注云:"镗"明史作"堂",但自此以下又均作"堂"。)镇守陕西,以贪暴著,尚书杨一清以寿刚果,特请起之。

8 二月,乙未朔,南京十三道御史汪正等疏言:"陛下嗣位九年,储位尚虚。请择宗室幼而贤者一人,置之左右,以代宗庙之礼,尽晨昏之职。俟皇子诞生,遣之归国。"不报。
【考异】据实录,在是年二月,据奏至之月日也。诸书有系之八年十二月者,自南京奏也。

9 庚子,上始微行,夜至教坊观乐。

10 辛丑,以兵部右侍郎邓璋为右副都御史,总制陕西、延绥、宁夏、甘肃等处军务。

时小王子、北部皆犯边,诸番部落为所侵扰,往往寄寓甘肃城外,居民惊窜,耕牧皆废。廷议"请增设总制大臣",乃命璋往。

时璋奉使振江西,命大理寺卿燕忠兼理代之。

11 甲辰,南京礼部尚书乔宇等疏言:"近见邸报,知乾清宫灾。累朝列圣寝息之所,一旦荡为灰烬,臣等不胜惶惧!历稽前代,如鲁新宫灾、汉凌室灾、未央宫罘罳灾,史备书之以示警戒。今日之灾,更有甚焉。谨按五行传:'王者向明而治,贤佞分别,官人有序,率由旧章,礼重功勋,则火得其性。若信道不笃,谗夫昌,邪胜正,则火失其性,自上而降,乃滥炎妄起,燔宗庙,烧宫室。'京房易传曰:'君不思道,厥妖火烧宫。'故灾变之发,所以明教诫也,惟率礼修德,可以禳之。敬天以实不以文。近年以来,陛下视朝勤政,不无疏阔;经筵讲学,未见频繁;国本当建,而宗藩之简注不闻;名分当正,而义子之宠荣益盛;番僧异端,常留禁寺;优伶贱役,尚侍起居;皇店设立,盈耳嗟怨之声;边兵拘留,驰心战斗之事;京师土木之繁兴;南京织造之工费。凡此十事,皆今日之(垂)〔重〕且急者,陛下思所以消弭天变,莫先于此。伏愿复视朝之常规,举经筵之旧典,选宗室之贤以备眷注,黜义子之名以别嫌疑;逐番僧,斥优伶,罢皇店,遣边兵;停止京师土木之役,取回南京织造之官。而又简任贤能,修举职业。若臣等瘝旷,宜先赐罢以谢天谴。庶可化灾为祥,转祸为福也。"疏入,不报。

12 丙午,以礼部尚书靳贵兼文渊阁大学士,预机务。贵以宫僚旧臣,故有是命。三编质实:"按王琼双溪杂记云:'内阁刘忠去位,杨廷和欲引门生靳贵代之。朝廷以礼部尚书费宏代,贵憾之。后谗,斥罢宏,仍以贵代宏。'然考明史武宗纪及明实录,宏以五月乙丑致仕,在贵既入阁之后,并非以贵代宏。且宏之去位,以却宁王护卫之请,事见明史宏传,亦非由贵谗构。琼之所记,皆不得其实也。"今按双溪盖以此诋廷和,因及靳贵耳。弇州考误极为廷和辩,而此一事偶遗之,三编之论是也。

13 癸丑,彭泽讨四川贼,平之。

先是喻思俸——即喻老人等奔入通巴,仅百余人,据

明通鉴

1500

险,时出虏掠,泽会总兵时源督诸军围之,贼穷蹙,降败略尽。思俸复率其党走匿酉乡山中,官军追至木竹沟,夜,禽之,并斩其党数十人,思拳创重死。遂以捷闻。

于时泽驻汉中,请班师,命未下而内江贼骆松祥、荣昌贼范藻等复炽,泽又移师讨之,禽松祥等,再请班师,巡按御史王汝舟请暂留泽镇抚。诏泽移驻保宁,寻进泽左都御史、太子太保。

初,泽将西讨,问计于大学士杨廷和,廷和曰:"以君才,贼不足平,所戒者班师早耳。"泽后平鄢本恕等,即请班师,而余党复猬起不可制,泽既发复留,乃叹曰:"杨公先见,吾不及也!"【考异】宪章录系平川贼于正月,纪事本末系平骆松祥于八年十二月,平范藻于本年正月。实录盖据奏报月日也。

14 是月,大学士杨廷和、费宏、梁储再请致仕,皆慰留之。

15 三月,丙子,江西副使胡世宁上疏曰:"江西之盗,剿抚二说相持,臣愚以为无难决也。已抚者不诛,再叛者无赦,初起者亟剿,如是而已。顾江西患非盗贼。宁府威日张,不逞之徒,群聚而导以非法,上下诸司承奉太过。数假火灾夺民廛地,采办扰及旁郡,蹂藉遍于穷乡。臣恐良民不安,皆起为盗,臣下畏祸,多怀二心,礼乐刑政渐不自朝廷出矣。请于都御史俞谏、任汉专委一人,或别选公忠大臣镇抚。敕王止治其国,毋挠有司,以清乱源,消意外变。"章下兵部,尚书陆完议"以抚剿事宜委之于谏。至所言违制扰民,疑出伪托,宜令王约束之"。得旨报可。

16 辛巳,赐唐皋等进士及第、出身有差。

17　是月,宁王宸濠请复护卫屯田。

初,陆完迁兵部尚书,宸濠贻书欲复护卫屯田,完答书令以祖制为词。宸濠遂遣人赍金帛巨万,寓所善教坊臧贤家,遍遗用事贵人,属钱宁为内主,完应之。

事既成,大学士费宏从弟寀,——其妻与宸濠妃,兄弟也,知之,以告宏。宏入朝,完迎谓曰:"宁王求护卫,可复乎?"宏曰:"不知当日革之何故?"完曰:"今恐不能不予。"宏怫然曰:"公自任之!"

会宏充廷试读卷官,月之十五日,宁王奏至,中官以疏下内阁拟旨,竟许之,宏不知也。

是时大学士杨廷和在内阁,不能力争,时论以是惜之。【考异】宪章录谓"复护卫事,票旨实出廷和,故中官持奏过东阁,言'只请杨师傅到阁,诸公不必动劳。'"弇州史乘考误,谓"此出双溪杂记之说。宁王请复护卫,阁臣惟铅山一人持正不予。若杨新都为首辅,自有不能辞其咎者,第不得以污名蔑之耳"。今按实录中亦无此语,故三编据书之,但云"中官赍奏诣内阁,宏执不予"。而明史诸王传,亦但言"乘宏读廷试卷,取中旨行之",不及廷和票旨之事。此得其实,今从之。○明史本纪系复护卫于四月丁酉,据诏下之月日。诸书系之三月,(振)〔据〕下内阁之月日也。今仍书之三月下,为复护卫张本。

18　是春,江西巡抚俞谏击临川贼,斩其魁陈九、谭懿昌等,遣参将李隆等击新淦贼。贼踞万山中,僭称王且八年。隆等深入,悉就禽,俘斩千七百余人。

先是有剧贼徐九龄者,初啸聚建昌、醴源,已,出没江湖间积三十年,黄州、德安、九江、安庆、池州、太平咸被其害,命谏移师讨之。【考异】平临川贼,明史俞谏传书于是年,诸书皆系之三月。而平徐九龄,纪事本末系之八年十二月,据实录则十年七月事也。明史因平贼前后事汇记耳。今分书之。

19 夏,四月,丁酉,诏复<u>宁王</u>护卫,并屯田予之。六科给
事<u>高滂</u>、十三道御史<u>汪锡</u>等【考异】"锡",<u>明史陆完传</u>及<u>实录</u>作"赐"。
<u>惟三编</u>改作"锡",注:"<u>仁和</u>人",今据之。力争,章并下部,而<u>陆完</u>从
中庇之,久不覆。

丙午,<u>南京</u>礼科给事中<u>徐文溥</u>复上疏曰:"自古亲亲莫
如兄弟,然必以义制之者,所以防其过而全之也。<u>秦针</u>以
多车出奔,<u>郑段</u>以贰鄙自毙。<u>汉文</u>之时,<u>七国</u>方睦,而<u>贾
谊、晁错</u>切切为帝言之,卒有<u>吴濞</u>等之变。曩者<u>宁藩</u>不靖,
<u>英庙</u>革其护卫屯田,及逆<u>瑾</u>乱政,重贿谋复。<u>瑾</u>既伏诛,陛
下又革之,正所谓制之以义而安全之也。乃曰'驱使乏
人'。夫晏居深邃,靡征讨之劳,安享尊荣,无居守之责,何
所用而乏人? 且王暴行大彰,剥削商民,胁制官吏,招诱无
赖,广行劫掠,致舟航断绝,邑里萧条,万民莫不切齿。及
今止之,犹恐不逮,顾可纵之加恣,假翼于虎乎? 贡献本有
定制,乃无故驰骋飞骑,出入都城,伺察动静。况今海内多
故,天变未息,意外之虞,实未易料。宜裁以大义,勿徇私
(清)〔情〕,罪其献谋之人,逐彼侦事之使。宗社幸甚!"时
<u>宸濠</u>奥援甚众,疏入,人咸危之,上但责其妄言而已。又请
择建储贰,不报。

20 五月,甲子,振<u>顺天</u>、<u>河间</u>、<u>真定</u>、<u>保定</u>、<u>大名</u>、<u>广平</u>等被
灾州县饥,发存留本年起运京边粮十之二三以备振济,又
减免逋税。

21 乙丑,大学士<u>费宏</u>致仕。

宏以持宸濠复护卫屯田事,权幸之受宁府贿者交衔之。钱宁数侦宏事,无所得,以御史余珊尝劾"宏当国,其从弟寀宜引避,不得留翰林"。寀亦尝峻绝濠使,宁遂以此谮于上,责宏陈状。宏自伏,乞休,并寀罢归。恩礼无所及,惟给驿而已。

22 癸酉,罢江西布政使郑岳,斥为民,江西提学副使李梦阳冠带闲住。

初,梦阳提学江西。令甲,副使属总督,而梦阳与陈金抗礼,金恶之。监司五日会揖巡按御史,梦阳不往揖,又谕"诸生毋谒上官,即谒,长揖毋跪",于是御史江万实亦恶之。淮王府校与诸生争,梦阳笞校,王怒,奏之,下御史按治,梦阳恐万实右王,讦万实。诏下金行勘,金檄岳勘之,梦阳伪撰万实劾金疏以激怒金,并构岳子沄通贿事。

时梦阳为宁王撰阳春书院记,王亦恶岳,乃助梦阳劾岳。万实复讦梦阳短及伪撰奏章事,遂谢病去。而参政吴廷举、吉安知府刘乔,素与梦阳有隙,廷举因奏梦阳侵官,寻亦乞休,不俟命径去,梦阳再劾乔受赇事。

是时金以军事繁,又梦阳方善于宁府,乃请付巡抚任汉勘理。汉时已谢病,乃命大理卿燕忠会纪功给事中黎奭勘理。于是给事中王爌言:"江西多事之秋,各官不能协济时艰,乃逞其私忿,自相搏噬,均宜究治。"故岳既得罪,而梦阳亦以陵轹同列,挟制上官。忠既往鞫,羁梦阳广信狱中。诸生万余为讼冤,不听。时梦阳以党于宸濠,亦干清议,遂坐废。【考异】梦阳、郑岳事,俱见明史本传。而胡世宁奏宁王事,已为郑岳讼冤,故<u>实录</u>系以"初"字叙其颠末。至此事处分,<u>实录</u>系之是月癸酉,今从之。<u>梦阳</u>党于<u>宸濠</u>,<u>明史</u>传中但摘其为撰<u>阳春书院</u>记,而实录则谓其"刚愎险薄,又藉<u>宁府</u>以报仇,由是得罪公议,无复有齿录之者"。语虽过当,亦非尽诬。今仍据<u>明史</u>本传书之。

23 己丑,命右都御史<u>彭泽</u>提督<u>甘肃</u>军务,经理<u>哈密</u>。

初,<u>土尔番</u>既据<u>哈密</u>,复遣使赴<u>甘肃</u>,言:"<u>巴雅济</u>旧译见前。不能守国,故遣将代守。乞犒赐。"总制<u>邓璋</u>、<u>甘肃</u>巡抚<u>赵鉴</u>以闻,且请遣大臣经略,阁臣<u>杨廷和</u>等交章荐<u>泽</u>。

<u>泽</u>时驻<u>四川</u><u>保宁</u>,数请班师,方召还,未行而有是命。<u>泽</u>久在兵间,厌之,以乡土为辞,且引疾,推<u>璋</u>及<u>咸宁侯仇钺</u>可任。上优诏慰勉,乃行,督<u>延绥</u>、<u>宁夏</u>、<u>固原</u>军,驻<u>甘肃</u>。

24 六月,壬辰朔,<u>宁王</u><u>宸濠</u>奏请铸护卫及经历、镇抚司、千、百户所印,凡五十有八,诏予之,仍致书于王。于是<u>宸濠</u>益自恣,遣承奉<u>刘吉</u>等招江湖剧盗<u>杨清</u>、<u>李甫</u>、<u>王儒</u>等百余人入府,号曰"把势"。

25 乙卯,开<u>云南</u>银矿。

时有<u>云南</u><u>澜沧卫</u>军<u>丁周达</u>奏:"<u>云南</u>如<u>大理</u>、<u>楚雄</u>、<u>洱海</u>、<u>临安</u>等处,皆有银场,可采办以益国课。"下户部议,"银矿之弊,多派贫民陪纳,而利归奸徒。况近年久已封闭,岂可复开?"并请治<u>达</u>罪,诏不许,乃以太监<u>梁裕</u>等理其事。

26 丙辰,罢工部署员外郎<u>韩邦靖</u>为民。

初,<u>邦靖</u>言:"廷臣顷因灾变,极陈阙失,未见听纳。前后以言得罪者,未蒙召用。乞开延揽采择之门以收人心。"上怒,遂下锦衣狱。会以天热疏遣狱囚,而不及<u>邦靖</u>,给事中李铎等言："邦靖虽狂妄之见,出于忠恳之诚。乞原情听断以全国体。"乃付法司拟罪。诏"邦靖出位妄言,罢为民"。且谕吏部："自今凡言事黜谪者,毋再起用。"【考异】韩邦靖,三编作"兵部员外郎"。证之实录,盖工部主事署员外郎,疑即本部也,今从实录。

27 秋,七月,乙丑,小王子犯大同、宣府。

先是小王子与官军战于万全卫,得利去,总兵官仇钺以捷闻,而寇益深入肆掠。至是连营数十,复入宣、大塞,而别遣万骑掠怀安。

总制丛兰告急,京师戒严。乃命太监张永提督宣府、大同、延绥等处军务,都督白玉充总兵官,发京营官军二万人,以都督佥事昌佐、指挥姜义充左、右参将统之。又发宣府京营诸军凡六千二百四十人,命太监张忠监督,而以都督温恭充副总兵官,仍听永节制。

28 戊辰,寇自怀安掠顺圣川,游击将军张勋,守备田埼、广彪,皆力战死之。御史于鳌参劾总兵官刘淮、副总兵陶杰等,请逮治。兵部议,以"临敌易将,兵家所忌,俟事平勘处"。从之。

29 丙子,以旱灾,免顺天、河间、保定三府所属州县税粮。

30 壬午,巡按湖广御史王相奏："致仕兵部尚书刘大夏,历官中外四十余年,开节不通,门无私谒,天下高之。今年逾八十,家徒壁立,乞如例优其廪隶,并录其子。"下户部议覆,谓"宜从公论,特加优礼"。未几,忽传内旨已之,盖大夏主兵部时,于中人多所裁抑,故复为所沮云。

31 是月,加陆完太子太保,中官钱宁力也。

32 初,鞑靼别部额布勒、阿尔托苏等,旧作阿尔秃厮。避小王子,居甘肃塞上,渐深入,攻破堡寨五十三,杀掠官军居民一千二百有奇,孳畜器械粮饷亡失以数万计。

巡抚张翼等匿不奏,袭取塞上老弱残病及小王子所败亡者,断其首冒为首功,凡一千九百余级,其所斩获不及二百。以捷奏者先后十一次,每奏辄赐敕奖励,至增禄米,赐蟒衣,而寇炽如故。

至是巡按御史成文纪验功次,因劾翼等欺蔽状。会佥事张琩亦与翼讦奏,翼疑文主之,乃与总兵王勋撼奏文事,因辩其验功之枉。诏复遣给事中邵锡、刑部郎中闵槐往勘,具得其实,内批"且宥之"。盖翼等皆有内援故也。

33 八月,辛卯朔,日有食之。

34 癸巳,宁王宸濠奏:"迩者宗枝日繁,多以选用仪宾、点检、校尉为由,巧索民财,肆其横暴。乞降敕痛惩前弊。其有怙恶不悛者,许臣系治。"尚书陆完等誉其忠勤,请"如奏戒敕榜谕,及许王并治其不法者"。于是优诏褒答,并通行各省巡抚一体禁约。

是时宸濠逆焰方张,其为此奏,一以掩饰己罪,沽取美名,一以束缚宗支,肆其吞噬,而上不之觉也。

35 丁酉,以灾伤,免山百平阳府各州县税粮。

36 辛丑,以灾伤,免真定等四府税粮之半。

37 小王子寇白羊口及浮图峪,连营数十里,诏保定副总兵张勇、游击将军刘宝驰往御之。

38 乙巳,京师地震。岁星昼见凡十日。

39 己未,小王子入宁武关,掠忻州、定襄。宁化守备指挥陈经,率官兵三百余出城鏖战,久之矢尽,持刀奋击,力尽,死之,三百人几歼焉。

巡按御史劾"副总兵神周屡遭挫衄,请逮治"。诏周停俸戴罪。经及死事军士赠恤有差。

40 以灾伤,免陕西西安府、蒲城等二十一州县税粮。

41 九月,壬戌,小王子率五万余骑,自宣府万全卫新开口入,逾怀安,趋蔚州等处劫掠,又三万余骑入平虏城。南都御史丛兰、总兵官白玉等领兵追击,潜使人于田间置毒饭中如农家饷,而设伏以待。敌至中毒,伏猝发,多死者,乃引去。

42 癸亥,以旱灾,免庐、凤、淮、扬等府县夏税。

43 庚午,上以狎虎被伤,逾月不视朝。

先是上观搏虎,一日,虎迫上前,江彬趋扑乃解。上戏曰:"吾自足办,安用尔!"至是,果为虎所伤。

编修王思疏言:"孝宗皇帝子惟陛下一人,当为天下万世自重。近者虎逸于柙,惊及圣躬,臣闻之,且骇且惧!陛下即位以来,于兹九载,朝宁不勤政,太庙不亲享,两宫旷于问安,经筵倦于听讲。揆厥所自,盖有二端:嗜酒而荒其志,好勇而轻其身。由是戒惧之心日忘,纵恣之欲日进,好恶由乎喜怒,政令出于多门,纪纲积弛,国是不立。上天示警,日食、地震,宗社之忧,凛若朝夕。夫勇不可好,陛下已薄有所惩矣。至于荒志废业,惟酒为甚。陛下露处外宫,日湎于酒,厮养杂侍,禁卫不严。即不幸变起仓猝,何以备之？此臣所大忧也。"

疏入，留中者数日，忽传旨，降远方杂职。遂谪为三河驿丞。前此言事谪官者率有谴责语，至是不言，讳之也。恩为吏部尚书王直之曾孙，人以为无忝厥祖云。

44 是月，镇守陕西太监廖堂，进上用铺花毡幄一百六十二间。

先是传旨，以纸式尺寸令堂及巡抚陈寿依式制造，重门、堂庑、庖湢、户牖之属，无不悉具。自是上出郊祀，陈设幄幕，不复宿斋宫矣。堂以此朘削，赢金数万，将遗权幸。寿檄所司留备振，堂衔之，谋倾寿。未几，寿调南京兵部侍郎。

45 冬，十月，甲午，刑部主事李中上言："曩者逆瑾窃弄威权，陛下悟而诛之，天下莫不仰陛下之圣武。夫何今日大权未收，储位未建，义子未革，纪纲日弛，风俗日坏，小人日进，君子日退，士气日靡，言路日闭，名器日轻，贿赂日行，礼乐日废，刑罚日滥，民财日殚，军政日敝。瑾既诛矣，而善治一无可举，盖陛下之惑于异端也。夫以禁掖深严，岂异教所得杂，今乃于西华门豹房之地建护国佛寺，延进番僧，日与起处，忠言日远，邪说日滋。臣愿陛下毁佛寺，出番僧，以谨华夷大防；又妙选儒臣，朝夕进讲；则以上诸弊，可以次第革矣。"

疏入，不报。寻谪广东驿丞。

46 己酉，工部以修乾清、坤宁宫上请，命尚书李鐩督营建，工部侍郎刘丙总督四川、湖广、贵州采木，而以署郎中主事伍全于湖广,邓文璧于贵州,李寅于四川分理之,又遣官于浙江、江西、直隶、徽州等处收买竹木。既而传旨令太监谷大用、张雄总理,皆赐之敕。

47 戊午,敕左都督刘晖充总兵官,镇守山西地方兼提督三关,从兵部议也。

48 降吏科给事中张原为贵州新添驿驿丞。

原上疏言六事:"一汰冗食,一慎工作,一禁贡献,一明赏罚,一广言路,一进德业。"时原拜官未数月,传旨:"原骤升言路,辄摭往事奏扰。"遂有是谪。

49 十一月,庚申,命兵部选团营官军六千人,分前、后二营与勇士并四卫营,营各三千人,以右都督张洪、都指挥桂勇、贾鉴、李隆分领之,于西官厅操练。洪勇士营,勇前营,鉴后营,隆四卫营。

50 辛酉,废归善王当冱为庶人。——王,鲁荒王裔孙,庄王阳铸幼子也。

初,流贼攻兖州,当冱率家众乘城,取护卫弓弩射却贼,赐敕奖谕,遂以武健闻,数与卒袁质、舍人赵岩校射。质、岩家东平,武断为乡人所恶。同里吏部主事梁毂,少不检,颇倚质等为助,既贵,厌苦之,又与千户高乾有怨。会有衔质、岩者,诳毂云:"质、岩且为乱。"毂心动,因并指乾等,告变于尚书杨一清,兵部议"以大兵驻济南伺变"。而当冱父鲁王,入长史马魁瑙,言"当冱结质、岩欲反",虑祸及,奏于朝。

上遣司礼太监温祥、大理少卿王纯等往按问。围当冱

第,索其兵械,则前射贼弓弩半敝,谳縠所指皆平人。魁惧
事败,乃讽所厚陈环及术士李秀佐证之,复以书及贿抵镇
守太监毕真,使逮二人诘问。已而二人以实对,及书、贿事
为真所发,于是御史李轂臣劾縠、魁诬罔。而近幸方欲邀
功,责翰臣为叛人掩饰,下之狱,谪德州判官,而释縠等不
问。御史程启充疏言:"縠、魁煽惑流言,死不蔽罪。纵首
祸而谪言者,非匡体。"不报。

廷臣议当㳅罪,卒无所坐,乃以藏护卫兵器违祖制,废
当㳅为庶人。成质等肃州,所连逮多瘐死。魁坐诬当斩。

中官送当㳅之高墙,当㳅大恸曰:"冤乎!"触墙死。闻
者伤之。【考异】事见明史鲁王传中。明史本纪系之是月辛酉,据实录也,
今从之。

三编发明曰:赵岩、袁质,隶卒贱人耳,而当㳅与
之善。其武断乡曲,亦未必不倚藩府为声势,当㳅岂
得为无过! 然不过交游之滥,诬以作乱,初无实据。
而兵部张皇其事,即议驻兵伺变,遂至马魁挟怨而售
潜,鲁王惧祸以证子。迨按问无状,谳讯已明,当㳅卒
无所坐之罪,而以射贼既敝之弓弩,撝拾以断斯狱。
在近幸,贪功而乐祸,固不足深责。彼廷臣既正魁罪,
则宜为当㳅昭雪其诬,而复废为庶人,仍使含冤而死
于非命,岂得谓持谳之平哉!

51 庚午,小王子等入花马池,掠牧放官马五百三十二匹。
参将尹清追之,兵出百余里,与寇战于方山,中流矢死。陕
西总制邓璋以闻,诏巡按御史查勘。

52 癸未,以灾伤,免河南、开封等府、阳武等二十四州县秋粮。

53 是月,晋杨一清少傅兼太子太傅。

时给事中王昂,以选法不公劾一清,奉旨切责。一清上书自劾而保留昂,不许,谪昂休宁县丞。昂不避权贵,一清能受尽言,时两贤之。

54 十二月,壬辰,太白昼见,自上月甲申至是凡九日。

55 甲寅,工部奏:"营建宫室,庀材鸠工,计直白金百万两,请于南、北直隶及天下各府州县加赋于民,岁征十之二。恐征输不及,暂于内帑借其半以给用。"上终不欲动内帑,乃令于一岁中尽征之。自是催科旁午,海内骚然矣。

【考异】明史稿:"是月甲寅,加两畿、浙江赋一百万两,建乾清宫。"考明史则云:"建乾清宫,加天下赋一百万两。"据此,则一百万之赋,乃加之天下,非独两畿、浙江也。证之实录:"甲寅,工部奏营建宫室料价工役当用银百万两,宜派浙江等布政司并南、北直隶府州县均赋于民,每年带征十之二。"史稿所记,似即本此。然既云"浙江等布政司",则不但浙江也。明史改为"加天下赋"。此得其实。故三编亦据之,且中言"帝终不欲假用内帑,令于一岁中尽征之。"明史食货志不具,今据三编书之。

56 是岁,乾清宫灾,廷臣应诏言事者后先相望。

会昆山周广自莆田、吉水知县以治最征授御史,乃疏陈四事。其略曰:"三代以前,未有佛法。况喇嘛又释教所不齿者,耳贯铜环,身衣赭服,残破礼法,肆为奸邪,宜投之四裔以御魑魅。奈何令近君侧,为群盗兴兵口实哉!

昔禹戒舜曰:'毋若丹朱傲,惟慢游是好。'周公戒成王曰:'毋若商王纣之迷乱,酗于酒德。'今之伶人,助慢游迷乱者也。唐庄宗与伶官戎狎，一夫夜呼，仓皇出走。臣谓宜遣逐乐工，不复籍之禁内，所以放郑声也。

陛下承祖宗统绪，而群小献媚荧惑，致三宫锁怨，兰殿无征。虽陛下春秋鼎盛，独不思万世计乎！中人积有资产，犹畜妾媵以图嗣（续）〔续〕，未有专养螟蛉，不念祖宗继嗣者也。义子钱宁，本宦竖苍头，滥宠已极，乃复攘夺货贿，轻蔑王章，甚至投刺于人，自称‘皇庶子’，僭逾之罪，所不忍言。陛下何不慎选宗室之贤者，置诸左右，以待皇嗣之生！诸义儿养子，夺其名爵，乃所以远佞人也。”

末复言："近今讨贼不效如陈金、陆完辈，宜加以切责，令克期成功以赎前罪。"

宁见疏大怒，留之不下，传旨谪广东怀远驿丞。主事曹琥论救，亦被谪。宁怒不已，使人遮道刺广，广知之，易姓名变服，潜行四百余里，乃免。

武定侯郭勋镇广东，承宁风旨，以白金试广，广不受。伺广谒御史，摄致军门，箠击几死，御史力救之始解。【考异】事见明史广传。传中不言因灾变陈言，而疏中所论皆近日事，今增系之是年之末。

明通鉴卷四十六

江西永宁知县当涂 夏　燮 编辑

纪四十六 起旃蒙大渊献(乙亥),尽柔兆困敦(丙子),凡二年。
武宗毅皇帝

正德十年(乙亥、一五一五)

1　春,正月,癸亥,享太庙。薄暮乃成礼还。

2　乙丑,以大祀天地,誓戒致斋。比夜乃传旨免朝。

3　戊辰,大祀南郊。是夜,漏下二鼓始还宫。【考异】享太庙不常书,此以薄暮,讥失礼也。实录,享太庙不书薄暮。而证之王良佐疏中,言"正月初五日躬祀太庙,薄暮方出行礼"。故明史于太庙、南郊皆书"薄暮",今据之。

4　乙亥,大学士杨廷和等,请谨视朝之节以观示臣民,严官卫之防以消弭祸变。庚辰,吏部尚书杨一清等言:"比岁视朝太稀,又复大晚,或日西,或薄暮。入春以来,渐至昏夜,日月之光既远,上下之情不达。"又言:"陛下亲阅禁兵,以天子之尊行将帅之事,以禁密之地为攻战之场,震撼喧呼,以夜继日。既无警跸之规,复乖堂陛之分。"皆不报。

于是六科给事中<u>李阳春</u>、十三道御史<u>于鳌</u>等皆以为言,而给事中<u>王良佐</u>言尤切。

其略曰:"郊庙之祀,天子必省牲,必誓戒。散斋致斋,有常期,有专所。当祭之日,夙驾而往,行礼之际,无贰尔心,期昭假也。迩者正月初五日躬祀太庙,薄暮方出行礼,则登献夙戒之馐不将败恶,与祭敛戢之容不浸懈息者寡矣。初十日郊祀,初七日当誓戒。臣等导驾,与百官具朝服候至夜漏下,忽见执驾之人一呼而散,宿卫之士群噪而奔。臣等仓集左掖,昏暗中传闻免朝,不知旨从何出,皇惧失措,徘徊久之。至初九日,车驾当临斋宫,百官莫不晨趋以俟。乃薄暮方往,仓猝至坛行礼,行礼甫毕,旋即下营。臣愚不知陛下此行,果事天邪,抑游幸也? 及次日驾还,复至夜分,城门失启闭之常,禁阆纵驰骋之乐,一切非时与制矣。又,凡令节大朝贺每至昏暮,而司晨之官尚报卯时,传之四方,所损非细。乞自今,祭祀朝贺之期,经筵讲书之候,起居寝兴之节,务各及时遵制举行,则事天事祖与百凡纲纪,无不毕张矣。天下幸甚!"不报。

5 是月,<u>小王子</u>犯<u>潮河川</u>。

6 御史<u>张翰</u>上言:"旬日以来,民间相传,谓朝廷欲博选女子以充后宫。凡有女之家,未字者不择婿而配,及笄者不备礼而成,甚至藏于姻党之家,致帷薄之议。京师如此,传之天下,惊疑益甚,上亏圣化,下斁彝伦,乞敕礼部榜谕,以解万民之惑。"不报。

寻有无赖子数辈,挟二媪为媒氏,乘夜猝入<u>李</u>姓者家,强舁其女去。次夕,复强舁祁氏女,不从,相诟争,为逻卒所获。诘其名,乃蔡明、冯玉、吴纲、安亨也。锦衣卫以闻,诏令都察院禁约之,人心始安。

7 二月,庚寅,直隶定远县流寇之乱,妇女不受贼污而死者,有司奏请旌表居氏、丁氏等凡五十六人。礼部议:"立坊,人众不能遍及,宜如近例刻石于旌善亭以彰贞烈,人给银三两以资敛葬。"报可。

8 巡按广东御史高公韶奏:"韶州故有唐宰相张九龄祠。考九龄子拯为伊阙令时,安禄山陷河、洛,拯不受伪官,坚守臣节,忠义著闻,而独遗从祀。(以)〔似〕为阙典。"礼部议覆,祔祀九龄祠。

时部议又请以故大学士丘濬祔祀苏轼于琼州奇甸书院,亦从之。

9 辛卯,免南直隶凤阳等府、滁徐二州及中都留守司所属州、县、卫、所被灾者去年秋粮。

10 丁酉,给西域乌斯藏大德法王诰命。

上崇信西僧,常袭其衣服演法。内厂有绰吉我些儿者,出入豹房有宠,遂封大德法王。至是遣其徒二人还乌斯藏,请给国师诰命如大乘法王例,岁时入贡,且得赍茶以行。

礼部尚书刘春持不可,上命再议。春执奏曰:"乌斯藏远在西方,虽设四王抚化,其来贡必有节制,使不为边患。若许其赍茶,给之诰敕,万一假上旨以诱羌人,妄有请乞,不从失异俗心,从之则滋害。"奏上,罢赍茶,卒与诰命。【考异】事见明史春传。证之实录,在是月丁酉,今据之。

11 乙卯,寇入延绥、宁夏地方。

时总督彭泽奏:"甘肃稍宁,宜令邓璋处置陕西。一省有总制、总督,恐多牵制。"并以疾乞休致,不许。至是兵部议,"令泽将原调延绥、固原人马发回本处防御"。从之。

12 三月,丙寅,大学士杨廷和丁父忧,请回籍守制,上令内阁吏部查奏起复例。廷和不俟复,上疏言:"臣自母丧至今,不得见父者十有四年。一旦抱恨终天,冀得早从礼制,亲视殡葬,此心庶可少安,陛下幸以礼全臣!臣今五十六岁,计制满不及六十。古者大夫七十致仕,臣若未即就木,尚有十年堪备任使。是臣以三年报父,以十年报陛下,是尽孝之日少,尽忠之日多也。用是不俟查覆,辄敢以情上渎。惟陛下察其愚衷,不使臣以哀苦抑郁成疾,虽臣父亦啣结于九原矣。"不允。【考异】明史本纪,廷和丁忧在是月壬申,证之实录系丙寅。盖廷和三请准奔丧,本纪盖据其得请之日牵连并记耳。今据实录。凡三请,壬申,始得旨令奔丧,敕给驿,遣行人一员护送,仍俟葬毕起复。比廷和至家,复三疏辞,始听终制。阁臣之得终父母丧者,自廷和始也。

13 癸未,广东布政使罗荣等入觐,各言镇守内臣入贡之害;礼部尚书刘春,因列上累朝停革贡献诏旨,且言四方水旱盗贼军民困苦状,乞罢诸镇守内臣,不纳。

14 谪户部主事戴冠为广东乌石驿丞。

冠在户部,见宠幸日多,廪禄多耗,乃上疏极谏。其略曰:"古人理财,务去冗食。近京师势要家,子弟僮奴,苟窃爵赏,锦衣官属,数至万余,次者系籍勇士,投充监局匠役,不可数计，皆国家蠹也。岁漕四百万石，近水旱，所入不及前而岁支反过之，计此辈所耗盖三之一，陛下何忍以赤子膏血养此无用之蠹乎？兵贵精不贵多，边军生长边上，习战阵，足以守御。今遇警辄发京军，而宣府调入京操之军，屡经臣下论列，坚不遣还，不知陛下何乐于边军而不为关塞虑也？天子藏富天下，务鸠聚为帑藏，是匹夫商贾计也。逆瑾既败，所籍财产，不归有司而贮之豹房，遂创新库。夫供御之物，内有监局，外有部司，此库何所用之？”

疏入，上大怒，遂有是谪。

15　夏，四月，丙辰，下江西副使胡世宁于狱。

初，宁王宸濠闻世宁劾己，大怒，乃奏世宁离间，列其罪，遍赂权幸，必欲杀世宁。章下，右都御史李士实，宸濠党也，与左都御史石玠等劾“世宁狂率当治”。命未下，宸濠奏复至，指世宁为妖言，乃命锦衣官校逮捕。

时世宁迁福建按察使，闻之，间道走京师，自系都察院，复奏其畏避掩饰，得旨，下镇抚司拷掠。

于是御史徐文华言：“世宁之论宁府，非特为朝廷，亦为宁王虑也，安有所谓妖言诽谤，离间懿亲者耶！宁府隐蔽之事，岂惟世宁知之，痛之，忧之，中外之臣亦知之，痛之，忧之矣，但人多顾忌而世宁则忠于谋国耳。乃以忠获罪，始令御史逮系，复发官校捕解。世宁恐惧，间关赴诉，其情盖有难于显白者。夫人臣上为国家，下为宗室，发愤毕诚，图画安危，言适启其口而灾旋逮于身，亦可哀已！比见宁王乞护卫则予护卫，乞屯田则予屯田，凡玺书之褒嘉，恩礼之稠叠,诸宗藩未能或之先也。威势日以张大,失今不戢,容有纪极乎!<u>江西</u>之臣,畏其隐祸,莫敢显言。<u>世宁</u>一言及之,置之重法,异日谁复敢为陛下言者!臣以为杜天下之口,夺忠鲠之气,弱朝廷之势,长宗藩之威,招意外之虞,皆自今日始,可不为寒心哉!乞履霜谨始,曲赐优容,庶远僭逼之嫌,全治安之体。"不听。

<u>世宁</u>于狱中三上书言<u>宸濠</u>逆状,卒不省。系岁余,言官<u>程启充</u>等又交章论救,<u>杨一清</u>以危言动<u>钱宁</u>,乃论谪戍。居三年而<u>宸濠</u>果反。【考异】<u>纪事本末</u>、<u>明书</u>及<u>宪章录</u>皆记<u>世宁</u>下狱于十年十月,盖据其谪戍<u>辽东</u>牵连并记耳。<u>明史世宁传</u>在九年,而末言"岁余论谪戍",则下狱在九年,谪戍在十年也。今证之<u>实录</u>书是月丙辰,从之。

16 闰月,辛酉,以吏部尚书<u>杨一清</u>兼武英殿大学士,入内阁预机务。先是<u>一清</u>再推内阁不用,及是<u>杨廷和</u>以忧去,遂代之。

<u>一清</u>言:"累朝简用内阁,皆翰林馆阁之英,其自别衙门进者,仅有<u>李贤</u>、<u>薛瑄</u>,盖极一时之选。近年援此滥及,士林以为訾议。如臣者,论才行既非前<u>李贤</u>、<u>薛瑄</u>之伦,又出今<u>刘春</u>、<u>蒋冕</u>之下,顾使处非其据,必至自贻罪愆。"疏入,温旨趣令供职,不必固让。<u>一清</u>再辞新命,不许。

17 戊寅,召总制<u>甘肃</u>左都御史<u>彭泽</u>还。

初,<u>泽</u>奉命未至,贼遣兵分掠<u>赤斤</u>、<u>苦峪</u>诸卫,声言"与我金帛数万,乃归城印"。<u>泽</u>抵<u>甘州</u>,谓番人嗜利,可因而款也,遣通事<u>马骥</u>谕,"还侵地及王,当予重赏"。<u>莽苏尔</u>即满速儿,见前。伪许之,<u>泽</u>即赐舍音和珊即写亦虎仙,见前。以币二千、银酒枪一往略。未得报。<u>泽</u>辄奏"番酋悔过效顺,事已平”，上乃召泽还。巡按御史冯时雍言：“城未归，泽不宜遽召”，不纳。既而哈密卒不能复。

18　癸未，兵科给事中安金奏言：“京师四方之则，比年俗尚太奢，宴会丰腆，居室宏丽，锦绣珠玉下饰于倡优，庵院祷祠深惑乎民庶。乞严加厉禁。”会南京吏部郎中欧阳诰奏请续增问刑条例，礼部议“以禁止奢俗增入例中，通行天下”。报可。

时大臣有设宴以会钱宁者，一席之费遂至千金。盖风俗之坏，自上导之，虽有禁令，徒为具文耳。

19　丙戌，时方建乾清、坤宁二宫，役重费繁，而内官监复请营太素殿及天鹅房、铅坞等工。大学士梁储偕同官靳贵、杨一清切谏，不听。

20　是月，以陆完为吏部尚书。王琼始擢户部尚书，至是改兵部，代完也。

是时廷议以尚书首推彭泽，而琼以中官之援，内批特用。由是泽与琼遂有隙。

21　乌梁海朵颜卫入寇。

时朵颜都督有花当者，恃险而骄，数请增贡加赏，不许。至是花当子把儿孙，以千骑毁鲇鱼关，入马兰谷大掠，参将陈乾及指挥谈茂、千户马英、百户田营等，皆力战死之。【考异】事见明史三卫传。实录统系之六月下，盖据遣桂勇往御之月日，故其叙马兰谷之役，系以“初”字。明书及宪章录皆系寇马兰为闰月，今从之。惟宪章录谓“朵颜通小王子部落乌梁海入寇”，误也。乌梁海即朵颜三卫，与小王子部落自别。明史传中但书“陈乾战死”，其谈茂、马英等据实录增。

22　五月，壬辰，云南赵州永宁卫地震，逾月不止，有一日二三十震者。黑气如雾,地裂水涌,坏城垣、官廨、民居不可胜计。死者数千人,伤倍之。地道之变,此为最烈云。

23 戊戌,礼部尚书刘春奏:“西番俗信佛法,故祖宗承前代之旧,设立乌斯藏诸司及陕西洮、岷,四川松潘诸寺,令化导番人,许之朝贡,贡期人数,皆有定制。比因诸番僻远,莫辨真伪,中国逃亡罪人,习其语言,窜身在内,又多创寺请额,番贡日增,宴赏繁费。乞严其期限,酌定人数。每寺给勘合十道,缘边兵备存勘合底簿,比对相符,方许起送。并禁自后不得滥营寺宇。”报可。

24 是月,都察院左都御史石玠迁户部尚书,彭泽还任左都御史,起前佥都御史王璟为右都御史。

25 六月,庚申,起致仕参政吴廷举为广东右布政使兼按察司副使。

时岭西猺贼窃发,廷臣荐廷举才略可任,故有是命。

26 己巳,朵颜卫花当等分道内侵,命都督佥事桂勇充副总兵官御之。

虏率五百骑入板场谷,千骑入神山岭,又分掠水关洞,勇统团营西官厅三千人守马兰谷。花当退屯红罗山,遣其子入朝请罪,诏释不问。

27 辛未,大学士梁储等言:“近窃闻圣驾自西安门出外,经宿而回,不知临幸何所?臣等初闻,未敢遽信,既而道路相传,众口藉藉,使臣等心志忧惶,神魂飞越。窃惟天子出入,必备法驾,传警跸,将士环列,百官扈从,所以严至尊之分,防意外之虞也。且如南郊大祀,不过一宿,虎贲之旅,鹰扬之将，周旋左右，而直庐拱卫官军万余，警柝之声，夜以达旦，至于皇城各门，亦令勋戚把守，祖宗之法，至为详备。今圣驾无故而出，不知防卫者何兵，扈从者何人，居守者何官，文武群臣，茫然不闻。万一衔橛之虞，寇盗之变，出于意外之所不及，未知何以备之？夫千金之子，坐不垂堂，况陛下一身乃宗庙社稷之主，纵不为身惜，独不为宗庙社稷计乎！此必有左右群小，贡谀希宠，倡引事端，蛊惑聪听。伏乞陛下端拱深居，严内外出入之防，正堂陛尊卑之分，戒非时之宴游，屏无益之玩好。仍遣查究导引出入之人，置之于法，以彰刚断之德，解臣民之疑，宗社幸甚！"疏入，不报。

28 秋，七月，乙未，俞谏讨江西贼徐九龄，平之。

初，谏至建昌，九龄率其(傥)〔党〕奔湖广，已，复拿舟遁还醴源，诸军进蹙之。丰城知县吴嘉聪，率众先登，禽其从颜曰和等二十一人。余贼冲入，高安主簿袁瑶败之，瑶亦战死。九龄引众夜遁，副使宗玺扼之于青头冈，会南昌同知汪颖兵合击之，斩九龄及其党余长子、徐九祥等。前后禽斩首从四百八十一人，俘一百四十一人，醴源遂空。

捷闻，进谏右都御史，巡抚如故。

29 己亥，建太素殿成，比旧尤华侈。凡用银二十余万两，役军匠三千余人，岁支工米万有三千余石，盐三万四千余引。

是时工役繁兴，禁中自乾清大役外，如御马监、钟鼓司、南城豹房、新房、火药库，皆一新之。中外因缘为利，权奸、奄人所建庄园、祠墓及香火寺观,皆取给于此。时以为木妖土灾云。

30 是月,总制陕西邓璋奏:"虏入瓦亭、隆德等处,官军御之,斩首五级,千户王友等九人死之。"【考异】明史五行志书是年"七月,文安水忽僵立,是日大寒,结为冰柱,高围俱五丈,中空旁穴。数日而贼至,民避穴中,坐全者甚众。"弇州史乘考误,谓"语本杨慎丹铅余录。录言正德中事,土人谓之'河僵',此固灾异也。不知五丈之冰穴藏得几许人,又不知不为照见否,不冻死否? 我能往,寇亦能往,避兵之说,恐未可信也"。按文安被贼乃六年事,故二申录载之六年辛未,似为近之。若实录则十年七月并无此事也。今附识于此,不入正文,以年月恐误耳。

31 八月,丙寅,小王子以十万余骑自花马池入固原,联营七十余里,肆行劫杀,城堡为空。

巡按陕西御史常在,奏劾总兵官潘浩、都御史边宪及太监廖堂等,诏遣给事中一人往会巡按御史勘实以闻。【考异】明史本纪系犯固原于是月丙寅。据实录,巡按御史劾潘浩等事在九月,奏称"八月十二日,虏自花马池入固原"。是月乙卯朔,丙寅即十二日,史盖据原奏中语也,今从之。明史稿同。

32 是月,礼部尚书刘春以忧去。

春掌礼三年,慎守彝典;宗藩请封请婚及文武大臣祭葬赠谥,多所裁正。至是以吏部左侍郎毛纪代之。

33 九月,辛卯,小王子犯陇州,其别部额布勒复犯洮、岷。命右都督张洪充总兵官,提督陕西军务,领京营兵五百人以行,洪以兵少,请调宣府、辽东兵五千,许之。

给事中安金等言:"延、宁、甘、陕兵可十万,素称雄劲,何必复出禁军,调度往返,动以旬月,又远赴数千里外,迟回道路,而寇已过河矣。况三屯营山海关兵马,俱以应援蓟州，密迩京师，备亦未可轻撤。"诏"已有处分"，不纳。

34 壬寅，起前总制江西、左都御史陈金总督两广军务兼巡抚。时府江贼王公珣等为乱，廷议起金讨之，故有是命。

35 冬，十月，庚申，兵部尚书王琼奏："首级论功，乃嬴秦之弊政，行之边方，犹未为害，未有内盗窃发而行首功之令者也。顷年盗起，部臣谬建此议，差官纪功，但凭耳记，致使官军惟贪首功，无志灭贼。如江西、四川等处，妄杀平民，何止千万，官日滥升，贼复弥炽，皆是故也。向使下令领军官，有能剿灭剧贼者，不吝升赏，惟不许开报首功，则岂有今日之弊哉！"从之，遂革前议。

36 甲子，以水灾，免南直隶长洲、常熟、嘉定及苏州卫秋粮。

37 丙寅，浙民日者曹祖，告其子鼎为建昌侯张延龄家奴，与延龄谋不轨状，击登闻鼓上诉。诏下之狱，将集廷臣鞫之，祖忽仰药死。

时上颇疑延龄，复命刑部穷诘祖死状，而狱无左证，事遂寝。然自是上亦疏鹤龄兄弟，遂罢朝参。【考异】事见明史外戚传。证之实录，言'寿宁侯鹤龄兄弟"，盖延龄实主之也。明史又言"延龄后为指挥司聪所讦，并及祖前所首事"，是前后皆延龄一人事。而祖之死，核之延龄后杀司聪，焚其尸，则祖死亦必延龄为之，特廷臣畏势，不敢穷诘耳。今仍据明史本传。

38 是月，擢河南布政使孙燧为右副都御史，巡抚江西。

初，宁王宸濠有逆谋，巡抚王哲死，董杰代之，仅八月亦死。自是任汉、俞谏皆岁余罢归。燧以廷臣荐代之，闻命，叹曰："是岂死生以之矣。"遣妻子还乡，独携二僮行。

【考异】王哲巡视江西见前,然据本传,似哲实为巡抚,而任汉、董杰代之,若考其时事,则哲与汉同在江西,并非汉代杰、哲也。今据本传书之,俟考。

39 十一月,甲辰,福建巡按御史毛伯温,劾奏"大理寺卿陈珂,先任福建布政,赃迹昭著。今俨在九卿之列,乞即罢黜,或令自陈,以为牟利者戒"。不许。

40 丙午,以水灾,免浙江杭州府八县、湖州府六县、台州府一县夏税。

41 己酉,命司设监太监刘允往乌思藏赍送番贡等物。

时左右言西域胡僧能知三世上人,谓之"活佛",上欣然欲一见之,命查永、宣间侯显入番故事,遣允乘传往迎。

阁臣梁储等言:"祖宗朝虽尝遣使西番,盖因天下初定,藉以化导愚胡,镇抚荒服,非信其教而崇奉之也。承平之后,止因其来贡,厚加赏赍,未尝轻辱命使,远涉其地。今忽遣近侍往送幢幡,朝野闻之,莫不骇愕。而允奏乞盐引至数万,动拨快马船至百艘,又许其便宜处置钱物,势必携带私盐,骚扰邮传,为官民患。今蜀中大盗初平,创夷未起,在官已无余积,必至科敛军民,铤而走险,盗将复发。况自天全六番出境,涉数万之程,道途绝无邮置,人马安从供顿! 脱中途遇寇,何以御之? 亏中国之体,纳外番之侮,无一可者。所赍敕书,臣等未敢撰拟。"上不听。礼部尚书毛纪、都给事中叶相、御史周伦、徐文华等并切谏,亦不听。

允行,以珠玭为宝幡,黄金为供具,赐其僧金印袈裟,及其徒馈赐以巨万计。敕允往还以十年为期,所携茶盐以数千万计。

允至临淄,漕艘为之阻截。总督漕运丛兰往谒,不见,索舟五百余艘,役夫万余人。兰驰疏极陈其害,不报。

比入峡江,舟大难进,益以艋舺,相连二百余里;至成都,日支官廪百石,蔬菜银百两,锦官驿不足,取旁近数十驿供之。又治入番器物估值二十万,守臣力争,减至十三万。工人杂造,夜以继日,居岁余,始率千户十人、甲士千人以行。

越两月,入其地,番僧号"佛子"者恐中国诱害之,不肯出。允部下人皆怒,欲胁以威;番人夜袭之,夺其宝货器械以去。军职死者二人,二卒数百人,伤者半之,允乘马疾走仅免。

复至成都,仍戒其部下讳言丧败事,空函驰奏乞归,则上已龙驭上宾矣。【考异】三编书于十月,今据实录系之是月己酉日,并终言之。

42 十二月,癸丑朔,日有食之。

是日,以明年南郊,大祀省牲,礼部请移之次日,因言:"视牲乃郊祀之始,日食乃天变之征。今大礼将举,忽遭此变,上天示戒亦昭然矣。伏望顺承天意,益加敬畏。自兹以往,凡郊社有事,起居必以其道,出入必以其时,一遵祖宗典训而慎行之,至于朝贺燕享莫不然,则天心感格,灾变不足弭矣。"不纳。

43 浙江布政使方良永乞致仕。

是时钱宁鬻钞于浙,钞敝价重,皆抑配于民。良永上疏言:"浙省近年兵荒相继,食且不给,岂有赢余买此无用之物?若借公帑以奉私征,臣又不能,请诘责罢之。"

疏入,宁大怒,欲中以危法,或说之曰:"彼岂畏罪,害之适成其名耳。"宁乃止,密召所遣人还。

良永待罪久之,乃以母老身病,再疏恳辞,许之。

44 丙辰,下宁波知府翟唐于狱。

先是浙江市舶太监崔珹,藉贡物扰民,为唐所裁抑;奸民附珹为恶,唐执而笞之,寻病死。珹奏"唐阻格贡献,笞杀所遣人",上怒,逮下镇抚司拷治。巡按御史赵春等交章救之,给事中范洵亦言:"唐被逮日,军民遮道涕泣。请宥令还任。"不纳。

上方宠任宦寺,势甚恣,中外官与抗者,为所诬陷辄得罪。时太监在边者凡四人:珹主市舶,王堂为镇守,晁进督织造,张玉管营造。爪牙四出,民不聊生。佥事韩邦奇疏请禁止,堂亦奏邦奇阻格,下狱。

有工部主事王銮,出辖徐、沛闸河,织造中官史宣过其地,索挽夫千人,沛县知县胡守约给其半。宣怒,自至县捕吏,銮助守约与抗。宣奏于朝,逮系狱。

御史张经出按宣府,发镇守太监于喜贪肆状,为喜所讦。

同时又有主事王瑞之及御史施儒等,皆入中官谮,先后逮治。

于是给事中徐文溥言:"朝廷刑威所及,乃在奄寺一言,旗校络绎于道途,搢绅骈首于犴狴,远近震骇,上下屏气。向一瑾乱政于内,今数瑾纵横于外。乞治珹等诬罔罪。"上终不省,文溥遂引疾去。

于是唐、邦奇等，或谪外，或罢为民。——邦奇，员外郎邦靖兄也。【考异】三编系下翟唐狱于是月，因汇记中官构邦奇等诸人事。证之实录，唐下狱在是月丙辰，而中官所构诸人，皆两年前后间事。今牵连记之，并据明史文溥传中补入王瑞之、施儒二人。

45 戊午，宁王宸濠奏淮王祐棨过失，并请逮淮府官校。濠不俟命，辄捕其长史主典，箠击之，死狱中。诏遣官勘问，皆如濠指，乃逮淮府官校，坐谪戍边卫者二十八人，仍敕谕淮王戒饬之。

初，淮王先世有古琴，名"天风环佩"，其音殊绝，宸濠谋之不得，遂构此隙。时濠久蓄异志，以饶郡湖地沃衍，阴怀吞噬心，王畏其威，讫不敢奏辨也。

46 己卯，以旱灾，免庐、凤、淮、扬四府及徐州被灾秋粮。

47 是冬，北部额布勒自洮、岷入犯，松潘卫番人磨让六少等乘机作乱，为之向导，西土大震。巡抚都御史马昊，招土番为间，发兵捕击之。千户张伦等夜率熟番禽磨让六少，额布勒遁去。昊以松潘地险阻，番人往往邀劫馈运，乃督参将张杰等修筑墙栅，自三舍堡至风洞关，几五十里。赐敕褒之。【考异】据实录，系之十二月丙辰，盖据马昊报捷之月日也。其叙寇入松潘，系以"初"字，核以九月额布勒寇洮、岷，则入松潘在十月以后也。今统系之是年冬下。

48 以冬无雪，遣定国公徐光祚、礼部尚书毛纪等祭告天地、社稷及山川、城隍之神。

十一年（丙子、一五一六）

1 春，正月，戊子，浙江道御史程启充上言："自古帝王莫不勤惕匪懈，所以畏天命，收人心，励臣工，威（中外）〔夷狄〕者也。近者正旦令节，文武百官，四夷八蛮，待漏入贺，迄酉而礼始成，及散朝则夜已久矣。枵腹之众，奔趋赴家，前仆后踬，互相蹂践。有将军赵朗者，竟死禁门；其他臣僚以下，失簪笏，毁冠裳，至相慰以得生为幸。而午门左右，吏觅其官，子呼其父，仆求其主，喧如市衢，声彻庭陛。万一变起仓猝，何以御之！即今郊祀在即，伏愿昧爽而起，勤于视朝，屏弃游宴，则与古帝王一道矣。"疏入，不报。

2 乙未，大祀南郊。

先是大学士梁储等请以是日子时诣大祀殿行礼，从之。越日，给事中潘埙言："顷者大祀天地，凤驾出郊。行礼有度，颁宴以时，臣工颂于朝，军民歌于市，莫不曰圣德维新，太平有象矣。臣愿陛下思今日所以动人心之欢，即知前日所以拂人心之望。

日之出为朝，朝则志气清明，君子听政时也；日之入为夜，夜则精神收敛，君子宴息时也。故古先圣王，验出入之景，制寝兴之节；而或俾昼作夜者，诗人刺之。迩来视朝渐稀，每朝必晏，群臣因而偷安，或过朝不入，或入朝不早。〔散朝之际，〕喧呼蹂践。甚者元旦之贺，蹂死力士，而使外蕃蛮使见之，不惟传笑，亦且生侮，此非细故也。

至于经筵不举，庙祀不亲，游神于离宫，役志于群小，辅臣不得言，近臣不肯言，群臣不敢言，所以任情逸豫至于此也。

诚愿自今伊始，早朝听政，率循旧规，庙祀必躬，经筵必举,任一时之劳,贻四海之安,则斯劳也,祗其所以为乐欤! 昔文王自朝至于日中昃,不遑暇食,故台池鸟兽之乐得以享之。陛下欲享其乐,当自勤政始。"疏入,不报。

3 庚子,给事中徐文溥等言:"储贰者,天下大本,国家治乱所攸系也。陛下龙飞以来,螽斯未衍,为臣子者,咸怀隐忧。窃惟汉文帝即位二年,群臣请豫建太子;唐宪宗立四年而李绛请;宋真宗改元五年而田锡请;仁宗未及十载,预育宗室宫中;高宗甫二十四,择立艺祖之后。此数君者,未尝以早为忤,诚明哲知大计也。陛下改元逾四君之期,春秋越高宗之岁,岂宜复有待耶? 窃愿援前代故事,择(完)〔宗〕亲育之禁近,俾中外知圣心所属,杜绝觊觎,实为万世至计。"疏入,不报。

未几,大学士梁储复力言之。亦不报。

4 二月,甲寅,给事中潘埙言:"迩闻西安门外积庆、鸣玉二坊居民哗传,以为朝廷有所兴作,或云欲添设教场,或云欲创造私第。今京师军弋房屋皆吞并于势豪,二坊托帝居以为固,且犹不免。此必左右近幸,时出新奇可喜之事以惑圣心,非陛下本意。宜谕坊民以安其心。"

时四镇军操练,毁二坊民居,造皇店酒肆,建义子府,故埙言之。御史熊相、曹雷亦以为言,皆不报。

5 戊午,遣刑部郎中留志淑等十三人分行天下,审录罪囚。

旧制,审录官率五岁一遣,以正德五年盗起暂免,至是以御史周伦言,刑部请如旧例,从之。

6　庚申，召巡抚江西、右都御史俞谏还。

先是宁王宸濠以谏不附己，讽所厚御史张鳌山首劾之，遂有是命。谏寻乞致仕，许之。

7　壬申，传旨“以太监张忠、都督许泰分领东、西两官厅，都督江彬兼领之。”上又别领群奄善骑射者为一营，号“中军”，晨夕驰逐，甲光照彻宫苑，呼噪声达九门。上时临阅，谓之“过锦”，言望之如锦也。

诸军悉衣黄衆甲，中外仿之，虽金绯盛服，亦必加此于上，下至市井细民亦皆披之。泰等更于遮阳帽上飘靛染天鹅翎，以为贵饰，贵者飘三翎，次二翎。时兵部王琼得赐一翎，冠以下教场，自谓殊遇，时论鄙之。【考异】东、西两官厅设于八年初，以江彬、许泰分领。至是东官厅易以张忠，改命江彬兼领也。今据实录分书之。

8　戊寅，巡按直隶御史屠侨言：“近奉旨，‘令居庸关太监李嵩等禽致虎豹生者’。臣惟虎豹非一人之力所能致，必广集徒众而后可得。今边关烽火方急，顾乃撤防守诸兵尽赴山泽捕虎豹邪？且居庸东北，陵寝在焉，今为捕虎豹震惊陵寝，尤非所宜。乞寝前命。”不报。

9　三月，壬午，内旨授马昂为右都督。

昂初为延绥总兵官，以奸贪骄横劾罢。有女弟，善歌能骑射，嫁指挥毕春，有娠。昂因江彬夺归，进于上，召入豹房，大宠，遂升昂职，其弟炅、炅，并赐蟒衣，大珰皆呼之为舅。赐第太平仓东，熏灼动京师。都给事中吕经等言：“陛下果为皇储之图，自宜传选世族以备嫔御，奈何溺卑污以自亵！且闻昂及其子弟，出入宫禁，肆无忌惮，又树立徒党以为羽翼。小人之情无厌,失今不治,后悔何及! 伏望将昂显示诛戮,并斥所入孕妇以息人言。"

御史徐文华、张淮等亦以为言。文华言:"中人之家尚耻再醮之妇,以万乘之尊而顾为此,反之于心则未安,宣之于口则不顺,传之于天下后世则可丑。为陛下进此者,其罪可族。若谓其多技能而甚宜子,陛下悦彼甘言,已婚未婚,有娠无娠,皆不及计。万一防杜未周,不幸而有李园之徒抵隙以进,岂细故哉! 望早赐诛遣以绝祸源。"皆不报。

越数日,都给事中石天柱复上疏曰:"臣等议出孕妇,未蒙进止,窃疑陛下之意将遂立为己子欤? 秦以吕易嬴而嬴亡,晋以牛易马而马灭。彼二君者,特出不知,致堕奸计,谓陛下亦为之邪? 天位至尊,神明之胄尚不易负荷,而况幺麽之子! 藉使以陛下威力成于一时,异日诸王宗室,肯坐视祖宗基业与他人乎? 内外大臣,肯俛首立于其朝乎? 望亟遣出,以清宫禁,消天下谤。"卒不报。

上数从数骑过昂饮。一日酒酣,召昂妾,昂以妾病辞,上怒而起,昂惧,复结太监张忠进其妾杜氏,遂传升㲼都指挥,㲼仪真守备。昂喜过望,又进美女四人谢恩。然马氏宠后亦渐衰。

10 庚寅,巡按直隶御史卢雍言:"近日军民人等相传,谓朝廷欲于宣府盖造行宫。惟宣府北邻虏寇,风土气候与内地不同,人君一身为宗庙社稷主,岂有轻于临幸之理! 而小民无知,互相煽惑,以为万一营建,规制必广,民居必被拆毁,土木之役又将取给,其何以堪? 请榜谕明示以杜民疑。"不报。

时江彬宠幸，数导上远游，因言"宣府乐工多美妇人，且可观边衅"。逾年而遂有宣府之幸。【考异】为上幸宣府张本。证之雍言，则是年已建行宫矣，今据实录年月增。

11 夏，四月，丁巳，以久旱，命定国公徐光祚等祷雨，祭告天地宗庙社稷。

时大学士梁储等以灾异请策免，得旨慰留。

12 丙寅，赐宁王宸濠所建书院曰阳春，从其请也。

濠久蓄异志，厚赂中人，凡所奏请，朝入夕允。又假文墨以诱致宾客，而奏章上请，乃以河间、东平自拟云。

13 先是以旱灾，礼部奏请修省。报曰："上天示戒，灾异频仍。事关朕躬者已知之。中外官其同加修省以回天意。"

癸酉，给事中徐文溥上言："陛下顷因灾异，下令修省，谓'事关朕躬者皆已知之'。臣惟兹一念之诚，足以事上帝，迓天休矣。虽然，知之非艰，行之维艰。陛下诚能经筵讲学，早朝勤政；布宽恤以安人心，躬献享以重宗庙；孝养慈闱，敬事苍昊；舍豹房而居大内，远嬖幸而近儒臣；禁中不为贸易，皇店不以罔利；还边兵于故伍，斥番僧于外寺；毋昵俳优，尽屏义子；马氏已醮之女，弗留于后宫；马昂枭獍之族，尽夺其兵柄；停诸路之织造，罢不急之土木；汰仓局门户之内官，禁水陆舟车之供奉；出留中奏牍以达下情，省传奉冗员以慎名器；则陛下所〔谓'事〕关朕躬'者，非徒知之，且一一行之，而不转祸为福者，未之有也。"疏入，报闻。【考异】此据实录在是年四月大旱之时。其言"事关朕躬者皆已知之",即先期敕廷臣修省诏中语。惟明史文溥传特书十年四月,误也。旱灾在十一年,而"事关朕躬"之语,文溥叙入疏中,其非十年之四月明矣。且传书文溥上疏之下,复叙其论救翟唐等五人而系以"初"字,盖论救唐等在十年十二月,奏灾异在是年四月,传中系以"初"字本不误。疑上文"十(年)〔字〕"下漏去"一"字耳,今刊正。

14 戊寅,振河南饥,发银五万两,并移开封府东南州县及南阳、汝宁等处仓粟振之,从巡抚副都御史李充嗣请也。
【考异】明史稿书于四月戊寅,据实录也。惟实录又复书于五月癸未,发银三万两,与前异。今据四月日分。

15 是月,科、道官周金、钱如京等,论奏"织造太监史宣、崔瑶及差往乌斯藏太监刘允,皆宜召还,所乞盐课,悉令停止"。户部覆奏,"请如金等言",不纳。

16 五月,甲申,南京六科给事中殷云霄等,十三道御史范辂等,复请"诛马昂并斥昂妹于外",语皆切直,不报。

17 己丑,振陕西饥。

18 庚寅,土尔番归哈密城。

初,彭泽遣舍音和珊即写亦虎仙。赂莽苏尔。即满速儿。——舍音和珊者,素桀黠,虽为哈密臣,居肃州,而阴通莽苏尔,为之耳目,据城取印,皆其谋主,而泽不知也。泽还,巴雅济即拜牙即。遂不得返,其据城之和卓塔实鼎即火者他只丁。亦不肯退。复邀重赏,始还城、印,而巴雅济留如故。至是巡抚都御史李昆上言:"得莽苏尔牒,言'巴尔济不可复立。即还哈密,人心已失,难保无变'。乞下廷臣议,仍求安定王后裔立之。如必欲仍取巴雅济,亦乞降敕宣谕莽苏尔并塔实鼎，仍乞厚赐缯帛以怀远人。"事下兵部集议，以"经略西番已逾三年，而巴雅济迄无还期。宜绝其贡使，以兵威之。惟今城、印已归，宜从昆请，责而抚之。如其不从，则闭关严兵以为之备。"诏如议。【考异】此据明史本纪年月，证之实录同。明史哈密传系彭泽还于十一年，土尔番还城、印于十二年，皆误差一年也。泽还在十年闰四月，还城、印在十一年五月，实录及明本纪皆有月日干支可据。且彭泽经理哈密在九年至十一年，正三年，与兵部覆奏语合，今从实录。

19 甲辰，录自宫男子三千四百六十人充海户，月给米人三斗。时有无票帖不录者尚数千人，复扣礼部门求录用，令"逐归原籍，再至京奏扰者罪之"。然卒不能禁也。

20 是月，致仕兵部尚书刘大夏卒。

大夏既归，以在孝宗朝裁抑中官，权贵嗛之不已。御史王相、广东布政吴廷举请复廪隶，辄为用事者所持，不许。大夏家居，教子孙力田谋食，稍赢，散之故旧宗族。预自为圹志，曰："无使人饰美，俾怀愧地下也。"尝言："居官以正己为先，不独当戒利，亦当远名。"又言："人生盖棺论定，一日未死，即一日忧责未释。"

及是卒，年八十一。赠太保，谥忠宣。

初，大夏被刘瑾陷逮，方锄菜园中，入室携数百钱，跨小驴就道。赦归，有门下生为巡抚者，枉百里谒之，道遇扶犁者，问："孰为尚书家？"引之登堂，即大夏也。

朝鲜使者在鸿胪寺馆，遇大夏邑子张生，因问起居，曰："吾国闻刘东山久矣。"安南使者入贡，曰："刘尚书戍边，今安否？"其为外国所重如此。【考异】宪章录载刘大夏卒于正德六年,弇州史乘考误辨之,谓"大夏以五年自甘肃赦还,十二年始卒"。证之明史本传,实十一年五月,据实录也。实录系之是月庚戌,然亦据奏至之月日耳。今系之五月之末。

21 六月,甲寅,太白昼见,凡六日。

22 丁巳,遣尚衣太监浧智往苏、杭等处织造纱罗纻丝一万六千七百余疋。工部以"其地连岁兵荒,乞裁减其数,或十年五运以纾民力"。不从。

23 戊午,宣府大雨。

时游击将军靳英,遣兵三千御寇于龙门,行至漫岭迤东山,山水暴涨,官军溺死者七十余人。

24 乙丑,六科给事中吕经、十三道御史程昌等,皆疏论"山西左布政倪天民、右布政陈逵、右参议孙清、登州知府张龙为天下四害"。且言:"登州之金满籯,襄陵之酒盈载,潞州之绸,嘉兴之绢,杼轴一空,盖皆取之于穷民,散之于豪贵,故劾疏日上而不役。往年方面官一被举劾,则朝廷不能容,大臣不能庇,而在己亦自知无所容,以得全归为幸。未有排之甚力而居之益安如四臣者,诚不知其果何所恃邪?朝廷留之,则为容奸长乱;大臣庇之,则为害正党恶;使其依社凭城,坏天下非小也。"诏下吏部。

时四害中,清,乐工臧贤庇之;龙,钱宁庇之;天民、逵,或以为杨一清庇之。故疏中"大臣"之语,盖有所指云。

25 戊辰,南京六科给事中孙懋等言:"臣等累有论建,皆留中不报,不审果经圣览,以为不急而姑置之邪?抑左右壅蔽,未之达邪?夫明目达聪,尧、舜所以成圣治;偏听独任,秦、隋所以致败亡;伏愿以尧、舜为法,以秦、隋为鉴。"

不报。

26　秋,七月,甲申,镇守太监黎鉴奏:"东岳泰山有碧霞元君祠,请收香钱为修缮费。"许之。工科给事中石天柱言:"祀典惟东岳泰山之神,无所谓碧霞元君者。淫祀非礼,可更崇重之乎?"疏入,下所司知之。

27　己丑,河南巡抚李充嗣奏:"近时镇守太监进贡,有古铜器、窑变盆、黄鹰、角鹰、锦鸡、猎犬、羔羊皮之类,皆假名科敛,自为取财计。此外又有拜见银、须知银、图本银、税课司银及桩草、马价、甲夫、河夫等银,动以数十万计。而左右随从,卖马,卖布,卖纸钞铺陈,又沿途抽索客货,其弊甚多。乞行禁止以苏民困。"诏"进贡如旧,但不许下人科取"。

河南自太监廖堂附逆瑾势,假以进贡,无名之征百出。其后继之者率以为常,卒不能禁。

28　甲午,免山东等府、济南等卫、所旱灾税粮。

29　乙未,小王子犯蓟州白羊口,命太监张忠监督军务,左都督刘晖充总兵官,率东、西官厅军御之。

30　丙午,命工部右侍郎赵璜于顺天等三府,左侍郎俞琳于保定等五府,整饬边备,皆兼佥都御史。时北寇近边,京师戒严,防其深入也。

31　是月,致仕大学士李东阳卒。

初,刘瑾等坏政,时阁臣刘健、谢迁皆罢,而东阳独留,以是为清议所持。累疏乞骸骨,晚始许之。然当瑾势日张,衣冠之祸,未知底止,东阳潜移默夺,保全善类,盖不为无功云。为文典雅流丽，朝廷大著作多出其手。工篆、隶书，碑版篇翰，流播四裔。罢政家居，求诗文书篆者填塞户限，颇资以给。

　　至是卒，年七十，赠太师，谥文正。【考异】东阳以戍藉居京师，故宪章录言其"病剧，杨一清、梁储、靳贵就问之。一清等知其不起，慰曰：'国朝以来，文臣未有谥文正者。公如不讳，请以谥公。'东阳倚榻顿首，遂卒"。皇明通纪又易其词，谓"东阳颇以谥为忧"，此皆野史之传闻也。一清等问疾，此必有之事，而至于许其请谥文正，恐出清议之口，以其依违刘瑾，不应得此美谥，故托为预要之说耳，今不取。又按三编于诸名臣卒皆书其年月，独东阳不书，示贬也。

32　八月，辛亥，命左都御史彭泽提督京营兵防边。【考异】明史本纪，命彭泽、朱辅同系之八月丁巳，证之实录，则命泽在辛亥，命辅在丁巳，本纪盖牵连并记耳。又按实录及明史泽传，言"廷议初以许泰将兵，泽总制东、西两边军务。及诏下，罢泰不遣，又不命泽总制。泽言'文臣不任锋镝'，王琼乃奏遣朱辅"云云。据此，则遣泽在前，遣辅在后，今据实录分书之。

　　时小王子分道入寇，总兵潘浩败绩于贾家湾，裨将朱春、王唐死之。张永等遇于老营坡，被创走居庸。敌遂犯宣府，凡攻破城堡二十，杀掠人畜数万，宣府告急，故有是命。

33　癸丑，以旱灾，免顺天、永平、保定、河间四府及陕西西安府所属州县、山西大同州县卫所夏税。

34　丁巳，命成国公朱辅充总兵官，偕彭泽行。

　　先是廷议以许泰领兵，泽总制东、西边军务。及诏下，罢泰不遣，又不命泽总制，但令提督两游击金辅、陈珣兵六千人以行。至是泽言："臣文臣，摧锋陷阵，不能独任，请仍遣许泰同行。如泰别有差委，乞推名望素著之将官一人统领官军。"兵部王琼始议遣辅，从之，复命给事中俞泰、汪元锡随军纪功。

35 庚申，振宛平县民被寇者人米二石。

36 甲子，大学士杨一清致仕。

初，一清入阁，张永方得罪罢，而钱宁用事。宁故善一清，有构之者，因蓄怨。会一清因灾异自劾，极陈时政，有"狂言惑圣聪，匹夫摇国是，禁廷杂介胄之夫，京师无藩篱之托"语，讥切近幸，上弗省。

宁与江彬辈闻之，大怒，使优人于上前为詈语刺讥一清。宁又嗾武学生朱大周讦"一清前任吏部，考察不公"。吏部驳大周诬罔，大周复上书丑诋一清。吏部以其"挠铨制，伤国体，乞下法司究治"。宁从中主之，诘责吏部互相掩饰，令陈状。

户科都给事中周金等上疏曰："考察内外官，皆吏部会同都察院奉命举行，此累朝故事也，问刑条例备载'考察被劾之人不得挟忿摭拾'。大周前后具奏，渎乱宸聪，开群枉之门，辟侥幸之路。迹其肆言无忌，必有主使之人。舞乱国经，未有若是之甚者。请严鞫大周，以为将来之戒。"御史陈轼亦以为言，皆不听。一清乃力请骸骨归。

37 戊辰，擢南京鸿胪寺卿王守仁为都察院左佥都御史，巡抚南、赣、汀、漳等处。

初，南、赣之贼，为陈金、俞谏先后讨之，稍戢，不数年，复啸聚为乱。谢志山据横水左溪桶冈，池仲容据浰头，皆称王，与大庾陈曰能、乐昌高快马、柳州龚福全等攻剽府县,而大帽山贼詹师富等又起。于是江西、福建、广东、湖广之交,千余里皆乱。前巡抚文森托疾求去,尚书王琼劾罢之,荐守仁才,遂有是命。【考异】明史王守仁传系之是年八月,证之实录,则是月戊辰也。年谱系之九月,时文成在南京,据其奉旨之日。又记其十月归省,明年正月始至赣州,诸书皆据之,而纪事本末书于十月,尤误也。今据实录及明史本传。

38 南京地震,湖广武昌府亦同日震。【考异】三编书云:"是月十九日也。"实录,是月庚戌朔。

39 丁丑,以礼部尚书蒋冕兼文渊阁大学士,预机务。

冕清谨有器识,雅负时望,至是以一清去,代之。

40 是月,寇犯清河碱场,地方官军阵亡及伤者五十余人。诏逮问分守都指挥王宣,守堡指挥赵铎等。

41 九月,癸未,寇犯龙门所,官军失利,阵亡三十人。诏抚、按逮治守墩百户张镇,领军千户王隆等及守备参将并分守太监张凤等。

42 庚寅,以旱灾,免陕西巩昌等府、卫、州、县及山东济南府、州、县税粮之半。

43 辛丑,巡抚江西都御史孙燧奏:"上犹盗谢志山,合广东乐昌盗高快马等千七百余人,掠大庾,攻南康、赣州,赣县主簿吴玭战死,兵士阵亡者五十人。"诏燧会南赣巡抚王守仁调兵进剿。

44 丙午,改南京祭酒鲁铎为国子监祭酒。

铎自司业累擢南祭酒,成均教士,务为切实,不专章句。士有假归废学者,训饬之,悔过乃已。

初,铎为司业,与祭酒赵永,皆大学士李东阳门生也。

东阳生日，两人相约以二帕为寿，比检笥，无有，徐曰：“乡有馈干鱼者，盍以此往。”询诸庖，食过半矣，以其余诣东阳。东阳喜，为烹鱼置酒，留二人饮，极欢乃去。

45 是月，土尔番复据哈密，侵肃州。

初，哈密都督舍音和珊，与莽苏尔通，已，忽有隙，莽苏尔欲杀之；大惧，求和于和卓塔实鼎为之解，许赂币千五百匹，期至肃州界之，且唆之入寇，曰：“肃州可得也。”莽苏尔喜，令其婿玛哈穆特旧作马黑木。等俱随入贡，以觇虚实，且征赂。

时巡抚李昆虑他变，羁其使甘州，而驱舍音和珊出关，和珊惧，弗去。和卓塔实鼎有弟曰和卓缴扎尔，旧作火者撒者儿。亦充贡使偕来，为所羁。

塔实鼎闻之，怒，遂复夺哈密城，请莽苏尔移居之。分兵据沙州，拥万骑寇嘉峪关，游击芮宁与参将蒋存礼、都指挥万荣、王琮各统兵往御。宁以七百人先，遇寇，寇悉众围宁，而分兵缀诸将，宁援绝，死焉，一军尽没。遂薄肃州城，副使陈九畴固守，先绝其内应，下舍音和珊于狱。寇知事泄，虑援兵至，大掠而去。

初，彭泽之赂土尔番也，九畴奋曰：“彭公受天子命制边疆，不能身当利害，何但模棱为！”乃缮营垒，练卒伍，常若临大敌者，至是果却之。【考异】明史本纪系土尔番复据哈密于是月，无日。实录书于明年之正月，盖据奏报之月日。而所叙据哈密、攻肃州事，皆在前一年，故诸书皆系之是年九月。明史哈密传言“十二年正月，羽书闻”，则奏报之至在明年正月，而命彭泽总制恰在二月。今分书之。

46 改礼部尚书毛纪掌詹事府，进礼部侍郎李逊学代之。

47 冬，十月，己酉朔，享太庙，遣驸马都尉游泰代行礼。

48 甲寅，免直隶顺天等四府、南直隶池州府六县、河南开封等五府、陈州鄢陵等二十四州县、福建泉州等三府州县被灾税粮。

49 己未，下监察御史徐文华于狱。

文华为御史，好建白，人多惮之。至是因议礼，论祧庙及祔食之失，下礼部议，谓"孝宗当日敕下廷臣议拟裁定，一遵成宪，传之万世而不可易者，臣等未敢别议"。诏以文华出位妄言，寻黜为民。

50 十一月，甲申，免湖广武昌、汉阳等八府、沔阳安陆二州及山西太原、平阳二府、泽潞二州被灾州县税粮。【考异】明史本纪书是月"甲申，免湖广被灾税粮"，证之实录，兼有山西二府、二州，今据增。

51 壬辰，六科都给事中叶相等言："迩来月不数朝，朝或入晏。今冬至正旦，令节在迩，天下诸司官朝觐及宗藩四裔皆入贺。朝廷举动，四方仪法，不可不慎。伏望夙兴视朝，以示法天下。"十三道御史屠侨等亦言："近日免朝日多，视朝日少，诸司百辟，惟知有左顺门之趋候而已。伏望罢顺门之传旨，复奏事之旧规。"皆不报。

52 十二月，丁未朔，上以明年南郊视牲，是日车驾暮出，比还宫，已夜分，边军驰骑拥门，扈从群臣为其蹂践，几不得入。

53 己巳，振河间水灾。

54 乙亥，免南直隶凤阳、淮安、扬州三府及徐州所属州、县被灾税粮。

55 是冬,<u>小王子</u>以二万骑分掠<u>偏头关</u>诸处,协守<u>延绥</u>副总兵<u>安国</u>偕游击<u>杭雄</u>御之,败之<u>岢岚州</u>,斩首八十余级,获马千余匹,寇遂遁。

先是<u>白羊口</u>之役,<u>张忠</u>、<u>刘晖</u>等统京军至,寇已饱掠去。<u>忠</u>、<u>晖</u>耻无功,纪功御史<u>刘澄甫</u>,<u>攘国</u>等功归之,大行迁赏,<u>忠</u>等悉增禄,予世荫。<u>国</u>仅以署都督佥事实授<u>宁夏</u>总兵官,意不平,乃具疏力辞,为部卒重伤者乞叙录,兵部始议进都督同知。

当是时,佞幸擅朝,债帅风大炽,独<u>国</u>以材武致大将,克尽其职。在镇四年卒。

56 是岁,<u>安南</u>社堂烧香官<u>陈暠</u>,与其二子<u>昺</u>、<u>昇</u>作乱,弒其主<u>黎晭</u>而自立,诡言前王<u>陈氏</u>后,仍称<u>大虞帝</u>,改元<u>应天</u>,贬<u>晭</u>为<u>灵隐王</u>。

<u>晭</u>臣都力士<u>莫登庸</u>,初附<u>暠</u>,后与<u>黎氏</u>大臣<u>阮弘裕</u>等起兵讨之,<u>暠</u>败走,获<u>昺</u>及其党<u>陈璲</u>等。<u>暠</u>与<u>昇</u>奔<u>谅山道</u>,据<u>长宁</u>、<u>太原</u>、<u>清节</u>三府自保。<u>登庸</u>乃共立<u>晭</u>兄<u>灏</u>之子<u>譓</u>,以<u>登庸</u>有功,封<u>武川伯</u>。自是<u>登庸</u>遂专国政。【考异】事见<u>安南传</u>,书于是年,宪章录系之是年四月。今据书于是年之末。

明通鉴

1544

明通鉴卷四十七

江西永宁知县当涂 夏 燮 编辑

纪四十七 超强圉赤奋若（丁丑），尽著雍摄提格（戊寅），凡二年。

武宗毅皇帝

正德十二年（丁丑、一五一七）

1 春，正月，戊寅，召内阁、府、部大臣及科、道官，传旨，“十三日郊祀毕，驾幸南海子观猎”。

于是大学士梁储等上疏曰：“朝廷至大至重之事，无有过于郊祀者。今祀礼未举而先有意于游猎，则精诚已分矣。祖宗百五十余年来，未闻有此举动。况尘埃草野之中，车马丛杂，等威不辨，警跸不严，万一可虞之事或有出于意料之所不及者，则臣等虽万死，不足以赎误国负君之罪矣。”寻五府、六部、都察院、通政、大理等衙门及成国公朱辅等皆以为言，不省。【考异】明史本纪，“正月己丑，祀南郊，遂猎于南海子。”三编则于目中书“戊寅，召百官至左顺门，明告以己丑郊竣，将幸南海子”，盖据实录也。武宗盖虑临时诸大臣之谏阻，而先传旨明告，可谓不畏天怒，不恤人言，储等之谏，亦何益哉！

2 己丑，大祀南郊。礼毕，遂猎于南海子。文武诸臣追从之，上方纵猎，门闭不得入。日晡传旨，"令诸臣先还，候于承天门"。夜中，驾始入，御奉天殿，群臣行庆成礼。明日，以所猎禽兽分赐府、部、翰林、五品以上及科、道官。

初，上时出微行，犹讳之，自是（恃）〔特〕宣谕外廷，无敢力争者。旬日间，再猎南海子，西北巡边之行自此始矣。

3 壬寅，甘肃守臣以土尔番侵肃州羽书上闻，并言"先后入贡番使，宜随所在羁之"。而巡按御史王光，亦劾诸将失律罪，"请遣文武大臣有才略者往经略之"。【考异】实录书土尔番事于是月壬寅，实据奏报之日，而明史稿遂据之。后修明史改入于十一年九月，盖参核彭泽传，土尔番之复据哈密，乃十一年事。惟哈密传于十一年五月下书"彭泽上言，'土尔番效顺，请赐臣骸骨归里'"。下文言"明年五月，甘肃巡抚李昆上言，'莽苏尔谓巴尔济不可复立。如必欲其复国，请敕谕莽苏尔兄弟'"云云。按此即十一年五月事，故实录系之五月庚寅其非十一年之明年可证也。且上文既云"十一年五月"，下文又言"十二年正月"，不应中间复出"明年五月"四字。今详加参校，彭泽召还在十年，传中叙九年彭泽经略事下，当书"十年五月"，因转写衍"一"字。如此，则泽请赐骸骨在十年，而下文所谓"明年五月"者，正十一年之五月，与本纪及彭泽传吻合，而上下文义亦一气贯注矣。今记土尔番事年月，悉参实录、本纪书之，并附刊土尔番传之误于此。

4 是月，王守仁行抵赣州，开府郡中，选民兵，行十家牌法，其法仿保甲行之。又以连年调狼兵、土军，动经岁月，糜费逾万，有损无益，乃集江西、福建、广东、湖广四省之兵，选其骁勇者，每省或五六百人，或四五百人，分队统带，责之分守兵备官。

时左右多贼耳目，守仁乃呼老黠隶诘之，隶战栗不敢隐，因贳其罪令诇贼，贼动静无弗知。于是檄福建、广东会兵,先讨<u>大帽山</u>之贼。

5　二月,庚戌,命左都御史<u>彭泽</u>提督<u>陕西</u>等处三边军务,镇守<u>宁夏</u>,右都督<u>郤永</u>充总兵官,太监<u>张永</u>监军。

6　增设<u>陕西</u>织造中官。

给事中<u>任忠</u>言:"<u>陕西</u>地瘠早寒,民多穴居,衣皮铺藋,无他生计。况沿边郡县屡遭寇掠,耕牧旷废。其腹里不被兵者,又以调集士马,挽运刍粮,亦皆疲敝。麰麦槁于春夏,苗稼尽于雪霜。逃窜流移,十室而九。近闻复遣太监往监织造,费辄数万,催督峻急,民不堪命。夫鸟穷则啄,兽穷则攫,臣不胜意外之虞,民或啄以攫也。"疏入,不报。

7　己未,免<u>陕西</u><u>巩昌</u>庄、<u>秦</u>、<u>陇</u>等被灾州、县去年税粮。

8　三月,己丑,免<u>大同</u>府所属州、县被灾税粮。

9　癸巳,赐<u>舒芬</u>等进士及第、出身有差——<u>芬</u>,<u>进贤</u>人。

是日,上微行,骑出<u>北安门</u>,军士从者才数人,至<u>顺天府</u>大街而还。比夜,始传制。

10　戊戌,<u>陕西镇</u>、巡官复以织造为言,"请将<u>两淮</u>、<u>浙江</u>、<u>四川</u>、<u>河东</u>盐课充<u>陕西</u>织造之用",从之。

11　夏,四月,壬子,<u>靳贵</u>致仕。

<u>贵</u>在阁三年,无所建白。初,<u>贵</u>主辛未会试,以家人通贿鬻题为言官所劾,是科复主会试,人言藉藉。给事中<u>王俊民</u>复劾之,<u>贵</u>始乞休。仍赐敕、给廪隶如例。

12　丙辰,<u>甘肃</u>副总兵<u>郑廉</u>及<u>哈密</u>都督<u>阿尔保喇</u>_{见前,即奄克字剌。}等,败<u>土尔番</u>于<u>瓜州</u>,斩获七十九级,乃遁去。又与<u>卫拉特</u>_{即瓦剌。}相攻,力不敌,移书求款。巡抚<u>李昆</u>以闻,且

请罢兵,于是<u>彭泽</u>、<u>张永</u>等皆<u>止</u>不遣。总兵<u>郄永</u>已先发,命"暂驻<u>甘州</u>近地,俟事宁乃还"。

13 是月,毁<u>积庆</u>、<u>鸣玉</u>二坊民居,给事中<u>石天柱</u>等疏请停止,不省。

14 五月,丙子,以礼部尚书<u>毛纪</u>兼<u>东阁</u>大学士,预机务,代<u>靳贵</u>也。

<u>纪</u>以屡谏,有名望,同列皆倚重之。

15 戊寅,<u>宁府</u>典宝副<u>阎顺</u>、典膳正<u>陈宣</u>等,潜走京师,告"<u>宁王</u>所亲信典宝正<u>涂钦</u>与致仕都御史<u>李士实</u>、都指挥<u>葛江</u>等谋不轨,乞敕法司勘治"。有旨"执付锦衣卫狱"。已,王亦奏<u>顺</u>等背义私逃,杖之五十,发<u>孝陵卫</u>种蔬。

时内外权贵皆受<u>宸濠</u>赂,虽上变勿问。

16 癸未,上微行至<u>石经山</u>、<u>汤峪山</u>、<u>玉泉亭</u>,数日乃还。——<u>石经山</u>,<u>朱宁</u>所营建也,穷极壮丽,至是邀上幸之。

17 乙未,都御史<u>彭泽</u>以衰病乞休,许之,驰驿、给夫廪如制。六科给事中<u>黄钟</u>、十三道御史<u>潘仿</u>等交章请留,而为兵部尚书<u>王琼</u>所尼,不报。

初,<u>琼</u>与<u>泽</u>以廷推有隙。而<u>泽</u>常使酒陵<u>琼</u>,复时时谩骂<u>钱宁</u>,<u>宁</u>闻,大怒,遂与<u>琼</u>侦<u>泽</u>事,欲共倾之。

<u>舍音和珊</u>之系狱也,其党<u>实巴伊克</u>旧作<u>失拜烟答</u>。被捶死。及事平,械<u>和珊</u>至京下狱。<u>实巴伊克</u>子<u>旋</u>以入贡至京,探知<u>王琼</u>欲倾<u>泽</u>,遂讼父冤,法司行<u>甘肃</u>讯报。<u>琼</u>欲因此兴大狱,奏遣科道二人往勘。

18 是月,巡抚南赣王守仁讨大帽山贼,平之。

时贼首詹师富等据长富村为巢,守仁督副使胡琏等破之,逼之象湖山。指挥覃桓、县丞纪镛战死,守仁亲率锐卒屯上杭,佯退师,出不意蹈之,连破四十余寨,俘斩七千有奇,遂禽师富,散其胁从者四千余人。【考异】事见明史守仁本传,然系之是年正月,似误也。文成以正月至赣州,调兵团练,一切部署,必无是月遽平剧贼,故宪章录、纪事本末皆系之五月。而证之实录,六月丙辰始以捷闻,则五月破大帽山贼可证也。若其年(潜)〔谱〕谓"是年二月平漳寇,四月班师,驻军上杭",则正与明史本传合。盖平漳寇后移师上杭,故讨詹师富等即在是时,本传"正"字,疑系"五"字之误也。

19 六月,乙巳朔,日有食之。

20 乙卯,命安远侯柳文防守古北口,署都指挥赵承序防守白羊口,华勋防守黄花口,以谍报寇在宣府沿边驻牧也。

21 是月,礼部尚书李逊学改管诰敕,以吏部侍郎毛澄代之。王璟迁左都御史,代彭泽也。以刑部侍郎张纶为右都御史。

22 秋,七月,乙亥朔,享太庙,遣会昌侯孙铭代行礼。

23 升山东按察佥事许逵为江西副使。

逵以屡破剧贼,威名大著,擢授是职。会宸濠方谋逆,其党横甚,逵至,以法痛绳之。语巡抚孙燧曰:"宁王敢为暴者,恃权臣也;权臣左右之者,贪重贿也。重贿出于盗薮,今惟窭盗则贿息,贿息则党孤。"燧深然之。

24 丙戌,下大理寺评事沈光大及司务林华于锦衣卫狱。

时有厂卫校卒,喧争三法司道上,华出,不避,因杖之。校卒仍不逊,光大复杖而囚之。钱宁遂奏"校乃执驾人役,

1549

二人擅辱之"。有旨,俱下狱拷讯。且令法司从重拟罪。法司议降调,内旨"黜光大为民,华调外"。

时厂卫声势赫奕,校卒至各部白事,呼卿佐为"老尊长",卿佐亦降颜礼遇之,皆钱宁、江彬等奥援也。

25 庚寅,命巡抚南赣佥都御史王守仁提督军务。

先是江西盗蜂起,守仁至,稍稍平之,因奏:"盗贼日滋,由于招抚之太滥;招抚太滥,由于兵力之不足;兵力不足,由于赏罚之不行。乞假以令旗令牌,得便宜行事。"兵部王琼议请许之。乃更兵制:二十五人为伍,伍有小甲;二伍为队,队有总甲;四甲为哨,哨有长,协哨二佐之;二哨为营,营有官,参谋二佐之;三营为阵,阵有偏将;二阵为军,军有副将;皆临事委,不命于朝,副将以下得递相罚治。于是乃议讨大庚之贼。

26 是月,上纳江彬言,将幸宣府巡视居庸关,御史张钦上疏曰:"比者人言纷纷,谓车驾欲度居庸,远游边塞,臣谓陛下非漫游,欲亲征北寇也。不知北寇猖獗,但可遣将徂征,岂宜亲劳万乘? 英宗不听大臣言,六师远驾,遂成己巳之变。匹夫犹不自轻,奈何以宗社之身,蹈不测之险! 今内无亲王监国,又无太子临朝。国家多事,甘肃有土番之患,江右有辇贼之扰,淮南有漕运之艰,巴蜀有采办之困;京畿诸郡,夏麦少收,秋潦为沴。而陛下不虞祸变,欲纵辔长驱,观兵绝塞,臣窃危之。"

已,闻廷臣切谏皆不纳,复疏言:"臣愚以为乘舆不可出者有三:人心摇动,供亿浩繁,一也;远涉险阻,两宫悬念,二也;北寇方张,难与之角,三也。臣职居言路,奉诏巡关,分当效死,不敢爱死以负陛下。"疏入,不报。【考异】钦谏幸宣府事见明史本传,特书于是年之七月,盖欲谏止上行,非临时奏也。诸书皆系之帝幸宣府之八月。今据实录书之,为下幸宣府张本。

27 八月,甲辰朔,上微服如昌平。

乙巳,大学士梁储、蒋冕、毛纪追及于沙河,上疏请还,不纳。

己酉,至居庸关。

时传报出关甚急,巡关御史张钦,命指挥孙玺闭关,纳门钥藏之。分守中官刘嵩欲诣昌平朝谒,钦止之曰:"车驾将出关,是我与君今日死生之会也。关不开,车驾不得出。违天子命,当死;关开,车驾得出,天下事不可知,万一有如土木,我与君亦死;宁坐不开关死,死且不朽。"顷之,上召玺,玺曰:"御史在,臣不敢擅离。"乃更召嵩,嵩谓钦曰:"吾,主上家奴也,敢不赴!"钦因负敕印,手剑坐关门下,曰:"敢言开关者斩!"

复夜草疏曰:"臣闻天子将有亲征之事,必先期下诏廷臣集议。其行也,六军翼卫,百官扈从,而后有车马之音,羽旄之美。今寂然一不闻,辄云车驾即日过关,此必有假陛下名出边勾贼者,臣请捕其人,明正典刑。若陛下果欲出关,必两宫用宝,臣乃敢开。不然,万死不奉诏。"奏未达,使者复来,钦拔剑叱之曰:"此诈也!"使者惧而返,为上言:"张御史几杀臣。"上大怒,顾钱宁:"为我趣捕杀御史!"

会储等至沙河,再疏请还宫,于是礼部尚书毛澄、给事中<u>王潮</u>暨<u>成国公朱辅</u>、<u>英国公张仑</u>等,皆合词疏请回跸,<u>钦</u>疏亦至。丙辰,上不得已始自<u>昌平</u>还。

戊午夜,视朝。

28　庚申,<u>大庚贼陈曰能</u>,盘踞山峒,与<u>上犹</u>、<u>浰头</u>诸贼相犄角,<u>守仁</u>督副使<u>杨璋</u>潜师以入,乘夜纵火焚巢,破十九寨,禽<u>曰能</u>,俘斩五百六十余人。

时<u>横水贼谢志山</u>乘间急攻,<u>南安知府季敩</u>击败之。【考异】事见<u>明史</u>本传,纪事本末系之七月。实录书于八月庚申,据报捷之月日也。<u>三编目</u>中书禽<u>曰能</u>在十二年九月,盖<u>横水</u>贼之破又在其后,牵连并记耳。

29　癸亥,以<u>广东布政使吴廷举</u>为右副都御史,振<u>湖</u><u>广</u>饥。

先是巡抚<u>秦金</u>奏,“<u>武</u>、<u>汉</u>、<u>荆</u>、<u>岳</u>、<u>黄</u>、<u>襄</u>、<u>德</u>、<u>常</u>、<u>安</u>、<u>沔</u>等府州并所属俱水灾,请特遣大臣一人发银往振”,从之。

30　是夜,<u>南京</u>祭历代帝王庙,风雨大作,雷震死斋房吏。

31　丙寅,上复微行,夜出<u>德胜关</u>,趋<u>居庸关</u>。

时御史<u>张钦</u>巡<u>白羊口</u>。上夜宿<u>羊房</u>民舍,辛未,疾驰出关,数问:“御史安在?”<u>钦</u>闻,追之已不及,欲再疏谏,而上已命谷<u>大用</u>守关,毋纳京朝官。<u>钦</u>感愤,西望痛哭而已。

癸酉,大学士<u>梁储</u>等请回跸,不报。

32　九月,甲戌朔,车驾驻<u>宣府</u>。

<u>江彬</u>营镇国府第,悉辇豹房珍玩、女御实其中,上遂忘归。时夜出,见高门大户即驰入,或索其妇女,富民率厚赂<u>彬</u>以求免。军士樵苏不继,辄毁民房屋以供爨,市肆萧然,白昼户闭。

阁臣<u>梁储</u>、尚书<u>毛澄</u>等,<u>南京</u>尚书<u>吴俨</u>等,佥都御史<u>胡瓒</u>、礼科给事中<u>陈霑</u>等,皆先后谏,不报。

33　辛卯,河决城武。

34　壬辰,上驻跸阳和。

时上自署"总督军务威武大将军总兵官",所驻跸称"军门",凡有征发,悉以威武大将军钧帖行之。

阁臣梁储等言:"旧制,一应军马钱粮,非奉敕旨不许擅行支应。今一旦以此帖行之,异日设有奸人乘机诈冒,军卫有司不能辨其真伪,安能保无他患。伏望停止,并请即日还宫以安中外。"不报。

35　庚子,有旨,"户部发银一百万两输宣府,以备赏劳",户部尚书石玠力持之,不纳,乃输其半。

36　冬,十月,癸卯朔,车驾驻跸顺圣川,会鞑靼小王子入寇。

先是上在阳和,闻小王子以五万骑驻边,将入寇,上喜以雄略自见,遂命大同总兵官王勋、副总兵张輗、游击陈铨、孙镇军大同,辽东参将萧滓军聚落堡,宣府游击时春军天城,副总兵陶杰、参将杨玉、延绥参将杭雄军阳和,副总兵朱峦军平虏,游击周政军威远。时前月戊戌也。

其月,辛丑,寇分道南下,勋等率所部御之,上命春、滓往援,政、峦及参将麻循、高时尾敌后,又调宣府总兵朱振、参将左钦等俱会阳和,参将江桓等为之策应。

是月,甲辰,勋与敌遇,督军步战,寇南循应州而去。明日,勋等复遇敌于应州城北五里寨,战数十合,杀伤相当。薄暮,寇傍东山去,既而分兵围勋等。比晓,天大雾,围解,勋等入应州城,峦及都指挥徐辅兵至。明日,勋等出城大战,时春、溱兵亦至,寇复以别骑迎敌,官军不得合。

丁未,上自率太监张永、魏彬、张忠、都督江彬等兵,自阳和来援,众殊死战,敌少却,诸军乃得合。日暮,即其地为营,乘舆止焉。明日,敌来攻,上复督诸将御之,自辰迄酉,战至百余合,敌退,引而西。上与诸将蹑敌后,至朔州边,会大风雾,昼晦,官军亦疲困。辛亥,还驻大同。

是役也,斩首十六级,官军死者五十二人,重伤者五百六十三人,乘舆几陷。命勋等以捷闻于朝。【考异】此九、十两月事,实录统书之于是月甲辰下,三编全据其文。证之明史本纪、外国传,亦大略相符。而至于"官军死伤"、"乘舆几陷"等语,鞑靼传皆佚之。且云,"是后岁犯边,然不敢深入",似据正史之文,然不如实录所纪之详而信也,令悉据书之。

37 甲子,岁星昼见,凡六日。

38 是月,王守仁讨横水、左溪,令都指挥许清、赣州知府邢珣等各一军会于横水,南安知府季敩及守备郏文等各一军会于左溪,又令吉安知府伍文定等遏其奔轶。守仁自驻南康,去横水三十里,先遣四百人伏贼巢左右,进军逼之。贼方迎战,两山举帜,贼大惊,谓官军已尽犁其巢,遂溃。乘胜克横水,谢志山及其党萧贵模等皆走桶冈,左溪亦破。守仁以桶冈险固,移营近地,谕以祸福。贼首蓝廷凤等方震恐,见使至,大喜,期仲冬朔降,而珣、文定已冒雨夺险入。贼阻水阵,珣直前搏战,文定等自右出,贼仓猝败走。诸军遂破桶冈,志山、贵模、廷凤面缚降。凡破巢八十有四,俘斩六千有奇。时湖广巡抚秦金,亦破龚福全,禽斩千人。

乃奏请设崇义县于横水，隶南安府，从之。

39　十一月，丙戌，总督两广都御史陈金讨府江贼，平之。

府江地方绵亘二千余里，皆贼巢穴。金偕总兵郭勋、太监宁诚调两江土兵及湖广官军，分六路讨之，禽斩贼首王公珣等百余人，余贼六十余人，俘获男妇千五百余人。

捷闻，以功进金少保兼太子太保。寻召还。

40　丁亥，命大学士杨廷和入内阁供职。

先是廷和服阕，召至京，上已北巡。吏部为请，至是已逾月，乃得旨。【考异】此据实录之原文，云"廷和至京，上已北巡"，则以八月后至也。云"吏部为请，逾月乃得旨"，则以九月请也。明史本传亦言："廷和至，帝方猎宣府。"惟下文言："帝在宣府，赐廷和羊酒银币，廷和疏谢，因请回跸。不报。复与大学士蒋冕驰至居庸，欲身出塞请，帝令谷大用扼关门，乃归"云云。按武宗北巡及出居庸关，令谷大用扼关门，皆八月事，无论廷和未到，即到，亦未上闻，何从有羊酒银币之赐？若使帝有所赐，廷和复有疏谏，实录中不容无一语及之。且廷和传言"与蒋冕驰至居庸"，而冕传言"上出关时，冕方以病在告，因上疏谏"云云，则是冕亦何尝至关？凡此，非杨文襄诔墓之词，即升庵行状归美之语，今不取，但据实录书之。

41　戊子，上还至宣府。

42　辛丑，冬至，上在宣府，文武诸臣行遥贺礼。

43　南京六科给事中汪元锡、十三道御史孙孟和等上疏谏亲征，且请返跸，不报。

44　十二月，壬寅朔，上在宣府，传旨"以闰月朔省牲"。大学士杨廷和等"请明降谕旨，振旅还京师"。

45　癸亥，太监张永等自宣府还，传旨："以边报未宁，未得还京。自闰十二月初一日为始，遣官省牲及大祀，皆照例举行。"

于是杨廷和等复上疏言:"我祖宗列圣百五十余年来,每遇郊祀前一月,躬往省牲,岁之首月,卜日行礼,所以天心克享而天下久安。今陛下驻跸关外,顾以边报未宁,遂欲废此百五十余年盛典,万一天下臣民及各处宗藩疑而问故,则将何说以应之?伏望收回新命,即日车驾遄还,以成大礼。"礼部尚书毛澄等,科道官朱鸣阳、袁宗儒等,亦以为言,皆不报。

内阁大臣及九卿欲赴行在请还宫,行至居庸关有禁,不得出关而还。

46 闰月,壬申朔,上在宣府,大学士杨廷和等代行省牲礼。复传旨:"京城九门守门官,毋放朝官出城。"

47 甲申,杨廷和等言:"近日武清、东安等县,芦沟桥、清河店等处俱有盗贼,少则四五十人,多则百余人,劫掠村店,烧毁房屋,杀虏人口,抢掠财物,道路为之不通。而京城之内东直门诸坊,强贼白日剽杀。该部奏请调度兵马,未奉明旨,不敢辄行,恐误事机。窃思盗贼之起,固由饥寒所迫,实亦数月来窥知乘舆远狩,京城居守无人,投间抵隙,肆无忌惮。若不及早扑灭,恐日渐滋蔓,不但如近年刘六、杨虎之祸而已。况今郊祀天地、时享太庙及正旦朝贺诸大礼,相踵在迩,所以耸四方之观听,系天下之人心,请及早还京,次第施行。此实治乱安危之机,臣等故敢昧死言之。"不报。

48 丁亥,立春,上命迎春于宣府,备诸戏剧。又饰大车数十两,令僧与妇女数百杂载戏昵,上观之大笑以为乐。

十三年(戊寅、一五一八)

1　春,正月,辛丑朔,上在宣府。

2　壬寅,佛郎机来贡。

其地近满剌加,因袭而据之。至是遣使臣加必丹永等贡方物,请封。至广东,镇、巡官以海南诸番国无其名,又使臣亦无本国文书,未可信,乃留其使者以请。诏"给其方物之直遣还",其人久留不去,已而夤缘镇守中贵,遂入京。【考异】佛郎机,即今之佛兰西,亦曰"法兰西",大西洋欧罗巴洲之一国也。万历间,利玛窦至中国,自称大西洋,礼臣不知。其后艾儒略出其所撰职方外纪,始知欧罗巴洲中七十余国,统名大西洋,而意大里亚、佛郎西皆在焉。考之明代,自正德以前,大西洋朝贡未尝通于中国,即郑和七下西洋,历诸番数十国,亦仅至西南洋而止,故大西洋之通中国,实始于佛郎西。而其时明人不审,但以其自满剌加来,遂以为地之相近。不知佛郎西远在大西洋,时因来至南洋,开通市埠。满剌加即南洋之一国,今所称"麻六甲"者,佛郎西据之,而非其本国之相近也。明史外国传但知意大里亚为大西洋,而不知佛郎西亦大西洋,又因佛郎西取满剌加,遂并佛郎西亦误以为南洋之一国,自西人地理书出,舆图瞭然。今仍据明史书之,而附识于此。

3　癸卯,户科给事中邵锡言:"去秋雨水为灾,秋成失望,顺天、保定、河间,被灾尤甚,真定、大名等五郡次之。人民艰食,流移日多,盗贼渐起。陛下近发户部银两、德州仓粮,遣郎中二人振济,恐所发不足以赡所振。请敕大臣一人专司振事,仍乞量予蠲免。"从之。于是以佥都御史李钺督顺天、河间、保定等府,与巡抚李瓒、臧凤分道振之。

4　丙午,车驾至自宣府。

先是礼部具迎驾仪,令京朝官各朝服迎候。而传旨用曳𢂰大帽鸾带,并赐群臣大红纻丝罗纱各一,具綵绣,一品斗牛,二品飞鱼,三品蟒,四品麒麟,五、六、七品虎彪,翰林、科、道官不限品级皆预焉,惟部曹以下不预。言官论其非制,不纳。

及是迎驾德胜门外,群臣具綵帐、綵联,皆金织字,序词惟称"威武大将军",不敢及尊号,众官列名其下亦不敢称臣,各陈羊酒、白金、綵币,手红梵夹候道左,盖皆中官预传上意也。

时上戎服,乘赤马,佩剑,边骑簇拥。遥见火球起戈矛间,烟直上,乃知驾至,群臣齐伏地叩首。上下马,坐御幄,大学士杨廷和奉觞,梁储注酒,蒋冕进果榼,毛纪擎金花称贺。上曰:"朕在榆河亲斩敌首一级,亦知之乎?"廷和等皆顿首称圣武。上遂驰马入东华门,宿豹房。

是日,大雨雪,驾至,夜已久,廷臣迎驾,仆马相失,曳走泥淖中。夜半入城,有几殆者。【考异】此据三编,皆本实录之全文。而明史廷和传,谓"廷和独不可,曰:'此里俗以施之亲故耳,天子至尊,不敢渎献。'帝使使谕意,执不从,乃已。"今证之实录,廷和并未尝执奏,而綵帐、羊酒称贺之事,未见中止,疑亦志、状中归美之词,而明史因之。且传中亦言"上多过失,廷和谏不听,亦不能有所执奏,以是邑邑不自得"。此纪实之语,与上文"执不从"之语矛盾矣。大抵野史所记廷和附权贵事,多出仇口,弇州辨之是也。而至于武宗失德,廷和依违其间,此实有之。三编多据明史列传,独此一段删之,具有斟酌,今从之。

5 丁未,罢南郊致斋,初至不及也。

6 庚戌,大祀南郊。祀毕,复幸南海子。

先是南京尚书吴俨等言:"臣等初闻车驾出幸昌平,曾具疏极论,不蒙采纳。既而又闻出居庸,幸宣府、大同,宰辅不及知,群臣不及从,六军之士不及卫护,臣等战惧惊惶,未测其故。既而思之,是必因边圉告急,陛下虑群帅之不力,悯边氓之被俘,急于制御,遂不暇咨谋而行耳。然今在廷之臣,文武如林,宁无一人可委任者,而陛下必欲自行耶?

方车驾之初出,臣民引领北望,(首)〔皆〕谓回跸必在九月万寿节时,则以天下之朝贺者毕至,蕃服之贡献者在廷,岂宜使之空行!及九月既过,人谓回跸必在长至令节时,则以九庙有灌献,两宫有庆贺,岂宜遣人以代!及长至既过,又谓必在明年元旦时。今过元旦又十日矣,车驾还否,远不可知;万一未还,则郊祀大礼,尤非臣下所敢代者,将遂缺而不举欤?若谓寇尚在边,则待寇灭而后还欤?又万万无此理。

况近者内外人心摇动,口语藉藉,转相传播。徐、淮以南,饥馑千里,去冬雨雪为灾,民无衣食,至于父子流移,兄弟离散,略不系念,甚有自引决者。民穷至此,安保其不为盗?臣恐所御之寇尚在藩篱,而不虞之患或起肘腋,此不可以不虑也。"

时户部侍郎张津、应天府丞许廷光、给事中孙懋、御史潘沃,先后驰疏请回驾,皆不报。三编质实:"按是年正月辛丑朔。武宗以丙午还京,乃月之六日。吴俨疏有'过元旦十日'语,盖俨官南京,尚未知武宗之已还也。"

7 辛亥,至自南海子,御奉天殿。夜,宴文武群臣及四夷朝使,复以亲征所获刀械衣器示群臣纵观之。

8 丁巳,留庐、凤、淮、扬并徐州兑运粮五万五千石及折粮脚价银四万两、淮、浙盐价银各三万两,分给被灾府州县,以大水故也。【考异】三编叙于正月振京师目中,云"二月发运粮及盐价等银",证之实录,即正月丁巳也,今据之。

9 己未,赐文武群臣银牌于左顺门,一品重三十两,二品、三品十两,镂其上曰"庆功",四品、五品及都给事中五两,左、右给事中四两,给事中、御史三两,镂曰"赏功",又各被以花红。

先是廷臣具綵帐及贺仪,其出银以品级为差,故所赐亦如其数。翰林以无贺仪,是日遂不预赐云。

10 辛酉,上复如宣府,廷臣从者四人,余以次追及。

于是杨廷和等复上疏言:"臣等蒙赐袭衣、猎品,又给花红、银牌,终夜思之,不胜跼蹐! 窃惟自古帝王,虽以武功定天下,而恒以文德致太平。有虞之时,三苗不服,帝乃诞敷文德,而有苗来格。汉武帝穷兵黩武,卒致海内虚耗,后虽有轮台之悔,抑已晚矣。伏望陛下以虞舜为法,汉武为戒。即今四方水旱相仍,饿殍载道,朝廷每差官振济,犹恐不及,若复劳师费财,其何以堪! 伏望深居大内,颐养天和。"疏入,不报。

11 壬戌,都给事中汪元锡等言:"前日颁赐赏功银牌,臣等实不敢受。窃念应州之役,杀虏人民,难以数计,六军之众,损折亦多,得失相较,实为悬绝,而君臣动色相贺。不知寇退之时,亦有此等大赉如中国之为乎? 民之拘系于北庭,南向而哭者,亦望吾君臣有以救之乎? 由此言之,则前项赐物,非惟臣等不敢受,抑亦不忍受矣。"贵州道御史李润等亦共疏辞免,皆不报。

12 是月,又振山东水灾。给京师流民米人三斗。瘗死者。

13 提督南赣军务王守仁讨浰头贼,平之。

初,守仁之平詹师富也,龙川贼卢珂、郑志高、陈英咸请降。及征横水,浰头贼将黄金巢亦以五百人降,独池仲容未下。

横水破,仲容始遣弟仲安来归,而严为战守备,诡言:"珂、志高,仇也,将袭我,故为备。"守仁佯杖系珂等,而阴使珂弟集兵待,遂下令散兵。

岁首,大张灯乐,仲容信且疑。守仁赐以节物,诱入谢,仲容率九十三人营教场,而自以数人入谒。守仁呵之曰:"若皆吾民,屯于外,疑我乎?"悉引入,厚饮食之。贼大喜过望,益自安。守仁留仲容观灯乐,正月三日,大享,伏甲士于门,诸贼入,以次悉擒戮之。自将抵贼巢,连破上、中、下三浰,斩馘二十有奇。

余贼奔九连山,山横亘数百里,陡绝不可攻,乃简壮士百人,衣贼衣奔崖下,贼招之上。官军进攻,内外合击,禽斩无遗。乃于下浰立和平县,置戍而归。自是境内大定。

14 二月,庚午朔,上在宣府。

丁丑,巡抚山东右副都御史黄瓒以灾异上言:"天道远而难知,然征之人事,亦有可得而言者。伏见皇舆北巡,累月弗返,辅臣百官,至有涕泣歔欷于邸舍而不忍言,亦且不敢言,是以谪见于天以警动陛下。陛下自视,远寓边将之家,孰与夫金阙紫宸之壮丽?边土击牛刲羔,孰与夫大官尚食之珍腴?乃快意于彼而忘此者,殆必有邪慝者为之地主,使陛下微服,混迹臣庶,兜鍪加于龙衮,刁斗彻于宸聪,堂陛凌夷,莫甚于此!伏望及今还宫,以振天下纪纲,循祖宗法度,则灾变犹可止也。"不报。

15 己卯,慈寿太皇太后王氏崩。

越三日壬午,上至自宣府,乃发丧。

16 癸未,降监察御史张士隆、许完为判官,士隆晋州,完定州。

初,士隆出按凤阳,织造中官史宣,列黄梃二于驺前,号为"赐棍",每以挟人,有致死者,自都御史以下莫敢问,士隆劾奏之。

又劾锦衣千户廖铠奸利事,且曰:"铠虐陕西,即其父鹏虐河南故习也。河南以鹏故召乱,铠又欲乱陕西,乞置铠父子于法。"钱宁素昵铠,见疏,大恨。

会士隆按薛凤鸣狱。凤鸣者,宝坻人,先为御史,坐事削籍。谄事佞幸,尤善宁。与从弟凤翔有隙,嗾缉事者发其私,下吏论死。刑部疑有冤,并捕凤鸣。凤鸣惧,使其妾诉枉,自刎长安门外。词连宝坻知县周在及素所仇数十人,悉逮付法司,而凤鸣得释。士隆与完先后按治,复捕凤鸣对簿,释在还职。宁怒,令凤鸣女告士隆、完治狱偏枉。并下诏狱,寻谪外。【考异】士隆劾史宣事在十一年。据明史本传,言

"宁恨士隆,遂因士隆按薛凤鸣狱以陷之"。证之实录,士隆谪外在是年二月,今据之,并记其被构之本末。

17　礼部尚书毛澄等请上视朝,文武群臣行奉慰礼。上曰:"朕哀痛方切,未能视朝。"乙酉,澄等再请,仍不允。

18　丙戌,传旨,以"大行山陵将开隧道,朕欲轻骑往视,启土工毕,遍祭诸陵。"

大学士杨廷和、尚书毛澄等言:"山陵之役,祖宗列圣以来,皆以付之有司。虽梓宫发引,送之不逾禁阙,其为虑也深矣。伏望勉从家法以安人心。"

科、道朱鸣阳等言:"梓宫在殡,陛下于视朝听政犹且不允,轻骑远出,岂礼所宜! 且吉凶异礼,丧祭异宜,陛下欲遍祀诸陵,不知服从吉乎,抑以凶乎? 以衰绖之哀惨,行俎豆之雍容,尤不可之甚者也。"

修撰舒芬上言:"陛下三年之内,当深居不出,虽释服后,俨然茕疚也。且自亡万乘之重,非奔窜逃匿,未有不严侍卫者。等威莫大于车服,今以天子之尊下同庶人,舍大辂衮冕而嬴车亵服是御,非所以辨上下,定民志也。"不报。

19　戊子,谕"以二十二日西角门视事"。

20　兵部主事兰溪、陆震上疏言:"日者昊天不吊,威降大戚,车驾在狩,群情惶惶。陛下单骑冲雪还宫,百官有司,莫不感怆,以为陛下前莅而今明也。乃者梓宫在殡,遽拟游巡,臣知陛下之心必有蹵然不安者。且陛下即位十有二年矣,十者干之终,十有二者(友)〔支〕之终,当气运周会,正修德更新之时。顾乃营宣府以为居,纵骑射以为乐,此臣所深惧也。古人君车马游畋之好,虽或有之。至若以外为主,以家为客,挈天下大器,赏罚大柄,付之于人,漠然不关意念,此古今所绝无者。伏望勉终丧制,深戒盘游。"不报。

越五日癸巳,给事中石天柱见廷臣屡谏,上意不回,思所以感动之,乃刺血草疏。其略曰:"臣窃自念,生臣之身者,臣之亲也;成臣之身者,累朝之恩也;感成身之恩,欲报之于陛下者,臣之心也。因刺臣血以写臣心,明臣愚忠,冀陛下怜察。近者昊天不吊,祸延太皇太后,丧礼大事,孙子所当自尽。陛下于太皇太后未能尽孝,则群臣于陛下必不能尽忠。不忠将无所不至,猝有变故,人心瓦解矣。方今朝廷空,城市空,仓廪空,边鄙空,天下皆知危亡之祸,独陛下不知耳。治乱安危,在此行止,此臣所痛心为陛下惜,复昧死为陛下言也。"凡数千言。

当天柱刺血时,恐为家人所阻,避居密室,虽妻子不知。既上,即易服待罪。闻者皆感怆,而上终不悟。

21 是月,大学士杨廷和以上失德,屡谏不听,时以疾在告。再疏请致仕,不许。

22 下巡按御史董相及刑部主事郑懋德、林桂于锦衣卫狱。

相以行部,遇江彬为营卒报怨,遣百户朱英执人于平谷,势张甚,相杖而系之。方欲奏闻,彬遽诉于上,坐擅辱军职得罪。

懋德、桂在刑部,部中狱卒例有供食钱,后移为公使费,而以囚粮之赢者给之,相沿已久。会钱宁所善锦衣千户王注,有瞽者善歌,出入其家。瞽者之兄与人斗不胜,注为执斗者搒掠之,寻死。其家讼于刑部,懋德捕注待质。宁庇之不发,乃阴讽东厂发盗用囚粮事。懋德与桂相继提牢,遂坐罪。刑部尚书张子麟力解,乃寝不治。久之,二人皆谪外。

23　三月,壬寅,恭上大行太皇太后尊谥曰孝贞纯皇后。

24　壬子,勒致仕都御史彭泽为民,并逮甘肃巡抚李昆、副使陈九畴至京师。

初,王琼憾泽,遣官往勘哈密事,欲中泽以危法,至是勘还,于泽一无所引。琼又遣人嗾夷人之拘馆中者令暴泽短,会同馆主事张澯不可。

琼计沮,乃自劾"泽擅遣使妄增金币,遗书议和,失信启衅,辱国丧师",并及昆、九畴等。下廷臣议,多不平,然畏琼,不敢言。尚书毛澄稍折辩之,琼厉声曰:"使械至阙前,鞫以重刑,当自吐实。"澄曰:"是何言也!古者刑不上大夫。"于是给事中王爌、石天柱皆曰:"事不可枉。"琼迫众议,乃援笔易奏稿,谓"泽归逾年乃失事,请宥其逮治"。奉旨,"从轻夺职为民。昆谪官,九畴削籍"。

泽材武知兵,然疏阔负气,其经略哈密事颇不当,琼与钱宁之交龃,亦有以也。【考异】彭泽致仕在十二年五月,王琼欲构之,遣科道二人往勘。证以明史本传,泽以致仕之明年罢为民,盖勘还,泽无所坐,故琼复摭其通贿请抚事。诸书或系之十年,或系之十一年,皆据其经略哈密及致仕之前后牵连并记耳。明史纪事本末书于十二年六月,正彭泽致仕后事,遣人往勘,当在六月以后。实录系泽罢为民于是年二月,正勘还覆奏之时,今据之。

25 戊午，调给事中石天柱、王爟于外。

时以彭泽事，二人论救尤力。琼憾之，竟取中旨调天柱云南临安府推官，爟广东惠州府推官。

26 戊辰，上如昌平。

27 夏，四月，己巳朔，车驾谒六陵，遂幸密云。吏部尚书陆完等，六科给事中朱鸣阳等，皆请返跸，不报。

28 癸未，逮永平知府毛思义下锦衣卫狱。

时上在密云，民间竞传欲括子女敛财物以充进奉，所至避匿。思义下令，谓："大丧未毕，车驾必不出此，必奸徒矫诈。自今非有府部抚按文书，妄称驾至扰民者，悉捕治之。"上闻，大怒，遂逮下狱，降云南安宁知州。

29 五月，己亥朔，日有食之。

车驾驻喜峰口，上欲招朵颜三卫至关宴劳。巡抚蓟州副都御史臧凤言："此夷虽朝贡不绝，而野性难驯。今屈万乘之尊以临之，彼怀谲诈，未必肯从；即使率其部落而来，无以塞无厌之求，请早回跸，垂拱大廷，四夷自来王矣。"阁臣杨廷和等亦以为言，皆不报。

30 丙午，巡按直隶御史刘士元言："招三卫入贡，有不可者四。请亟还宫以示威重。"时给事中汪元锡等亦以为言，皆不报。

未几，三卫窥边，事亦中寝。

31 戊申，车驾自喜峰口还宫。

32 丁巳，执巡按御史刘士元于京师，系锦衣卫狱。

先是上幸河西务，指挥黄勋以供应为名，科扰侵盗，士元按之。勋逃至行在，因嬖幸谮言："士元闻驾至，令民间藏匿妇人，尽嫁其女"，遂命裸缚士元而讯之。野次无杖，取生柳，杖四十，几死，囚系车后驰入京，并执知县曹俊等十余人，皆下锦衣卫狱。于是左都御史王璟、六科给事中陈霑、十三道御史牛天麟等交章论救，皆不报。

33　是月，巡按江西御史范辂，请定出使官朝见诸王礼仪。

时宁王宸濠令诸司以朝服见，辂不可。因奏言："高皇帝定制，王府属僚称官，后乃称臣。其余文武京官，出使者皆称官，朝使相见以便服。今天下王府仪注，制未画一。臣以为尊无二上，凡不称臣者，皆不宜具朝服，以严大防。"章下礼部议，宸濠驰疏争之。廷议请如辂言，宸濠衔之。寻辂又奏劾"宁府伶人秦荣僭侈，请按治"。又劾镇守太监毕真贪虐十五事，疏留不下。真乃摭他事诬辂，遂下诏狱。值上巡幸，淹系经年，始谪龙州。【考异】事见明史本传，证之实录在是年五月，而辂之下狱即在六月。盖实录但言宸濠卒中伤之，而七月南京御史曹铨等论救，且言"辂已械系至京，而真晏然在位，是朝廷之法独加于耳目之官，不及于近幸之臣也"。据此，则辂之下狱，即五月以后、七月以前事，今类记之。

34　六月，庚辰，大行太皇太后梓宫发京师，上戎服从。

癸未，至山陵，遣官祭告后土、六陵及天寿山之神。是夜，上饮于帐殿，遂宿焉。

35　甲申，葬孝贞纯皇后于茂陵。

乙酉，车驾发昌平。己丑，至京师。

壬辰，祔孝贞纯皇后神主于太庙。上逮暮乃入庙，雷电风雨大作，烛尽灭。言官上疏请修省，不报。

孝贞皇后之祔庙也,迎主自长安门入。修撰舒芬上言:"孝贞皇后作配茂陵,未闻失德。祖宗之制,既葬迎主,必入正门。昨孝贞之主顾从陛下驾由旁门入,他日史臣书之曰:'六月,己丑,车驾至自山陵,迎孝贞纯皇后主入长安门。'将使孝贞有不得正终之嫌,其何以解于天下后世? 昨祔庙之夕,疾风迅雷甚雨,意者圣祖列宗及孝贞皇后之灵儆告陛下也。陛下宜即明诏中外,以示改过。"不报。芬遂乞终养,不许。【考异】事见明史舒芬本传,即是月孝贞皇后祔主后所上也。云"六月己丑,车驾至自山陵,迎孝贞皇后主入长安门",而本纪则云"乙酉,至自昌平"。考之实录:"甲申,葬孝贞皇后于茂陵。乙酉,上奉神主还京。己丑,神主至京,百官奉迎于德胜门外。"据此,则明史本纪误以发之日为至之日,而芬疏中云云,乃其目见之月日,必不误也。今据实录书:"乙酉发昌平,己丑至京师。"昌平至京师,不过两日程,以中间行再虞,三虞,四虞,至己丑行七虞礼,皆在途中,故历五日也。又,芬此疏,实录及三编皆不载,不知何以遗之,今据明史本传增。

36 秋,七月,己亥,上将复巡塞上,传旨,以"北寇屡犯边疆,诚恐四方兵戎废弛,其辽东、宣府、大同、延绥、陕西、宁夏、甘肃,尤为要害。今特命总督军务威武大将军总兵官朱寿率六军往征,令内阁草敕"。——"朱寿"者,上自名也。

有顷,复召内阁大臣及九卿、科、道官至左顺门谕意。是时阁臣杨廷和、蒋冕皆在告,梁储、毛纪泣谏,众亦泣,皆不纳。

37 录应州功,升赏叙荫者凡五万六千四百余人。

兵部援昔年御寇例,议"当升赏者九千五百余人"。得旨,谓:"朕此次亲统六师,全捷而归,比之命将分讨,事体殊异,仍敕依原册拟。"六科、十三道复言:"升赏人员,有未闻出国门而冒名者,乞赐宸断,处以至公。"不报。

尚书王琼,复援征剿流寇予荫例以媚张永、谷大用等,于是中官武职皆荫其弟侄为锦衣、千、百户等,军功之滥,至此为甚。

38癸卯,令兵部议加威武大将军公爵。内阁言:"陛下躬膺天命,所居者祖宗之位,则所行者当遵祖宗之法,以上顺天意,下慰人心。今手敕威武大将军公爵,传之四方,必将群聚而议之曰:'所谓"威武大将军"者,果何时官制?所谓"总兵官某"者,果何人姓名?'且'亲统六师'之说,陛下既自任之矣,何为又举而归之总兵官?为总兵官者,岂可曰'统六师'乎?至于'神功圣武'之一言,乃臣下褒颂君上之词,今以之施于大将军,至欲加以公爵。公爵虽尊,亦人臣而已,岂可以当神圣之名乎?事之不经,名之不正,言之不顺,一至于此,自古及今,未之有也,不知陛下何为而乐此乎?或曰:'此陛下假饰之词,姑以为戏耳。'然不韪之名,无故而加诸人,人必咈然而怒,陛下贵卑而贱尊,恶祥而喜异。况人君一言一动,上通于天,岂可戏言以干天怒。迩者陛下久不亲政,天下人心,危疑忧惧,若复闻此,其为疑惧又当何如!万一宗藩之中,或有援引祖训,指此为言,不知陛下将何以处之?又或以'朝无正臣,内有奸恶'为名,不知陛下左右及臣等代言之臣,又将何以自解?臣等戮身亡家,固不足惜,佢恐朝廷之上,祸乱将从此始耳。伏望追寝前旨,以释天下之疑,弭未萌之祸。"疏入,不报。【考异】武宗自称威武大将军朱寿,又欲加公爵,杨廷和等谏,三编亦载其疏于九月目中。而证之明史廷和传无谏语。梁储传则言"是年七月,廷和、蒋冕皆在告,储及毛纪泣谏不纳,已而纪亦引疾,储独廷争累日,帝竟不听"。据此,则实录所云"廷和等"者,以廷和为首辅,故储等所谏,必署廷和为首,此内阁例也,实录亦别无梁储谏疏,此可见矣。今但归之内阁,不书姓名。

39 丙午,上复北巡。黎明,发京师,由东安门出,廷臣知而送者五十二人。

40 丁未,车驾度居庸关,历怀来、保安诸城堡,遂驻跸宣府。

初,上以豹房为家,及江彬导上宣府之行,治行宫,乃辇豹房子女珍玩实焉。上甚乐之,每称曰"家里",还京后数数念之不置。至是彬导上复出,再度居庸,乃戒守者毋出。京朝官自是遂以宣府为家云。

41 己酉,提督南、赣、汀、漳军务王守仁,奏江西诸贼尽平,赐敕奖励。寻进右副都御史。

初,朝议贼势强,发广东、湖广兵合剿,守仁疏止之,不及。桶冈既平,湖广兵始至;及平浰头,广东尚未奉檄。守仁所将皆文吏及偏裨小校,遂平数十年巨寇。而王琼在兵部,任以事权,不为掣肘,以是成功独速云。【考异】守仁平贼,实录及史稿、本纪皆系之是月己酉,盖据其既平奏捷及赏功之月日也。明史守仁本传,言"其所将皆文吏及偏裨小校,平数十年巨寇"等语,三编据之,此得其实。而实录所记,谓"守仁之改提督,实结王琼得之,故凡奏捷章疏,专归功于琼,极其谀佞。琼亦称奖奏请无壅,赏赉稠叠,权谲相附,识者鄙之"云云,此盖修武宗实录者与晋溪有隙,而文成为晋溪所荐,故交诋之。弇州史乘考误,言"武宗实录,廷和为总裁,费弘继之,而以副总裁专任者董玘也。实录叙前后平贼及禽宸濠之功,独抑文成。盖杨、王二人本有隙,而文成奏捷之书,皆归美于兵部,而一字不及内阁,费以忤宸濠被祸,文成巡抚江西,亦无一疏相及。故忮修实录,既内忌文成之功,而外欲以媚杨、费,遂为诬史。"予谓弇州此论得之。至于晋溪独识文成,而文成感其知遇,故前后奏捷之书皆归功于琼,以为发踪指示之力。此是实录,其余皆丑诋之词,今不取,但据明史本传参三编书之。

42 是月,上以威武大将军行边,时大学士蒋冕病,在告,闻之,疏谏曰:"陛下为天地神人之主,中国四裔孰不尊陛下为皇帝!犹称天为天,称日为日,谁敢以"威武大将军"称者?陛下命名于先帝,自祭告外,谁敢称名?况公爵虽尊,下王爵一等,倘车驾所过,诸王竟以大将军礼见,陛下何词以折之?曩睿皇帝北征,六军官属近三十万,犹且陷于土木;今宿卫单弱,经行边徼,宁不寒心!请治左右引导者罪。"不报。

43 八月,戊辰朔,上在宣府。

44 庚午,六科给事中徐之鸾、十三道御史李润等言:"大学士杨廷和、蒋冕、毛纪,并居师保重地,主忧与忧,主乐与乐。迩者敕谕中外,将有疆场之行,廷和等先后称疾家居,比至驾行,竟不一出。今六飞临边且逾月矣,宗庙社稷,百官万姓,寄于空城之中,正大臣身系安危之日也。犹复杜门坚卧以求决去,其自为计则得矣,居守之事,将谁是托?中外之心,将谁是恃?三臣者,正宜纳约自牖,忧形于色;乃徒以疾求去,冀以感悟圣心,亦已迂矣。万一意外之虞起于仓猝,大疑无所取决,而或至于偾事,三臣者将何词以白于天下哉!伏望陛下以天下为念,君臣同心,共图化理,则人心固,宗社安矣。"俱不报。

45 乙亥,南京尚书乔宇等上疏曰:"夏太康畋于洛表,夷羿拒之;周穆王宴于瑶池,徐方叛之;自古逸豫害德,未有见其利者。且自古善用兵者,莫如汉高祖、唐太宗;然高祖伐匈奴而困于白登,太宗征高丽而困于鸭绿,佳兵不祥,足以为鉴。然犹以外言也,抑闻季氏伐颛臾而不知忧在萧墙,秦人筑长城而不知祸在望夷。本根受病,可勿寒心!"不报。

46 乙酉,上自万全左卫历怀安、天城、阳和至大同。

47 九月,戊戌朔,上驻跸大同。

大学士杨廷和等言:"圣驾出巡,今已一月,内外人心,慄慄危惧。又有讹言传播威武大将军名号,及巡幸山、陕、河南、山东、南北直隶之说。愚民无知,转相告语,甚至扶老携幼,逃避山谷。此风一传,关系甚大。自古人君乘舆远幸,皆因不容已之势,乃有不得已之行。今陛下当无事之时,为有事之举,虽有内外左右忠良之臣,谏亦不闻,言亦不入,不知圣明之见,何以出此? 方今邦畿远近,盗贼公行,各处灾异,奏报不绝,天变于上,人怨于下。窃恐朝廷之忧,不在边方而在腹里也。"不报。

48 庚子,上至偏头关。

工科都给事中窦明等言:"南、北直隶并山东、河南,为建乾清、坤宁二宫征派物料,民已不堪。今又传车驾不日临幸,有司科扰,百姓流移,至以幼女适人,不待礼聘,万里外传闻之误,又不知何如也? 乞敕抚按官禁约民间非时婚嫁及有司之科敛病民者。"不报。

时车驾所至，近侍多先掠良家女子以充幸御，至数十车，在道日有死者。左右不敢闻，且令有司，饩廪之外，别具女衣首饰为赏赉费。远近骚动，民多逃匿，而上不知也。

49 癸丑，上在<u>大同</u>，降敕自封为镇国公，岁支禄米五千石，令吏部如敕奉行。

时<u>杨廷和</u>、<u>蒋冕</u>皆在告，于是<u>梁储</u>、<u>毛纪</u>驰疏谏曰："陛下谬自贬损，既封国公，则将授以诰券，追封三代，祖宗在天之灵，亦肯如陛下贬损否？况铁券必有免死之文，陛下寿福无疆，何甘自菲薄，蒙此不祥之词？臣等决不敢阿意苟从，取他日戮身亡家之祸也。"廷臣皆相继极谏，皆不报。

50 <u>江西铅山县</u>民<u>李镇</u>等作乱，巡抚<u>孙燧</u>讨平之。

初，<u>费弘</u>致仕，归<u>铅山</u>，<u>宁王宸濠</u>以其力持护卫屯田事，衔之。<u>弘</u>抵<u>临清</u>，<u>濠</u>遣人焚其舟，资装尽毁。及归，杜门谢客，<u>濠</u>复求与通，不答，<u>濠</u>益怒。

会<u>李镇</u>及<u>周伯龄</u>、<u>吴三八</u>等三姓人与<u>弘</u>族人讼，<u>濠</u>遣人诱致<u>镇</u>等，谕以意，使专贼<u>弘</u>。于是<u>镇</u>等三姓恃<u>濠</u>援，遂据险作乱，<u>费氏</u>举族避之县城中。三姓率众斩关入，破县狱大索，执所与讼者支解之，<u>弘</u>亦几不免，守巡官以下畏<u>濠</u>，置不问。<u>镇</u>等势益张，众且三千，发<u>弘</u>先人冢，劫掠乡民二百余家，远近骚动。

<u>弘</u>遣人走诉于朝，下<u>燧</u>按治。<u>燧</u>以屡抚不服，乃调<u>饶</u>、<u>信</u>官民兵，檄副使<u>王纶</u>讨之，执<u>镇</u>于阵，<u>伯龄</u>解甲降，<u>三八</u>走匿<u>濠</u>府，诸俘获者多所纵遣。及狱上，论斩，<u>濠</u>复欲脱

镇,燧觉,乃搒杀之,余多瘐死。或有从濠反者,后歼于阵。

51 甲寅,封都督江彬、许泰皆为伯。

时上张大应州功,升赏叙荫,复以二人领东、西厅兵,尤假重,乃亲为定爵名封之。给事中刘济、御史张景旸等言:"彬无俘馘,泰足迹未至应州,赏不当功。乞爱惜名器,收回成命。"不纳。

52 丙寅,免直隶河间府所属被灾州县税粮。

53 是秋,秦王惟焯请关中闲田为牧地,江彬、钱宁、张忠等皆为之请,上排群议许之,命内阁草制。

时杨廷和、蒋冕皆在告,上怒甚。梁储度不可争,乃上制草曰:"太祖高皇帝著令,兹土不畀藩封。非吝也,念其土广饶,藩封得之,多畜士马,富而且骄,奸人诱为不轨,不利宗社。王今得地,宜益谨,毋收聚奸人,毋多畜士马,毋听狂人谋不轨,震及边方,危我社稷,是时虽欲保全亲亲,不可得已。"上骇曰:"若是其可虞!"事遂寝。【考异】此事实录及明史秦王传皆不载,惟见梁储传中,叙于是年九月下,而宪章录及诸书皆系之十二年七月。今按去年七月,廷和尚未至京,即至亦未入阁,安得有在告之语? 是误差一年也。今系之是秋下。

54 冬,十月,丁卯朔,享太庙,遣驸马都尉马诚代行礼。

55 戊辰,车驾渡河。

56 丁丑,大学士杨廷和等言:"每岁法司会审重囚,例该冬〔至〕前后处决,先期该科三覆具奏,皆出圣裁。去年因圣驾在外,该决囚犯,有旨监候。今冬至渐近,三覆奏本已下,未知所处。将欲如上年暂留不决,则奸宄何所惩戒?且奸狱积多,已不能容,凶恶构结,虑生他变。将欲遽行处决,设有诉冤于登闻鼓下者,臣下又安敢擅便议拟? 伏祈圣驾速回,以遵旧典。"不报。

57　己卯,上驻跸榆林。

58　庚寅,副都御史王守仁辞升秩,且请致仕,不允。【考异】文成年谱言:"是年三月,疏乞致仕,不允,遂平大帽、浰头诸寇。"证之实录,文成三月并无致仕之请,而其平上、中、下三浰,事在正月,余贼奔窜,亦必经数月之久始克荡平,故其奏捷至京师在七月,其平贼当在四、五月间。而据本传,平三浰贼后,追及于九连山,禽斩无遗,安得有复平大帽山之事? 其叙守仁平大浰,乃藉大帽山之降贼卢珂等集兵以助,并非珂之复叛,年谱盖误记也。文成平大帽山贼在去年五月,年谱但以"平漳寇"三字了之。其实大帽山虽界连广东、福建,亦非漳寇也。然以年谱盖误以平大帽贼在后,故相差一年,不如明史本传所叙皆有次第可考。今参以实录,尤得其详云。○文成进右副都御史,据实录即在是月,故并其请辞升秩及致仕汇记之。年谱系之六月,以为旌横水、桶冈之功,不知平贼之奏以七月至,盖是时三浰之贼尽平。若如年谱所载,则升秩在前,奏捷在后,此亦吴也。至文成辞升秩一疏,实录全载其文,盖其疏中事事归美兵部,遂为内阁者人口实。今但据实录年月,余皆不取。

59　是月,内阁、礼部及六科、十三道官,以"将届冬至朝贺及大祀省牲之期,请先旺返跸以成大礼",皆不报。

60　十一月,丁酉朔,上左榆林。

61　庚子,以火牌调西官厅勇士及四卫营兵六千二百余人,马六千五百余匹赴宣大,又征太监甘清、高忠等九十一人赴延绥,其家人匠役之等皆给传以行。

时车驾远发,凡所征调,皆遣"夜不收"持火牌下所司施行,盖循用边帅之体。后遂以为常云。

62　乙巳,大学士杨廷和等言:"祖宗以来,凡有政令下各衙门,均以旨意批红,经由内府司礼监传奉发出,并无火牌发与外衙门施行者。且调遣官军,事体重大,乃不用旨意,惟用火牌。万一奸人乘机,真伪莫辩,意外之患,将由此起。况火牌乃在外官府仓猝行下所部文移,岂可行于堂堂朝廷之上?一旦创见,不胜惊骇! 又况勇士官军,皆天子禁兵,所以拥护宗社,防守宫闱,关系甚重,岂可无故远调,以失居重驭轻之势? 伏望恪遵祖宗旧制,亟赐收回,仍停所调官军勇士,则事体顺而人心安矣。"不报。

63 丙午,冬至,上在榆林,文武百官于奉天门行遥贺礼。

64 己酉,以水灾,免江西南昌等七府夏税,又免应天、安、宁、池、太等五府税粮。

65 壬子,上至绥德州,幸总兵官戴钦第,寻纳其女,江彬导之也。

66 十二月,丙寅朔,上在榆林,诸大臣代行视郊牲礼。

67 己巳,免山东济南等六府被灾州县秋粮。

68 癸酉,振杭、嘉、湖三府饥。

69 戊寅,上自榆林,历米脂、绥德渡河,幸石州、文水。

时巡按陕西御史张文明以驾将幸陕,驰疏谏,且请诛江彬,不省。

70 戊子,车驾次太原。

先是上在偏头关,索女乐于太原。晋府乐工杨腾妻刘氏,善讴,上悦之,载以俱归,大见宠幸。左右或触上怒,阴求之,辄一笑而解。江彬与诸近幸皆母事之,称"刘娘娘"云。

71 是岁,钦天监博士朱裕请修改历法。

初，弘治中，钦天监推月食屡不应，日食亦舛；正德十二、三年，连推日食起复皆不合。裕乃上言："至元辛巳距今二百三十七年，岁久不能无差，若不量加损益，恐愈久愈舛。乞简大臣总理其事，令本监官生，半推古法，半推新法，两相交验，回回科推验西域九执历法。仍遣官至各省候土圭以测节气早晚，往复参较，则交食可正而七政可齐。"部覆言："裕及监官历学未必皆精。今十月望月食，中官正周濂等所推算，与古法及裕所奏不同。请至期考验。"既而濂等言："日躔岁退之差一分五十秒，今正德乙亥距至元辛巳二百三十五年，赤道岁差，当退天三度五十二分五十秒。不经改正，推步岂能有合？臣参详较验，得正德丙子岁前天正冬至气应二十七日四百七十五分命，得辛卯日丑初初刻，日躔赤道箕宿六度四十七分五十秒、黄道箕宿五度九十六分四十三秒为历元，其气闰转交四应并周天黄赤道诸类立成，悉从岁差随时改正。望敕礼臣并监正董其事。"部奏："古法未可轻变，请仍旧法。别选精通历学者，同濂等以新法参验，更为奏请。"从之。

明通鉴卷四十八

江西永宁知县当涂 夏　燮 编辑

纪四十八 屠维单阏(己卯),尽一年。
武宗毅皇帝

正德十四年(己卯、一五一九)

1　春,正月,丙申朔,上在太原。

2　戊戌,车驾将还京师,发太原。

3　辛丑,享太庙,遣官行礼。

4　甲辰,改卜郊。

先是太常寺奏以是月十二日郊祀,至是以圣驾未回,请改卜,内批改次日,既,又命改卜。

于是礼科给事中邢寰等言:"祖宗以来,郊祀必于正月上旬,所以重一岁之首,昭莫大之敬也。今改而又改,日复一日,不惟隳祖宗相循之制,亦且非祇畏天地之道。请如期返跸以成大礼。"

先是尚书毛澄等,见车驾未有还期,因驰疏谏曰:"去岁正月以来,乘舆数驾,不遑宁居。今兹之行,又已半岁矣,宗庙社稷享祀之礼,并系摄行,万寿、正旦、冬至朝贺之仪,悉从简略。今岁律既周,郊禋已卜。皇祖之训曰:'凡祀天地,精诚则感格,怠慢则祸生。'今六龙遐驭,旋轸无日,万一冰雪阻违,道途梗塞,元正上日,不及躬执玉帛于上帝前,陛下何以自安! 仰惟趣驾遄还,躬亲裸享,宗社臣民幸甚。"皆不报。【考异】"甲辰改卜郊",据实录也。其下又言"太常奏以是月十二日",则丁未也。盖甲辰已及致斋之期而帝无还日,故请改卜。三编则云"郊祀卜于是月甲辰",是临期改卜,盖牵连并书。证之实录改卜于三日前者,似为近之,今从实录。

5 壬子,车驾至宣府。

上自宣府抵西陲,往返数千里,不御辇,率驰马腰弓矢冲风雪以行,从者皆病惫,而上不以为劳也。

6 壬戌,钦天监奏拟郊祀日期,传旨:"令择二月上旬以闻。"太常寺奏:"仲春当释奠先师及祀社稷,而郊礼未成,请俟郊后择丁戊日行礼。"报可。

7 二月,壬申,车驾至自宣府,文武群臣具綵帐、银币、羊酒迎驾,如先年仪。

先是御史虞守随言:"去年迎驾,文武诸臣皆曳大帽鸾带,此非法之服,岂可以为常制! 请自今,迎驾礼仪,毋拘前旨。"疏入,不报。至是仍用之,并赐阅首级、器仗及廷臣银牌、花红皆如初。

8 丁丑,大祀南郊。

上拥百余骑驰入郊坛,礼毕,仍猎南海子。

是日,京师地震风霾。戊寅,上夜还宫,风霾乃止。

9 甲申,大学士杨廷和等,"请明诏天下,自今以后不复巡游"。

先是上还宫,郊祀礼毕,<u>廷和</u>以所奉<u>居守敕</u>进缴,传旨:"朕今不时巡幸,其勿缴。"<u>廷和</u>等忧惧。而风闻圣驾欲往<u>山东</u>、<u>江南</u>诸处,因上疏言:"东南乃国家财赋所出之地,近年大水为灾,兼以征徭烦重,民不能堪。若复军旅经过,日费不赀,其将何以应之?且里河一带,路狭水浅,今营建大木及漕运粮艘,尚未能如期而至;又加以皇船数多,拥挤而行,大木必不能前,运船必不能急,误事匪轻。况意外之虞,尤有不可测者。伏愿端拱深宫,颐养圣体,以延椒寝之祥,宗社幸甚,臣民幸甚!"一时部、寺大臣及科、道官皆连章请止巡幸,悉留中不发。

时刑部主事<u>汪金</u>,疏论南巡不可者九,所宜戒者一,谓酒也。上嗜饮,常以杯杓自随。左右欲乘其昏醉以市权乱政,故多备罍罋,伺其既酔而醒,又复进之,或未温亦辄冷饮之。终日酣酗,颠倒迷乱,故<u>金</u>力言之。时以为对病之药云。

10　己丑,上降手敕谕吏部曰:"<u>镇国公朱寿</u>宜加太师。"又谕礼部曰:"威武大将军太师<u>镇国公朱寿</u>,今往两畿、<u>山东</u>祀神祈福。"复谕工部,"急修黄马快船备用。"阁臣<u>杨廷和</u>等谏,不听。

礼部尚书<u>毛澄</u>偕廷臣上言:"陛下以天地之子,承祖宗之业,九州四海,但知陛下有皇帝之号。今曰'总督军务、威武大将军、太师、<u>镇国公</u>'者,臣等莫知所指。夫出此旨者,陛下也,加此号者陛下也,不知受此号者何人?如以皇储未建,欲遍告山川祈福,则遣使走币,足将敬矣,何必躬奉神像,献宝香,如佛老所为哉!"因历陈五不可,不报。

既而廷和等以"圣学久旷,请以三月御经筵",亦不报。

11 三月,丁酉,六科都给事中邢寰、十三道御史王度等疏谏巡幸,南京六科孙懋、十三道张翀等亦以为言,皆不报。

一时在京科道官徐之鸾、杨秉忠等请赐批答,相率伏阙俟命,自辰至申,上令中官宣谕,乃退。既而鸿胪寺请以望日升殿视朝,传旨:"朕因气感疾,免朝。"盖欲托以为伏阙者罪也。【考异】此据实录增,为下文诸臣跪杖之张本。

12 癸丑,以谏巡幸,下兵部郎中黄巩等六人于锦衣卫狱,跪修撰舒芬等百有七人于午门五日。

时上决意南巡,群臣忧惶,计无所出。于是巩具疏言:"陛下临驭以来,祖宗之纪纲法度,一坏于逆瑾,再坏于佞幸,又再坏于边帅之手,盖荡然无余矣。天下知有权臣而不知有陛下,乱本已生,祸变将起,窃恐陛下知之晚矣。"因陈最急者六事:"一崇正学,二通言路,三正名号,四戒游幸,五去小人,六建储贰。"

其言正名号曰:"孔子有言:'名不正则言不顺,言不顺则事不成,至于民无所措手足。'名之所系重矣。陛下近日以来,忽无故自称'威武大将军、镇国公',远近传闻,莫不惊骇以为怪事。陛下聪明智勇,上法唐、虞,下跻商、周,何所不可,顾乃自轻如此!夫陛下自称为公,谁则为陛下者?天下不以陛下事陛下,而以公事陛下,是天下皆公之臣而非陛下臣也,臣等窃实耻之。"

言戒游幸曰:"昔益之戒禹曰:'罔游于佚,罔淫于乐。'周公之告成王曰:'毋淫于观,于逸,于游,于田。'春秋讥观鱼,终纲目书巡者二十九,皆讥也。陛下始游戏不出大廷,论者犹谓不可。既而幸宣府,幸大同,幸太原,幸陕西、榆林、延绥诸处,所至费财动众,州县骚然,至使民间一夫一妇不能相保。陛下为民父母,何忍使民至此!亏损盛德,贻讥万世,陛下自以为何如主也?近者复有南巡之命,南方之民争先挈妻子以避去者,流离奔踣,敢怒而不敢言,几何不驱之于死亡,流而为盗贼也!一旦变生,陛下悔之晚矣。彼居位之大臣,用事之中官,昵昵之近侍,皆欲陛下远出以擅权自恣,乘机为利也;否则亦袖手旁观,如秦人视越人休戚之不相涉也。夫岂有一毫爱陛下之心哉!"

言去小人曰:"易言:'开国承家,小人勿用。'自古小人用事,未有不亡其国而丧其身者也。窃观今之小人,簸弄威权,贪图富贵者,实繁有徒。至于首开边事,以兵为戏,使陛下劳天下之力,竭四海之财,伤百姓之心,至今不已者,则江彬之为也。彬本行伍庸流,凶很敖诞,无人臣礼,臣等但见其有可诛之罪,不闻其有可赏之功。今乃赐以国姓,封以伯爵,托以腹心,付以提督京营之寄,此养乱之道也。彬外挟边卒,内拥兵权,骑虎之势,不乱不止。天下之人皆欲食彬之肉,彬不诛则天下之乱将日炽,陛下亦何惜一彬以谢天下邪!伏望大整乾纲,置彬于法,以为奸邪小人迷乱之戒。"

末言:"凡此六者,芹曝愚忠,辄敢尽言,死生进退,不遑顾恤。天下安危治乱之机，诚不忍视陛下自取覆亡，为后世笑，此臣等所以相对痛哭，临楮呜咽，而不知所裁者也！"

会员外郎<u>陆震</u>亦草疏将谏，见<u>巩</u>疏称叹，因毁己稿，与<u>巩</u>连署上之。——巩，<u>莆田</u>人。

修撰<u>舒芬</u>，见言官伏阙谏者皆被谯让，又念宁王<u>宸濠</u>久蓄异谋，与近幸相结，恐生意外之虞，乃与吏部员外郎<u>夏良胜</u>、礼部主事<u>万潮</u>、庶吉士<u>汪应轸</u>要诸曹连章入谏，众皆许诺。

<u>芬</u>、<u>应轸</u>遂偕编修<u>崔桐</u>、庶吉士<u>江晖</u>、<u>王廷陈</u>、<u>马汝骥</u>、<u>曹嘉</u>同上疏曰："自古帝王所以巡狩者，协律度，同量衡，访遗老，问疾苦，黜陟幽明，式序在位，是以诸侯畏焉，百姓安焉。若陛下之出，不过如<u>秦皇</u>、<u>汉武</u>，侈心行乐而已，非能行巡守之礼者也，<u>博浪</u>、<u>柏谷</u>，其祸亦可鉴矣。近者西北再巡，六师不摄，四民告病，哀痛之声，上彻苍昊，传播四方，人心震动，故一闻南巡诏书，皆鸟惊兽散。而有司方以迎奉为名，征发严急，<u>江</u>、<u>淮</u>之间，萧然烦费。万一不逞之徒，乘势倡乱，为祸非细。且陛下以镇国公自命，苟至亲王国境，或据勋臣之礼以待陛下，将北面朝之乎，抑南面受其朝乎？假令循名责实，深求悖谬之端，则左右幸臣无死所矣。

尚有事堪痛哭不忍言者：宗藩蓄<u>刘濞</u>之衅，大臣怀<u>冯道</u>之心；以禄位为故物，以朝署为市廛；以陛下为奕棋，以革除年间为故事；特左右宠幸，智术短浅，无能以此言告陛下耳。使陛下得闻此言，虽禁门之外，亦将警跸而出，尚敢

轻骑慢游哉!"

疏入,尚书陆完迎谓曰:"上闻有谏者辄恚,欲自引决。诸君休矣,勿归过君上沽直名!"芬等不应而出。有顷,良胜、潮过芬,扼腕且恨完。会太常博士陈九川至,芬酌之酒曰:"匹夫不可夺志,君辈可遂已乎!"明日,良胜、潮、九川遂连疏入。

于是吏部郎中张衍瑞等十四人、刑部郎中陆俸等五十三人继之,礼部郎中姜龙等十六人、兵部郎中孙凤等十六人又继之。

而医士徐鏊,亦以其术谏,略言:"养身之道犹置烛然,室闭之则坚,风之则泪。陛下轻万乘,习嬉娱,跃马操弓,捕鱼玩兽。迩复不惮远游,冒涉寒暑,关门不戒,膳饮不调,诚非养生之道也。况南方卑湿,尤易致病。乞念宗庙社稷之重,勿事鞍马,勿过醉饱,喜无伤心,怒无伤肝,欲无伤肾,劳无伤脾,就密室之安,违暴风之祸,臣不胜至愿。"

诸疏既入,上与诸幸臣皆大怒,遂下良胜、潮、九川、鏊及巩、震诏狱,芬及衍瑞等百有七人罚跪午门外五日。乙卯,又下大理寺正周叙等十人于狱;丙辰,又下行人司副余廷瓒等二十人、二部主事林大辂、何遵、蒋山卿三人于狱。

是时诸人连名疏相继上,上益怒,并下诏狱。俄令叙、廷瓒、大辂三人与巩、震等六人俱跪阙下五日,加桔拳焉,至晚仍系狱。诸臣晨入暮出,累累若重囚,道途观者,无不叹息泣下,而廷臣自内阁外,莫敢有言者。尚书石玠论救,被诘责,请罪乃已。

于是诸大臣出入，士民争掷瓦砾诟詈之，诸大臣皆恐，入朝不待辨色，因请"下诏禁通政司，有言事者格勿受"。

是时天连日风曀昼晦，<u>南海子</u>水涌四尺余。金吾卫指挥佥事<u>张英</u>曰："此变征也。"乃肉袒戟刃于胸，持疏谏，当跸道跪哭，即自刺其胸，血流满地。卫士夺其刃，得不殊，因缚送诏狱，杖之八十，遂死。【考异】<u>明史</u>本纪"下<u>黄巩</u>等六人于狱"，谓<u>黄巩</u>、<u>陆震</u>、<u>夏良胜</u>、<u>万潮</u>、<u>陈九川</u>、<u>徐鏊</u>也。"<u>舒芬</u>等百有七人罚跪<u>午门</u>"，据<u>实录</u>，<u>张衍瑞</u>等十四人，<u>陆俸</u>等五十五人，<u>姜龙</u>等十六人，<u>孙凤</u>等十六人，则一百一人，加以<u>舒芬</u>及连名之<u>汪应轸</u>、<u>崔桐</u>、<u>江晖</u>、<u>王廷陈</u>、<u>马汝骥</u>，<u>曹嘉</u>共一百有八人，多一人。而<u>明史夏良胜</u>传，言"<u>陆俸</u>等五十三人"，如此则又少一人。据传中，<u>黄巩</u>等六人既下狱，复同跪<u>午门</u>，不在<u>芬</u>等跪数内也。至<u>实录</u>载"甲寅，<u>杨廷和</u>等论救<u>黄巩</u>等六员，<u>孙凤</u>等百一十二员"，则又于百有七人外多五人。疑纪载之异，抑或百有十二人中有内援庇之，不入罚跪之数，亦未可知。至所杖之人，<u>明史夏良胜</u>、<u>何遵</u>两传，纪载特详，今据列于下，然亦不全具也。<u>陆俸</u>等五十三人，仍据<u>明史</u>，附著其异于此。

13 丁巳，<u>南京礼部侍郎杨廉</u>等上疏谏南巡，不报。

14 戊午，杖<u>舒芬</u>等一百七人于<u>午门</u>，各三十。以<u>芬</u>及<u>陆俸</u>、<u>张衍瑞</u>、<u>姜龙</u>为倡首，俱调外任，仍戒吏部科道官毋得推举录用。余各罚俸六月。

方<u>芬</u>等之受杖也，<u>江彬</u>怒诸臣等斥其罪恶，阴助上怒，杖之特重，呼号之声彻于禁掖。

<u>芬</u>创甚几毙，舁至翰林院中。掌院者惧得罪，命标出之，<u>芬</u>曰："吾官此，即死此耳。"既谪，裹创就道。时以为荣。

15 夏，四月，甲子，免南畿被灾税粮。

16 戊寅，杖郎中<u>黄巩</u>、员外<u>陆震</u>等六人，六人名见上，即前系狱者也。及大理寺正周叙、主事林大辂、行人司副余廷瓒三人各五十，余三十人各四十。<small>周叙、余廷瓒两疏连名共三十三人，亦见上。</small>巩、震及夏良胜、万潮、陈九川皆黜为民，叙等三人降三级外补，徐鏊谪戍瘴方，余皆降二级。

　　巩、震之系狱也，上怒甚，仍令日跪午门，众谓天子将出，巩曰："天子出，吾当牵裾死之。"既黜为民，江彬憾不已，遣人刺于道，治洪主事知而匿之，间行得脱归。

　　震在狱，与巩讲易六卦忧患之道。既杖，创甚，江彬必欲致之死，绝其饮食。震季子体仁，年十五，变服为他囚亲属，职纳橐饘焉。震竟卒狱中。

　　一时同受杖者，吏部则姚继岩，行人则陶滋、巴思明、李锡、顾可久、邓显麒、熊荣、杨秦、王懋、黄国用、李俨、潘锐、刘黻、张岳，大理寺则寺正金罍、寺副孟庭柯、张士镐、郝凤升、傅尚文、郭五莒，评事姚如皋、蔡时，并谪官。【考异】此据明史夏良胜传中，亦本实录也。惟实录二十二人中，有行人王翰，无吏部姚继岩，翰名见下。

　　其与震等同杖而死者，工部主事何遵。上之南巡也，以进香为词，遵抗言："淫祀无福，万一宗藩中有藉口奉迎，潜怀不轨，则福未降而祸已随。"盖指宸濠也。诸权幸受濠贿者，格其疏不进。会黄巩等已得罪，遵乃偕同官林大辂等上疏，极言"江彬怙权倡乱，巩等无罪，乞赐宽宥，毋使后世有杀谏臣名"。上怒，下诏狱，廷杖四十，创甚，肢体俱裂，越二日卒。

　　诸曹之谏南巡也，以次得罪，而诸奸又日以危言恫喝。以故户曹不敢出疏，工曹谏者止三人。

惟大理阖署谏,上怒加甚。评事林公黼主疏草,夜闻泣叹声,不顾。比入狱,巩与语,叹曰:"吾取友遍天下,乃独遗质夫!"——质夫者,公黼字也。竟以体羸不胜杖卒。行人司副余廷瓒,行人李绍贤、孟阳、詹轼、刘概、李惠,皆与遵同死杖下。

其先遵受杖死者,刑部主事刘校,照磨刘珏。刑曹之疏,校所草也,杖将死,大呼曰:"我无恨,恨不见老母耳!"子元娄,年十一,哭于旁。校曰:"尔独不识事君致身义乎?善事祖母及母,毋愧尔父!"遂绝。

其以创死稍后者,礼部员外郎冯泾,验封郎中王銮,行人王翰,皆被创先后卒。

然当廷杖时,死者伤者相继,上亦为之感动,竟罢南巡,盖诸臣力也。【考异】两次廷杖,明史本纪月日皆据实录。盖三月戊午所杖,皆跪午门之人,四月戊寅所杖,皆系狱之人。证之明史诸人传,则巩、震等六人及周叙等三人,亦入午门罚跪之列。是此九人者,既系狱又跪午门,及其受杖,仍各五十,加重也。其杖而死者十一人,三编皆据实录书之,则陆震、何遵、余廷瓒、刘校、刘珏、林公黼、李绍贤、孟阳、詹轼、刘概、李惠也。惟明史何遵传更补出创死稍后之冯泾三人,又补出同时受杖之姓名姚继岩等二十二人,今据书之。惟刘校、刘珏,据实录在十一人之列,而明史何遵传,则云"刘校、刘珏先遵受杖而死",似此二人之死又当在前月所杖一百七人之列。今证之明史,一百七人中之可考者,有刑部郎中陆俸等五十三人,是刘校所草刑曹之疏,即此时也。如此,则明史以为先遵受杖而死者,必有所据,故本纪亦云"先后受杖死者十一人",此得其实。

17 癸未,谪巡按御史刘士元为广东麟山驿驿丞。

士元自去年五月被杖,逮至京师,淹系经年。至是锦衣奏送,刑部议赎杖还职,不许,遂有是谪。

维时<u>南京六科给事中</u><u>何邦宪</u>等言："迩闻巡抚云南都御史<u>范镛</u>,巡抚<u>甘肃</u>都御史<u>李昆</u>,巡抚<u>山东</u>都御史<u>伍符</u>,巡按<u>直隶</u>御史<u>刘二元</u>,巡按<u>陕西</u>御史<u>张文明</u>、<u>潘仿</u>,相继系狱,是数臣者,事之是非,罪之轻重,臣等虽未能尽知。窃闻其所坐或差委偶误,或议处失宜,或迎候愆时,或敢言过当,似皆在可原之列。伏望通加宽宥。若果有罪,亦宜敕下法司,付诸公论。"不报。

18 是月,户部尚书<u>石玠</u>致仕,许之。诏仓场尚书<u>杨潭</u>回部管事。

19 五月,己亥,诏<u>山东</u>、<u>山西</u>、<u>陕西</u>、<u>河南</u>、<u>湖广</u>流民归业者,官给廪食、庐舍、牛种,复五年。

20 丙辰,遣太监<u>赖义</u>、驸马都尉<u>崔元</u>,都御史<u>颜颐寿</u>往<u>江西</u>宣谕宁王<u>宸濠</u>。

初,<u>宸濠</u>久蓄异谋,交通肘腋,因上巡幸不时,人情危惧,遂日夕觊觎,与致仕都御史<u>李士实</u>、举人<u>刘养正</u>等图不轨。

<u>阎顺</u>等之上变也,事见十二年。嬖人<u>钱宁</u>、<u>臧贤</u>庇之,得不问;而<u>宸濠</u>疑出承奉<u>周仪</u>指使,杀<u>仪</u>家及典仗<u>查武</u>等数百人,巡抚<u>孙燧</u>疏上其事,中道为所邀,不得达。

<u>燧</u>念左右皆<u>宸濠</u>巨目,阴察副使<u>许逵</u>,忠勇可属大事,与之谋。乃托御他寇预为备,先城<u>进贤</u>,次城<u>南康</u>、<u>瑞州</u>。患<u>建昌县</u>多盗,割其地置<u>安义县</u>,以渐弭之。而请复<u>饶</u>、<u>抚</u>二州兵备,不得复则请敕<u>湖东</u>分巡兼理之。<u>九江</u>当湖冲,最要害,请重兵备道权,兼摄<u>南康</u>、<u>宁州</u>、<u>武宁</u>、<u>瑞昌</u>及<u>湖广</u>

之兴国、通城，此据明史孙燧传。三编武英殿底本，传写误以"兴国"二字连"瑞昌"，书入江西下，质实遂误以赣州之兴国县当之，今据明史本传校改。以便控制。广信横峰、青山诸窑，地险人悍，则请设通判驻弋阳，兼督旁五县兵。又恐宸濠劫兵器，假讨贼尽出之他所。

宸濠瞷燧图己，使人赂朝中幸臣去燧，而遗燧枣梨姜芥以示意，燧笑却之。去年，江西大水，宸濠素蓄贼凌十一、吴十三、闵念四等，出没鄱阳湖，燧与逮谋捕之，三贼走匿宸濠祖墓间。于是密疏白其状，具言"宸濠必反"，章七上，皆为所邀阻。

然宸濠反状虽著，犹以上无储贰，冀其子入嗣，可得大统，又不受悖逆名，故蓄谋不发。重赂钱宁，求取中旨召其子司香太庙。宁言于上，用异色龙笺，加金报赐。——"异色龙笺"者，故事所赐监国书笺也。宸濠大喜，列仗受贺，复胁镇巡官及诸生父老奏阙下，称其孝且勤。

时江彬与太监张忠，欲倾宁及臧贤，乘间为上言："宁、贤盛称宁王，陛下以为何如？"上曰："荐文武百执事，可任使也。荐藩王何为者？"忠曰："彼称宁王孝，讥陛下不孝耳；称宁王勤，讥陛下不勤耳。"上曰："然。"下诏逐王府人毋留阙下。

宸濠益与士实、养正谋，遣奸人卢孔章等分布水陆孔道，浃旬往返，踪迹大露，诸权奸多得宸濠金钱，匿不以闻。

南昌人熊浃，官给事中，草奏尽列其状，授御史萧淮上之。时上已疑宸濠，而钱宁在上前，辄诋"淮妄言离间，宜罪"。上曰："虚实久当见之。果诬,淮将焉往!"遂以淮奏示内阁大臣杨廷和等令议处,廷和"请如宣宗处赵府故事,遣勋戚大臣宣谕",乃遣义等往,并收其护卫。

宸濠知事泄,义等未至而濠已反。【考异】廷和请收宸濠护卫事见明史本传。而宪章录谓"东厂太监张锐,初党于濠,助杨廷和为濠复护卫。已而知其有异谋,且知上入张忠等言,乃与廷和谋复革去护卫以免后患"云云,纪事本末、皇明通纪皆据之。此亦晋溪一辈人语,弇州以为"仇口"者是也。证之实录,但言"太监张锐见上无继嗣,与钱宁等欲结濠为异日地。已而濠势日横,遍赂近幸及诸大臣。有谢仪者,南昌人,出入锐所,发濠反状,劝锐勿受其贿。而锐是时与宁方有隙,亦欲藉以倾宁,遂疏濠诸不法事,因御史熊兰授萧淮上之",并不及廷和一语。是初党于濠乃张锐,而所谓"赂诸大臣"者,乃指陆完辈,非廷和也。大抵宸濠反状已著,非赵王之比,廷和此举,未免优柔少断,野史之訾,抑亦所谓连得间矣。今据本传。

21 六月,丙子,宸濠反,巡抚江西副都御史孙燧、按察司副使许逵死之。

先是赖义等行,京师竞传,谓且禽治宁王,王所遣侦卒林华者闻之,即兼程逃归。先一日,为宸濠生辰,宴镇、巡三司等官,闻报,大惊,罢宴,遂密召刘养正等谋之。养正曰："事急矣! 诘旦,诸守官入谢宴,可就禽之,杀其不附己者,因而举事。"乃夜集贼首吴十三等,皆衷甲以俟。

是日,各官入谢,拜毕,左右带甲露刃侍卫数百人。宸濠出,立露台大言曰："孝宗为李广所误,抱民家子,我祖宗不血食者十四年。今太后有诏,令我起兵讨贼,亦知之乎?"众相顾愕眙。燧直前曰："安得此言? 请出诏示我!"濠曰："毋多言! 我今往南京,汝宜扈驾。"燧大怒曰："汝速死耳! 天无二日,我当从汝为逆哉!"濠怒,叱燧,燧益怒,急起,不得出。濠入内殿,易戎服出,麾兵缚燧。逵奋身起曰:"汝曹安得辱天子大臣!"因以身翼蔽燧,贼并缚逵。二人且缚且骂不绝口。贼击燧,折左臂,与逵同曳出。

先是宸濠反状著,逵劝燧先发,燧曰:"奈何予贼以名?且需之。"至是逵谓燧曰:"我劝公先发者,知有今日故也。"

濠素忌逵,将曳出,问:"许副使何言?"逵曰:"副使惟赤心耳。"濠怒曰:"我不能杀汝邪?"逵骂曰:"汝能杀我,天子能杀汝。汝反贼,磔尸万段,悔之何及!"遂与燧同遇害于惠民门外。

寻执太监王弘,巡按御史王金,主事马思聪、金山,参议黄弘、许效廉,布政使胡濂,参政程杲、刘棐,副使贺锐,佥事赖凤、王畴,指挥许清、马骥、白昂、王玘、郑文等,皆羁之狱。

黄弘被执愤怒,以手梏向柱击项,是夕死,贼义而棺敛之。思聪亦抗节死。

一时从逆者,布政使梁宸,参政王纶、季敩,佥事潘鹏、师夔,按察使杨璋,副使唐锦。而纶受伪兵部尚书,位左右丞相李士实、刘养正下。

于是宸濠集兵十万,驰檄远近,指斥朝廷,皆养正主之也。【考异】实录,是月癸亥朔,丙子十四日也。先一日,为宸濠生日,侦卒即以是日至,故诸书皆云十三日,明史孙燧传特书"六月乙亥"者是也。其杀孙燧、许逵及举兵反则在次日,史以为"明日诸守官入谢"者是也。其一时执下狱中及从逆之人,明史诸王传分书之,三编据之,而附识于质实中云:"王金下狱,见明史诸王传。而孙燧传则谓'金从逆,稽首呼万岁'。考王守仁集处置

1592

从逆官员疏云：'参政王纶，胁受赞理。金事潘鹏、师夔，被胁招降抚民，情罪尤重。知府郑璠，已经别案问结外，参照布政梁宸、参政刘棐、程杲，参议许效廉，副使贺锐，金事赖凤，都指挥王玘，或行咨抚守，或盘库放粮，势虽由于迫胁，事已涉于顺从。镇守太监王弘、御史王金、主事金山、布政胡濂、按察使杨璋、副使唐锦、金事王畴、都指挥马骥、许清、白昂、郑文，或被拘于城内，或胁随于舟中，事虽涉于顺从，势实由于迫胁。'据此，则金固始下狱而后胁从者也。又，'胡濂、程杲、许清'，明史诸王传作'胡廉、陈杲、许金，'皆误。"按质实分别下狱、从逆两等，据守仁处置官员一疏。而王金之先系后释，已见实录中。惟据此疏，则先下狱而后胁从者，'以不止王金一人。而明史诸王传所载，如程杲、刘棐、许效廉、赖反，据疏中行勘，固同在行咨抚守、盘库放粮之列，则亦胁从之确证，而疏中所指之贺锐、王玘，则又遗之。证之实录，但云"黄弘忧愤卒，数日，马思聪亦卒。"其余则自梁宸以下十九人，皆云"稽首呼万岁，濠令各羁置之"，则是胁从之人，其初亦皆下狱也。实录据初次奏报之文，似不如守仁处置一疏之得其实。然如贺锐、王畴、马骥、王玘、郑文五人，则明史所遗，而与守仁处置之疏实合，此外又有参议杨学礼，则明史与守仁疏皆遗之。今所记多据明史、三编，惟王金仍入下狱中，而增入太监王弘、副使贺锐，及金事增入王畴，指挥增入马骥、王玘、郑文，皆据守仁处置一疏。惟杨学礼一人，据实录后载已升陕西参政，令之任，故不在处置之列耳。

22　丁丑，宸濠伪授贼首闵念四、吴十三、凌十一等为都指挥等官，与承奉涂钦等领兵攻九江、南康，并掠运舟于吴城。又遣校尉赵智如浙江，报太监毕真令助兵。又遣仪宾李蕃等如瑞州，招华林、玛脑等寨伪参赞王纶，移檄招姚源等洞贼兵。又使妃弟娄伯募兵于进贤、广信，伪参政季敩持檄谕南赣王守仁等，直至广东。

时濠即欲僭大号，改元顺德，李士实、刘养正等"请俟至南京行之"，从之。

23　戊寅，宸濠兵陷南康，自知府陈霖以下皆先期遁去。

己卯，陷九江，副使曹雷、知府江颍等亦遁。濠急欲东下，乃署师夔为伪兵备副使，守九江。

濠兵之东下也，欲先取进贤以通广信之路，李士实曰："大事既定，彼将焉往！"进贤知县刘源清闻之，积薪环室，命家人曰："事急，火吾家。"一仆逸，手刃以徇。县中诸恶少与贼通者，悉杖杀之。濠妃弟娄伯募兵过进贤，源清邀戮之。贼檄至，立斩其使。会余干知县马津，龙津驿丞孙天祐，亦起兵拒贼。贼自称"七殿下"者，夺运舟于龙津，天祐与战，杀数人。贼党募兵过龙津，天祐追杀之，焚其舟。娄氏家众西下，亦为天祐所遏，禽七十余人。——贼兵不敢经湖东以窥两浙者，三人力也。【考异】事见明史詹荣附传，证之实录书于是月戊寅。盖濠既东下，复谋取水陆两路以通两浙之兵，故遣将四出，即在东下之时，今系之陷南康、九江下。

24　庚辰，巡抚南赣都御史王守仁，会吉安知府伍文定超兵讨宸濠。

先是守仁方奉命勘福建叛军，行至丰城，闻宸濠反，遂亟趋吉安。文定闻守仁至，急以卒三百逆之峡江，进曰："此贼暴虐无道，久失人心，其势必无所成。公素望重，且有兵权，勤王之师，在此一举。"守仁慨然任之。乃与文定征调兵食，治器械舟楫，驰疏上变。即移檄数濠罪。集诸守令、将士议曰："贼若出长江，顺流东下，南都不保。吾欲以计挠之，使少迟数日，无患矣。"

乃多遣间谍，遍檄府县，言："都督许泰、郤永将边兵，刘晖、桂勇将京兵，各四万，南赣王守仁，湖广秦金，两广杨旦，各率所部合十六万，直捣南昌。所至有司缺供者，以军法论！"又为檄书遗士实、养正，奖其归顺之诚，令怂恿早发兵东下，而纵谍泄之，宸濠昊疑；与士实、养正谋，则皆劝之疾趋南京即大位，濠益大疑。十余日，诇知中外兵不至，乃悟守仁绐之也。【考异】守仁起兵以是月十八日，纪事本末系之庚辰，与实录合。惟年谱言："文成以十五日丙子至丰城，闻变趋吉安，十九日驰疏上变。"按丙子系十四日，而十九日系辛巳，非庚辰也。年谱干支错误，又以七月干支杂之六月中，今据实录。

初，兵部尚书王琼荐守仁巡抚南赣，寻以平贼，假便宜提督军务。比宸濠反书闻，举朝惴惴，琼曰："诸君勿忧。吾用王伯安赣州，正为今日，贼且旦夕禽耳。"未几，果如其言。【考异】文成以是月十五日至丰城，闻变即趋吉安，盖与文定议讨贼也。而实录所载，谓"守仁勘事福建，以宸濠生日将届，取道往南昌贺之。会大风，舟不得前行。至丰城闻变，遂载小艇潜迹还赣。及至吉安，文定请发兵，守仁初不许，既，深然之，乃檄各郡邑起兵"云云，此皆修武宗实录之诬词，故明史不取，今悉据本传书之。

25　己丑，宸濠兵围安庆。

26　秋，七月，壬辰朔，宸濠统兵发南昌。

先是濠将发，闻王守仁等在上流起兵，乃遣涂钦并贼首凌十一等领兵为前锋，而自留居守。既，闻守仁兵尚未集，乃与李士实、刘养正谋，留兵付宜春王拱樤、内官万锐等及降官胡濂、刘裴、许效廉、唐锦、赖凤、王玘等使守城，而自引兵东下，选护卫及所鸠贼兵、市井恶少及胁从之众合八九万人，联舟千艘。

将行，祭天，奠牲，几折，牲覆于地。又伪封宗室宸潗为九江王，使前驱，舟始发，雷雨骤作，潗震死。观者皆知其不祥也。

27 丙申,谪御史张文明为电白县典史。

初,文明谏北巡,不纳;及朝行在,诸权幸随驾者,文明复裁抑之,所需多不从。太监张忠因潜之于上,复撼他事,执系京师,下诏狱。

是年春,言官交章请宥,不报。比驾旋,命执至豹房,上将亲鞫。文明自谓必死,及见,命释之。寻有是谪。

28 甲辰,宸濠反状闻。边将在豹房者,各献禽宸濠之策,上亦欲假亲征南巡,遂传旨言:"宸濠悖逆天道,谋为不法,即令总督军务、威武大将军、镇国公朱寿统各镇兵征剿。命安边伯朱泰为威武副将军,率师为先锋。"大学士杨廷和等力阻,不听。

29 巡抚都御史王守仁起兵于南赣。

先是守仁传檄四方,诸军渐集,议所向,守仁曰:"兵家之道,利在速战。今逆尚在南昌,非其时也。我师迁延不发,示以自守,彼必他出,然后尾而图之。先复省城,捣其巢穴,彼必悉兵来援,然后邀而击之,此全胜之策也。"至是闻濠果出,传檄勤王。

时都御史王懋中,编修邹守益,副使罗循、罗钦德,郎中曾直,御史张鳌山、周鲁,评事罗侨,同知郭祥鹏,进士郭持平,降谪驿丞王思、李中,咸先后赴军,而御史谢源、伍希儒自广东还,守仁留之纪功。

因集众议所往,或谓:"宸濠经画旬余始出,留备南昌必严,攻之恐难猝拔。今闻濠攻安庆久不克,兵疲意沮,若以大兵逼之<u>江</u>中，与<u>安庆</u>夹攻之必败，彼既败，<u>南昌</u>不攻自破矣。"

<u>守仁</u>曰："不然。我师越<u>南昌</u>下，与逆相持<u>江</u>上。<u>安庆</u>之众仅能自保，必不能援我于中流，而<u>南昌</u>兵议其后，绝我粮道，腹背受敌，非计也。不若先攻<u>南昌</u>，逆贼志在东下，精锐皆出，守御必单弱；我兵新集气锐，可一鼓破也。彼闻我攻<u>南昌</u>，必解<u>安庆</u>围，还兵自救；比闻<u>南昌</u>已破，丧胆夺魄。首尾牵制，比成禽矣。"众皆曰："善！"

30 丙午，<u>宸濠</u>攻<u>安庆</u>，不克。

先是都督佥事<u>杨锐</u>，与知府<u>张文锦</u>、指挥<u>崔文</u>等御之<u>江</u>上，见贼势炽，收兵入城，誓以死守，令军士鼓噪登城，大骂之。围十余日，<u>濠</u>至、泊<u>黄石矶</u>，躬自督战，令军士运土填堑攻城，城上矢石如雨，多死伤者。<u>濠</u>惭愤，语其下曰："<u>安庆</u>且不克，安望<u>金陵</u>哉！"寻遣伪佥事<u>潘鹏</u>谕降，<u>鹏</u>遣家人持檄至城下，<u>锐</u>手斩之，支解其尸以徇。<u>濠</u>乃引兵去，<u>锐</u>复遣兵袭击，败之。

方<u>濠</u>之谋逆也，<u>瑞州</u>知府<u>宋以方</u>修城募兵，<u>濠</u>忌之。又以征索不应，遂迫镇守劾系<u>南昌</u>狱。将东下，胁之降，不可，械舟中。至是兵败，问："地何名？"舟人曰："<u>黄石矶</u>。"——<u>江西</u>土音则"<u>王失机</u>"也，<u>濠</u>以为不祥，斩<u>以方</u>祭<u>江</u>，遂行。【考异】<u>濠</u>兵攻<u>安</u>夫在四月己丑，是月丙午解围去，故实录以为"凡被围十八日而解"者是也。十<u>濠</u>发<u>南昌</u>在是月朔丙午，十五日正<u>濠</u>抵<u>安庆</u>时也，今据实录。

31 戊申，<u>王守仁</u>师至<u>临江</u>樟树镇，知府<u>临江戴德孺</u>、<u>袁州徐琏</u>、<u>赣州邢珣</u>、都指挥<u>余恩</u>，通判<u>瑞州胡尧元</u>、<u>童琦</u>、<u>抚州</u>

邹琥、安吉谈储,推官王暐、徐文英,知县新淦李美、泰和李楫、万安王冕,宁都王天与,各以兵来会,合八万人,号三十万。

己酉,次丰城,以伍文定为前锋,先遣奉新知县刘守绪袭其伏兵。

庚戌夜半,文定兵抵广润门,守兵骇散。辛亥黎明,诸军梯绹登,缚拱橖等,宫人多焚死。军士颇杀掠,守仁戮犯令者十余人,宥胁从,安士民,慰谕宗室,人心乃悦。【考异】文成平宸濠事,明史本传及诸王传记其月日,皆有干支,虽实录不具载,而证之宪章录、纪事本末,参之年谱,无不吻合。至于克南昌杀掠之事,实录所载,至于"积尸横路,鸡犬不鸣",未免过当,故不但明史删之,即宪章录诸书亦不载也。今所记克南昌本末,悉据明史本传书之,为得其实。

32 乙卯,伍文定等败宸濠于黄家渡。

守仁克南昌,居二日,遣文定与邢珣、戴德孺各将精兵分道邀宸濠,而使胡尧元等设伏以待。会濠还兵,遇于黄家渡,文定当其前锋,贼趋利,珣绕出贼背,贯其中,文定及余恩乘之,德孺与徐琏张两翼分贼势,尧元等伏发,贼大溃,退保八字脑。宸濠惧,尽发南康、九江兵,守仁遣官以次复二郡。

丙辰,复战,官军却,守仁斩先却者。文定亲督官军殊死战,身犯矢石,火燎须不为动。贼复大败,退保樵舍,联舟为方阵,悉出金宝犒士。

33 丁巳,宸濠方晨朝其群臣,官军奄至,以小舟载薪,乘风纵火,焚其副舟,濠妃娄氏以下皆投水死。濠舟胶浅,仓猝易舟遁,万安知县王冕所部兵追执之,士实、养正及降贼杨璋等皆就禽。土实、养正死于狱中。凡三十五日而贼平。【考异】明史所载守仁、文定两传月日,皆与实录符。惟实录以恶宸濠,遂及文成,又以忌文成之功,遂及文定等,因言"军中争攘濠积,文定所获以数十万计,徐琏、邢珣、谢源、伍希孺亦各数万,惟戴德孺一无所取",此岂非仇口语乎?今皆不取,并附识之。〇土实、养正之死,实录亦载之是月。惟言"守仁与养正交,比就禽,养正犹冀守仁活之。守仁畏其口,逼令引决,传首京师。"又言:"守仁自南昌还,养正母丧暴露,使人葬之,且祭以文曰:'君臣之义,不得私于其身,朋友之情,尚可伸于其母'"云云。王弇州史乘考误辨之,以为"朋友之情,瘗其母可也,祭而重之以文则不可。"今按葬母祭文一事,亦见年谱中,以非正史,故不录。

34 是月,兵部尚书王㦷等,给事中汪元锡、御史吴闻等,皆谏亲征,不报。

　　御史陈察复以为言,得旨:"罚俸一年。再有犯颜来奏者,治以极刑不宥。"

35 八月,壬戌,命江彬提督东厂兼锦衣卫,彬具疏辞,不允,优诏答之。时张锐居东厂,钱宁居锦衣卫,而彬又兼之,自是中外大权皆归于彬矣。

36 己巳,命"太监张永提督团营及宣府北路官军,赞画机密重务,兼核勘宸濠反逆恶党及改逆效顺者,即于军门奏请处分,仍查核宫眷库藏。"

37 乙亥,大学士杨廷和等请以宸濠谋逆诏告天下,并条陈宽恤事宜,从之。既而宽恤之诏竟寝不行。

38 上将亲征,命草威武大将军制,又欲以江彬为威武副将军,并下内阁。杨廷和不可,曰:"朝廷亲征,奉行天讨,谁敢云差遣?又谁敢称'威武大将军'?近闻逆濠移檄,方以失政为名,'威武大将军'是何政令邪?"上心恚。会推南京吏部尚书刘春理诰敕,以廷和私其乡人,切责之。廷和谢罪乞罢,不许;梁储等请与俱罢,复不许。廷和方引疾不入。上乃罢彬副将军,但传旨以威武大将军敕行之。

癸未,车驾发京师,命廷和及毛纪居守,梁储、蒋冕扈从。【考异】廷和不肯草敕,遂有廷推切责之事,此见明史本传。而据高氏鸿猷录,但云"廷和辞疾"。而以力辞草制归之梁储一人。又言"储不肯草制,上乃自称之,不复言草制,彬亦罢副将军",而薛氏宪章录又增入"更命廷和草之"之语。杨慎丹铅录辨"草制出自梁储,内阁有敕书稿簿,缀撰者姓名于其下,焉可诬也!"王弇州信其说,以为梁储果有抗颜直谏之事,当为生平第一节,何以杨文襄于墓志一字不及?然则草此敕者,宁非梁公耶?不然,将为毛文简也。予谓薛氏言梁储不肯草敕而廷和草之固非,即丹铅录谓其父不肯草敕而梁储草之亦非也。二公皆非草敕之人,廷和两次引疾,即其不肯草敕之张本。而至于十三年草镇国公之敕,廷和在告,梁储、毛纪泣谏,岂有前谏至于泣而南巡无一语?亦必不然。故高氏之归美梁储虽不足信,而其言竟罢草制及彬副将军,此得其实。若升庵谓"梁储草制有敕书稿簿撰人姓名可考",然廷和是时引疾,则内阁姓名自以梁储为首,未可以此定储之独草也。弇州又引杨文忠行状,谓"公不肯草敕,因言'朝廷亲征,谁敢云差遣,又谁敢称威武大将军'"云云。当中官传旨来内阁,阁臣必有词以折之,此数语,似是纪实。而至于下文谓"上复遣萧敬等来,以阻挠军机胁之,不为动。迨敬等相率跪拜,仍不从,敬等知不可夺,乃去。遂有八月十九日因廷推切责之事。"此似亦升庵归美其父之语,与高氏、薛氏之归美梁储,皆有私意。惟明史于杨、梁二传,寥寥数语,是亦不信两家之说,可谓斟酌尽善,词意谨严。今所叙仍据本传,惟参用行状"朝廷亲征"以下四十四字。

39　丁亥,车驾次涿州。

王守仁捷奏至,且谏亲征,其略曰:"臣于告变之后,选将集兵,振扬威武。先攻省城,捣其巢穴,继战鄱湖,击其惰归。今宸濠已禽，逆党尽获，闽、广赴调军士已散，地方惊扰之民已定。窃惟此逆睥睨神器，阴谋久蓄，招纳叛亡，广播奸细，臣下之奏，百不一通。发谋之始，逆料大驾必将亲征，先于沿途伏有奸党，期为博浪、荆轲之谋。今逆不旋踵，遂已成禽，法宜解赴军门，式昭天讨。然欲付之部下各官，诚恐潜布之徒，乘隙窃发，或有意外之虞，臣死有遗憾矣。"疏入，上秘不发。

大学士杨廷和等驰请班师，梁储、蒋冕等亦以为言，皆不省。【考异】此据明史本纪，而守仁捷奏之至，诸书皆云"驻跸良乡"，则去京师仅七十里也。实录无发京师至涿州日分，但云"戊子至保定"。疑中间有漏脱也。车驾以癸未发京师，涿州去京师仅一百四十里，五日始至。而保定去京师三百五十里，安能以至涿州之次日遽抵保定？本纪谓"丁亥至涿州"，亦恐未确。今据书之，俟考。

40 是月，上至保定府。【考异】据实录书"戊子"，今依本纪"丁亥至涿州"，则至保定当在月终也。实录于九月书"驻跸保定府"，则以前月至保定明矣。

41 九月，壬辰朔，上驻跸保定，宴于府堂，巡抚都御史伍符及巡按、御史、管粮主事皆侍宴行酒。上与符为藏阄之戏，符探得阄，上不悦；饮符至醉，乃大笑。

癸巳，上发保定。

42 戊戌，车驾至临清。

方上之南发也，刘姬疾不从，约以玉簪召。上过芦沟桥，驰马失簪，索之不得，及至临清，遣使召姬，姬以无信约，不肯往。于是上复自临清北行，乘单舸晨夜疾趋至张家湾，载与俱南，从官无知者。凡往返者逾月。

于是巡按山东御史熊相吼驰疏言："陛下挟一二亲幸，单舸微服，野宿宵行。万一不虞，如太后何，如宗社何！昔汉文帝忽于驰坂之险，以袁盎之谏而止；元帝不畏从舟之危，以薛广德之谏而罢。陛下之为是行，亦危且险矣。伏望思垂堂之戒，严警跸之仪，天下幸甚！"清军御史刘翀亦以为言，皆不报。【考异】车驾至临清，明史本纪不载，史稿次之癸丑。证之实录，帝以戊戌至临清，因遣人召刘姬，往返十五日，至癸丑乃回舟而北，逾月始返也。史稿盖据其发临清之日书之耳，今据实录。

43　丁未，王守仁械宸濠，将献俘，至杭州，授太监张永。

初，守仁上宸濠反书，因请黜奸谀。诸嬖幸恨甚。及事平，又欲相与媚功，且惧守仁发其罪，竟为蜚语，谓"守仁初与宸濠通谋，虑事不成乃起兵。"又欲令纵宸濠湖中，待上自禽之，于是命太监张忠、安边伯许泰率禁军往江西。守仁乘其未至，俘宸濠，发南昌，忠、泰以威武大将军檄邀之；守仁不与，间道趋玉山，上书请献俘，止上南征，上不许。

至是行抵钱唐，遇永。永时提督军务，在忠、泰上，而故与杨一清除刘瑾，天下称之。守仁夜见永，颂其贤，因极言"江西困敝，不堪六师之扰"。永深然之，曰："永此来为调护圣躬，非邀功也。公大勋，永知之，但不可径情耳。"守仁乃以宸濠付永。闻上将至淮扬，复自杭州趋京口。【考异】文成献俘，以是月丁未至杭州付张永，此据实录也。年谱谓其壬寅发南昌，六日而至，疑发南昌尚在壬寅前，今据实录至杭州之月日记之。至张永之行，亦是邀守仁令回江西，而实录谓"守仁携家而还，永潜遣人邀其辎重，守仁惧，乃以宸濠付永，且厚结焉"，此亦修实录者诬诋文成之词。今据明史本传。

44 冬,十月,戊辰,大学士杨廷和等复请班师,且言:"时享已过,而瞬届冬至朝贺及十二月省牲、正月南郊,大礼所在,旷废非宜。请乘舆速返,以顺天意而协人心。"扈从之梁储、蒋冕等亦以为言,计自乘舆发后,累疏数十上,皆不省。

45 壬午,上发临清。

46 甲申,御史谢源言:"逆藩宸濠,谋为不轨久矣。当时固有先事折其奸谋而反为中伤者,在今日尤宜录其功。如大学士费弘及其弟编修宷之去,以沮复护卫也;布政使郑岳之为民,以不遂侵求巳;副使胡世宁之谪戍,御史范辂之褫职,以发其奸恶也。此五臣者,其明能逆料于逆谋未露之前,其枉尚未白于大害既除之后。伏望召还诸臣,复其官秩,以为忠义之劝。"御史伍希儒等亦以为言,且请起都御史俞谏,皆下其章于所司。

47 十一月,辛卯朔,车驾过济宁。丙申,至徐州。辛丑,御龙舟自徐州顺流而下。乙巳,至淮安清江浦,幸太监张阳第。

时上巡幸所至,捕得鱼鸟,分赐左右,受一脔一毛者,各献金帛为谢。至是渔于清江浦累日。

南京及河南、山东、淮扬等处文武官,迎送车驾,皆戎装步行,而江彬不时传旨征索旗牌官,拷缚郡县长吏,有如奴隶。通判胡琮,惧而自缢;南京守备成国公朱辅,见彬长跪;总兵官镇远侯顾仕隆,稍不为屈,彬数窘辱之。又遣官校四出至民家,矫传上旨,索鹰犬、珍宝、古玩,民皆惴惴不敢诘。近淮三四百里间，无得免者。

48 壬子，冬至，车驾驻清江浦，扈从及抚、按等官朝贺于张阳第。

49 丁巳，上至淮安府，屏侍卫，徒步入城，幸总兵官顾仕隆第。

50 羁管太监钱宁于临清，密遣人系其家属，以通逆濠事发也。

先是上将发京师，留宁居守，宁恐离上左右，为人所发，乃求扈从，许之。江彬素与宁争宠，至临清进间，因止宁董皇店役。彬于途中遂尽白其通濠状，上大怒，曰："我固疑之，黠奴乃敢尔邪！"时将渡淮，遂令即所在系之。籍其家，玉带至二千五百束，金十余万两，银三千箱，胡椒数千石，他珍玩财货不可胜计。

初，宁之通宸濠也，乐人臧贤主之；上将发京师，事始泄，杖之午门，词连宁。及发遣，宁遣人杀之张家湾，欲以灭口也。【考异】宪章录："是年七月，逮吏书陆完、太监萧敬及秦用、卢明、钱宁、臧贤，俱下狱。"弇州考误辨之甚详。盖附逆诸人，惟臧贤下狱最先，钱宁次之，其余中官卢明等及尚书陆完之下狱，皆在十五年十一月。据弇州考证，萧敬则并无下狱事也。今据正史分书之。

51 己未，上至宝应，渔于氾光湖。

52 是月，王守仁自京口复返南昌。【考异】年谱言"文成趋京口，大学士杨一清止之。杨家京口也。"据此，则文成至京口始返，而纪事本末则云，"以宸濠付张永，乘夜度浙江，过越，还江西"，误也。过越则必归省，年谱不应漏脱。证之明史本传，亦云"身至京口"。而年谱记其自湖口返省，则由大江取道，非由浙河明矣。惟杨一清之沮，年谱载之，明史王、杨二传，皆不

明通鉴

1604

见,今不取。

先是守仁至京口,欲朝行在。会上命守仁巡抚江西,乃自大江取道还。

是时张忠、许泰等已先至,恨失宸濠,执知府伍文定缚之,文定骂曰:"吾不恤九族,为国家平大贼,何罪!汝等天子腹心,屈辱忠义,为逆贼报仇,罪当斩!"忠益怒,推文定仆地。文定求解任,不报。

忠、泰必欲诬守仁与宸濠通,诘责濠左右,皆言无有;严诘不已,曰:"独尝遣弟子冀元亨诣宸濠论学耳。"

初,宸濠怀不轨,而外务名高,贻书守仁问学,守仁使元亨往。濠以语挑之,佯不谕,独与之论学,濠目为痴。他日,讲西铭,反覆君臣义甚悉,濠亦愧服。至是忠等闻其事,大喜,搒元亨,加以炮烙,终不承,乃械送京师诏狱。

比守仁至,故纵京军犯之,或呼名嫚骂。守仁不为动,抚之愈厚,病予药,死予棺,遭丧于道,必停车慰问。京军谓"王都堂爱我",无复犯者。

忠、泰言:"宁府富厚甲天下,今所蓄安在?"守仁曰:"宸濠异时尽以输京师要人,约为内应,可按籍稽也。"忠、泰故尝纳宸濠贿者,气慑不敢复言。

已,轻守仁文士,强之射,徐起,三发三中,京军皆欢呼,忠、泰气益沮。

会冬至,守仁命居民巷祭,已上冢哭。时新丧乱,悲号震野,京军闻之,无不泣下思归,忠等不得已乃班师。

53 十二月,辛酉朔,上至扬州。

先是江彬谋夺富民居为威武大将军府,知府蒋瑶执不可,彬闭瑶空室,挫辱之,胁以上所赐铜爪,不为慑。

太监吴经,矫上意刷处女、寡妇,民间汹汹,有女者一夕皆适人,乘夜争门逃匿不可禁。瑶诣经恳免,麾之去。忽夜半,遣骑卒数人开城门,传呼驾至,令通衢燃炬如白昼。经遍入人家,捽妇女出,破垣毁屋,必得乃已。寻以诸妇分送尼寺寄住,有二人愤恚不食死,瑶为具棺敛,自是诸妇家皆以金赎乃得归。

会上渔,获一巨鱼,戏言"直五百金"。彬以畀瑶,责其直,瑶怀其妻簪珥袿服以进,曰:"库无钱,臣所有惟此。"上笑而遣之。府故有琼花观,诏取琼花,瑶言:"自宋徽宗北狩,此花已绝,今无以献。"又传旨征异物,瑶具对非扬产。上曰:"苎白布亦非扬产邪?"瑶不得已为进五百疋。

当是时,权幸以扬繁华,要求无所不至,微瑶,民且重困云。

54 壬戌,上以数骑猎于府城西,遂幸上方寺。自是数出渔猎,以刘姬谏而止。

总兵神周,奉旨至泰州取鹰犬,城中骚然。

55 丙寅,免河南、开封等府被灾四十五州县秋粮。

56 辛未,大学士梁储、蒋冕,以郊祀期近,请返跸。

先是传旨,以"郊祀不及,欲暂于南京行礼"。储等言:"郊礼牺牲制帛等项,皆须先期备办,严谨督视。若仓猝措置,取具一时,卤莽苟简,徒为亵渎。且南京郊坛配位,洪武时止有仁祖,永乐初方增太祖一位;迁都以后,京师郊坛,<u>止</u>以<u>太祖</u>、太宗并配。今若欲于<u>南京</u>旧坛行礼,既不可除去<u>仁祖</u>配位,又不可增设<u>太宗</u>配位,事体重大,臣等尤不敢妄议。"时上欲藉以缓班师之期,谕议再四,<u>储</u>等力陈不可,事遂寝。

57 戊寅,上阅诸妓于<u>扬州</u>,抚、按官具宴,却之,令折价以进。

己卯,<u>至仪真</u>。

时上巡幸所至,禁<u>民</u>间畜猪,一时屠杀殆尽。

58 免<u>大名</u>、<u>真定</u>、顺德三府被灾十一州县税粮。

59 癸未,渔于<u>仪真</u>之<u>新闸</u>,命<u>江彬</u>祭告<u>大江</u>。

明日,幸民<u>黄昌本</u>家,阅太监<u>张雄</u>及守备<u>马炅</u>所选妓,以其半送舟中。

60 乙酉,车驾渡<u>江</u>。丙戌,至<u>南京</u>。【考异】<u>宪章录</u>书至南京于十月,<u>纪事本末</u>又系之九月,未见实录也。若以<u>南京</u>为南畿之通名,则<u>武宗</u>十月方幸<u>临清</u>,冬月朔始过<u>济宁</u>,实录所记月日皆详,计其至<u>南京</u>已在十二月下旬。<u>明史本纪</u>及<u>三编</u>皆据<u>实录</u>,今从之。

61 是岁,<u>土尔番</u>求通贡,许之。<u>哈密</u>都督<u>舍音和珊</u>即写亦<u>虎仙</u>,见前卷。系京师狱,至是减死,遂夤缘<u>钱宁</u>与其婿,得入<u>豹房</u>侍上左右。悦之,赐国姓,授锦衣指挥,扈驾南征。

明通鉴卷四十九

江西永宁知县当涂 夏　燮 编辑

纪四十九 起上章执徐（庚辰），尽重光大荒落（辛巳），凡二年。
武宗毅皇帝

1 春，正月，庚寅朔，上在南京，诏百官戎服朝正旦，尚书乔宇不可，率群臣朝服贺。

江彬索诸城门钥，讠语都督府曰："守备者所以谨非常，禁门锁钥，孰敢索，亦孰敢予！虽天子诏不可。"乃已。

彬跋扈甚，惟宇与应天府丞寇天叙挺身与抗，彬为之稍敛。

2 癸巳，改卜郊。

先是礼部奏以是月八日行南郊大祀，至是以车驾未还，传旨，"本年郊祀改卜二月上旬"。

3 丙申，谕行在阁臣，以"宸濠将至，议处分"。梁储、蒋冕"请如宣德间亲征汉庶人例，罪人既得，即日班师，还告天地宗庙，下廷臣及各王府议其罪"。不纳。

4　械太监<u>刘瑯</u>、<u>毕真</u>及<u>廖鹏</u>之子<u>铠</u>下锦衣卫狱，言官发其通逆<u>濠</u>状也。

5　丁酉，立春，上迎春于<u>南京</u>，仍备诸戏剧，如<u>宣府</u>故事。

6　辛亥，大学士<u>杨廷和</u>等言："近钦天监改卜二月十三日郊祀；又<u>孝贞太皇太后</u>大祥，神主祔庙亦在二月十日；此礼皆皇上所当躬自举行者。今日期渐近，内外人心不胜悬望，伏乞早回乘舆。"不报。

7　甲寅，免<u>南直隶凤</u>、<u>淮</u>、<u>扬</u>三府、<u>徐</u>、<u>滁</u>、<u>和</u>三州所属被灾州、县税粮，以去年<u>淮扬</u>大饥，人相食也。

8　戊午，免<u>湖广武昌</u>、<u>安陆</u>等十五府被灾税粮。

9　复械太监<u>刘璟</u>、都指挥<u>廖鹏</u>、<u>齐佐</u>、<u>王准</u>、都督同知<u>王瓛</u>等，皆系锦衣卫狱，与<u>毕真</u>、<u>刘瑯</u>，同俟<u>宸濠</u>至日鞫讯定拟。

10　是月，<u>王守仁</u>被召至<u>芜湖</u>，得旨，"仍返<u>江西</u>"，<u>张忠</u>等谗之也。

初，<u>张永</u>自<u>杭州</u>复械<u>宸濠</u>至<u>江西</u>，留数旬，偕<u>张忠</u>、<u>许泰</u>等归。<u>永</u>见上，极言<u>守仁</u>之忠，而<u>忠</u>、<u>泰</u>等嗾纪功给事中<u>祝续</u>、御史<u>章纶</u>等谗毁百端，独<u>永</u>时时左右之。

一日，<u>忠</u>、<u>泰</u>复谗之于上曰："<u>守仁</u>在<u>杭州</u>，竟不赴行在，陛下试召之，必不来。"<u>永</u>遣急足先告<u>守仁</u>，<u>守仁</u>闻召，不退食即与偕行。比至<u>芜湖</u>，<u>忠</u>、<u>泰</u>仍沮之不令见。<u>守仁</u>乃入<u>九华山</u>，日晏坐僧寺。上觇知之，曰："<u>王守仁</u>学道人也，闻召即至，何谓反？"<u>永</u>复传上意，令<u>守仁</u>还镇重上捷音，乃返。【考异】事见<u>明史</u>本传。三编系之闰八月目中，据其重上捷音及受俘之月日也。实录自守仁至杭州以宸濠付张永后凡数月,不及文成一字,故弇州以为修实录者忌之,是也。据宪章录,文成闻召至芜湖而返,系之正月,而年谱所载,亦云"趋至上新河,竟为诸权幸谗沮,不得见",其为忠等尼之明矣。今据增入。

11 二月,庚申朔,上在南京。

12 兵科都给事中汪元锡等言:"宣府报寇警,称'有万骑自威远东行',京畿逼近。去年冬,白羊口所获奸细,皆云'使探圣驾消息,乘机深入',不可不虑。伏乞乘舆亟归以防寇患。"不报。

13 大学士杨廷和等请罢养豕及宰杀之禁,不报。

14 己巳,孝贞太皇太后大祥,遣寿宁侯张鹤龄祭茂陵。其神主祔庙日期令改择。

15 三月,己丑朔,上在南京。

16 戊戌,清明节,太常寺奏,"陵寝祭牲已有定制,豕为必用之物,请弛其禁",从之。

17 辛丑,大学士杨廷和等以"郊期屡更,嫌于亵玩,又瞬届廷试之期,御殿传胪,不宜无事旷废。乃玉音屡下而返驾无期,恐非所以示天下"。梁储、蒋冕及礼部尚书毛澄、六科给事中邢寰、十三道御史唐符等相继上疏,皆不报。

18 夏,四月,戊午朔,上在南京。

19 己未,振淮、扬等府饥。

时巡抚都御史丛兰、巡按御史成英,以振济不给为言,"请截留苏松漕运十万石及轻赍银七万二千余两、凤阳扬州储库事例银六千一百余两备振",从之。

20 甲申,大学士梁储、蒋冕言:"臣等自去年八月随驾而南,罪人斯得。今宸濠解至,又两月余矣。比夏令已深,天气炎热,不时暴风作,或将贼船漂沉,或值贼众病毙,则陛下此行,栉风沐雨,越江涉湖,徒劳无益,何以祭告郊庙,诏谕臣民邪?且因讨罪而废大祀天地之礼,又废太皇太后升祔之礼,以至殿试传胪、朝觐考察之期无不违误,窃恐陛下必有不能自安者。伏乞振旅早还,以顺天意而悦人心。"南京六科给事中孙懋,十三道御史蒋亨等亦以为言,皆不报。

21 五月,戊子朔,上在南京。

22 辛丑,以水旱灾,免南直隶宁国、池州、太平、安庆四府所属州县税粮。

23 壬寅,都御史王守仁奏:"江西诸郡大水,千里为壑,舟行于闾巷,民栖于木杪,室庐漂荡,烟火断绝,为数十年所未有。非常之变,厥咎在臣。"因自陈四罪,请赐罢黜。下其章于所司。【考异】语见实录。据年谱亦系之五月。惟实录言"守仁自负其功,以为人所抑,故上此奏",亦诬诋语也,今不取。

24 六月,丁巳朔,上在南京,驾幸牛首山,宿焉。诸军夜惊,左右皆不知上所在,大扰,久之乃定。传者或谓江彬欲为逆云。

25 癸亥,大学士梁储、蒋冕言:"近南京锦衣卫重囚反狱,随捕未获。臣等窃以重囚在监,尚且逃逸,今反贼宸濠并逆党,船泊江上,舳舻相衔,助逆奸细,岂无潜匿踪迹,往来窥伺,潜蓄异图者!使闻反狱之变,万一因风纵火,乘机劫夺,仓猝之间,何以御之?伏乞早回乘舆以消未形之患。"不报。

26　甲申，兵科都给事中汪元锡等言："陛下临幸南都，逾年不返。随行人马，不下数万，供亿之费，连及数省，陛下不及知也；奸宄之徒，诈充官校，陵虐有司，索骗财物，陛下不及知也；军士在外，妻孥隔绝，不谙风土，客死道旁，陛下不及知也；少女老妇，充牣离宫，苦雨凄风，多成怨魄，陛下不及知也。夫天下可恃者理也，不可恃者势也；易见者形也，难见者几也。陛下不以宫阙为重，专事远游，欲望久安长治，岂可得哉！"不报。

27　是月，以陈金为右都御史。

28　秋，七月，丁亥朔，上在南京。

29　辛丑，大学士梁储、蒋冕等言："陛下驻跸南京，欲乘秋后献囚振旅。而近数日来，远近惶惶。或至夜间，尔我相传，以为耳目有所闻见，互相惊恐，常不自安；及行质问，则又彼此推托，莫知所自。窃惟圣驾所经，万灵拥护，岂宜有此！或者因郊祀未举，庙祭未亲，太皇太后升祔未行，祖宗之心容有未安，在天之灵以此警动陛下，未可知也。"南京科道官，亦以为言，皆不报。

时行在有物若豕首堕上前，色碧，又进御妇人室中若悬人首状，人情益惊，故储等云然。

1613

30　是月，小王子犯大同、宣府。

31　王守仁重献捷于京师，言"奉威武大将军方略，讨平叛乱"，而尽入诸嬖幸名，江彬、张忠等谗乃已。

32　八月，丙辰朔，上在南京。

33　癸未，免江西税粮。

34 上之南巡也，在京之大学士杨廷和、毛纪，行在大学士梁储、蒋冕，前后谏请班师，疏凡数十上，皆不省。及是守仁捷书至，储等复动以危言，于是始有还意。而群小犹欲导上游浙西，泛江、汉，储、冕益惧，复手疏跪泣行宫门外，历未至酉。上遣人取疏入，谕之起，储等叩头言："未奉俞旨，不敢起也。"上不得已许不日还宫，乃叩头出。

35 上之南巡也，江彬纵其党横行州县。将抵常州，民大恐，时知府、武进知县咸入觐，推官张曰韬兼绾府、县印，召父老约曰："彬党至，若等力与格。"又释囚徒，令与丐者各具瓦石以待。已，彬党果累骑来，父老直遮之境上，曰："常州比岁灾，物力大屈，无可啖若曹。府中惟一张推官，一钱不入，即欲具刍秣亦无以办。"言已，彬党疑有他变，乃稍退，驰使告彬。

曰韬即上书巡按御史言状。御史束郊，行部过常州，谓曰："事迫矣，彬将以他事缚君。"命曰韬登己舟先发，自以小舟尾之。彬党果大至索曰韬，误截御史舟。郊使严捕截舟者而阴令缓之，其党恐御史上闻，咸散去。曰韬遂免，彬亦戒其党毋扰。由是常以南诸府得安。

36 闰月，丙戌朔，上在南京。

37 癸巳，受江西俘。

上欲自以为捷，命设广场，戎服树大纛，环以诸军，令释逆濠等，去桎梏，伐鼓鸣金而禽焉。然后置械，行献俘礼。

38 丁酉，上自南京返跸。是夕，发龙江。辛丑，至仪真。

壬寅,渔于江口。

癸卯,自瓜州济江,登金山,遂次镇江,幸大学士杨一清第,乐饮两昼夜,赋诗赓和以数十。又遍览一清所藏书籍,取册府元龟二百二肘以归。

先月,致仕大学士靳贵卒,至是上幸贵第,临其丧。【考异】上幸一清第乐饮赋诗,事见明史本传。其取册府元龟以进,则据实录增也。惟传言"一清从容讽止,帝遂不为江、浙行"。是时业已返跸,或一清迎驾时有此谏耳。然江、浙之行,实梁储等挽回之力,传中所载,恐亦后人归美语耳,今不取。

39 庚戌,上发镇江,宿望江楼。癸丑,至扬州。

40 九月,乙卯朔,上驻跸扬州。戊午,发扬州。

庚申,至宝应。复渔于氾光湖。

镇守太监丘得索进贡物不得,以铁绲系知府蒋瑶,窘辱备至,数日乃得释,扈驾至临清而返。

41 辛酉,上驻跸淮安。都御史丛兰、总兵官顾仕隆等进贺功金牌、花红、綵帐。上戎服簪花,鼓吹入城。

先是有司治故尚书金濂第,至是遂幸之。

42 丙寅,上至清江浦,复幸张阳第。

己巳,渔于积水池,舟覆,溺焉。左右大恐,争入水掖之出,自是遂不豫。

43 丙子,上至东昌。

戊寅,至临清。是日,万寿节,百官称贺于镇守太监第。

44 是月,以水灾,免顺天、永平、保定、河间四府所属州县夏税。又以旱灾,免陕西巩昌、临洮二府及兰州、甘州等卫夏税。

45 冬,十月,庚寅,上至天津。庚戌,至通州。

上之北还也,每令宸濠舟与御舟衔尾而行,意甚防之。及抵通州,谓左右曰:"吾必决此狱。"乃入,召勋戚大臣议宸濠狱。

时上久驻于外,京师汹汹,人情危惧。大学士杨廷和、毛纪等,"请还大内,然后献俘诛宸濠",不纳。群臣"请如宣德间处置高煦例,祭告天地宗庙社稷,敕天下诸王议罪,乃明正以法",亦不听。至是用江彬言,命治交通宸濠者罪。

46 十一月,庚申,执吏部尚书陆完赴行在。

先是中官张永至南昌搜逆濠籍,得完平日交通事上之。〔上〕大怒,还至通州,执完,并收其母妻子女,封识其家。完至通州,钱宁、毕真、刘瑯、刘璟、廖鹏、齐佐、王准、王瓛等,皆先完就执。

宁之通濠也,江彬尽发之。真始镇守江西,与濠亲厚,濠为出赀夤缘,改浙江。及濠反,密遣人驰报真,真倡言宁世子来取浙,浙中大震,三司及府县官先夕收城门钥,令官军甲以俟,遂不得发。瑯守备南京,欲自托于濠,遣弟瑝事之。比闻濠举逆,聚家丁百余,携火药军器,欲为濠应,事泄乃已。璟、瓛、鹏皆与濠通货赂,佐、准则濠婿也,至是鞫讯,皆服。

而上以完大臣,宁素所信任,顾负恩通逆,尤恨之,欲置之极刑,皆命裸体反接,揭其姓名于帜,杂俘囚中,列凯旋前部以行。

47 逮太监商忠、杜裕,少监卢明、秦用、赵秀,锦衣卫都指挥薛玺、陈喜及监察御史张鳌山、河南布政使林正茂等,俱下锦衣卫狱,皆以通宸濠有迹也。

初,官兵克复南昌,得濠簿籍,所记平日馈送姓名,遍于中外,多者累数万,少亦以千计。李士实疑其太费,濠笑曰:"此为我寄之库耳。"王守仁以簿籍连及者众,令焚之,张永所发者仅百之一二云。

48 辛酉,传旨,"司礼太监萧敬、李英闲住",亦以尝与宸濠通也。

49 十二月,甲申朔,上在通州。

50 己丑,宸濠伏诛。

先是有旨,召皇亲、公、侯、驸马、伯、内阁府部大臣、科道官,俱至通州治宸濠狱。至是列其罪状上之,并同逆之宗藩拱檄等皆论死。上令从轻赐自尽,仍焚弃濠尸。

是时江彬欲亟治宸濠狱竣,劝上复幸宣府,(仍)〔乃〕上言:"臣奉镇国公朱寿指示方略,禽宸濠及其逆党十五人,乞速正典刑。"上乃下诏褒赐镇国公,次及彬,岁加禄米百石,荫一子,世袭锦衣卫。

将欲西幸,会上体惫甚,左右力请还朝,越三日,乃返京师。

51 甲午,车驾还京师,文武百官迎于正阳桥南。

是日,大耀军容,俘诸从逆者及家属数千人陈辇道东西,生者标其姓名,死者悬首于竿,皆标以白帜,凡数里不绝。上戎服乘马立正阳门下,阅视良久乃入。诸俘者自东安门逾大内而出,弥望皆白,识者以为不祥云。

52 以亲征凯旋,遣定国公徐光祚、驸马都尉蔡震、武定侯郭勋祭告天地、太庙、社稷。

53 丁酉,大祀南郊。初献,上拜,疾作呕血,不克成礼,遂还斋宫,逾宿乃入,御奉天殿,文武群臣行庆成礼,传旨免宴。

54 庚子,免四川保宁、顺庆二府被灾州县税粮。

55 丙午,免陕西西安府所属被灾州县秋粮。又以霜灾,免山西行都司并大同府所属卫所州县秋粮。

56 是月,改王琼为吏部尚书。

57 是岁,佛郎机使者在京师。

上之南巡也,其使火者亚三夤缘江彬,得入豹房侍上左右,上时学其语以为戏。

于是御史丘道隆,"请责令还满剌加疆土,方许朝贡"。又御史何鳌言:"佛郎机最凶狡,兵械较诸番尤精。前岁驾大舶突入广东会城,炮声殷地;留驿者违制交通,入都者桀骜争长。今听其往来贸易,势必争斗杀伤,南方之祸,殆无纪极。祖宗朝,贡有定期,防有常制,故来者不多。近因布政吴廷举谓缺上供香物,不问何方,来即取货,致番舶不绝于海澨,蛮人杂沓于州城。禁防既疏,水道益熟,此佛郎机所以乘机突至也。乞悉驱在澳番舶及番人潜居京师者。"疏下礼部,议从之。

已,亚三从驾入都侍上,骄甚;居会同馆,见提督主事梁焯,不屈膝,焯怒,挞之。江彬大诟曰:"彼尝与天子嬉戏,肯跪汝小官邪!"

明年,彬败,亚三始下吏,自言"本华人,为番人所使",乃伏法,绝其朝贡。【考异】事见明史外国传。实录系之是年十二月,与传合。今增系之是年之末。

58 四川芒部陇氏乱。

初,芒部土舍陇寿、与庶弟陇政及兄妻支禄争袭仇杀,所部爇蛮阿又磉等乘机倡乱流劫。事闻,命镇守中官会抚、按官捕治。至是贵州参政傅习、都指挥许诏、督永宁宣抚司女土官奢爵等讨禽阿又磉等四十三人,斩一百十九级,事乃定。

十六年(辛巳、一五二一)

1 春,正月,乙卯,以旱灾,免淮、凤、扬、徐二十三州县及长淮等十三卫税粮。

2 庚申,以旱灾,免陕西西宁、洮州二卫税粮。

3 癸亥,以上不豫,改卜郊。

4 癸酉,刑科给事中顼济言:"人情之至亲而可恃者,莫如子母室家。陛下久居在外,两宫隔绝,至情日疏。今复圣体违和,所恃以为安者何人哉?昔汉高帝以病卧数日,樊哙排闼直入,且曰:'陛下独不见赵高之事乎?'今群臣之中,岂无樊哙之忧!但拘于形迹,不敢尽言。伏愿慎择近臣,如内阁、宫、坊并府、部、寺、院、科、道等官,轮日各一二员更番入直,凡起居动静,皆令与闻,膳羞药饵,必令检点,或时赐召对以通下情。其余淫巧杂伎,伤生乱德之事,一切屏去。则保养有道,圣躬不患不安矣。"不报。

5　是月,以兵部侍郎王宪为本部尚书,代王琼也。

宪时从幸,党于中官,至是廷推居末,内批特擢用之。

6　二月,甲申朔,上以疾,不视朝。

7　庚寅,疾,不果郊。

8　己亥,巡抚云南副都御史何孟春讨云南苗,平之。

初,云南弥勒州十八寨阿勿、阿寺等,交纳宁州土舍禄(民)〔氏〕,为居民害。都给事中刘洙屡以为言,命孟春及巡按御史陈察会镇、巡官军进兵,禽寺,斩勿,俘其党千七百余人。至是以捷闻,并奏"请设永昌府,增五长官司、五守御所",从之。

9　乙巳,大学士杨廷和等言:"各处地方,水旱相仍,灾异迭见,岁赋钱粮,小民拖欠。各边军士奏请饷需,殆无虚日,欲征之于民而脂膏已竭,欲取之于官而帑藏已空。其畿内州县及山东、河南、陕西等处盗贼,千百成群,白昼劫掠。若不早图拯救,厚赐宽恤,则将来事势有大可忧者。陛下近日圣体渐康,乞将前项诏书早赐颁降,以慰四海云霓之望。"不报。

10　刑部员外郎周时望言:"圣体违和,辍朝累月,天象变异,人心忧皇。乞念宗庙社稷之重,建立国本以杜邪谋。"御史王琳、主事陆澄、陈器亦以为言,俱不报。

11　是月,寇犯威远松山等堡,军士陈玉死之。

12　三月,癸丑朔,日有食之。

13　庚申,传旨:"改西官厅为威武团营,以西官厅监督太监张忠及江彬等提督团营教场与威武团营操练,令别辟团营教场。"彬矫旨也。

于是六科绐事中汪元锡、十三道御史张仲贤等言:"别置教场,拓地则不免侵民庐墓,兴工则不免费官财力。且威武团营既为陛下自将,则泰等不过奔走麾下,乃概加以提督之名,不已僭乎!"兵部亦以为言,不听。命"团营官军暂即五军营教场操练,其团营教场,令所司亟相度以闻"。

14 乙丑,大渐。谕司礼监曰:"朕疾不可为矣。其以朕意达皇太后,天下事重,与阁臣审处之。前事皆由朕误,非汝曹所能预也。"丙寅,帝崩于豹房,年三十有一。

三编御批曰:武宗为宦官所误,至于元气屡削,不克享年。乃回顾生平,不惮引为己愆,而于群小则特明其无预。武宗固蛊惑滋深,亦不应始终不悟若此。当时豹房寝疾,左右无人,其言仅出自中涓之口,安知非若辈恐朝臣追论其罪,故矫传此命以托为解免之由,岂足为凭信哉!

15 是日,太监张永、谷大用等,以皇太后命移殡大内,遂颁遗诏。

先是司礼中官魏彬,以帝无皇嗣,至内阁言:"国医力竭矣,请捐万金购之草泽。"大学士杨廷和心知所谓,不应,而微以伦序之说讽之,彬等唯唯。

至是帝崩,永、大用至内阁,议所当立。廷和出祖训于袖中示之,曰:"兄终弟及,谁能易之? 今兴献王长子,宪宗之孙,孝宗之从子,大行皇帝之从弟,序当立。"梁储、蒋冕、毛纪咸赞之,乃令中官入启皇太后,廷和等候左顺门下。顷之,中官奉遗诏及太后懿旨,宣谕廷臣,一如内阁请。

遂定策,遣定国公徐光祚、驸马都尉崔元及中官谷大用、韦彬、张锦奉遗诏迎兴世子厚熜入嗣皇帝位。故事,奉迎当以内阁一人偕礼官往,廷和欲留蒋冕自助,而虑梁储老,或惮行,乃佯惜之,储奋曰:"事孰有大于此者,敢以老辞!"遂与礼部尚书毛澄偕光祚等行。

廷和又以遗诏,令太监张永、武定侯郭勋、安边伯许泰、尚书王宪选各营兵分布皇城四门、京城九门及南北要害,厂卫御史以其属捍撤。于是事大定。【考异】事见明史杨、梁二传,与实录所载同。惟实录言"定策时,吏尚王琼以己不预,厉声排掖门入",三编目中亦采之,而明史廷和及琼传皆不具。按修实录者处处指摘晋溪,不过为新都修报复耳。定策事由内阁,非铨除之比。且新都是时密议禁中,方忌晋溪之生异议,而谓遽泄之于琼,必不然矣。传中删此数语,似有斟酌,今从之。

16 罢威武团练营,诸边兵入卫者,俱重赉散遣还镇。革皇店及军门办事官校悉还卫。哈密、土尔番、佛郎机诸贡使,皆给赏遣还国。豹房番僧及少林僧、教坊乐人、南京快马船诸非常例者,一切罢遣。又以遗诏释南京逮系囚,放遣四方进献女子,停京师不急工务,收宣府行宫金宝归诸内库。

17 戊辰,颁遗诏于天下。

18 庚午,以皇太后懿旨,下江彬、神周、李琮于狱。

彬知天下恶己,又见罢遣边兵,益内疑。琮劝彬速反,不胜则北走塞外,彬犹豫未决,诡称疾不出,阴布腹心,衷甲观变。令许泰诣内阁探意,廷和慰以温言,彬稍安,乃出成服。于是廷和谋以太后懿旨捕诛彬,遂与蒋冕、毛纪及司礼中官温祥谋。张永伺知其意,亦密为备。

司礼魏彬者,故与彬有连,廷和以其弱,可胁也,因题大行铭旌,与彬、祥及他中官张锐、陈严等,为言江彬反状,以危语胁之。魏彬心动,惟锐力白江彬无罪,廷和面折之。冕曰:"今日必了此乃临!"严亦从旁赞决,因俾祥、彬等入白太后。良久未报,廷和、冕益自危。顷之严至,曰:"彬已禽矣。"

盖是日上坤宁宫脊吻,遣彬与工部尚书李鐩行礼,彬吉服入,众不得从。祭毕,张永以计留彬、鐩共饭于宫外。会懿旨令收彬,彬觉,亟走西安门,门闭;寻走北安门,门者曰:"有旨留提督。"彬曰:"今日安所得旨?"门者拥之,遂被执,拔其须且尽。有顷,周琮亦缚至。琮骂彬曰:"奴!早听我,岂为人禽!"既下狱,籍彬家,黄金七十柜,白金二千二百柜,他珍宝不可胜计。

19 甲戌,奉太后旨,"遣太监温祥、孙和、惠安伯张伟、兵部右侍郎杨廷仪,领官军三千人迎护嗣君"。

20 夏,四月,癸未,兴世子发安陆。

21 辛卯,礼部奏:"遗诏以日易月,是日当除服;今新天子未至,宜勿除。"懿旨从之。

22 癸卯,兴世子自兴邸至京师,止于郊外。

有议用天子礼奉迎者,尚书毛澄曰:"今即如此,后何以加? 岂劝进辞让之礼当遂废乎!"乃具仪,请如皇太子即位礼。世子顾长史袁宗皋曰："遗诏以我嗣皇帝位,非皇子也。"杨廷和"请如礼臣所具仪,由东安门入,居文华殿,择日登极",不允。会皇太后趣廷臣上笺劝进,乃即郊外受笺。

是日日中,入自大明门,遣官告宗庙社稷,谒大行皇帝几筵,朝皇太后,出,御奉天殿,即皇帝位。

颁诏天下,言:"奉皇兄遗诏,入奉宗祧。以明年为嘉靖元年。大赦天下。恤录正德中言事罪谪诸臣。赐天下明年田租之半。自正德十五年以前逋赋悉免之。"

23 上之未至京师也,杨廷和总朝政者三十七日,中外倚以为安。及上即位,廷和草诏,自恤录蠲租外,凡先朝蠹政,釐剔殆尽。所革锦衣内监旗校工役凡十余万,减漕粮百五十三万二千余石。其中贵、义子传升、乞升一切恩幸得官者,大半皆斥去。朝野佥称新天子神圣,且颂廷和功,而诸失职之徒衔之次骨。廷和入朝,有挟白刃伺舆傍者,事闻,诏以营卒百人卫出入。

24 甲辰,礼部尚书毛澄等言:"大行皇帝大丧,成服已毕,伏望皇上以宗庙社稷为重,少节哀情,于西角门视事,文武百官行奉慰礼。"上曰:"朕哀痛方切,未忍遽离丧次。其以二十七日视朝,具仪来闻。"

于是澄等具上仪注曰:"本月二十七日,上服衰服,御西角门视事,文武百官素服,乌纱帽,黑角带,行奉慰礼,二十八日以后如之。至五月十八日,遵遗诏二十七日服制已满,自十九日后,合依孝宗敬皇帝服制,上释衰服,易素翼善冠、麻布袍、要绖,御西角门视事,俱不鸣钟鼓。文武百官仍素服朝参,至百日后变服如常。"制曰:"可。"【考异】此据实录,徐氏读礼通考亦据之,以为世宗服二十七日,如子为父之服,以为祢武宗之证。按武宗以三月丙寅崩,至此已过二十七日之期。此以世宗入京师至丧次成服计之,故以五月十八日为二十七日之期。世宗初入,惟此一议最为得礼,诸书不载,今据增。

25 丙午,遣使奉迎母妃蒋氏于安陆。

26 召费弘复入内阁。

宸濠既败,诸言事者屡请起弘,不报。至是始召之,加少保,入辅政,并复其弟寀编修官。

27 戊申,诏议兴献王主祀及尊称。

时上即位甫六日,于是礼部尚书毛澄请于大学士杨廷和。廷和出汉定陶王、宋濮王事授之,曰:"此足为典据矣。"澄称善。

28 己酉,下尚书王琼于狱。

琼自构彭泽于钱宁,中以危法,又陷云南巡抚范镛、甘肃巡抚李昆、副使陈九畴于狱,中外多畏琼。而大学士杨廷和,亦以琼所诛赏,多取中旨,不关内阁,弗能堪。至是言官交章劾之,系都察院。琼疑出廷和指,力讦廷和,上愈不直琼。下廷臣杂议,坐交结近侍律论死。琼疏辨,减死戍边。

29 是月,户部尚书杨潭、兵部尚书王宪罢。工部尚书李鐩致仕。

30 五月,乙卯,罢云南大理银矿。

31 丙辰,大学士梁储致仕。

储从上自安陆还,给事中张九叙等,劾"储结纳权奸,持禄固宠"。储三疏求去,命赐敕驰传,遣行人护送,岁给廪隶如制。

32 戊午,毛澄会诸文武群臣六十余人上议曰:"考汉成帝立定陶王为皇太子,立楚孝王孙景为定陶王,奉共王祀。共王者,皇太子本生父也,时大司空师丹以为恩义备至。今陛下入承大统,宜如定陶王故事,以益王第二子崇仁王厚炫主后兴国。又考宋英宗以濮安懿王之子入继仁宗,司马光谓'濮王宜尊以高官大爵,称皇伯而不名'。范镇亦言:'陛下既考仁宗,若复以濮王为考,于义未当。'乃立濮王园庙,以宗朴为濮国公,奉濮王祀。程颐之言曰:'为人后者谓所后为父母,而谓所生为伯叔父母,此生人之大伦也。然所生之义,至尊至大,宜别立殊称,曰"皇伯叔父某国大王",则正统既明,而所生亦尊崇极矣。'今兴献王于孝宗为弟,于陛下为本生父,与濮安懿王事正相等。陛下宜称孝宗为'皇考',改称兴献王为'皇叔父',兴献大王妃为'皇叔母兴献王妃',凡(宗)〔祭〕告兴献王及上笺于妃,俱自称'侄皇帝某',则正统私亲,恩礼兼尽,可以为万世法。"议上,上大愠曰:"父母可更易若是邪?"命再议。

论曰:天子诸侯,有统而无嗣,凡经史之言"嗣"者,皆嗣统之嗣,非嗣续之嗣也。继统之义,不可以伦序言。故春秋僖公不书即位,公羊传曰:"继弑君,子不言即位。此非子也,其称子何?臣子一例也。"何休注曰:"礼,诸侯臣诸父兄弟,以臣之继君,犹子之继父也。其服皆斩衰。"又，<u>文公</u>二年，大事于太庙，跻<u>僖公</u>。<u>左氏</u>言："子虽齐圣，不先父食。"<u>杜</u>注云："臣继君，犹子继父。"<u>公羊传</u>曰："讥逆（祖者武）〔祀也。其〕逆祀奈何？先祢而后祖也。"<u>何休</u>注云："曰后祖者，（偕）〔僖〕公以臣继闵公，犹子继父，故闵公于文〔公〕，亦犹祖也。"<u>春秋</u>之义，后世议礼者皆宗之。

　　<u>杜氏通典</u>，<u>晋武帝</u>咸宁二年，<u>安平穆王麓</u>，无嗣，以母弟<u>敦</u>为后。移太常博士问："应何服？"博士<u>张靖</u>答："宜依<u>鲁僖</u>服三年例。"又，<u>东晋康帝</u>为<u>成帝</u>之母弟，入继大统，有司奏请一周除服，而帝深维君亲相准，名教之重，遂终三年。其后<u>哀帝</u>嗣位，于<u>穆帝</u>则大功昆弟，而<u>王琨</u>、<u>江霦</u>议礼，援<u>春秋</u>先祢后祖之义，请于大行奠祭之文悉称"哀嗣"。<u>宋太宗</u>之继<u>太祖</u>，亦兄弟相及，虽以日易月，亦行斩衰重服。故其后<u>哲宗</u>崩，<u>徽宗</u>以弟嗣位，太常寺请用<u>开宝</u>故事为<u>哲宗</u>服重衰。若宗庙祝词，则当<u>宋真宗</u>时，礼官议称"太祖皇伯"，户部尚书<u>张齐贤</u>，谓"天子绝期丧，安得宗庙中有伯氏之称？请自今有事于<u>太庙</u>，则<u>太祖</u>并诸祖室称'孝孙、孝曾孙嗣皇帝'，<u>太宗</u>室称'孝子嗣皇帝'。"此即<u>春秋</u>祖<u>闵公</u>而祢<u>僖公</u>之例也。

　　<u>世宗</u>之天下，受之<u>武宗</u>，继<u>武宗</u>之统，则当祢<u>武宗</u>而祖<u>孝宗</u>。<u>杨廷和</u>等乃舍历代兄弟相继之事足为<u>世宗</u>今日铁证者，概不之及，而但引<u>定陶</u>、<u>濮</u>议二事之不相类者以为据，于是舍<u>武宗</u>而考<u>孝宗</u>；又以<u>兴献</u>之于

孝宗,与濮王之于仁宗伦序相当,因袭其称濮王为"皇伯父"者而称兴献为"皇叔父"。不知(封)〔嗣〕君之孙尽臣诸父昆弟,称兴献为"皇叔父",则夷之于臣下之列,世宗之心必有所不安。而至于舍武宗而考孝宗,遂为继统不继嗣者口实。

今观世宗初入丧次,举行重服,当日诏旨所命与礼臣所上仪注,皆与古制不谋而合。自廷和、澄等议考孝宗一语,遂起后来无限波澜。而以兴献为"皇叔父",遂为后来改孝宗为"皇伯父"张本,则甚矣言不可以若是其几也!

33 己未,上大行皇帝尊谥曰毅皇帝,庙号武宗。

34 壬戌,以吏部侍郎袁宗皋为礼部尚书兼文渊阁大学士,预机务。

宗皋由进士授兴府长史。上以藩邸旧臣,甫即位,擢至卿贰,至是遂入阁。

35 丙寅,补庚辰廷试,赐杨惟聪等进士及第、出身有差。

36 壬申,钱宁伏诛。

武宗时,内臣得幸豹房者,宁为首,张锐、张雄次之。锐居东厂,雄入司礼监,招权纳赂,势行中外,宸濠前后馈送各万计。次则张忠,屡以提督军务,冒功受赏。于经首开皇店,又于张家湾、宣大等处税商榷利,怨声载路,额进之外皆为己有。孙和谋领团营,挟势取赂。刘养营造侵欺,公私蠹耗。刘祥、丘得、吴经、颜大经、许全、马锡、张信,始贿锐、雄,继贿钱宁、江彬,扈驾巡游,与雄等张皇声势,所至搜求妇女,科索民财,甚于狼虎。帝为此辈蛊惑而莫之悟,天下莫不恨之。至是言官交劾,悉执送都察院鞫治。

37 乙亥,毛澄复会廷臣上议曰:"礼:'为人后者为之子',自天子至庶人一也。兴献王子惟陛下一人,既入继大统,奉祀宗庙,是以臣等前议,欲令崇仁王厚炫主兴献王祀。至于称号,陛下宜称为'皇叔父兴献大王',自称'侄皇帝名',以宋程颐之说为可据也。本朝之制,皇帝于宗藩尊行,止称伯父、叔父,自称皇帝而不名。今称兴献王为'皇叔父大王',又自称名,尊崇之典已至,臣等不敢复有所议。"因录程颐代彭思永议濮王礼疏进览。上不从,命博考前代典礼,再议以闻。

澄乃复会廷臣上议曰:"臣等会议者再,请改称兴献王'叔父'者,明大统之尊无二也。然加'皇'字于'叔父'之上,则凡为陛下伯叔诸父,皆莫能与之齐矣;加'大'字于'王'之上,则天下诸王皆莫得而与之并矣;兴献王称号既定,则王妃称号亦随之,天下王妃亦无以同其尊矣。况陛下养以天下,所以乐其心,不违其志,岂一家一国之养可同日语哉!此孔子所谓'事之以礼'者。其他推尊之说,称亲之议,似为非礼。推尊之非,莫详于魏明帝之诏;称亲之非,莫详于宋程颐之议;至当之礼,要不出此。"并录上魏明帝诏书。

时廷和、蒋冕、毛纪复上言:"三代以前,圣莫如舜,未闻追崇所生父瞽瞍;三代以后,贤莫若汉光武,亦未闻追崇

所生父南顿君;惟陛下取法二君。"疏皆留中不下。【考异】毛
澄两次上两议,皆在五月。明史本传,一书五月七日戊午,一书是月二十四日
乙亥,皆本实录,盖是月壬子朔也。三编系之四月目中,盖因诏议崇奉兴王典
礼,牵连并记耳。惟目中上文漏去"五月戊午"四字,而下文所谓"是月二十四
日"者,乃五月日分也。今据本传参书之。

　　论曰:伯父叔父,乃天子臣诸父而称之之词,此经
义也。故张璁之言曰:"陛下称圣母为'皇叔母',则
当以君臣礼见,恐子无臣母之义。"然则继统不继嗣之
说,岂非乘其间而攻之乎? 至澄等谓"加'皇'于'叔
父'之上,以示崇异",不知"皇"亦大之称而已。曲礼
祭王父曰"皇祖考",王母曰"皇祖妣",父曰"皇考",
母曰"皇妣",其见于特牲、少牢者,皆大夫、士祭其宗
庙之祝词也。若服问言"公子之妻为其皇姑",则庶妇
尊其夫之所生者亦然。然则"皇考"亦生我之称,而非
至尊之号明矣。且以伯叔称其所生之父,于古未之前
闻,即后世士大夫之出继者,亦临文不易其考妣之称,
未有汰然夷之于伯叔之列者,唐、宋以来诸家之文集
可证也。世宗谓"父母之称,岂可移易",此实至性中
语。澄等此议,不足以动世宗之心,又焉能关张璁、桂
萼诸人之口而夺其气乎? 父母为所生之专称,宋时政府已发此
议,详具明史考证中。至祭告署名"侄皇帝",则毛奇龄大礼议辩之
最晰。

38　　是月,复起孙交为户部尚书,彭泽为兵部尚书,林俊为
工部尚书,以礼部尚书掌詹事府石珤为吏部尚书。——
珤,玠之弟也。

39 录正德中忠谏诸巨陆震等,死者加赠荫,余皆次第起用。

40 诏:"内外诸官一遵旧制,革其旗牌诸物,不许干预他事。"

41 遣使存问致仕大学士谢迁。迁弟迪起为参议,子丕复官翰林。

迁遣子入谢,劝上勤学法祖诸事,优诏答之。

42 六月,戊子,江彬伏诛。

先是福建道监察御史王钧劾奏:"司礼太监魏彬,与逆恶江彬结为婚姻,内外盘据。御马监太监张忠、于经、苏缙,或争功启衅,排陷忠良;或首开皇店,结怨黎庶;或导引巡幸,流毒四方。今彬既捕治,此辈亦宜亟赐并处,以明法纪,以清奸党。"得旨:"魏彬已有处分,忠等从宽发充孝陵卫净军。"

既而给事中杨秉义复请亟治彬罪,给事中徐景嵩、吴岩并劾许泰、张忠等。得旨,"令锦衣卫执泰送都察院鞫治",而魏彬等仍置不问。

于是云南御史萧淮等奏:"太监谷大用、丘聚、张永等,蛊惑先帝,党恶为奸,并宜诛戮以谢天下。"得旨,"大用、聚降奉御孝陵司香,彬、永闲住。"

时京师久旱,江彬诛,遂大雨。

而哈密舍音和珊亦伏诛。惟许泰、张忠以夤缘贵近,得减死戍边,时以为除恶未尽云。【考异】明史本纪,"戊子"上脱"六月"二字。今据明史稿增。

43 乙未,纵内苑禽兽,令天下毋得进献。

44 丁酉,革锦衣卫冒滥军校三万余人。

45 戊戌,振江西灾。

46 壬寅,革传升僧道教坊官三百余员,尽削内外金刚老及把总、大管家各色名目。

47 癸卯,振辽东饥。

48 己酉,停陕西织造绒服。

49 是月,以南京尚书金献民为左都御史,以陈金、王璟皆致仕也。

50 秋,七月,壬子,进士张璁上疏曰:"孝子之至,莫大乎尊亲,尊亲之至,莫大乎以天下养。陛下嗣登大宝,即议追尊圣考以正其号,奉迎圣母以致其养,诚大孝也。廷议执汉定陶、宋濮王故事,谓为人后者为之子,不得顾私亲。夫天下岂有无父母之国哉!记曰:'礼非天降,非地出,人情而已。'汉哀帝、宋英宗,固定陶、濮王子,然成帝、仁宗皆预立为嗣,养之宫中,其为人后之义甚明,故师丹、司马光之论,行于彼一时则可。今武宗无嗣,大臣遵祖训,以陛下伦序当立而迎立之,遗诏直曰'兴献王长子',未尝著为人后之义。则陛下之兴,实所以承祖宗之统,与预立为嗣养之宫中者,较然不同。且迎养圣母,以母之亲也,称'皇叔母',则当以君臣礼见,恐子无臣母之义。礼:'长子不得为人后',圣考止生陛下一人,利天下而为人后,恐子无自绝其父母之义。故在陛下,谓入继祖后而得不废其尊亲则可,谓为人后以自绝其亲则不可。夫统与嗣不同,非必父死子立也。<u>汉文</u>承<u>惠帝</u>后，则以弟继；<u>宣帝</u>承<u>昭帝</u>后，则以兄孙继；非必夺此父子之亲，建彼父子之号，然后谓之继统也。臣窃谓今日之礼，宜别立圣考庙于京师，使得隆尊亲之孝。且使母以子贵，尊与父同，则圣考不失其为父，圣母不失其为母矣。"

　　帝方扼廷议，得<u>璁</u>疏，大喜曰："此论出，吾父子获全矣！"<u>亟</u>下廷臣议。廷臣为之大骇。【考异】<u>明史</u>本纪书<u>张璁</u>上疏于是月壬子，是月辛亥朔，壬子初二日也。<u>明史毛澄</u>传书"八月庚辰朔"，则七月之朔当为辛亥。而<u>璁</u>传作"七月朔"，不系干支。<u>宪章录</u>书"七月庚戌"，庚戌亦非七月之朔。证之<u>实录</u>，六月壬午朔，则庚戌乃六月之晦，今据本纪书"壬子"，删去传中"朔"字。

51　癸丑，诏："自今亲丧不得夺情。著为令。"

52　丁巳，<u>小王子犯庄浪</u>，指挥<u>刘爵</u>御却之。

53　甲子，召大学士<u>杨廷和</u>、<u>蒋冕</u>、<u>毛纪</u>于<u>文华殿</u>。

　　初，<u>廷和</u>授<u>大礼议</u>于<u>毛澄</u>曰："有异议者即奸邪，当斩！"时<u>璁</u>方成进士，观政在部，与礼部侍郎<u>王瓒</u>言："上入继大统，非为人后。"<u>瓒</u>微言之，<u>廷和</u>恐其挠议，改官<u>南京</u>。至是<u>璁</u>见廷议三上三却，乃揣上意言之。

　　上锐意欲尊崇所生，屡召<u>廷和</u>慰谕，欲有所更定，<u>廷和</u>卒不肯顺上指，<u>毛澄</u>等执奏如故。及<u>璁</u>疏至，上遣司礼太监持示<u>廷和</u>，<u>廷和</u>曰："秀才安知国家事！"复持入。于是上召<u>廷和</u>等，授以手敕，欲尊父为<u>兴献皇帝</u>，母为<u>兴献皇后</u>，祖母为<u>寿安皇太后</u>，<u>廷和</u>等持不可，封还手诏。于是给事中<u>朱鸿汤史于光</u>、御史<u>王溱卢琼</u>交章劾<u>璁</u>，皆不听。【考异】<u>杨廷和</u>等封还手敕，<u>史稿</u>本纪连叙于壬子<u>张璁</u>上疏之下。证之<u>实录</u>，召<u>廷和</u>

54 丙子,革锦衣卫及监局寺厂司库、旗校、军士、匠役投充新设者,凡十四万八千余人。

55 丁丑,宁津盗起,转掠至德平,知县龚谅率吏民御之,力竭被害。事闻,赠济南通判,恤其家。

56 是月,吏部尚书石珤改掌詹事府,典诰敕。

自群小窃枋,铨政混浊。珤刚方,谢请托,诸犯清议者多见黜,时望大孚,而内阁杨廷和有所不悦。甫二月,仍改故官。

57 八月,庚辰朔,再命廷臣集议。

尚书毛澄等复上疏曰:“先王制礼,本乎人情。武宗既无子嗣,又鲜兄弟,援立陛下于宪庙诸孙之中,是武宗以陛下为同堂之弟,考孝宗,母慈寿,无可疑矣,可复顾私亲哉!”疏入,上不怿,复留中。

会给事中邢寰请议宪庙皇妃邵氏徽号,澄上言:“皇妃诞生献王,实陛下所自出。但既承大统,则宜考孝宗而母慈寿太后。孝宗于宪庙皇妃宜称‘皇太妃’,则在陛下宜称‘太皇太妃’,如此则彝伦既正,恩义益笃。”疏入,报闻。

58 是月,以南京尚书乔宇为吏部尚书。

59 九月,乙卯,袁宗皋卒。

宗皋初入阁,以疾辞,不允。至是甫逾四月,亦无所建白云。

60 庚午,葬毅皇帝于康陵。

61 癸酉,上母妃蒋氏自安陆至通州。

先是下廷臣议奉迎礼，尚书毛澄等请由崇文门入东安门，上不可；乃议由正阳左门入大明东门，又不可。比母妃次通州，闻尊称未定，止不肯入。上闻而泣，欲避位奉母归藩，澄等仍执议如初。上乃自定议，由中门入，仍下廷臣前疏，更令博采舆论以闻。【考异】蒋妃至京师，明史本纪书之于十月壬午。证之毛澄等传，盖以九月末至通州，故诸书皆系之九月癸酉。是母妃以尊称未定，故久留也，今从之。

62 是月，免山东、山西被灾州县税粮。

63 冬，十月，己卯朔，追尊父兴献王为兴献帝，祖母宪宗贵妃邵氏为皇太后，母妃蒋氏为兴献后。

先是尊崇礼未定，会母妃在通州，又闻朝议考孝宗，恚曰："安得以我子为他人子！"于是张璁益喜，著大礼或问上之，且曰："非天子不议礼，愿奋独断，揭父子大伦明告中外。"

章既下，毛澄等知势不可已，乃谋于内阁，请以皇太后懿旨行之，遂颁诏。壬午，兴献后至京师，谒奉先、奉慈二殿。初欲庙见，以廷议而止。【考异】明史本纪书追尊兴献帝、后于是月己卯朔，证之毛澄传，则云"十月二日庚辰"，相差一日，今从本纪。又，澄传言"称兴献帝妃曰兴国太后"，与本纪称"兴献后"者异。按初封太后系兴献，其改称兴国，具见明年三月(语)〔诏〕中，本纪分书之是也。今据本纪。

64 毛澄等之考孝宗也，时兵部主事霍韬私为大礼议驳之。澄贻书相质难，韬上书力辨其非。已，知澄意不可回，是月，韬上疏，其略言："廷议谓陛下以孝宗为父，兴献王为叔，考之古礼则不合，质之圣贤之道则不通，揆之今日之事体则不顺。仪礼丧服章云：'斩衰为所后者。'又云：'为人后者为其父母报。’是于所后者无称为父母文，而于本生父母又无改称伯叔父母之云也。汉儒言为人后者为之子，果如其言，则汉宣帝当为昭帝后矣。然昭为从祖，宣为从孙，孙将谓祖为父，可乎？唐宣宗当为武宗后矣，然武宗侄而宣宗叔，叔反谓侄为父，可乎？是考之古礼则不合也。天下者，天下之天下，非一人所得私也。孟子言舜为天子，瞽瞍杀人，皋陶执之，舜则窃负而逃，是父母重而天下轻也。若宋儒之说，则天下重而父母轻矣，是求之圣贤之道则不通也。武宗嗣位十有六年，孝宗非无嗣也。今欲强陛下重为孝宗之嗣，是孝宗有两嗣子，而武宗无嗣子，可乎？若曰武宗以兄固得享弟之祀，则孝宗独不可以伯享侄之祀乎？既可越武宗而继孝宗，独不可并越孝宗直继宪宗乎？武宗无嗣，无可如何矣。孝宗有嗣，复强继其嗣而绝兴献之嗣，是于孝宗无所益，而于兴献不大有损乎？是揆之今日之事体则不顺也。”已而巡视松潘御史熊浃亦驰疏如韬言，而是时兴献帝、后之称已定，俱下所司。

₆₅ 十一月，庚戌，复振江西灾。

₆₆ 丁巳，录平宸濠功，封王守仁新建伯。

初，上在兴邸，深知守仁平逆功，甫即位，趣召入朝受封。而廷和以王琼故衔之，廷臣亦多忌其功者，乃托言国丧未毕，不宜赐宴行赏，因拜守仁南京兵部尚书，守仁以亲老，请归省。至是论功，授特进光禄大夫、柱国，封伯爵，世袭，岁禄一千石。然不予铁券，岁禄亦不给云。

₆₇ 甲戌，乾清宫成，上入居之。

明通鉴

1636

御史郑本公上言事之可思者六。"是宫八年营构,一旦告成,陛下居安思危,当远群小,节宴游,以防一朝之患;重妃匹,广继嗣,以为万世之计;慎终如始,兢兢业业,常若天祖之临;求言益切,访政益勤,用防壅蔽之患;持圣心,远货色,毋溺于鸩毒;重兴作,惜财力,永鉴于先朝。"上嘉纳之。

时上方欲加兴献帝号,本公力言不可。然不能用。

68 罢广西贡香。谕"各镇、巡、守备官,凡额外之征悉罢之"。

69 是月,敕修武宗实录。

70 十二月,己丑,复传谕:"兴献帝、后皆加称'皇'字。"内阁杨廷和封还手敕,尚书毛澄抗疏力争,又偕九卿乔宇等合谏,皆不纳。【考异】卅史本纪不具。毛澄传云"十二月十一日己丑",盖是月己卯朔也,今据之。

71 初,宸濠谋逆于南昌,守臣死事之最烈者,巡抚都御史孙燧、副使许逵。濠既禽之明年,守臣上其事于朝,不报。

至是岁,上即位,追赠燧礼部尚书,谥忠烈;逵左副都御史,谥忠节。明年改元,复加赠逵礼部尚书,并祀南昌,赐祠曰"旌忠"。又追赠参议黄弘太常少卿,主事马思聪光禄少卿,并配享旌忠祠。

燧生有异质,两目烁烁,夜有光。死之日,天忽阴惨,烈风骤起,凡数日。逵当事急,以文天祥集贻其友给事中张汉卿而无书。汉卿语人曰:"宁邸必反,汝登其为文山乎!"逵父家居,闻江西有变,杀都御史及副使,即为文易服哭。人怪问故，曰："副使必吾儿也。"南昌吏民见天变，亟走收两人尸，尸未变，黑云护之，蝇蚋无近者。伍文定起义兵于吉安，设两人木主于文天祥祠，率吏民哭之。

宸濠已禽，燧子堪率两弟墀、陛扶榇归，兄弟庐墓蔬食三年。服除，以父死难，更墨衰三年，世称"三孝子"。逵长子场，好学，有器识。既葬父，日夜号泣，六年而后就荫。语人曰："吾父死，乃因之得官，忍就荫邪！"痛哭不能仰视。二家子孙，孙氏最贵显，许亦能传其家云。

72 方宸濠之谋为变也，西江士民受害者不可胜纪。初遣阉校四出，籍民田庐，收缚豪强，不附者有万木、郑山，俱新建人，集乡人结寨自固。贼党谢重一驰入村，二人执之，积苇张睢阳庙前，缚人马生焚之，濠党不敢犯。二人饮江上，为盗凌十一所逼，趣见宸濠，烙而椎之，皆骂贼死。赵楠，南昌诸生，兄模，尝捐粟佐振，宸濠捕模索金，楠代往，胁之，不屈，被掠死。同邑辜增，见迫抗节不从，一家百口皆死。诸生刘世伦，儒士陈经官，义士李广源，皆被掠不屈死。叶景恩者，以侠闻，族居吴城。宸濠将作难，捕景恩，胁降之，不从，死狱中。宸濠兵过吴城，景恩弟景允以三百人邀击贼。贼分兵焚劫景允家，其族景集、景修等四十九人皆死。

明通鉴